FORCHER: BAYERN-TIROL

MICHAEL FORCHER

BAYERN-TIROL

DIE GESCHICHTE EINER FREUD-LEIDVOLLEN NACHBARSCHAFT

HERDER WIEN · FREIBURG · BASEL

Umschlag- und Titelgestaltung: Helmut Benko, Innsbruck

Die beiden Wappenhalter auf dem Umschlag sind (mit freundlicher Genehmigung des Tiroler Landesarchivs) dem 1760 entstandenen „Plan von der Situation des Ynn-Strohms“ von Franz Anton Rangger (aquarellierte Federzeichnung) entnommen. Foto: Dr. Michael Forcher

Die historischen Karten auf den Seiten 21, 27, 53 und 169 zeichnete Helmut Benko nach Angaben des Verfassers. Dazu benützte Unterlagen: diverse historische Atlanten, Angaben in der einschlägigen Literatur (siehe Seite 262ff), Karte der „Länderbildung Meinhards II. 1259–95“ in: Hermann Wiesflecker, Meinhard der Zweite, 1955 (= Band 16 der Veröffentlichungen des Instituts für Österreichische Geschichtsforschung), sowie die von Fridolin Dörrer gezeichnete Karte von „Tirols nördlichen Nachbarn 1295–1803“ in seinem Beitrag über Tirols außenpolitische Beziehungen zu seinen Nachbarn im Norden und Süden, in: Tiroler Heimat, Band 31/32, 1968.

Die Archive, Museen, Bibliotheken, Sammlungen und anderen Institutionen, in deren Besitz sich die abgebildeten Urkunden, Siegel, Gemälde, Stiche, Karten usw. befinden, sowie die Namen der Fotografen sind auf Seite 264 angegeben.

Layout: Dr. Michael Forcher

Satz, Druck und Buchbinderarbeit: Tyrolia Innsbruck
Bestellnummer: ISBN 3-210-24.643-2

Inhaltsverzeichnis

Alle hundert Jahre einmal schlagen sie einander die Schädel ein, sonst sind sie fast zu gute Freunde. So hat einmal ein Kabarettist das Verhältnis zwischen Tirolern und Bayern charakterisiert. Die Wirklichkeit ist freilich vielschichtiger, komplizierter. Die oft zitierte „Erbfeindschaft" beschränkt sich im Grunde auf wenige – allerdings sehr leidvolle – Kriegsjahre im Mittelalter, zu Beginn des 18. und im frühen 19. Jahrhundert. Dazwischen waren – trotz mancher politischer Spannungen und nachbarschaftlicher Streitigkeiten – die Beziehungen der beiden Länder untereinander so intensiv und vielfältig, daß der Begriff „Freundschaft" nicht ausreicht. Vielleicht ist er für frühere Zeiten sogar falsch. Man muß eher von Verbundenheit sprechen, von Gemeinsamkeiten, was nicht dasselbe ist, sondern negative Aspekte nicht ausschließt.

Doch was weiß man in beiden Ländern schon davon. Wer kennt die uralten Bindungen, die Bedeutung der gegenseitigen Befruchtung in Kunst und Volkskultur? Einige Spezialisten wohl nur. Und die kriegerischen Ereignisse? Sie sind in Tirol vielfach zu patriotischen Lesebuchgeschichten degradiert oder zum Mythos umfunktioniert worden. Wen wundert's, daß viele – vor allem junge – Tiroler nicht mehr ernst nehmen, was im Grunde furchtbarer Ernst war, was die erschreckenden Abgründe offenbart, die zwischen Völkern aufbrechen können, wenn die Politik es so will. Die brennenden Dörfer beiderseits der tirolisch-bayerischen Grenze sollten auch ins Gewissen unserer Zeit leuchten. In Bayern leidet man diesbezüglich unter einem Informationsdefizit. Selbst populäre Standardwerke zur weißblauen Geschichte lassen die tirolisch-bayerischen Kriege von 1703 und 1809 unerwähnt oder tun sie in wenigen Sätzen ab.

Nach diesen einleitenden Bemerkungen wird wohl niemand mehr fragen, warum ich ein Buch über die „freudleidvolle Nachbarschaft" Bayern-Tirol geschrieben habe. Es war ganz einfach fällig. Und es war eine schöne, wenn auch nicht leichte Aufgabe. Objektivität war noch das Leichteste daran; das sollte für einen Historiker eigentlich selbstverständlich sein, auch wenn er Tiroler ist und dies nicht verleugnen will. Mehr Schwierigkeiten machte es mir, daß in sehr vielen Büchern jeweils sehr wenig über bayerisch-tirolische Beziehungen nachzulesen ist, daß vor allem bayerische Autoren sich sehr selten mit diesem Thema befassen, daß gründliche Detailuntersuchungen weitgehend fehlen. Die Fülle einschlägiger Kapitel und Absätze in verschiedenen Werken ist dennoch so groß, die kleineren Aufsätze in wissenschaftlichen Zeitschriften, die Zeitungsbeiträge usw. sind letztlich doch zahlreich genug, um eher unter einem Überfluß an Stoff zu leiden als unter Materialmangel. Damit bin ich auch schon bei einer dritten Schwierigkeit angelangt: bei der Auswahl und Beschränkung. Es konnte und durfte – der Übersichtlichkeit und Lesbarkeit wegen – gar nicht alles gesagt und notiert werden, was es zu sagen und notieren gäbe. Vollständigkeit war nicht möglich, wurde nicht einmal angestrebt; eher ging es um das Darstellen beispielhafter Einzelheiten.

Bei der Bewältigung meiner Aufgabe halfen mir Freunde, Kollegen und zahlreiche Persönlichkeiten in Bayern und Tirol mit Rat und Tat. Ihnen bin ich zu Dank verpflichtet. Da ich nicht alle aufzählen kann, muß ich auf die Nennung von Namen überhaupt verzichten.

Zum Schluß möchte ich bekennen, daß ich bei der Arbeit an diesem Buch sehr viel gelernt habe. Vor allem ist es mir klargeworden, daß man die Geschichte und das Wesen des eigenen Landes besser versteht, wenn man den Nachbarn und seine Geschichte kennt. Beides ist im zusammenwachsenden Europa unserer Zeit von größter Wichtigkeit zur Bewältigung der Gegenwart und der Zukunft.

Innsbruck, im September 1981 — Michael Forcher

Völker, Grafen und ein Herzog

Urgeschichte, Römerzeit und die gemeinsame Geschichte im frühen und hohen Mittelalter

Am Anfang war Bayern. Auch dort, wo heute Tirol ist. Sieben oder gar acht Jahrhunderte gehörte das Bergland am mittleren und oberen Inn, rund um das Quellgebiet von Drau und Rienz, am Eisack und an der Etsch zum Herrschaftsverband des bayerischen Herzogtums. Erst seit dem Entstehen des Landes Tirol und seiner Loslösung von Bayern im 13. Jahrhundert kann man von einer bayerisch-tirolischen Nachbarschaft sprechen. Vorher haben beide Länder eine gemeinsame Geschichte.

Will man noch weiter zurückgehen und schauen, welche Beziehungen in römischer und in urgeschichtlicher Zeit zwischen dem Gebirgsland und dem Alpenvorland bis zur Donau bestanden, so ist man auf spärliche Funde und unsichere Nachrichten angewiesen. Dementsprechend gehen auch die Meinungen der Forscher auseinander.

Unbestreitbar ist die Tatsache, daß nach dem Rückzug der eiszeitlichen Gletscher die ersten Menschen aus den Ebenen nördlich und südlich der Alpen allmählich in die Gebirgstäler vorgedrungen sind, zunächst nur auf Jagdausflügen, später zur Gründung kleiner Dauersiedlungen. Auch für spätere Epochen findet man im Inntal Überreste von Menschengruppen, die denselben Völkern bzw. Kulturgruppen angehören wie die damaligen Bewohner des Alpenvorlandes. Zur „Straubinger Kultur" (benannt nach dem Hauptfundort Straubing in Bayern) gehören z. B. die aus der früheren Bronzezeit (1800–1500 v. Chr.) stammenden Fundgegenstände der Tischofer Höhle bei Kufstein. Es wurden dort auch Werkstätten zur Bronzeverarbeitung entdeckt, sodaß man geradezu von einem Zentrum der Straubinger Produktionsprovinz sprechen kann. Der um 1700 vor Christi Geburt einsetzende Kupferbergbau im Inntal (bei Schwaz) und auf der Kelchalpe bei Kitzbühel erlangte bald überregionale Bedeutung, da Kupfer zur Herstellung von Bronze dringend benötigt wurde und deshalb sicher in größeren Mengen in die dichter besiedelten Gebiete nördlich der Alpen verkauft wurde. Wie aber die Produktionsstätten in Kufstein und ähnliche vorzeitliche Bronzeindustrien im mittleren Inntal beweisen, wurden von hier aus auch Fertigwaren nach Norden exportiert.

Fundgegenstände (rechts „Tutuli“ aus Bronzespiraldraht, andere Schmuckstücke und eine Nadel; unten Keramik mit Tupfenleiste) aus der Tischofer Höhle bei Kufstein, die in der frühen Bronzezeit (1800–1500 v. Chr.) ein Produktionszentrum der „Straubinger Kultur“ war.

Einigkeit besteht in der Fachwelt auch noch darüber, daß die weit verbreitete Urnenfelder- und dann die Hallstatt-Kultur nach Tirol hereinreichten, wobei sich allerdings durch rege Kontakte über den Brenner bereits inneralpine Besonderheiten abzuzeichnen begannen. Doch für die Zeit ab 400 v. Chr. bleiben dann viele Fragen offen: Wurde der Raum Tirol von den Keltenwanderungen wirklich nur oberflächlich berührt, wie die Bodenfunde vermuten lassen? Die Urgeschichtler sprechen von einem Weiterleben der inneralpinen Ausformung der nichtkeltischen Hallstatt-Kultur, die sich in ihrer Eigenständigkeit bewahren konnte, obwohl rundherum keltische Stämme siedelten. Wenn dies stimmt, dann ist erstmals ein gewaltiger Gegensatz zum nördlichen Nachbarland zu beobachten. Denn das Alpenvorland bis zur Donau war vollständig in den keltischen Macht- und Kulturbereich einbezogen. Da es aber auch wissenschaftliche Argumente für eine – zumindest sprachliche – Keltisierung Tirols gibt, läßt sich darüber nichts Sicheres aussagen.
Besser sind wir wieder über die Römerzeit informiert: Da besteht kein Zweifel, daß der Alpenrand keine Grenze war. Die römischen Grenzprovinzen Raetia und Noricum begannen südlich des Alpenhauptkammes (ungefähr bei Bozen bzw. im Pustertal) und erstreckten sich bis zur Donau. Die Grenze zwischen beiden Provinzen verlief in Nord-Süd-Richtung, und zwar zuerst etwas östlich der Brennerfurche und dann den Inn entlang. Der Schwerpunkt dieser Provinzen lag im Alpenvorland, weil die Römer den inneralpinen Raum – von einigen Kastellen, Poststationen und Veteranendörfern abgesehen – kaum durchsiedelten.

Relief von einem römischen Grabpfeiler (dargestellt ist das Verpacken eines Warenballens) und Rest eines antiken Reiterstandbildes, beides gefunden in Augsburg, der bedeutenden Römerstadt Augusta Vindelicorum, zu deren Verwaltungsgebiet große Teile des heutigen Tirol gehörten.

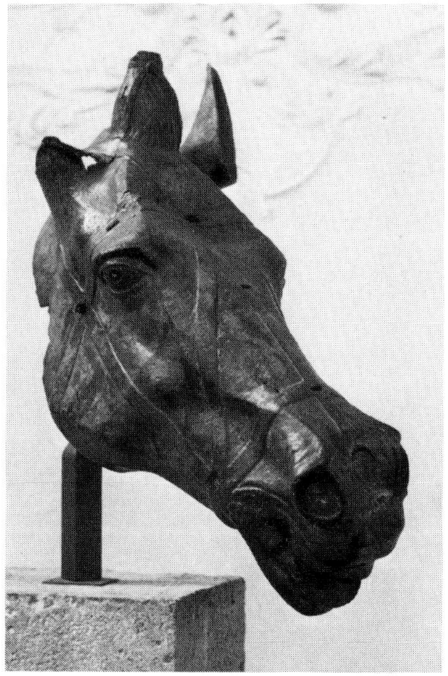

So gehörte auch der größte Teil des späteren Tirol zum Stadtgebiet von Augusta Vindelicorum (Augsburg).
Mit den ersten Germaneneinfällen, dem Untergang des römischen Reiches und den germanischen Reichsgründungen in Italien (Odoaker, Ostgoten) beginnt wieder eine dunkle Zeit, über die wir kaum etwas wissen. Dies ist umso bedauerlicher, als gerade zwischen 470 und 550 n. Chr. entscheidende Entwicklungen vor sich gehen. So gibt es plötzlich um die Mitte des 6. Jahrhunderts ein Volk der Bajuwaren oder Bayern, von dem man früher nie etwas gehört hat. Der ewige Gelehrtenstreit um die Herkunft der Bayern ist inzwischen so weit entschieden, daß zumindest eines feststeht: Die Bayern sind von nirgendwoher eingewandert, sondern verdanken ihr Dasein einem Verschmelzen keltischer Ureinwohner, römischer Siedler und germanischer Splittergruppen zu einem neuen Volk, das eigene Bräuche und bestimmte Eigenschaften hatte und bald auch mit kulturellen Leistungen aufwarten konnte. Daß der namengebende Teil dieses Völkerkonglomerats die Boier waren, ist unbestritten. Wer sie waren und woher sie kamen (viele meinen aus Böhmen), weiß man nicht genau. Nach neuesten Untersuchungen waren die Boier jedenfalls schon seit Jahrhunderten unter römischer Oberhoheit zwischen Lech und Inn, Donau und Alpenrand ansässig.
Mitgeholfen beim Aufstieg des neuen Stammes hat die Tatsache, daß die Frankenkönige das in der Völkerwanderung verwüstete Land der Baiovarii – so die ersten Namensnennungen – zum Bollwerk gegen die von Osten anrückenden Langobarden ausersehen hatten. Sie schickten kleine militärische Einheiten, Grafen als Unterkommandanten und einen Oberbefehlshaber, Dux oder Herzog genannt, in das Grenzgebiet. Unter ihrer Führung wurde das Land wieder kolonisiert, die Bevölke-

Garnitur von bronzenen Gürtelbeschlägen aus dem bajuwarischen Reihengräberfriedhof von Pfaffenhofen bei Telfs im Oberinntal (Mitte 7. Jh. n. Chr.).

rung neu organisiert. Die in römischer Zeit begonnene Christianisierung wurde von Westen aus fortgesetzt. Der erste Herzog der Bayern mit Sitz in der alten Römerstadt Regensburg hieß Garibald I., vielleicht ein Burgunder, eher ein Franke, wahrscheinlich sogar aus dem merowingischen Königshaus. Er begründete das bayerische Herzogsgeschlecht der Agilolfinger.

Nachdem die Herkunft der Bayern endlich so ziemlich geklärt ist, möchte man zumindest mit derselben Sicherheit von ihrem Vordringen ins Gebirge und ihrer Siedlungstätigkeit in den Alpentälern berichten. Das ist aber gar nicht so leicht, da man auf spärliche Quellen, Funde typischer Reihengräber und Ortsnamenforschung angewiesen ist. Auffallend ist, wie rasch nach ihrem ersten Auftreten in der Geschichte die Bayern bereits südlich des Alpenhauptkammes erscheinen: Schon um 600, also kaum zwei Generationen später, kämpfen Herzog Tassilo I. und sein Sohn Garibald II. im Drautal gegen Slawen und Awaren.

Damals gehörte zumindest das Inntal zum Siedlungsgebiet des Bayernstammes, der sich in den folgenden Jahrzehnten über weitere Täler ausbreitete, und zwar durchaus friedlich, wie man annimmt. Nur die Sage weiß von einer Schlacht: Bei Brixen soll ein römisches (rätoromanisches?) Heer besiegt worden sein. Die romanisierte Urbevölkerung konnte sich neben den Bayern noch eine Zeitlang halten, zum Teil sogar in führenden Stellungen, ging aber dann in der bajuwarischen Volksgruppe auf. In abgelegeneren Gebieten dauerte dieser Prozeß mehrere Jahrhunderte, in den ladinischen Tälern Südtirols hat sich die räto- oder alpenromanische Sprache sogar bis heute erhalten. Die bajuwarischen Neuankömmlinge brachten nicht nur bereits fruchtbaren Boden in ihren Besitz, sondern gewannen durch Rodung und andere Kolonisationswerke neues Kulturland. Hand in Hand mit der Besiedlung des Landes wurden die jeweiligen Grenzen durch Kastelle und Wehrsiedlungen geschützt. Als südlichster Punkt war um 680 Bozen fest in bayerischem Besitz. Ein Graf führte dort den Befehl in den Kämpfen gegen die aus ihrem Herzogtum Trient vordringenden Langobarden.

Im 8. Jahrhundert war fast das ganze heutige Tirol in der Hand der Bayernherzöge, die ihrerseits unter lockerer fränkischer Oberhoheit standen. Nur der Vinschgau dürfte zum fränkischen Churrätien bzw. später zum Herzogtum Schwaben gehört haben. Im Osten hatten die Slawen das Lienzer Becken halten können. Das Gebiet unterhalb von Bozen und das spätere Welschtirol gehörten zum oberitalienischen Königreich der Langobarden. Nach der Absetzung des Agilolfingers Tassilo III. wurde das bayerische Stammesherzogtum 788 von Karl dem Großen dem Frankenreich einverleibt. Der bayerische Hochadel stellte sich auf die Seite des neuen Herrn und übernahm neben der fränkischen Aristokratie wichtige Verwaltungsaufgaben in den neu eingerichteten Grafschaften. Auch in kirchlicher und geistig-kultureller Hinsicht vollzog sich eine Neuorientierung nach Norden: Missionare kamen jetzt nicht mehr aus Italien, sondern aus den kirchlichen Zentren Bayerns. Das Bistum Säben (später Brixen) lockerte seine bisherigen Beziehungen zur Metropole Aquileia; es wurde um das Jahr 800 von diesem oberitalienischen Kirchenbezirk losgelöst und dem neugegründeten bayerischen Erzbistum Salzburg unterstellt.

Bereits unter Herzog Tassilo III. war es zu den ersten Klostergründungen in den von den Bayern besiedelten Alpentälern gekommen, wobei sich der Stammesadel durch großzügige Schenkungen Verdienste um die Missions-, Kultur- und Kolonisationsarbeit der Mönche erwarb. An der Straße ins Gebirge, nahe der alten römischen Poststation Scarbia, dem heutigen Tiroler Grenzort Scharnitz, ließen die bajuwarischen Edlen Reginbrecht und Irminfried im Jahre 763 mit Zustimmung des bayerischen Herzogs Tassilo III. ein Kloster errichten, dem wiederum Tassilo sechs Jahre später einen bedeutenden Landstrich im östlichen Pustertal schenkte, damit vor allem für die Missionierung der slawischen Nachbarn eine „Filiale" gegründet werden konnte. In den folgenden Jahren entstand dort das Benediktinerkloster Innichen, das dem Abt Atto von Scharnitz untergeordnet war. Als Atto bald darauf Bischof von Freising wurde, ging die Leitung des Klosters für längere Zeit auf die Freisinger Bischöfe über. Die Besitz- und Hoheitsrechte in dem dazugehörigen Gebiet übernahm das Hochstift Freising. Das Kloster Scharnitz wurde übrigens schon 772 aus dem Gebirge hinaus ins Alpenvorland nach Schlehdorf verlegt. Somit verbleibt die Tassilogründung Innichen das älteste Kloster auf Deutschtiroler Boden. Der Rechtsakt der Innichner Schenkung wurde von Tassilo III. in Bozen vollzogen, wobei eine ganze Reihe bayerischer Adeliger anwesend war und als Zeugen fungierte. Innichen war wohl nicht nur zu dem frommen Zweck gegründet worden, das „ungläubige Volk der Slawen auf den Pfad der Wahrheit zu führen", wie es in der Urkunde heißt, sondern war auch als Machtposition an der bedrohten Grenze wichtig. Im Jahre 772 besiegte Tassilo zwar die slawischen Karantanen, doch war es ihm nicht mehr möglich, das Lienzer Becken für Bayern zu gewinnen.

Nach Beseitigung der königsgleichen Stellung der Agilolfinger und Auflösung des bayerischen Herzogsverbandes wurde das „gleichgeschaltete" und neuorganisierte Bayern von Karl dem Großen als Aufmarschgebiet für die Kriegszüge gegen die Awaren benützt. Nach Befriedung der Ostgrenze war Bayern Ausgangspunkt für die Missionierung und

Kolonisierung des südöstlichen Mitteleuropa. Der Tod Karls des Großen und die Teilungsverträge seiner Erben berührten die Grenzen Bayerns nicht. Es gehörte zum ostfränkischen Reich Ludwigs des Deutschen, das seit dem 11. Jahrhundert auch „Regnum teutonicum", deutsches Reich, genannt wurde. Südlich von Bozen begann das mittlere Teilreich, das langobardisch-italienische Königreich Lothars. Ludwig der Deutsche residierte vorwiegend in Regensburg und betrachtete Bayern als seine Machtbasis und als „Königsland" für sich und seine Nachkommen.

Die Bedrohung durch die Ungarn und das Aussterben der Karolinger ließen im ostfränkischen Reich die Stammesherzogtümer und die herzogliche Gewalt wieder erstarken. Eine kurzfristige Ausdehnung Bayerns bis an die ungarische Tiefebene und an die Adria währte jedoch nicht lange, da nacheinander die Randgebiete im Osten, Südosten und Süden wieder abgetrennt wurden. Das mittlere Alpenstück, das bis einschließlich Bozen bei Bayern geblieben war, erlangte mit seinen vielbenützten Pässen infolge der neuen Italienpolitik der ostfränkischen Könige besondere Bedeutung, da diese die karolingische Reichstradition wieder aufnahmen, Italien gewannen und 962 unter Otto I. sogar die Kaiserkrönung in Rom erreichten. Die Gewißheit, ungehindert über die Alpen ziehen zu können, und während der monate- und jahrelangen Aufenthalte der Herrscher in Italien über sichere Verbindungen nach Deutschland zu verfügen, waren für eine erfolgreiche Reichspolitik entscheidend.

Für die Könige und Kaiser war es deshalb nicht gleichgültig, in wessen Gewalt sich die Wege nach Italien befanden. Auf die Treue der Herzöge konnten sie sich vielfach nicht verlassen; mit ihrer Hausmachtpolitik und ihrem persönlichen Ehrgeiz lagen sie häufig in Widerstreit mit den Interessen des Reiches und der Könige. Die Alpenpässe waren in ihren Händen ein wirkungsvolles Faustpfand. Immerhin führte mehr als die Hälfte aller Romzüge deutscher Könige über den Brenner. Zur Sicherung ihrer Politik lösten deshalb die sächsischen und salischen Kaiser im 11. Jahrhundert die wichtigsten Grafschaften im Gebirge aus dem Machtbereich unbotmäßiger oder unverläßlicher Vasallen und übertrugen sie den Bischöfen von Trient und Brixen, von deren Anhänglichkeit sie überzeugt sein konnten, wurden sie doch im Sinne des Reichskirchensystems jeweils vom Herrscher eingesetzt und brauchten keine dynastischen Interessen zu verfolgen.

Zunächst übergab Heinrich II. im Jahre 1004 die den Weg aus den Alpen in die Poebene bewachende Mark Trient dem dortigen Bischof. Als 1027 diese Belehnung durch Konrad II. bestätigt wurde, erhielt das Hochstift

Trient dazu noch die nördlich angrenzenden Grafschaften Bozen und Vinschgau. Die Grafschaft Norital, die von Bozen über den Brenner bis ins Inntal reichte, wurde gleichzeitig dem Brixner Bischof übertragen. Nun waren also auch der Brenner und der Verkehrsknotenpunkt am Inn, wo später Innsbruck entstand, in der Hand eines geistlichen Fürsten. 1091 erhielt der Bischof von Brixen auch die Grafschaft Pustertal. Grundschenkungen und die Verleihung königlicher Rechte („Regalien") ergänzten die Machtfülle der beiden Bischöfe, die in eine dem Herzog ebenbürtige Stellung aufstiegen, allerdings nur formell, wie wir gleich sehen werden.

Den Eingang ins Inntal, den „pagus inter valles" (Inntal vom Ziller abwärts bis Kufstein und das spätere Gericht Kitzbühel), hatte Heinrich II. ebenfalls der Reichskirche anvertraut. Er belehnte damit die Bischöfe von Regensburg, doch gaben diese die Grafschaft später an die bayerischen Herzöge zu Lehen, wodurch sie dem Herzogtum weiter fest verbunden blieben. Aber auch im Kerngebiet des späteren Landes Tirol hatten die reichspolitischen Maßnahmen der Kaiser nicht den gewünschten Erfolg. Die Aufwertung der Bischöfe von Trient und Brixen, die als Reichsfürsten unmittelbar dem König unterstanden und nun über das gesamte Gebiet vom Inntal bis zum Gardasee geboten, führte noch nicht zur vollständigen Herauslösung der ihnen verliehenen Grafschaften aus dem Herzogtum Bayern. Sie übten nämlich ihre Herrschaftsgewalt aus Rücksicht auf ihre kirchliche Würde nicht selbst aus, sondern gaben sie wiederum als Lehen an verschiedene, zumeist bayerische Adelige weiter. Gleichzeitig erlangten diese Grafenfamilien die nicht minder begehrte Schutz- oder Vogteigewalt über den weltlichen Besitz der Bischöfe, die Hochstifte, was ihnen weitgehenden Einfluß sicherte, bei geschickter Auslegung und Nutzung fast eine Oberhoheit. Auch Vogteirechte über Klöster, Stifte und Kirchen vermehrten die Macht des jeweiligen Geschlechtes.

Mit dieser Urkunde begann die Herauslösung des späteren Tirol aus dem Herzogtum Bayern: Kaiser Konrad II. überträgt am 7. Juni 1027 die Grafschaft Norital, die von Bozen über den Brenner bis ins Inntal reicht, dem Bischof von Brixen. ▷

Die von den Bischöfen eingesetzten Grafen bemühten sich um eine Festigung ihrer Position, um die Vermehrung des Grundbesitzes und um eine Ausdehnung ihres Herrschaftsbereiches. Dies gelang ihnen durch Verträge, Käufe, Eheschließungen und Erbschaften, aber auch durch blutige Fehden oder sonstige Gewaltanwendung. Meist stammte nur ein Teil ihrer Macht aus bischöflichem Lehen, während sie mit anderen Besitzungen und Herrschaftsrechten Lehensträger des bayerischen Herzogs waren und damit strenggenommen seine Gefolgsleute. So wurde das „Land im Gebirge" – wie es jetzt in Urkunden heißt – weiterhin als zum Herzogtum Bayern gehörig betrachtet. Wer sich letztlich durchsetzen würde: die Bischöfe, eine der rivalisierenden Grafenfamilien oder die

Herzöge von Bayern, war eine Frage der Machtverhältnisse. Solange ein mächtiges Geschlecht mit überregionalen Ambitionen, wie es die Welfen waren, in Bayern regierte, hatten Loslösungstendenzen wenig Aussicht auf Erfolg.

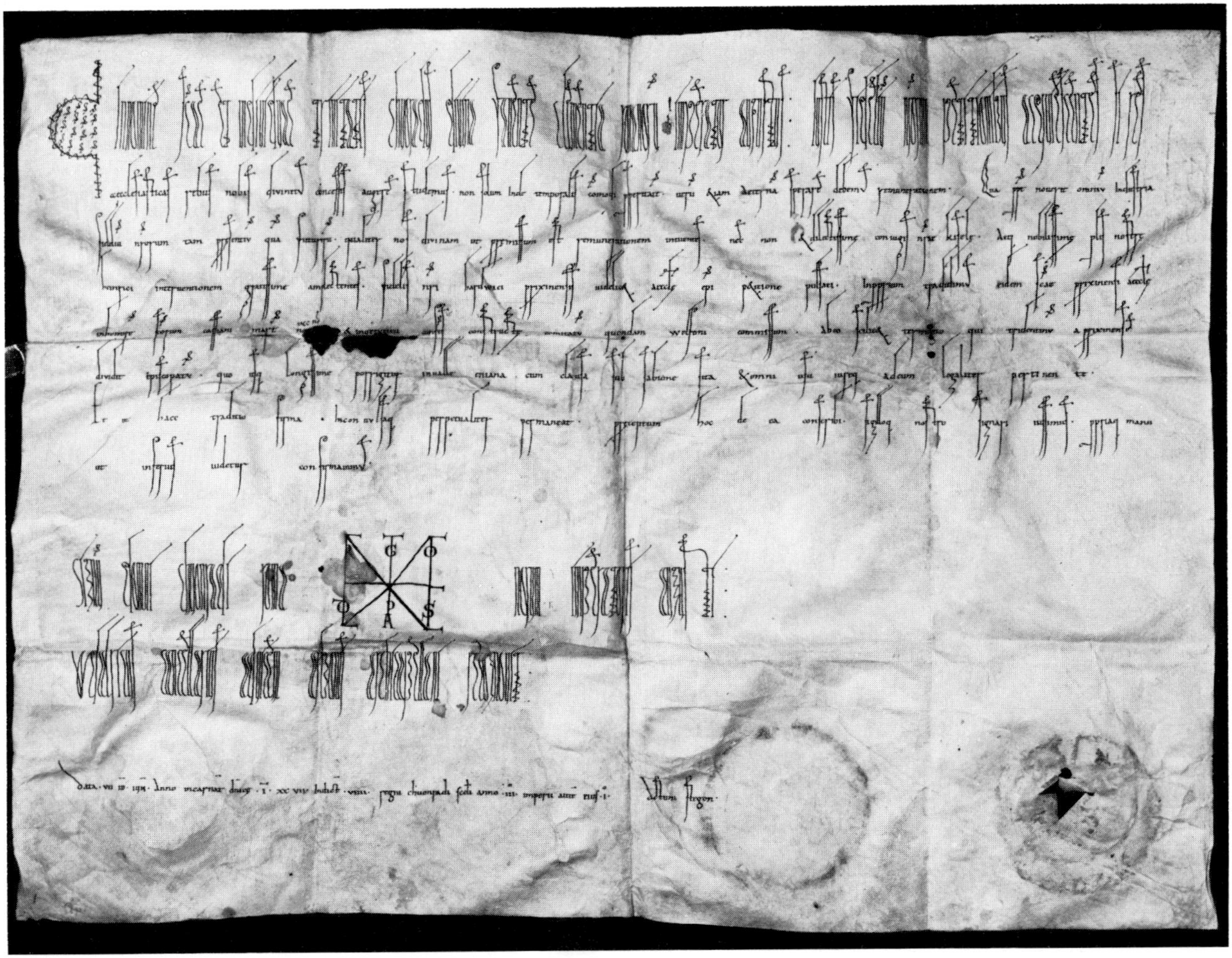

Das Land im Gebirge geht eigene Wege

Die Lösung Tirols aus dem bayerischen Herzogtum

Das Jahr 1180 war nicht nur für die Geschichte Bayerns von großer Bedeutung, sondern auch für die Zukunft des „Landes im Gebirge", des späteren Tirol: Denn der Sturz des ehrgeizigen und starken Welfenherzogs Heinrich des Löwen erleichterte die Entstehung eines selbständigen Herrschaftsgebietes und seine Herauslösung aus dem Verband des bayerischen Herzogtums.

Die jetzt als Herzöge von Bayern eingesetzten Wittelsbacher waren den Adelsgeschlechtern, die „im Gebirge" – wie man sagte – die Herrschaftsgewalt ausübten, kaum mehr wirklich übergeordnet. Mächtiger und reicher waren die Andechser Grafen mit ihrem Stammsitz in Dießen am Ammersee, die das Inntal von Zirl bis zum Ziller, die Täler beiderseits des Brenners und das Pustertal besaßen. Sie geboten zudem über Grafschaften und Güter in Bayern und Franken, in Kärnten und Krain, in Istrien, wo sie die Markgrafschaft erworben hatten, in Dalmatien und Kroatien. Hätte Kaiser Friedrich Barbarossa sie zu den neuen bayerischen Herzögen gemacht, die Geschichte Bayerns hätte sicher einen anderen Verlauf genommen, und Tirol wäre vielleicht niemals ein selbständiges Land geworden. Doch der Kaiser wollte gar kein mächtiges Bayern. Und so zog er damals die eher unbedeutenden Wittelsbacher Grafen den Andechsern vor. Auch sie erfuhren aber eine Rangerhöhung und durften sich von nun an Herzöge „von Meranien" nennen, was nichts mit Meran in Tirol zu tun hat, sondern sich auf ein Herrschaftsgebiet an der Adria bezieht.

Die Eingliederung der andechsischen Herrschaft im Gebirge, das waren wesentliche Teile des späteren Tirol, in das vom Main über die Alpen bis zum Mittelmeer reichende Machtgebiet dieses Geschlechts lockerte naturgemäß die Verbindung zum Herzogtum Bayern. Politische Spannungen zwischen den staufisch gesinnten Andechsern und den Welfenherzögen in Bayern hatten schon früher eine Entfremdung bewirkt. 1133 war Heinrich der Stolze im Inntal eingebrochen und hatte u. a. den dortigen Hauptsitz der Andechser Grafen, die Burg oberhalb von Amras, zerstört. Nun waren die Welfen in Bayern abgesetzt und die Andechser selbst Reichsfürsten geworden. Zugleich mit ihrer Rangerhöhung gründeten sie im Jahre 1180 aus Prestigegründen und aus machtpolitischem

▷

Kaiser Friedrich Barbarossa belehnt im Jahre 1180 den Grafen Otto von Wittelsbach mit dem Herzogtum Bayern. Von diesem für die Geschichte Bayerns und Tirols gleich wichtigen Ereignis gibt es natürlich keine zeitgenössische Darstellung, jedoch viele phantasievoll ausgeschmückte Bilder aus späterer Zeit. Hier ein Fresko in den Hofgartenarkaden der Münchner Residenz.

Interesse an der Stelle, wo die für den Zusammenhalt ihrer Länder so wichtige Brennerstraße den Inn überquerte, die Stadt Innsbruck.
Doch die Andechser waren nicht vom Glück begünstigt: Sie verloren für einige Zeit alle ihre Besitzungen und Rechte, da sie mit der Ermordung des deutschen Königs Philipp in Verbindung gebracht und geächtet wurden; nicht lange nach der Rehabilitierung starben sie im Jahre 1248 aus. Ihr „Reich“ zerfiel. Was sie östlich des Lech an Herrschaften und Gütern besessen hatten, konnten die Wittelsbacher an sich bringen. Im Gebirge übernahmen die vom Trienter Bischof mit dem Vinschgau

belehnten Grafen, die sich nach ihrer Burg Tirol nannten, dank ihrer klugen Heiratspolitik das andechsische Erbe. Mitentscheidend für die weitere Entwicklung war, daß die Grafen von Tirol mit dem Vinschgau und der Vogtei über das Hochstift Trient die Basis ihrer Machtstellung außerhalb des Herzogtums Bayern hatten.
Erstmals war der Kern des Landes um den Brenner in einer Hand vereint. Nicht zu Unrecht wird deshalb das Jahr 1248 oft als das Geburtsjahr Tirols bezeichnet. In den Urkunden taucht jetzt statt der bisher üblichen Bezeichnung „inter montanis" oder ähnlich, also „Land im Gebirge", immer häufiger die Benennung „dominium comitis tyrolis" auf, das heißt „Herrschaft des Grafen von Tirol". Das vom Grafen Albert von Tirol geschaffene Territorium überdauerte jedoch seinen Tod nicht. Seine Tochter Elisabeth, deren erste Ehe die Andechser Erbschaft eingebracht hatte, war in zweiter Ehe mit dem bayerischen Grafen Gebhard von Hirschberg vermählt; seine zweite Tochter Adelheid mit dem Grafen Meinhard III. von Görz. Als nun Graf Albert von Tirol 1253 starb, teilten sich die Gatten seiner Töchter das Erbe: Meinhard (in Tirol der I.) erhielt den südlichen, Gebhard den nördlichen Teil. Die Grenze folgte nicht dem Alpenhauptkamm, sondern war gemäß alten Traditionen durch Talengen markiert: Die Teilungslinie verlief südlich des Brenners (bei Franzensfeste) und nördlich des Reschenpasses (bei Landeck). Während so das nördliche Tirol wieder enger mit Bayern verbunden war, gehörte der Süden nun zu einem Herrschaftsverband, der auch die Görzer Gebiete im Friaul, in Istrien und im Herzogtum Kärnten umfaßte. Nach dem Tod Meinhards I. (1258) trat sein Sohn Meinhard II. (gemeinsam mit seinem weniger bedeutenden Bruder Albert) die Nachfolge in Görz und Tirol an.
Der erst zwanzigjährige Meinhard II., der zielstrebig und mit Erfolg daranging, die Zukunft seiner Familie und des im Entstehen begriffenen „Alpenstaates" zu sichern, ließ von Anfang an keinen Zweifel darüber aufkommen, daß er sich dem Bayernherzog in keiner Weise untertan fühlte. Als er im Oktober 1259 in München die viel ältere bayerische Prinzessin und staufische Königswitwe Elisabeth heiratete, konnte er vom Wittelsbacher Herzog Ludwig nur mit Mühe dazu gebracht werden, aus seiner Hand den Rittergürtel zu empfangen. Er hatte Angst, dadurch als Gefolgsmann des Herzogs zu erscheinen. Umgekehrt war Herzog Ludwig viel daran gelegen, wenigstens den Schein einer Oberhoheit über die alten bayerischen Grafschaften im Gebirge aufrechtzuerhalten. Deshalb war er bemüht, Streitigkeiten um Herrschaftsrechte in diesem Raum als Schiedsrichter zu klären, wozu er selbst ins Inntal kam oder über den Brenner zog. 1263 schlichtete er u. a. in Sterzing den Erb-

Siegel des Berthold von Andechs. Sein Geschlecht gehörte bis 1248 zu den mächtigsten des „Landes im Gebirge".

Siegel des Albert von Tirol, dem 1248 die Vereinigung der Grafschaften um den Brenner gelang, mit einer der ältesten Darstellungen des Tiroler Adlers.

schaftsstreit zwischen Graf Meinhard von Tirol-Görz und Graf Gebhard von Hirschberg.

Die bayerischen Grafengeschlechter hatten in Tirol kein Glück: Waren die Andechser am Höhepunkt ihrer Macht ausgestorben, so starb die Gattin des Grafen Gebhard von Hirschberg, die ihm das Tiroler Teilerbe eingebracht hatte, ohne ihm Kinder zu hinterlassen. Meinhard II. sah sich daraufhin als den einzigen Erben des letzten Tiroler Grafen an und verlangte vom Hirschberger die Grafschaft Unterinntal zurück. Bayernherzog Ludwig entschied auf eine weitere Teilung: Meinhard II. bekam das Wipptal, Gebhard von Hirschberg, der sich gern als Herr des Inntales bezeichnete und zeitweise auf Schloß Thaur bei Hall residierte, mußte sich mit dem Rest begnügen, der freilich wegen der Saline von Hall recht ansehnlich war. 20 Jahre später kaufte Meinhard II. den Hirschbergern die ihnen verbliebenen Inntaler Gerichte ab, um den anhaltenden Streit aus der Welt zu schaffen.

Ähnlich erging es auch anderen Adelsfamilien aus Bayern: Weder die Grafen von Moosbach noch die Grafen von Eschenloh-Hertenberg konnten erworbene Herrschaftsrechte, Eigengüter oder Lehen im Gebirge auf die Dauer halten. Meinhard II. verdrängte sie alle, wie er nach und nach auch die alteinsässigen Geschlechter edelfreien oder gräflichen Ranges seiner Herrschaft unterwarf. Auch die Bischöfe von Brixen und Trient, eigentlich seine Lehensherren, brachte er völlig in seine Abhängigkeit, indem er den Rechtstitel der Vogtei, der erblichen Schutzgewalt über das weltliche Herrschaftsgebiet der Kirchenfürsten, voll zu seinen Gunsten nutzte.

Der machtpolitische Konzentrationsprozeß wurde ergänzt durch die Vereinheitlichung der verschiedenen Herrschaftsrechte, Lehen, Vogteien, Gerichtshoheiten und anderer Rechtstitel unterschiedlicher Herkunft und Bedeutung zur vollen Staatsgewalt in Händen des Landesherrn, der seine Position auch durch die Erweiterung des Grundbesitzes erheblich festigte. Zum „Schöpfer Tirols" wurde Meinhard aber nicht zuletzt durch seine Einrichtung einer einheitlichen Verwaltungsorganisation mit gut funktionierenden Zentralstellen und einem wohlgeordneten Netz lokaler Gerichte und Ämter. 1271 verzichtete Meinhard auf die görzischen Gebiete, die er zusammen mit dem Pustertal seinem Bruder überließ, und konzentrierte sich ganz auf das einträglichere und wichtigere Tirol, das damals in Urkunden meist schon als „Herrschaft Tirol" bezeichnet wurde. Aber auch die Bezeichnung „Grafschaft" oder „Land" kam schon vor. Meinhard II. konnte das neu entstandene Territorium durch die Erwerbung des oberen Inntals und des Lechtals wesentlich erweitern. Das war vor allem durch die Ehe mit der Witwe des Hohenstaufen Konrad IV. möglich geworden, die ihm die in Westtirol massierten staufischen Güter und Rechte sicherte. Dazu kam die Erwerbung der eschenlohischen Besitzungen im Oberinntal. Diese hätten auch die Wittelsbacher gerne in ihren Besitz gebracht, doch konnte sich Herzog Ludwig von Bayern nicht durchsetzen.

Die Wittelsbacher mußten sich damals mehr auf den innerbayerischen Raum konzentrieren, um dort ihre Hausmacht auszubauen, was ihnen auch gelang. Um des Kernlandes willen mußte ein Abbröckelungsprozeß am Rande in Kauf genommen werden. Im Verhältnis der beiden Herrscher zueinander scheint es auch eine Rolle gespielt zu haben, daß Ludwig von Bayern Meinhards Schwager war und daß beide in der Reichspolitik als Parteigänger der Staufer miteinander verbündet waren. Erst nach dem Tod von Meinhards Gattin Elisabeth (1273) und der Hinwendung Meinhards zum neuen deutschen König Rudolf von Habsburg sollte der tirolisch-bayerische Gegensatz wieder voll aufflammen.

Die Entwicklung der Landeseinheit Tirols war so weit fortgeschritten, daß die Bayern kaum mehr Hoffnung haben konnten, einzelne Stücke daraus zurückzuerwerben. Deshalb bekräftigten sie nun ihren Standpunkt, daß das ganze Land im Gebirge land- und lehensrechtlich zum Herzogtum Bayern gehöre. Um 1275 läßt sich der Herzog von Bayern im Schwabenspiegel den Anspruch auf das Reichsvikariat „im Gebirge bis eine Meile vor Trient" zuerkennen. Und im herzoglichen Urbar von 1280 wird festgestellt, daß der Brixner Bischof gegenüber dem bayerischen Herzog hoftagspflichtig sei und seiner weltlichen Gerichtsbarkeit unterstehe. Schließlich rechnet der bayerische Landfrieden von 1281 unter anderen Bistümern auch Brixen zum Herzogtum Bayern.

Da die Zuständigkeit zu einem bestimmten Landrechtsbereich oder die Unterwerfung unter ein herzogliches Hofgericht immer eine Abhängigkeit bedeutete, unterließ es Graf Meinhard II. geflissentlich, sich auf bayerisches Recht zu berufen. Ja, er ließ nicht einmal das alemannische Recht für sich gelten, obwohl die Grafschaft Vinschgau zumindest zeitweise zum Herzogtum Schwaben gehört hatte. Er verlangte in mehreren Fällen, nach „Königsrecht" oder nach römischem Recht behandelt zu werden. Mehrere landesherrliche Urkunden berufen sich auch auf ein rätoromanisches Recht. Schließlich ließ er um 1280 ein eigenes Tiroler Landrecht aufzeichnen. Die Landrechtsfrage erlangte entscheidende Bedeutung, als König Rudolf von Habsburg den Tiroler Grafen zum Herzog von Kärnten machen wollte und die Wittelsbacher dagegen heftig Widerstand leisteten. Mit ihrer Auffassung, der Tiroler Emporkömmling sei selbst Lehensträger, unterstehe dem schwäbischen und dem bayerischen Landrecht und besitze deshalb nicht die fürstliche Eig-

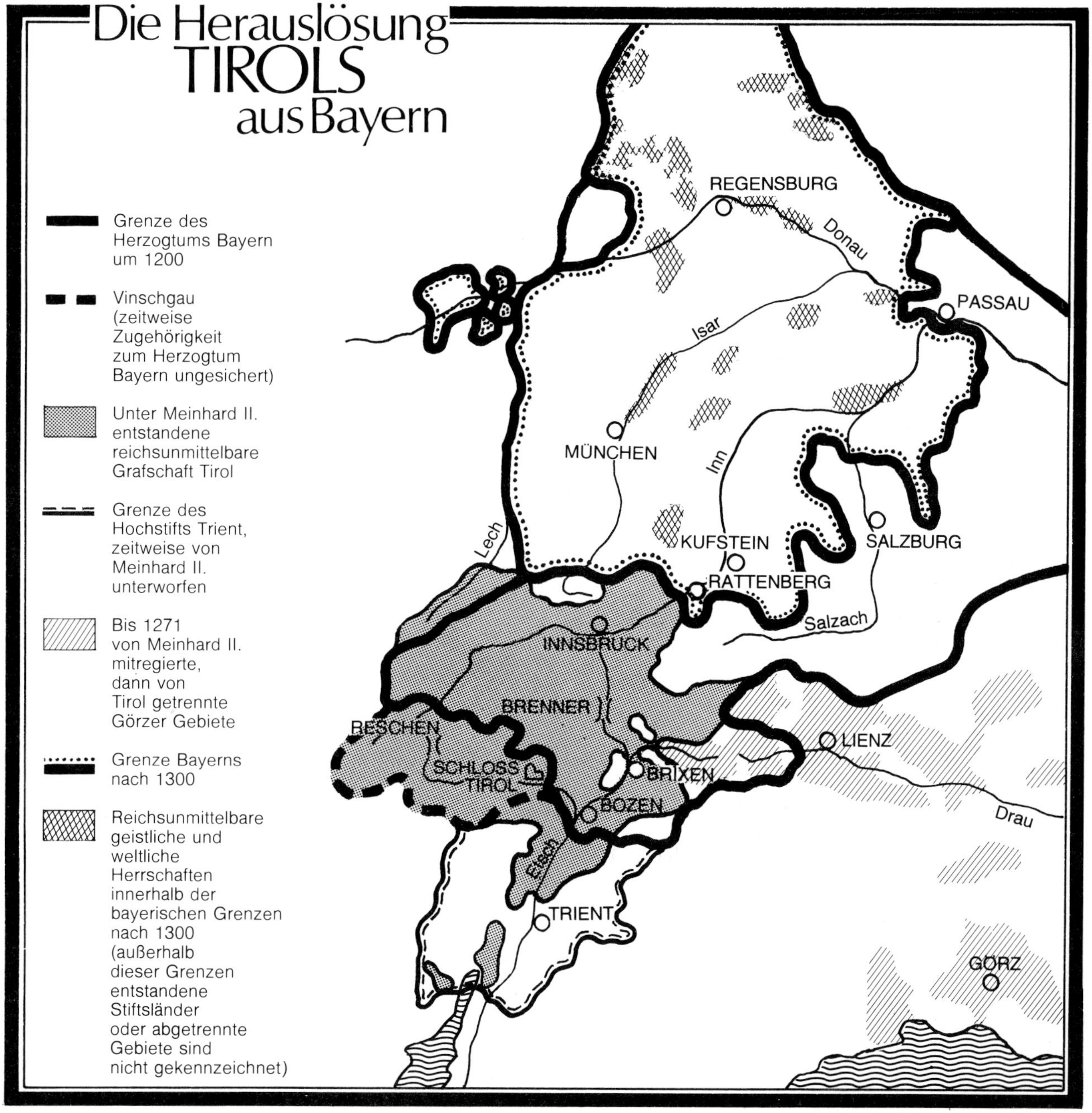
Die Herauslösung TIROLS aus Bayern
Grenze des Herzogtums Bayern um 1200
Vinschgau (zeitweise Zugehörigkeit zum Herzogtum Bayern ungesichert)
Unter Meinhard II. entstandene reichsunmittelbare Grafschaft Tirol
Grenze des Hochstifts Trient, zeitweise von Meinhard II. unterworfen
Bis 1271 von Meinhard II. mitregierte, dann von Tirol getrennte Görzer Gebiete
Grenze Bayerns nach 1300
Reichsunmittelbare geistliche und weltliche Herrschaften innerhalb der bayerischen Grenzen nach 1300 (außerhalb dieser Grenzen entstandene Stiftsländer oder abgetrennte Gebiete sind nicht gekennzeichnet)
REGENSBURG
Donau
PASSAU
Isar
MÜNCHEN
Inn
Lech
KUFSTEIN
SALZBURG
RATTENBERG
Salzach
INNSBRUCK
BRENNER
RESCHEN
SCHLOSS TIROL
BRIXEN
LIENZ
BOZEN
Drau
Etsch
TRIENT
GÖRZ

nung, konnten sie die meisten anderen weltlichen und geistlichen Fürsten überzeugen.
Doch Meinhard fand für sich einen Anwalt von Gewicht: Der Bischof von Chur legte im Jänner 1282 vor dem König Zeugnis ab, daß der Graf von Tirol seinen Wohnsitz und sein eigenes Recht innerhalb des Gebirges habe und weder zum Herzogtum Schwaben noch zu Bayern gehöre. Weder Meinhard noch einer seiner Vorgänger in der Herrschaft Tirol habe sich außerhalb der Berge dem Recht gestellt. Außerdem habe Meinhard seine Grafschaft vom Bistum Trient, das bekanntlich zu Italien gehöre. Daraufhin fiel es dem König leicht, die Streitfrage zugunsten seines Freundes, Verbündeten und Verwandten Meinhard zu entscheiden. Die Erhebung des Tirolers in den Fürstenstand mußte freilich wegen eines neuerlichen Streites mit dem Trienter Bischof und einem damit zusammenhängenden Bannfluch der Synode von Aquileia hinausgeschoben werden.
Daß Tirol ein selbständiges Land geworden war, konnte nach König Rudolfs Ulmer Spruch von 1282 nicht mehr bestritten werden. Es war der rechtliche Abschluß einer Entwicklung, die im politischen Geschehen der damaligen Zeit durchaus keine Sondererscheinung darstellt: Überall im Reich wurden in gleicher Weise die Hüllen der alten Herzogtümer gesprengt. Mehr als die staatsrechtliche Abtrennung Tirols von Bayern scheint das frühe Auftreten eines Tiroler Sonderbewußtseins bemerkenswert. Schon der ältere Name „Land im Gebirge" war nicht nur als geographischer Begriff verstanden worden. Tiroler Urkunden schon des 12. und 13. Jahrhunderts unterscheiden zum Beispiel Güter „im Gebirge" von solchen „in Bavaria", womit offenbar das voralpine Bayern allein gemeint war. Und Einheimische wurden nie als Bayern bezeichnet. Ähnlich war es beim Warenaustausch, wo der Begriff „aus Bayern" schon zu einer Zeit geläufig war, als das Land im Gebirge selbst noch zu Bayern gehörte. Der mentalitätsmäßige Ablösungsprozeß war der staatsrechtlichen Verselbständigung und der politischen Grenzziehung offenbar vorausgegangen. Die Zuwanderung aus dem gesamten süddeutschen Raum war jedoch während dieser ganzen Epoche nie unterbrochen. Aber wie es scheint, wurden aus den Bayern und den Schwaben immer recht schnell „Gebirgler" bzw. Tiroler. Auch in wirtschaftlicher und kultureller Hinsicht überdauerte die alte Einheit die Abspaltung. In der Kunst nahm Tirol freilich vor allem dadurch immer eine gewisse Sonderstellung ein, daß hier Einflüsse aus allen Himmelsrichtungen und aus den verschiedenen Kulturkreisen gleichwertig nebeneinanderstanden, sich kreuzten und vermischten.
Daß Meinhard II. von Tirol-Görz 1286 tatsächlich als Herzog von Kärn-

Im 16. Jahrhundert entstandenes Phantasieporträt Meinhards II. von Tirol-Görz. Er war der eigentliche Schöpfer des Landes Tirol und der Begründer seiner Unabhängigkeit von Bayern.

ten in den Reichsfürstenstand aufstieg, hatte für Tirol keine grundlegende Bedeutung mehr. Kärnten war für Meinhard nur ein Nebenland. Auch hatte Meinhard schon vor seiner Rangerhöhung im Kreise der europäischen Fürsten als gleichberechtigt gegolten. Seine Tochter war durch die Ehe mit König Rudolfs Sohn zur Stammutter des gesamten Habsburgergeschlechts geworden. Er hatte auch als Tiroler Graf schon wie ein souveräner Fürst gehandelt, Kriege erklärt und Verträge mit Herzögen und Königen abgeschlossen. Beim Päpstlichen Stuhl hatte Tirol einen eigenen Gesandten. Die Bayernherzöge mußten sich mit einem selbständigen, von einem mächtigen Fürsten regierten Nachbarland Tirol abfinden. Sie waren sogar bereit, Meinhard II. das Gericht Rattenberg zu verpfänden und sich damit noch weiter aus dem Gebirge zurückzuziehen. Wenn es noch einer offiziellen Anerkennung der Unabhängigkeit Tirols durch Bayern bedurft hätte, so wurde diese 1312 durch ein Handelsabkommen, das beide Länder als gleichberechtigte und gleichwertige Partner zeigt, stillschweigend ausgesprochen.

Anders als Bayern, das die Wittelsbacher Herzöge 1255 unter sich aufzuteilen begonnen hatten, blieb Tirol nach dem Tode Meinhards II. im Jahre 1295 als Einheit erhalten. Seine Söhne regierten das Land nach seinem ausdrücklichen Willen gemeinsam und wurden von ihrem Vetter, dem habsburgischen König Albrecht I., mit der Zoll-, Straßen- und Verkehrshoheit innerhalb der Grafschaft Tirol belehnt. Die Entwicklung zum souveränen Territorialstaat ging also weiter. Freilich war Heinrich von Tirol-Görz, der nach dem Tode seiner Brüder von 1310 bis 1335 allein regierte, nicht imstande, das Lebenswerk seines Vaters zu festigen oder gar weiter auszubauen. Im Gegenteil, er verstrickte sich in abenteuerliche Unternehmungen und schwächte damit das Land Tirol, das zunehmend ins Blickfeld der damaligen europäischen „Großmächte“ rückte, vor allem als Heinrich ohne Söhne blieb. Für die Wittelsbacher, die wie die Habsburger mit den Meinhardinern verwandt waren, eröffnete sich die Aussicht, Tirol als Ganzes zu ihrem Hausbesitz zu schlagen, was umso wichtiger war, als die Wittelsbacher unter Ludwig dem Bayern wieder in die Reichspolitik eingriffen und mit Tirol die Wege nach Italien in ihre Hand bringen wollten. Die vier Jahrzehnte zwischen 1330 und 1370 sollten über die Zukunft der noch jungen bayerisch-tirolischen Nachbarschaft entscheiden.

Ehen und Erbe der Margarethe Maultasch

Der Streit zwischen Luxemburg, Wittelsbach und Habsburg um Tirol und der Übergang des Landes an Österreich

Noch einmal kehrte Tirol für 21 Jahre unter bayerische Herrschaft zurück, ehe sich die Wege der beiden Länder endgültig trennten: Am 8. Februar 1342 zog Ludwig der Bayer, der Wittelsbacher auf dem Kaiserthron, mit großem Gefolge auf Schloß Tirol oberhalb Merans ein. Sein Sohn Ludwig der Brandenburger sollte zwei Tage später Margarethe von Tirol-Görz heiraten, die vielumworbene Erbin des Landes. Es waren große Tage für das Haus Wittelsbach, und der Kaiser zeigte offen seine Freude:
„Überglücklich im Herzen sang er mit lauter Stimme Freudenlieder, denn er ergötzte sich an der Schönheit der Gegend wie auch am Besitz der Felsenburg, die den Weg nach Italien bewacht." Mit diesen Worten schildert der damals auf der Tiroler Stammburg anwesende Geschichtsschreiber Johann von Viktring die sicher nicht alltägliche Szene, die sich recht phantasievoll ausschmücken läßt und die sich deshalb auch Dichter und Romanautoren selten entgehen ließen, wenn sie sich mit der Geschichte und dem Leben der Tiroler Fürstin mit dem Beinamen „Maultasch" befaßten. Im biographischen Roman „Margarethe Maultasch" der Tiroler Dichterin Fanny Wibmer-Pedit lautet die Stelle:

„Da klang von irgendwoher ein Jubeln und Jauchzen, eine frohlockende Liedweise, die Ludwig (der Brandenburger) kannte, die immer wieder mit einem hellen Hinausjauchzen endete und aufs neue begann, wenn das Echo der Berge sie aufnahm und wieder zurückgab. Wer maß da mit seinem Herzen die Weiten des Landes aus? Ludwig ging zum Fenster hin, öffnete es und beugte sich weit hinaus. Margarethe hatte die Hände wieder in den Schoß sinken lassen und lauschte, als kündige sich ihr eine tröstliche Offenbarung an. Ludwig winkte ihr. ‚Komm her, Margarethe – sieh!' Zögernd stand sie auf, kam näher, trat ans Fenster und fühlte Ludwigs Hand auf ihrer Schulter. Ein Stockwerk tiefer, gegenüber, auf dem offenen Wehrgang, der die Krone eines Kastanienbaumes überragte, stand der Kaiser. Trunkenen Blickes und trunkenen Herzens sang er immer wieder mit hoher Stimme sein Jubellied in das weite Land hinaus . . ."

Und im Buch „Die häßliche Herzogin“ des berühmten Münchner Schriftstellers Lion Feuchtwanger heißt es:
„Erstaunt hörten die Herren im Vorzimmer, wie der Kaiser innen mit heller, lauter Stimme sang. ‚Er singt Lieder wie König David vor der Bundeslade!‘ sagte der Bischof von Augsburg. Der Kaiser aber, in seinem Gemach, allein, schaute in das weiße, helle Land, schlug sich auf die

▷ *Siegel der Margarethe Maultasch, der Erbin Tirols und Gattin des Wittelsbachers Ludwig von Brandenburg. Ihre anmutige Gestalt wird flankiert von den Wappen Tirols und Bayerns.*

Schenkel, sang kleine, lustige, derbe Trutzlieder, wie man sie in den Kneipen seiner bayrischen Dörfer sang.“
Kaiser Ludwig hatte allen Grund zum Frohlocken: Seit einem Jahrzehnt hatten die Wittelsbacher mit den beiden anderen führenden Herrschergeschlechtern des Reiches, den Luxemburgern und den Habsburgern, zäh und erbittert um das für jede Reichs- und Italienpolitik so wichtige Paßland Tirol gerungen. Und nicht immer hatte es so ausgesehen, als ob der Kaiser den Sieg davontragen und Tirol an Bayern fallen würde. Zu einem Streit um Tirol war es gekommen, weil Heinrich von Tirol-Görz,

der nicht nur Graf von Tirol, sondern auch Herzog von Kärnten war, keinen Sohn hatte. Als er sich darum bemühte, die Herrschaft im Land dennoch seiner Familie zu erhalten, erklärte Kaiser Ludwig der Bayer zwar im Jahre 1329 die Töchter des mit ihm verwandten Tiroler Fürsten für lehensfähig, machte die Zuweisung der Lehen an die zukünftigen Schwiegersöhne jedoch von der Einholung des kaiserlichen Rates bei deren Auswahl abhängig.
Dennoch gelang es ausgerechnet dem damals ärgsten Konkurrenten des Bayernherrschers, dem soeben in den Besitz Böhmens gelangten Johann von Luxemburg, seinen zweiten Sohn Johann Heinrich mit der Tiroler Erbtochter Margarethe Maultasch zu verheiraten. Daß sich die Luxemburger in Tirol festsetzen wollten, mißfiel nicht nur Ludwig dem Bayern. Auch die Habsburger Herzöge erhoben als Geschwisterkinder Heinrichs von Tirol-Görz Ansprüche auf dessen Länder. Tirol hatte für sie nicht nur als Nord-Süd-Verbindung Bedeutung. Für die Habsburger ging es auch darum, eine Landbrücke zwischen ihren Stammlanden in der Schweiz, am Oberrhein und am Bodensee (zusammen später Vorderösterreich genannt) und ihrem neuen Machtzentrum an Donau (Österreich) und Mur (Steiermark) zu schaffen. So ließ die Hochzeit zwischen den fürstlichen Kindern – Margarethe Maultasch war zwölf Jahre, Prinz Johann Heinrich von Luxemburg gar erst neun Jahre alt – die Häuser Wittelsbach und Habsburg ihre alte Feindschaft vergessen. Sie schlossen einen Vertrag mit dem Ziel, die Herrschaft der Luxemburger in Kärnten und Tirol zu verhindern. Lieber wollten sie das Herrschaftsgebiet der Meinhardiner, mit denen beide Königsgeschlechter verwandt waren, unter sich aufteilen.
Als Heinrich von Tirol-Görz im Jahre 1335 starb, zog Kaiser Ludwig Kärnten und Tirol als freigewordene Reichslehen ein und belehnte die Habsburger – dem Übereinkommen gemäß – mit Kärnten und dem südlichen Tirol. Die Grenze sollte bei Mittewald südlich des Brenner verlaufen. Das nördliche Tirol schlug Ludwig zu seinem Hausbesitz Bayern. Doch die Habsburger konnten nur Kärnten in ihren Besitz nehmen. An einem Vordringen ins Eisacktal wurden sie von der zur Verteidigung des Landes aufgebotenen Tiroler Bevölkerung gehindert. Und auch die bayerischen Angriffe auf das Inntal wurden abgewehrt. So konnten Margarethe und Johann Heinrich trotz ihres jugendlichen Alters ihre Herrschaft verteidigen, und zwar zunächst ohne Hilfe der mächtigen Verwandten, die gerade in Frankreich und in Böhmen beschäftigt waren. Auch der Versuch der Wittelsbacher, Tirol im Tausch zu erwerben und den Luxemburgern dafür Brandenburg zu überlassen, schlug fehl, weil der mächtige Tiroler Adel dafür nicht zu gewinnen war.

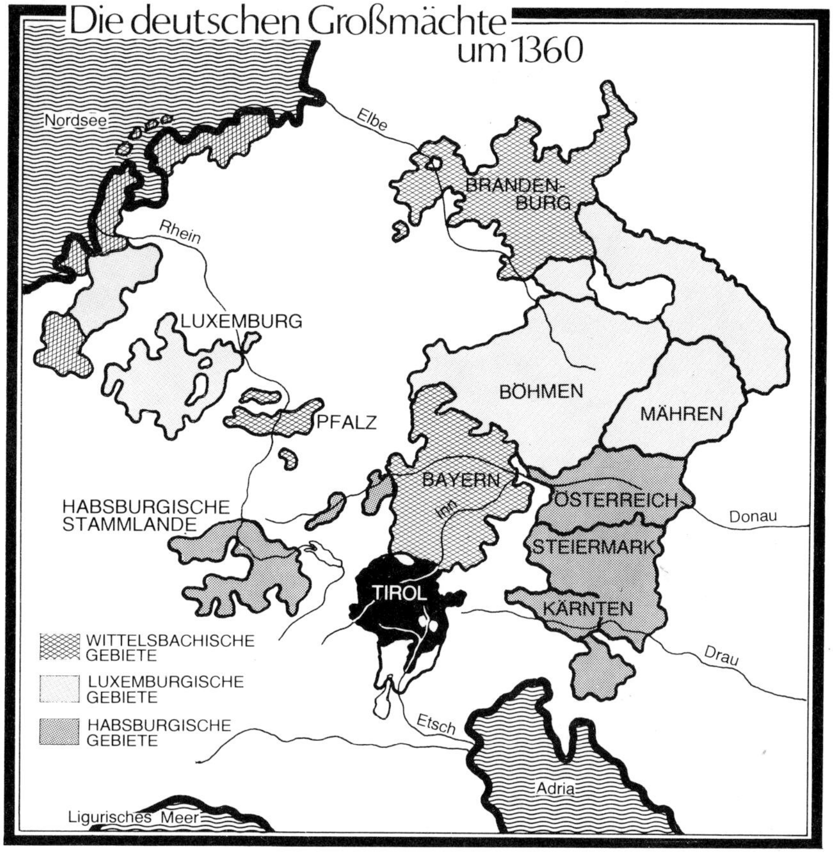

Obwohl sowohl die Habsburger als auch die Wittelsbacher angesichts der entschiedenen Haltung der Tiroler nachgeben und vorerst auf Tirol verzichten mußten, war die luxemburgische Herrschaft in Tirol von kurzer Dauer. Entscheidend war, daß die Ehe zwischen Margarethe und Johann Heinrich nicht glücklich war und kinderlos blieb. Auch waren die Tiroler Adelsherren mit der Herrschaft der Luxemburger bald schon recht unzufrieden. Vor allem die Einsetzung von Günstlingen und Vertrauten aus Böhmen in wichtigen Tiroler Machtstellungen erregte heftige Opposition. Eine erste Verschwörung, bei der Ludwig der Bayer seine Hand im Spiel gehabt zu haben scheint, wurde aufgedeckt. Beim zweiten Mal klappte es: Anfang November 1341 vertrieben Tiroler Adelige im Einverständnis mit ihrer Landesherrin Margarethe den fremden Fürsten aus dem Land. Schon vorher war mit den Wittelsbachern Kontakt aufgenommen worden. In München hatten sich die maßgeblichen Tiroler Landherren davon überzeugen lassen, daß eine Verbindung mit Bayern, gegen die man noch sechs Jahre vorher heftig gekämpft hatte, doch nicht das Schlechteste für sie und für das Land wäre. Kaiser Ludwig sparte nicht mit Geschenken und Versprechungen und hatte einen neuen Gemahl für Margarethe anzubieten: seinen ältesten Sohn, Markgraf Ludwig von Brandenburg, der seit einem Jahr Witwer war. Daß dieser sich dem Tiroler Eheprojekt gegenüber zunächst ablehnend verhielt, spielte keine Rolle. Er mußte sich fügen. Und über die Tatsache, daß Margarethe von Tirol-Görz bereits verheiratet war, wollte man sich ganz einfach hinwegsetzen. Die Kinderlosigkeit und Margarethes Behauptung, daß die Ehe nicht vollzogen sei, waren nach Auffassung des Kaisers Gründe genug.

Ludwig der Bayer und sein Sohn bereiteten ihren Zug nach Tirol bestens vor. Was die Auflösung der bestehenden Ehe betrifft, für die der im gegnerischen politischen Lager stehende Papst nicht zu gewinnen war, holte sich der Kaiser kirchenrechtliche Gutachten in seinem Sinne ein. Die Gunst der maßgeblichen Tiroler, auf deren guten Willen er angewiesen war, suchte er durch die förmliche Verbriefung eines Mitspracherechtes bei der Regierung des Landes zu gewinnen. Die betreffende Urkunde, am 28. Jänner 1342 von Markgraf Ludwig von Brandenburg in zwei Fassungen ausgestellt und von Kaiser Ludwig dem Bayern bestätigt, enthält u. a. die Zusage, keine ungewöhnlichen Steuern ohne Rat und Bewilligung der „Landleute", also der Sprecher der Bevölkerung, auszuschreiben, ihre Zustimmung zu neuen Gesetzen einzuholen und das Land nach dem „Rat der Besten" zu regieren. Der neue Landesfürst gewährte diese Rechte nicht nur dem Tiroler Adel, sondern ausdrücklich auch den „Gotteshäusern" (Klöstern und Stiften), den „Städten, Dörfern und Märkten" sowie „allen Leuten, Edlen und Unedlen, Reichen und Armen wie diese heißen und wo immer sie gelegen und ansässig seien in der Grafschaft Tirol". Er bestätigte gleichzeitig alle bisher erworbenen Rechte und Privilegien und gab das für die Tiroler so wichtige Versprechen ab, keine fremden Räte und Gefolgsleute ins Land zu holen.

Dieser „Große Freiheitsbrief" hat die beabsichtigte propagandistische Wirkung nicht nur damals erzielt. Bis in unsere Zeit gilt die vom bayerischen Herrscherhaus ausgestellte Urkunde von 1342 als „Magna Charta", als das Fundament der vielgerühmten Tiroler Freiheit und Demokratie, wobei vielfach übersehen wird, daß die Formulierung, mit der sie sich an alle Stände und Schichten der Bevölkerung richtet, nicht viel mehr als eine in bayerischen Urkunden dieser Zeit durchaus übliche Floskel war und das ganze Dokument in der damaligen politischen Pra-

Zeitgenössisches Porträt von Kaiser Ludwig dem Bayern auf dem Stifterrelief der Lorenzkirche im Münchner Alten Hof. Ihm gelang es, Tirol noch einmal mit Bayern zu vereinigen.

xis wenig bedeutete. Wichtige Adelige hatten schon bisher ein gewisses Mitspracherecht, und vom fallweisen Auftreten einiger Städtevertreter abgesehen, scheinen auch in der folgenden Zeit die unteren Stände zu Beratungen und Willensäußerungen nicht herangezogen worden zu sein. Dazu kam es erst im 15. Jahrhundert, als sich die Habsburger als neue Herren Tirols gegen die rebellischen Adelsherren zunehmend auf die Hilfe der Städte und Landbevölkerung stützten. Erst nach 1420 nahmen an den Tiroler Landtagen auch Bauern teil, was sonst in Mitteleuropa nur in der Schweiz üblich war. Völlig abwerten wird man den berühmten Großen Freiheitsbrief von 1342 aber dennoch nicht dürfen, da er zumindest als politisches Programm und als Formulierung einer Idealvorstellung seine Wirkung bei der weiteren Entwicklung der landständischen Verfassung Tirols nicht verfehlt zu haben scheint. Er wird in späteren Zeiten immer wieder zitiert und in die Bestätigung der alten Tiroler Freiheiten und Rechte durch die jeweils neuen Landesfürsten miteinbezogen.

Rückseite von Ludwigs goldenem Kaisersiegel mit einer schematischen Darstellung Roms. Romzüge und Reichspolitik machten das Paßland Tirol für den Herrscher aus Bayern so wichtig.

Die Zugeständnisse im „Großen Freiheitsbrief" haben Ludwig dem Bayern und seinem Sohn sicher wenig Kopfzerbrechen und Sorgen bereitet, sie mußen sich ja nicht an ihn halten und taten es auch in der Zukunft nicht. Daß die Wittelsbacher ihre adeligen Anhänger in Tirol durch die Verleihung von Herrschaften und die Gewährung bedeutender Einkünfte belohnen mußten, dürfte auch zu verschmerzen gewesen sein, ging es dem Kaiser bei der Gewinnung Tirols ja nicht um eine neue Einnahmequelle, sondern um den Besitz der wichtigen Alpenpässe.

Schwerer wogen die rechtlich-moralischen Probleme, die mit der am 10. Februar 1342 in Meran geschlossenen Ehe Margarethes mit Ludwig dem Brandenburger verbunden waren und die durch die kaiserliche Erklärung, daß die frühere Ehe nicht vollzogen und deshalb ungültig sei, nicht aus der Welt geschafft werden konnten. Daß Ludwig von Chamerstein, der Bischof von Freising, der die Trauung hätte vollziehen sollen, auf dem Weg von Sterzing über den Jaufen nach Meran vom Pferd stürzte und sich den Hals brach, galt für viele als Gottesurteil und böses Vorzeichen. Doch der Kaiser setzte sich über alle Bedenken und kritischen Stimmen hinweg und riskierte selbst den Bannfluch Roms. Er stand auf dem Höhepunkt seiner Macht. Noch konnte er nicht wissen, daß die Tiroler Heirat den Anfang seines Niedergangs bedeutete. Sie bot den Feinden des alsobald vom Papst mit dem Kirchenbann belegten Kaisers die Möglichkeit, gegen den allzu mächtigen Wittelsbacher Stimmung zu machen und schließlich 1346 die Wahl des Luxemburgers Karl zum Gegenkönig durchzusetzen.

In Tirol gelang es Ludwig dem Brandenburger, seine Herrschaft zu festigen und nach außen abzusichern. Versuche des neuen deutschen Königs Karl IV., mit Hilfe ausländischer Bundesgenossen Tirol wieder in seinen Besitz zu bringen, schlugen fehl, obwohl der Luxemburger im April 1347 Bozen und Meran niederbrannte und das von Margarethe Maultasch verteidigte Tiroler Stammschloß eine Zeitlang belagerte. Die Haltung des Tiroler Adels im neuerlichen Streit der Herrscherhäuser um ihr Land war zwiespältig. Karl konnte eine Reihe mächtiger Herren zunächst auf seine Seite ziehen, da sich die Wittelsbacher durch verschiedene selbstherrliche Maßnahmen und durch die Berufung von Bayern und Schwaben auf Hofämter, Gerichte und Zollstätten viele Feinde geschaffen hatten. Karls Verhandlungen mit norditalienischen Mächten, denen er für ihre Unterstützung Teile Tirols zusagte, schreckte jedoch die Tiroler ab. Sie wollten keine Zerstückelung der „gefürsteten Grafschaft". Und lieber als welsche Herren hatte man Bayern und Schwaben im Land. Nur Engelmar von Villanders, einst der Fürstenmacher Ludwigs, scheint entschlossen gewesen zu sein, die Wittelsbacher wieder zu vertreiben. Ihn ließ der von Ludwig aus Schwaben berufene und zum Landeshauptmann ernannte Konrad von Teck einsperren und wegen Hochverrates enthaupten.

Unter diesen Umständen konnte sich Karl IV. in Tirol nicht halten und schloß im Jahre 1349 – Kaiser Ludwig der Bayer war inzwischen gestorben – einen Ausgleich mit dem Haus Wittelsbach. Ludwig der Brandenburger erhielt die kaiserliche Belehnung mit Tirol, die Wittelsbacher erkannten Karl IV. als deutschen König an und lieferten die Reichsinsignien an die Luxemburger aus. Während Herzog Ludwig die Markgrafschaft Brandenburg seinem Stiefbruder Ludwig dem Römer und die Regierung Niederbayerns seinem jüngeren Bruder Stefan überließ, schien durch die Geburt eines Sohnes die Erbfolge in Oberbayern und Tirol und damit die Verbindung der beiden Nachbarländer für die Zukunft gesichert.

Das erste Jahrzehnt unter bayerischer Herrschaft war für Tirol jedoch eine schreckliche Zeit gewesen. Zum Teil trug daran die maßlose Politik Kaiser Ludwig des Bayern Schuld, die nicht nur dem Fürstenpaar, sondern dem ganzen Land den damals noch sehr ernstgenommenen Bannspruch des Papstes eingetragen und Krieg und Terror, Mord und Verwüstung heraufbeschworen hatte; zum anderen suchten gerade jetzt verheerende Naturkatastrophen und Krankheiten das Land heim: Überschwemmungen, Heuschreckenschwärme, die Pest. Kein Wunder, daß die verängstigte und hilflose Bevölkerung darin ein Strafgericht Gottes für die ehebrecherische Verbindung ihrer Landesfürstin sah. Bald war sie als „böses Weib" verschrien. „Die Maultasch" nannte man sie, ein

Ludwig der Brandenburger als Graf von Tirol. Kupferstich aus dem 1599 in Innsbruck erschienenen Werk des Dominicus Custos über die Tiroler Grafen.

Phantasiebildnis der Margarethe Maultasch aus dem 16. Jahrhundert, das bereits von der Legende ihres angeblich mißgestalteten Mundes beeinflußt ist.

Schimpfwort, das später oft mißverstanden wurde und die Meinung aufkommen ließ, die Fürstin hätte einen mißgestalteten Mund gehabt. Doch davon berichten die zeitgenössischen Quellen nichts.

Anfang der fünfziger Jahre normalisierten sich die Verhältnisse. Erst von nun an kann man wieder von einer geordneten und zielstrebigen Regierung des Landes sprechen. Der bayerische Herzog, der sich viel in Tirol aufhielt, förderte durch geeignete Gesetze und Maßnahmen das Wirtschaftsleben auf dem Lande und in den Städten, regelte das Rechtsverhältnis zwischen Grundherren und Bauern, sicherte den für Tirol so wichtigen Durchzugsverkehr und kümmerte sich um den Ausbau der Landeseinheit. Die Tiroler konnten mit seiner Herrschaft durchaus zufrieden sein. Daß er die höchsten Ämter und Dienststellen in Tirol weiterhin fast ausnahmslos bayerischen Gefolgsleuten anvertraute, hat man nun hingenommen.

Noch waren das Herrscherpaar und seine Länder mit dem Kirchenbann belegt. Doch auch eine Lösung dieses Konfliktes bahnte sich an: Durch Vermittlung des habsburgischen Herzogs Albrecht II. kam es zu Verhandlungen mit Rom und schließlich 1359 zur kirchlichen Ungültigkeitserklärung von Margarethes erster Ehe. Endlich konnte eine gültige kirchliche Trauung erfolgen, was umso wichtiger war, als erst jetzt die Kinder aus dieser Ehe legitimiert waren. Die Zeit des Kirchenbanns und das Interdikts für ganz Tirol war vorbei. Nach 16 Jahren durften wieder Messen gelesen und Sakramente gespendet werden.

Die Habsburger hatten sich nicht ganz selbstlos um eine Einigung zwischen Papst und Wittelsbachern bemüht. Sie ließen sich dafür u. a. mit neuen verwandtschaftlichen Bindungen und Erbverträgen belohnen: Ludwigs und Margarethes einziger Sohn Meinhard III. heiratete Margarethe von Österreich, die Tochter Herzog Albrechts II. Darüber hinaus vermachte Margarethe Maultasch – „damit nicht Krieg und Irrung entstünden" – den Herzögen von Österreich die Grafschaft Tirol für den Fall, daß sie selbst, ihr Gemahl und beider Sohn Meinhard ohne Leibeserben stürben. Da Herzog Ludwig diese Überschreibung nicht bestätigte und wohl auch nichts davon wußte, bekämpften später die Wittelsbacher die Rechtskraft der Urkunde. Nach Tiroler Auffassung war aber Margarethe Maultasch die eigentliche Erbin Tirols, konnte also für den Fall, daß sie und ihr Mann ohne direkte Nachkommen blieben, über das Land verfügen. Diese für das weitere Schicksal Tirols nicht unwichtige Urkunde, deren Echtheit übrigens von einigen Forschern bezweifelt wurde, ist in München ausgestellt, und zwar am gleichen Tag, an dem der Schlußakt des kirchlichen Prozesses, die Absolution und Trauung des tirolischen Fürstenpaares, begangen wurde. Herzog Rudolf IV. von

Österreich, nach dem Tod Albrechts II. (1358) der neue „Chef" des Hauses Habsburg, war zu den Zeremonien in die bayerische Hauptstadt gekommen und nahm das Schriftstück, dessen Bedeutung damals freilich noch niemand erahnen konnte, gleich nach Wien mit.
Herzog Ludwig – in Tirol immer noch „der Brandenburger" genannt – verstarb ganz plötzlich im September 1361 im Alter von nur 47 Jahren. Sein Sohn Meinhard III., ein schwächlicher, in München und Landshut, zeitweise auch in Wien erzogener Knabe von kaum 18 Jahren, war neuer Herrscher in Oberbayern und Tirol, während Niederbayern von Ludwigs jüngerem Bruder Stefan regiert wurde. Meinhard war freilich nicht Herr seiner selbst. Er stand zunächst ganz unter der Gewalt einer Gruppe oberbayerischer Adelsherren und wurde dann – nach heftigen Kämpfen zwischen den in den bayerischen Landen bestehenden Parteien – von seinem Onkel Stefan, der Bayern wieder vereinen wollte, in München und auf verschiedenen Burgen festgehalten. In Tirol regierten währenddessen zwei der bayerischen Räte Ludwigs mit einigen einheimischen Adeligen, deren Position dadurch verstärkt wurde, daß Meinhard Ulrich von Matsch zu seinem Statthalter im Gebirge und Heinrich von Rottenburg zum Hofmeister ernannte.
Im Sommer des Jahres 1362 traten in Bozen die Vertreter des Tiroler Adels und der vier wichtigsten Städte (Bozen, Meran, Innsbruck und Hall) zusammen und sandten eine Botschaft an ihren jungen Landesfürsten nach München. Sie luden „ihren lieben gnädigen Herrn" ein, nach Tirol zu kommen, wo alles zum besten stünde und wo es ihm besser ergehen werde als draußen in Bayern. Er brauche keine fremden Räte mitzubringen, da sie ihm selbst jede Hilfe gewähren wollten. Tatsächlich floh Meinhard im Oktober 1362 aus München und trat seine angestammte Herrschaft in Tirol an. War dies schon ein Schlag gegen die Interessen der niederbayerischen Wittelsbacher, so bedeutete Meinhards Tod wenige Monate später vollends die Katastrophe. Denn er bot den Habsburgern die Möglichkeit, in Tirol einzugreifen.
Der österreichische Herrscher war von Habsburgfreunden im Land oder von seiner Schwester, die mit Meinhard III. verheiratet war, offenbar schon frühzeitig über den schlechten Gesundheitszustand des jungen Fürsten informiert worden, denn als dieser am 13. Jänner 1363 starb, war Herzog Rudolf IV., der den Beinamen „der Stifter" erhielt, bereits auf dem Weg nach Tirol. Seine Tatkraft und Entschlossenheit, sein Mut und seine Klugheit gewannen Tirol für Österreich. Nach einer Woche harter Verhandlungen, in denen die Erbschaftsurkunde von 1359 sicher eine wichtige Rolle spielte, stellten Margarethe Maultasch und ihre Räte am 26. Jänner 1363 gemeinsam eine neue Urkunde aus, in der das Land jetzt

Siegel Meinhards III., des früh verstorbenen Erben Tirols und Oberbayerns. Er war der Sohn des Wittelsbachers Ludwig von Brandenburg und der Margarethe Maultasch; sein Wappen vereinigt – wie schon das seines Vaters – den Tiroler Adler mit dem bayerischen Rautenschild.

Zeitgenössisches Porträt des Herzogs Rudolf IV. von Habsburg, genannt „der Stifter". Er erreichte 1363 die Vereinigung Tirols mit der habsburgischen Herrschaft Österreich.

schon an die habsburgischen Brüder übergeben wurde. Aus dem Dokument geht hervor, daß es sich nicht allein um ein Geschenk, ein Geschäft oder eine Erbschaftsangelegenheit unter fürstlichen Verwandten handelte, sondern daß sich die Sprecher der Tiroler Bevölkerung aus freiem Entschluß der Herrschaft Österreich anschließen wollten, weil sie es als das Beste für die Zukunft ihres Landes erachteten. Maßgeblich dürfte für die Ständevertreter gewesen sein, daß Österreich bereits aus mehreren, nach innen einigermaßen selbständigen Ländern bestand und auch die Stände des von den Habsburgern 1335 erworbenen Herzogtums Kärnten mit ihren neuen Landesfürsten zufrieden waren. In den folgenden Monaten huldigten einzelne Städte und die Stände Rudolf IV. von Österreich als ihrem neuen Landesherrn. Im September 1363 verzichtete Margarethe Maultasch auf die im Jänner noch ausbedungenen Regierungsgeschäfte und verließ Tirol. Sie starb 1369 in Wien.
Während die Habsburger rasch zugriffen und ihre Erbschaftsansprüche durchsetzten, waren die Wittelsbacher mit hausinternen Nachfolgeproblemen so sehr beschäftigt, daß sie ihre Chancen in Tirol nicht wahrnehmen konnten. Wie gelähmt hatten sie zuerst den Ereignissen in Tirol zugeschaut. Erst im Sommer 1363 waren sie in der Lage, einen Angriff auf Tirol einzuleiten, um ihre wohlbegründeten Herrschaftsrechte geltend zu machen. Sie konnten sich dabei in Tirol auf nicht wenige wittelsbachisch gesinnte Adelige und kirchliche Würdenträger stützen. Als Rudolf der Stifter ins Unterinntal eilte, um einem bayerischen Einfall zuvorzukommen und klare Verhältnisse zu schaffen, geriet er in Hall in den Wirbel einer von (vermutlich bayerischen) „Gästen" angezettelten Adelserhebung gegen den Machtwechsel und konnte nur mit Mühe von den Bürgern aus Lebensgefahr gerettet werden. Im Oktober 1363 kam es im Unterinntal zu Kämpfen, die Herzog Rudolf an der Spitze eines aus österreichischen, steirischen, kärntnerischen und schwäbischen Rittern bestehenden Heeres selbst leitete und siegreich beendete.
Im Dezember desselben Jahres versuchten die nun einig gewordenen Wittelsbacher noch einmal, Tirol in ihre Hand zu bringen, doch scheiterten sie diesmal am harten Winter und am Widerstand der Städte Hall und Innsbruck. Tirol war endgültig österreichisch geworden, die kaiserliche Bestätigung dafür erhielt Rudolf IV. bereits im Februar 1364. Für das Land begann eine neue Epoche seiner Geschichte. Freilich konnte man das erst im nachhinein wissen. Den Zeitgenossen mußte die Zukunft Tirols noch längere Zeit ungewiß erscheinen, denn es war klar, daß die bayerischen Herzöge ihre Ansprüche nicht so bald aufgeben würden.

Eroberungsversuche und ein verhindertes Geschäft

Das Verhältnis Bayern–Tirol nach 1363 und Erzherzog Sigmunds Plan, Tirol an Bayern zu verkaufen

Oft sind es nur kurze, trockene Urkundentexte, die uns Einblicke in menschliche Leidenschaften und politische Verstrickungen der Vergangenheit geben. Vorstellungskraft und Einfühlungsvermögen müssen ergänzen, was amtliche Texte verschweigen. Im Falle des ermordeten Wiltener Abtes Konrad Speiser ist dies nicht schwierig: Eine Urkunde vom 10. Februar 1369 enthüllt, daß der Prälat aus dem bedeutenden Kloster bei Innsbruck im Sommer 1368 einem politisch motivierten Gewaltakt zum Opfer fiel.

Abt Speiser war ein Parteigänger der Wittelsbacher und als solcher bei der treu österreichisch gesinnten Innsbrucker Bürgerschaft verhaßt. Schon 1367 nahm der Ritter Oswald Milser auf landesfürstlichen Befehl den Abt mit Hilfe der Bürgerschaft gefangen und verwahrte ihn für einige Zeit auf Schloß Klamm im Oberinntal. Als die Bayern im Spätsommer 1368 mit starken bewaffneten Scharen in Tirol eindrangen und bis über den Brenner vorstießen, wendete sich in Innsbruck der Volkszorn gegen den bekannten Bayernfreund im Kloster Wilten, das die Pfarrherrschaft über Innsbruck ausübte und deshalb auch sonst in ständiger Spannung zur Bürgerschaft stand. Die Innsbrucker bemächtigten sich des Abtes und warfen ihn in die Sill, in deren Fluten er umkam. Vielleicht wüßten wir von der ganzen Geschichte nichts, wenn nicht Herzog Leopold III. von Österreich, der jüngere Bruder des 1365 verstorbenen Herzogs Rudolf IV., den Bürgern von Innsbruck hochoffiziell die landesfürstliche „Absolution" wegen dieses Verbrechens erteilt hätte. Er versicherte sie sogar seines Wohlwollens und seines Schutzes bei allfälligen Anfeindungen. Abt Konrad Speiser sei ein treuloser Mann gewesen.

Nach dem frühen Tod Rudolfs IV. des Stifters unternahmen die Wittelsbacher mehrmals den Versuch, Tirol mit Waffengewalt in ihre Hand zu bringen. 1368 verbündeten sie sich dazu sogar mit den Ungarn. Obwohl der Widerstand der Städte Hall und Innsbruck wieder nicht gebrochen

Friedrich IV., genannt „mit der leeren Tasche", habsburgischer Landesfürst von Tirol in der ersten Hälfte des 15. Jahrhunderts. Ihm versuchten die Herzöge von Bayern-München und Bayern-Ingolstadt noch einmal, Tirol mit Waffengewalt zu entreißen. Das Kupferstich-Porträt aus dem 16. Jahrhundert beruht auf älteren Bildnissen.

werden konnte, war in diesem Jahr das kriegerische Unternehmen erfolgversprechend. Die Bayern eroberten ganz Nordtirol. Tirol war zum größten Teil auf sich allein gestellt; das Volksaufgebot stand unter der Führung des Brixner Bischofs und bestand außer dem Adel auch aus den Bürgern der Städte zu Roß und zu Fuß und aus anderem „großen Fußvolk" aus den Tälern und Gerichten des ganzen Landes. In der Eisackschlucht südlich des Brenner, wo die Tiroler fünf mächtige Schanzen errichtet hatten, konnten die Bayern so lange aufgehalten werden, bis Hilfe aus Österreich kam. In harten Kämpfen wurden die Bayern wieder aus dem Lande verdrängt, wobei einige Burgen bis zum Friedensschluß von Schärding am 29. September 1369 in ihrer Hand blieben. Jetzt erst verzichteten die Wittelsbacher gegen eine Geldentschädigung von 116.000 Gulden auf Tirol. Herzog Stefan legte schweren Herzens den Titel eines Grafen von Tirol ab.

Die gefürchtete Einkreisung Bayerns durch habsburgische Herrschaftsgebiete war mit dem Übergang Tirols an Österreich Wirklichkeit geworden, auch wenn die Habsburger ihre Länder später teilten und Tirol (mit Vorderösterreich) mehrmals von ziemlich selbständigen Landesfürsten regiert wurde. Es fehlten den Wittelsbachern Mittel und Macht, sich gegen diese Umklammerung zu wehren und ihre Ansprüche auf Tirol durchzusetzen. Den Bayernherzögen blieb vorerst nichts anderes übrig, als sich mit den Habsburgern gut zu stellen, was in einem 1374 geschlossenen Bündnis gegen Verona und Venedig und im Jahr darauf in einem umfangreichen und für beide Teile vorteilhaften Handelsvertrag zum Ausdruck kam. Dennoch blieb Tirol ein wunder Punkt in den Beziehungen. Friede und Verzicht änderten nichts daran, daß die Wittelsbacher noch jahrhundertelang ein Recht auf Tirol zu haben glaubten.

Zu kriegerischen Auseinandersetzungen kam es jedoch zwischen 1369 und 1703 nur noch ein einziges Mal, und zwar zwischen 1410 und 1413. Aufrührerische Tiroler Adelige luden damals die Wittelsbacher im dreifach geteilten Bayern geradezu ein, ins Land zu kommen und mit ihnen gemeinsam den damaligen Tiroler Landesfürsten Friedrich IV. von Österreich zu stürzen. Unter diesen günstigen Voraussetzungen schlossen sich die sonst unter sich zerstrittenen Bayernfürsten, die Brüder Ernst und Wilhelm von Bayern-München und Herzog Stefan von Bayern-Ingolstadt, zu einem Bündnis gegen den Tiroler Habsburger zusammen. Nur Herzog Heinrich von Bayern-Landshut machte nicht mit. An der Grenze bei Rattenberg, das zum Gebiet des Ingolstädter Teilherzogtums gehörte, sammelten die Bayernherzoge ihr Aufgebot. Die Münchner kamen mit 700 Rittern, 200 Schützen mit Bogen und Handbüchsen, 800 Fußsoldaten mit Spießen und Schwertern, einer großen „Büchse"

(Kanone) und 50 kleineren Feuerwaffen. Sie waren mehr als verärgert, als Herzog Stefan nur mit einer viel kleineren Schar anrückte. Die ganze Streitmacht wäre für die damaligen Verhältnisse keineswegs gering gewesen, wenn nicht Herzog Ernst noch vor Ausbruch der Feindseligkeiten aus Furcht vor einem Aufstand in München mit einem Teil seiner Gefolgsleute abgezogen wäre.
Offizieller Grund für die Kriegserklärung an die Habsburger war ein Konflikt über die Ausfuhr des Haller Salzes. Brennend, mordend und raubend rückte das bayerische Heer innaufwärts bis nach Volders, wo Herzog Friedrich die Brücke abbrechen hatte lassen und sich auf der anderen Seite des Flusses zur Schlacht aufstellte. Die Bayern sahen sich dem Aufgebot Friedrichs nicht gewachsen und zogen sich zurück. Die Tiroler rückten nach und sperrten das Tal unterhalb der Burg Tratzberg bei Schwaz durch starke Erdschanzen. Vergeblich hatten die Bayern auf Erfolge eines Tiroler Adelsaufstandes gewartet. So mußte ein Waffenstillstand geschlossen werden, den der Tiroler Landesfürst auch dadurch nützte, daß er im Jahre 1411 mit Herzog Heinrich von Bayern-Landshut ein Bündnis schloß. Der niederbayerische Wittelsbacher erhielt dafür eine Habsburgerin zur Frau.
Allein wagte Herzog Stefan von Bayern-Ingolstadt noch einmal den Kampf. Um die Jahreswende 1412/13 stellte er mit seinen bescheidenen Mitteln ein Heer von 300 Reitern und 700 Mann Fußvolk zusammen, das tatsächlich die Verteidiger der Gräben und Schanzen zurückwarf und bis vor die Tore der Stadt Hall vordrang, wo es die umliegenden Dörfer und die Röhren der Saline zerstörte. Entscheidend für diesen Erfolg war die große Schnelligkeit der kleinen Streitmacht: Die Reiterei ließ sich das Fußvolk auf Wagen nachführen. Ein mittelalterlicher Blitzkrieg sozusagen. Bei Hall war jedoch die Kraft des Ansturmes vorbei, die Hauptleute ließen umkehren, und vier Tage nach dem Ausmarsch war man wieder in Rattenberg, wo Herzog Stefan auf bessere Nachrichten gewartet hatte. Dieser neue Mißerfolg dämpfte die Kriegslust des bereits greisen Fürsten, der noch im selben Jahr starb.
Zu einem Friedensschluß zwischen Tirol und allen bayerischen Teilherzogtümern kam es endlich im Jahre 1414. Die Verträge, denen auch Handelsabkommen angeschlossen wurden, überdauerten auch Zeiten, in denen Tirol und sein Landesfürst in größter Bedrängnis waren: Sowohl während der Ächtung Herzog Friedrichs durch Kaiser Sigismund im Jahr 1415, als sich die Bayernherzöge im Auftrag des Reiches gegen Tirol wenden sollten, als auch bei neuerlichen Verschwörungen der Adelsopposition zehn Jahre später verhielten sich die Wittelsbacher neutral. Auch innen- oder außenpolitische Schwierigkeiten von Friedrichs

Heinrich der Reiche von Bayern-Landshut (zeitgenössisches Porträt auf einem Glasgemälde in der Kirche des Dorfes Jenkofen bei Landshut) beteiligte sich 1410/13 nicht an den Versuchen seiner wittelsbachischen Verwandten in München und Ingolstadt, Tirol zu erobern. Er nahm eine Habsburgerin zur Frau.

Sohn, Herzog (nach 1477 Erzherzog) Sigmund dem Münzreichen, nutzten sie nie zu Eroberungsversuchen aus. Im Gegenteil. Herzog Ludwig der Reiche von Bayern-Landshut, dessen Territorium auch das ehemalige Ingolstädter Teilherzogtum umfaßte und der die führende Rolle unter den bayerischen Wittelsbachern spielte, gehörte zu den treuesten Verbündeten des Tiroler Landesfürsten.

Sigmund hatte die Annäherung an den Bayernherzog ganz bewußt herbeigeführt, um für die zu erwartenden Schwierigkeiten mit dem streitbaren Brixner Fürstbischof Nikolaus Cusanus und mit den Eidgenossen eine Rückendeckung zu haben, aber auch um seinen habsburgischen Verwandten, denen er alles Schlimme zutraute, nicht schutzlos ausgeliefert zu sein. Umgekehrt lag auch den Wittelsbachern sehr viel an einer ruhigen Südgrenze, zumal Herzog Ludwigs politische Ambitionen einen Konflikt mit dem habsburgischen Kaiser wahrscheinlich werden ließen. So kam es 1455 zu einem weitgehenden, wenn auch befristeten Bündnisvertrag zwischen Tirol und beiden bayerischen Herzogtümern, denn natürlich machte auch der friedliebende Albrecht III. von Bayern-München mit. Das politische Abkommen wurde bald durch persönliche Freundschaft ergänzt, die auch durch gelegentliche Auseinandersetzungen um schwäbische Besitzungen nicht beeinträchtigt wurde. Ludwigs kraftvoll-beherrschende Persönlichkeit schlug den leicht beeinflußbaren Sigmund völlig in ihren Bann und ließ ihn politische Klugheit und Vorsicht völlig vergessen. Das ging gut, solange Ludwig am Leben war. Als nach dessen Tod im Jahr 1479 der inzwischen in München an die Macht gekommene Albrecht IV. die Führung im Hause Wittelsbach übernahm und Sigmund Zutrauen und Verehrung auf ihn übertrug, wurde es für Tirol gefährlich.

Realistisches Altersporträt des Tiroler Landesfürsten Sigmund des Münzreichen, der nahe daran war, Tirol an Bayern zu verkaufen, um seinen aufwendigen Lebensstil weiter finanzieren zu können.

Denn nun änderte sich die bayerische Politik. Albrecht war darauf bedacht, sein Territorium nach allen Seiten hin abzurunden. Da kam es ihm sehr gelegen, daß sein Tiroler Nachbar und Freund gar nicht so „münzreich“ war, wie sein Beiname (er hängt mit Sigmunds Münzprägung zusammen) vermuten läßt. Der Tiroler Fürst steckte wegen seiner Verschwendungssucht und Leichtlebigkeit in ständigen Geldverlegenheiten. Da er seinen gigantischen Aufwand aus den ordentlichen und regelmäßigen Einnahmen des Landes nicht mehr decken konnte, obwohl diese wegen des reichen Bergsegens wahrlich nicht gering waren, mußte sich Sigmund um Geldgeber umsehen. Auch politische Unterstützung konnte er gut gebrauchen, zumal ihm seine Günstlinge und Räte, die um ihre Positionen fürchteten, mit Erfolg einredeten, die habsburgische Verwandtschaft wolle ihn aus der Regierung Tirols verdrängen. Beides, sowohl Geld als auch politische Hilfe, konnte Herzog Albrecht von

Bayern verschaffen. 1478 schlossen beide Fürsten einen Vertrag, der unter anderem Kriegshilfe, die Übernahme von Gesandtschaften an den Kaiser und an Fürstenhöfe sowie die Beratung in allen Angelegenheiten vorsah. Von einer Geldhilfe Albrechts an Sigmund ist in diesem Abkommen zwar nicht ausdrücklich die Rede, doch kam eine solche sicherlich zustande, denn Sigmund überschrieb seinem neuen Partner die Schlösser und Ämter Fragenstein bei Zirl und Landeck im Oberinntal.

Daß Sigmunds Vetter, Kaiser Friedrich III., gegen diese Veräußerung habsburgischen Erbgutes protestierte, verstärkte nur den Argwohn des Tiroler Fürsten gegen seine Verwandtschaft, und er überließ dem Bayernherzog neuerlich zwei wichtige Schlösser im Inntal unter der Bedingung, daß Albrecht ihm bei der Erhaltung seiner Herrschaft helfe. Herzog Albrecht durfte alle verpfändeten Burgen und Güter sofort in Besitz nehmen und nutzen. Ihre Beamten und Verwalter mußten ihm versprechen, ihm im Falle des söhnelosen Todes Sigmunds untertänig zu sein, was insoferne realpolitische Bedeutung hatte, als der Tiroler Landesfürst zwar eine große Zahl unehelicher Kinder in die Welt gesetzt hatte, aus seiner Ehe mit der schottischen Königstochter Eleonore aber keinen Erben besaß. Als Erzherzog Sigmund der Münzreiche nach dem Tod seiner ersten Gemahlin noch einmal heiratete, verringerten sich kurzfristig die Hoffnungen des Bayernherzogs, doch blieb dem Tiroler Habsburger auch in zweiter Ehe der ersehnte Erbprinz versagt.

Inzwischen war es Herzog Albrecht gelungen, die Verbindung Sigmunds mit den Wittelsbachern noch enger zu knüpfen. 1482 kam ein Bündnis Tirols mit der kurpfälzischen Seitenlinie der Wittelsbacher zustande, ein Jahr später ein Vertrag mit Herzog Georg von Bayern-Landshut. Gleichzeitig ging der Ausverkauf des Landes weiter: Herrschaften, Güter, Bergwerke gingen nach und nach in den Pfandbesitz der Wittelsbacher über. Mit ihren ständigen Geldzuschüssen wußten sie sich unentbehrlich zu machen und brachten mit Hilfe von Sigmunds eigensüchtigen und bestechlichen Räten sowie durch lange persönliche Anwesenheit am Innsbrucker Hof den Tiroler Landesfürsten allmählich gänzlich in ihre Abhängigkeit. Sigmund der Münzreiche sprach offen aus, daß es seine Absicht sei, „das löbliche Haus Bayern zu erweitern, zumal an den Enden, die vormals dazu gehörten". Außer Tiroler Burgen und Herrschaften verschrieb Sigmund seinen bayerischen Freunden große Gebiete und wichtige Besitzungen im schwäbisch-vorderösterreichischen Raum, vor allem die ganze Markgrafschaft Burgau.

Daß sich die bayerischen Herzöge ihre neue Tiroler Politik einiges kosten ließen, ist verständlich: Schließlich bedeuteten Teilbesitzungen und Erbschaftsverträge aussichtsreiche Faustpfänder auf die Wiederge-

Die habsburgische Kaisertochter Kunigunde lernte Bayernherzog Albrecht IV. in Innsbruck kennen; er heiratete sie gegen den Willen ihres Vaters. Der Münchner Maler Gilg Sesselschreiber porträtierte die zur Herzogin von Bayern gewordene Habsburgerin im ersten Jahrzehnt des 16. Jahrhunderts, um eine authentische Vorlage für eine Statue beim Grabmal ihres kaiserlichen Bruders Maximilian I. zu haben. Das Original dieser Arbeit ist nicht erhalten, wohl aber spätere Nachzeichnungen durch den Innsbrucker Hofmaler Jörg Kölderer, wie diese hier aus der Bilderrolle von Schloß Ambras.

winnung Tirols. Daß sie sich tatsächlich solche Hoffnungen machten, geht unter anderem aus einem im Mai 1485 abgeschlossenen Bündnis zwischen Albrecht von Bayern-München und Georg von Bayern-Landshut hervor, das die Eroberung Tirols nach dem Tode Erzherzog Sigmunds zum Ziel hatte. Denn daß Waffengewalt dazu nötig sein würde, konnte man sich angesichts des Interesses der Habsburger an Tirol wohl denken. Dennoch bemühte sich Herzog Albrecht auch weiter um die Festigung seiner Rechtsansprüche, wozu eine habsburgische Ehe beitragen sollte. Gegen den Willen ihres Vaters heiratete Albrecht die Kaisertochter Kunigunde, die er am Innsbrucker Hof kennengelernt hatte. Die Begleitumstände dieser Heirat sind bis heute umstritten. Da Kunigunde keinen Erbverzicht ausstellte, ließ Albrecht von seinen Juristen erklären, das von Kunigunde in die Ehe mitgebrachte Erbrecht unterscheide sich nicht von dem des Kaisersohnes Maximilian.

Der niederbayerische Herzog Ludwig der Reiche (Gemälde aus dem 19. Jahrhundert nach älteren Vorlagen), der in der zweiten Hälfte des 15. Jahrhunderts einen starken Einfluß auf den Tiroler Landesfürsten Sigmund den Münzreichen ausübte.

Auch die Geschäfte zwischen Tirol und Bayern gingen weiter und nahmen bald Ausmaße und Formen an, die einem Verkauf Tirols und Vorderösterreichs gleichkamen. Aber jetzt war der Bogen überspannt: Als die geheimen Verkaufsverhandlungen und die bereits abgeschlossenen Verträge bekannt wurden, griffen im Jahr 1487 die Mitglieder des Tiroler Landesparlaments mit aller Entschiedenheit ein. Es ging ihnen darum, sowohl den Bankrott des Landes als auch eine Loslösung von Österreich zu verhindern. Kaiser Friedrich III. und sein Sohn Maximilian I. wurden verständigt. Auf zwei Landtagen mußte sich Sigmund heftige Kritik gefallen lassen. Und ohne größere Widerstände gab er schließlich nach: Die „bösen Räte“ wurden des Landes verwiesen, und der kränkliche und willensschwache Fürst durch eine neue Hof- und Regimentsordnung entmachtet. 1490 willigte er sogar ein, die Herrschaft ganz dem König Maximilian zu übergeben, der alle habsburgischen Länder wieder vereinte. Sigmund der Münzreiche lebte noch bis 1496. Mit seinem Tod erlosch die erste Tiroler Linie der Habsburger.
Bayernherzog Albrecht IV., der Weise genannt, war wegen seiner expansiven Politik mit dem Kaiser und mit den schwäbischen Reichsständen in Konflikt geraten, die als Gegenmaßnahme den „Schwäbischen Bund“ gründeten. Als er wegen der Besetzung Regensburgs mit der Reichsacht belegt wurde, sein Landshuter Vetter Georg der Reiche ihn im Kampf gegen den Schwäbischen Bund im Stich ließ und König Maximilian, der mit Herzog Albrecht gar nicht so schlecht auskam, eine diplomatische Initiative startete, machte Albrecht seinem Beinamen „der Weise“ alle Ehre und gab nach. 1492 verzichtete er auf alle Erwerbungen, deren Kaufpreis von Maximilian und zum Teil von der betroffenen Bevölkerung zurückgezahlt wurde.

Warum der Pienzenauer sterben mußte

Die bayerischen Gerichte im Unterinntal und ihre Vereinigung mit Tirol unter Maximilian I.

„Muß ich denn sterben, so walte dessen der liebe Gott! Um aller Bayern willen muß ich mich heut tapfer halten. Hab Urlaub, liebe Welt!"
Nach diesen Abschiedsworten, die durch ein Volkslied, aber auch durch einen glaubhaften Augenzeugenbericht überliefert sind, beugte der bayerische Pfleger und Kufsteiner Schloßhauptmann Hans von Pienzenau am 17. Oktober 1504 sein Haupt vor dem Scharfrichter Kaiser Maximilians. „Der Pienzenauer" lebt nicht nur in der Erinnerung des bayerischen Volkes als tragischer Held und tapferer Krieger fort. Auch in der heutigen Tiroler Grenzstadt Kufstein, die der Bayer gegen den Tiroler Landesfürsten und deutschen König Maximilian I. verteidigt hat, erinnert man sich seiner mit Hochachtung und Mitgefühl. Der Pienzenauer war nicht etwa das Opfer eines bayerisch-tirolischen Konfliktes, auch wenn als Folge dieses Krieges das Unterinntal mit Tirol vereinigt wurde. Er war das Opfer eines Erbschaftsstreites der Wittelsbacher, der in einen blutigen und brutal geführten Krieg und Bürgerkrieg ausgeartet war und an dem sich Maximilian in der Hoffnung auf Kriegsbeute beteiligt hatte. So kam es, daß der Eroberung der bayerischen Festung Kufstein und der Hinrichtung ihrer Verteidiger auch Bayernherzog Albrecht der Weise zuschaute.

Der bayerische oder bayerisch-pfälzische Erbfolgekrieg brachte – wenn auch unter großen Opfern und Verlusten – das Ende der jahrhundertelangen Teilung des Herzogtums Bayern. Georg von Bayern-Landshut, der Reiche genannt, hatte keinen Sohn. Nach Reichsgesetz und entsprechend einem kurz vorher zwischen den wittelsbachischen Vettern geschlossenen Vertrag war Herzog Albrecht IV., der Weise, sein Erbe und Nachfolger. Dennoch vermachte Herzog Georg in einem Testament alle seine Länder seiner geliebten Tochter Elisabeth und ihrem Gemahl, dem Pfalzgrafen Ruprecht. Nach Georgs Tod im Dezember 1503 war der Krieg unvermeidlich, da der Adel des Landshuter Teilherzogtums die kurpfälzischen Ansprüche unterstützte und für die Rüstung der Pfälzer der reiche Schatz des verstorbenen Herzogs zur Verfügung stand. Außerdem fand Pfalzgraf Ruprecht noch andere Verbündete, z. B. den König von Böhmen. Die oberbayerischen Herzöge hatten zwar auch

▷

Hinrichtung des Pienzenauers und anderer Verteidiger von Kufstein am 17. Oktober 1504, dargestellt in Maximilians Selbstbiographie, dem „Weißkunig". Der König (links), Albrecht der Weise von Bayern und andere deutsche Fürsten schauen dem grausigen Geschehen zu.

Bundesgenossen, vor allem den Schwäbischen Bund, doch fehlten ihnen die Reichtümer der Landshuter Wittelsbacher.

In dieser Situation hing viel von der Haltung König Maximilians ab. Obwohl er von Anfang an – schon aus traditioneller Feindschaft zur Kurpfalz – eher der Seite seines Schwagers Albrecht zuneigte, verhandelte er mit allen Seiten und machte Kompromißvorschläge. Maximilian sah nämlich in der ganzen Auseinandersetzung vor allem die Chance, einen Teil des umstrittenen Erbgutes für Habsburg zu gewinnen. Er sprach von einem königlichen „Interesse" an wittelsbachischen Gebietsteilen und von einer Entschädigung für die Vermittlungsbemühungen oder gar eine Kriegshilfe. Worum es Maximilian in erster Linie ging, waren die Gerichte Rattenberg, Kufstein und Kitzbühel. Ihr Gewinn sollte nicht nur Tirols Grenzen im Nordosten abrunden, sondern dem Haus Habsburg die Bergschätze dieser bayerischen Herrschaften nutzbar machen.

Das Inntal von Brixlegg bis Kufstein sowie das Leukental, das Brixental und die östliche Seite des Zillertales hatten ursprünglich einen Grafschaftssprengel gebildet, den bayerische Adelige und später der Bischof von Regensburg verwalteten. Von 1133 an war dieses Gebiet im Besitze der Bayernherzöge, zunächst nur als Lehen von Regensburg, nach Abschüttelung dieser Oberhoheit als Teil des neuen bayerischen Territorialstaates. Auch die Vereinbarung zwischen den Wittelsbachern und den Regensburger Bischöfen, wonach die Festung Kufstein am Eingang ins Gebirge gemeinsamer Besitz bleiben sollte, verlor zu Beginn des 13. Jahrhunderts ihre Gültigkeit. Das Gebiet um Kitzbühel und St. Johann war inzwischen als „Leukental" eine eigene Grafschaft geworden, die aber bayerisch blieb, während das Brixental 1312 an das Hochstift bzw. Land Salzburg kam.

Der westlichste Teil des bayerischen Inntales, das Gericht Rattenberg, wurde von den Wittelsbachern in der zweiten Hälfte des 13. Jahrhunderts, man weiß nicht genau wann, an den Grafen von Tirol verpfändet. Kurz nach dem Tod Meinhards II. von Tirol-Görz versuchte im Jahre 1296 Herzog Rudolf von Oberbayern Rattenberg gegen Rückzahlung der Pfandsumme wieder in Besitz zu nehmen, um eine Ausdehnung des Tiroler Territoriums zu verhindern. Doch Meinhards Söhne gingen darauf nicht ein, weshalb der Bayernherzog ins Rattenberger Gebiet einfiel, Siedlungen verwüstete und Burgen eroberte. Dennoch blieb Rattenberg für weitere Jahrzehnte zwar nicht staatsrechtlich, doch in der Praxis mit Tirol verbunden. Die Grenzverhältnisse im Unterinntal wurden uninteressant, als es im Jahre 1342 den Wittelsbachern gelang, durch die Ehe Ludwigs des Brandenburgers mit der Erbfürstin Margarethe Maultasch ganz Tirol mit Bayern zu vereinen. Die Gerichte Kufstein und Kitzbühel überschrieb der Brandenburger im Jahre 1356 seiner Frau als „Wittum". So nannte man das damals übliche Geschenk zur wirtschaftlichen Sicherstellung der Frau nach dem Tode ihres Mannes. Als nun 1363 das Land Tirol an Österreich überging und Margarethe Maultasch all ihren Besitz sozusagen gegen „Leibrente" an die Habsburger vermachte, galt dies natürlich auch für das Wittum Kufstein und Kitzbühel. Gleichzeitig erhielten die Habsburger auch Rattenberg gegen die Verpflichtung, die Schulden der Margarethe Maultasch zu übernehmen. Kamen im Schärdinger Frieden von 1369 Kufstein und Kitzbühel wieder an Bayern zurück, so dauerte dies bei Rattenberg noch gute zehn Jahre länger. Wann die Auslösung dieses Gerichts erfolgte, weiß man nicht genau.

Seit ca. 1380 war das ganze Unterland wieder unter bayerischer Herrschaft vereint. Bei der Dreiteilung des Herzogtums im Jahre 1392 fielen die drei Gerichte nicht an Bayern-München, sondern an das Ingolstädter Teilherzogtum und nach dessen Vereinigung mit Niederbayern (Bayern-Landshut) im Jahre 1447 an die Herzöge dieser Linie. Sie waren es, denen der schier unerschöpfliche Gewinn aus den Silber- und Kupferbergwerken von Brixlegg-Rattenberg, von Kundl und Wörgl, von Kufstein und Kitzbühel zufloß. Ihre Schatztruhen füllten sich, das Geld kam aber auch unters Volk. Handel und Gewerbe blühten, was wieder die Steuereinnahmen in die Höhe schnellen ließ. Aus gutem Grund erhielt jeder der drei Landshuter Herzöge des 15. Jahrhunderts den Beinamen „der Reiche". Die Herzöge von Bayern-München, von denen oft mehrere zugleich regierten und in verschiedenen Städten residierten, waren im Vergleich zu den Landshutern arm. Im bayerischen Erbfolgekrieg erhielt denn auch Albrecht der Weise von seinen Gegnern den Spottnamen „Älbl mit der leeren Tasche" – eine interessante Parallele zum Tiroler Habsburger Friedrich IV., der während der Zeit seiner Reichsacht (1415–1418) als „Friedl mit der leeren Tasche" verlacht worden war und unter diesem Beinamen heute noch bekannt ist.

Als sich Herzog Albrecht durch den Tod seines Vetters Georg endlich die Aussicht bot, zusammen mit dem übrigen Landshuter Herzogtum auch die Schatzkammer Unterinntal und Kitzbühel zu gewinnen, da wollte ihm der König ausgerechnet diese Ämter und Gerichte wegnehmen, um sie zu Tirol zu schlagen. Die anderen Forderungen, die Maximilian stellte, wären eher zu ertragen gewesen, obwohl es auch viele Schlösser, Städte und Herrschaften im Grenzgebiet Altbayerns waren. Kein Wunder, daß Albrecht seinem königlichen Schwager zunächst eine Absage erteilte. Doch er brauchte dessen Hilfe. Und Maximilian wollte nicht ohne Aussicht auf lohnenden Gewinn in den Kampf ziehen. Er

Herzog Georg der Reiche von Bayern-Landshut (spätere Kopie eines zeitgenössischen Gemäldes). Sein Testament löste den bayerisch-pfälzischen Erbfolgekrieg aus.

hatte alle Trümpfe in der Hand und konnte den Münchner Herzog regelrecht erpressen. Schließlich gab Albrecht schweren Herzens nach und verzichtete im April 1504 auf Kufstein und Rattenberg. In der Herrschaft Kitzbühel verlangte Maximilian zunächst nur Wald- und Jagdrechte. Kaum war der Vertrag geschlossen, begann Maximilian mit der Aufstellung eines Heeres, das Albrecht bei der Durchsetzung seiner Rechte helfen sollte. Schon im März 1504 hatte er die Tiroler Ständevertreter zu einem Landtag nach Brixen einberufen und sich tausend Fußknechte auf drei Monate bewilligen lassen.

Es wurde ein furchtbarer Krieg, der ein volles Jahr lang große Teile Süd- und Mitteldeutschlands verheerte. Die Bevölkerung hatte von allen Heerhaufen nichts Gutes zu erwarten, ganz gleich, auf welcher Seite sie standen. Bezeichnend ist, daß selbst unter Adel, Geistlichkeit und führenden Bürgern nur wenige wirklich wußten, wie die Rechtslage war und wem man den Sieg wünschen sollte. Die Stimmung war vielfach gleichgültig oder schwankte je nach dem wechselnden Kriegsglück. Obwohl Pfalzgraf Ruprecht am 20. August 1504 starb, ging das Morden und Brandschatzen weiter, da seine Getreuen aus der Pfalz und aus Niederbayern sich unter der Fahne von Herzog Georgs Tochter Elisabeth sammelten und den Krieg fortsetzten.

König Maximilian hatte zuerst in Schwaben gekämpft und sich von da im Juni nach Tirol gewandt, um sich von vornherein seine Kriegsbeute zu sichern. Es gelang ihm ohne Schwierigkeiten, Rattenberg und Kufstein in seine Hand zu bekommen. Mit den beiden von Herzog Georg eingesetzten Pflegern Christoph von Laiming und Hans von Pienzenau schloß er Übergabeverträge ab, beließ sie aber auf ihren Posten. Dann zog er wieder weiter auf den schwäbischen Kriegsschauplatz und ins Elsaß. Nach Kitzbühel entsandte er einige Tiroler Abteilungen, die das Städtchen besetzten.

Im pfälzischen Lager war man nicht bereit, Maximilians leichten Erfolg so einfach hinzunehmen. Von Wasserburg aus wurde eine große Truppenschar über Sachrang und die Untere Schranne nach Kufstein geschickt. Die Pfälzer überrumpelten die Wachen, besetzten die Stadt und begannen mit der Belagerung der Festung. Zur Übergabe aufgefordert, kapitulierte Hans von Pienzenau. Den Grund dafür weiß man bis heute nicht. Hatte er wirklich zuwenig Geschütze, Mannschaften und Vorräte für eine erfolgreiche Verteidigung, wie er behauptete? Oder stimmt das Gerücht, daß der pfälzische Kommandant ihn mit 30.000 Gulden bestochen habe? Wohl kaum. Hans von Pienzenau entstammte einem uralten oberbayerischen Adelsgeschlecht. Die Familie war weit verzweigt und hatte es in allen bayerischen Teilherzogtümern zu Ehren

Kaiser Maximilian I., seit 1490 Tiroler Landesfürst, porträtiert von Bernhard Strigel.

Bayernherzog Albrecht IV., genannt „der Weise“, auf einem Bildnis von Barthel Beham. Er mußte seinem Schwager Maximilian I. die Gerichte Rattenberg, Kufstein und Kitzbühel abtreten, um dessen Hilfe im Erbfolgekrieg gegen die Pfälzer zu sichern.

und Ansehen gebracht. Auch Hans von Pienzenau war als Mann von tadellosem Charakter bekannt. Selbstverständlich war er streng wittelsbachisch gesinnt. Und darin wird man wohl auch die Motive seines Handelns suchen müssen. Wahrscheinlich reute ihn jetzt, daß er die ihm anvertraute Festung voreilig an Maximilian preisgegeben hatte, während seine Landshuter Adelsgenossen in der überwiegenden Mehrzahl für Pfalzgraf Ruprecht und seine niederbayerische Gattin im Felde standen. Vor allem aber konnte er als bayerischer Patriot nicht damit einverstanden sein, daß Herzog Albrecht die Unterinntaler Gerichte an Maximilian „verkauft“ hatte. Wenn es stimmen sollte, was viele meinen, daß Hans von Pienzenau dies erst jetzt erfahren hat, so gab sicher diese Enttäuschung den Ausschlag für sein entschiedenes Einschwenken auf die Seite der pfälzischen Partei. Aber auch sonst scheint es verständlich in Anbetracht der allgemeinen Verwirrung und der Pflichtenkollision, in die bayerische Beamte in jenen Jahren geraten konnten. Christoph von Laiming in Rattenberg hielt sich wohlweislich aus solchen Schwierigkeiten heraus, indem er sich beim Anrücken der Pfälzer auf das Schloß zurückzog und sich neutral verhielt, während die Stadt von maximilianischen Truppen verteidigt wurde.
Der Fall von Kufstein brachte die Regierung in Innsbruck, die den neuen Landesteil schon fest in ihrer Hand glaubte, in große Aufregung. Zu einem sofortigen Gegenschlag fehlte es an Geld und Truppen. Beides hatte Maximilian an den Rhein mitgenommen. Erst die Nachricht von seiner Rückkehr gab den Rüstungen neuen Auftrieb. Bei Rattenberg sammelte sich bewaffnetes Fußvolk aus ganz Tirol, auch die Bergleute von Schwaz rückten aus. Harnische und anderes Kriegsmaterial wurden zusammengetragen, im Innsbrucker Zeughaus wurden die Belagerungsgeschütze überholt und Kanonenkugeln aus Eisen und Stein in großen Mengen hergestellt. Doch Maximilians Ankunft verzögerte sich. Zuerst mußte er gegen die Böhmen ziehen und bei Regensburg eine Schlacht bestehen, dann legte er im Isartal bei München noch einen Jagdaufenthalt ein. In Tirol angekommen, musterte er seine Truppen und stellte zugleich neue Geldforderungen an seine Tiroler Untertanen. Am 30. September traf er mit 8000 Mann zu Fuß und 1000 Reitern vor Kufstein ein. Währenddessen lagerte Herzog Albrecht mit seinem bayerischen Kriegsvolk bei Rosenheim, um den Belagerern von Kufstein den Rücken zu decken. Die Pfälzer hielten ja Wasserburg, Burghausen und Braunau besetzt.
Einige Tage brauchte Maximilian, um sein Heer und seine Geschütze in Stellung zu bringen. Bevor er am 6. Oktober mit der Beschießung von Stadt und Festung begann, forderte der König die Verteidiger zur Über-

gabe auf. Und tatsächlich verhinderte nur das energische Einschreiten des Pienzenauers, daß der Stadtrat die Tore öffnete. Die folgende Kanonade richtete bei den Stadtbefestigungen mehr Schaden an als oben auf der Burg. Dagegen stiftete die Festungsbesatzung beim Beschuß des königlichen Lagers viel Unheil. Da ließ Maximilian alle seine Kanonen und Feldschlangen auf die Stadtbefestigung richten. In Kürze war sie sturmreif geschossen. Die böhmische Besatzung zog sich auf das Schloß zurück, die Stadt ergab sich gegen Schonung von Leib, Leben und Gut.

Der Pienzenauer gab jedoch nicht auf. Die Kufsteiner Burg – obwohl noch nicht so stark ausgebaut, wie sie sich heute präsentiert – galt als uneinnehmbar. Offenbar glaubte er auch Gerüchten, wonach 5000 Pfälzer im Anmarsch wären. Und er hoffte, daß Maximilian aus Mangel an Geld und Proviant nicht durchhalten werde können. Um Zeit zu gewinnen, verhandelte er über einen Waffenstillstand. Maximilian benützte die Atempause, um aus dem Innsbrucker Zeughaus seine schwersten Geschütze kommen zu lassen, den „Weckauf von Österreich" und den „Purlepaus". Sie wurden – wie schon früher die anderen Stücke aus Maximilians „berühmter Artalery", auf die der letzte Ritter und erste Landsknecht so stolz war – auf Flößen innabwärts transportiert. Das letzte Wegstück über Land mußte jede dieser Kanonen mit 32 Pferden gezogen werden. Maximilian, den man als ersten Artilleristen der Kriegsgeschichte bezeichnen kann, richtete persönlich die gewaltigen Feuerschlünde gegen die Festung. Im Verlaufe von drei Tagen war sie in Trümmer geschossen. Laut schrie die Besatzung um Erbarmen; der Pienzenauer schickte Unterhändler. Maximilian aber ließ dem Kommandanten ausrichten: Er habe das schöne Schloß zerschießen lassen, so möge er jetzt auch die Trümmer haben. Beim Sturm auf die Festung am 17. Oktober gab es kaum noch Widerstand. Ein Großteil der zusammengeschmolzenen Besatzung hatte vorher einen vergeblichen Fluchtversuch unternommen. Insgesamt wurden 42 Gefangene gemacht. Einige von ihnen waren Böhmen, viele natürlich Bayern, wie z. B. der Stadtrichter Jörg Eginger, aber auch Rheinländer befanden sich unter den Verteidigern der Kufsteiner Burg.

In seinem Zorn über die hartnäckige Gegenwehr, die namhaften Verluste in den eigenen Reihen und die mehrmaligen, stets vergeblichen Unterhandlungen verurteilte der König alle Gefangenen zum Tod, „zum Exempel für andere Verbrecher", wie er an seine Gemahlin schrieb. Man ließ die Verurteilten beichten, verteidigen durften sie sich nicht. Zuerst mußte der 36 Jahre alte Hans von Pienzenau sein Haupt zum Schwerthieb des Henkers beugen, 17 weitere Männer folgten. Als sich ein

hünenhafter Böhme so sehr wehrte, daß die Hinrichtung zur Schlächterei ausartete, baten die anwesenden Fürsten den König, nun doch Gnade walten zu lassen. Daraufhin kamen die restlichen Kriegsleute mit dem Leben davon.
Das brutale Strafgericht erregte in ganz Bayern heftigen Unmut. Die Landshuter Hauptleute forderten in einem Protestschreiben den König

▷

Darstellung der Beschießung von Kufstein durch Maximilians Artillerie im „Ehrenspiegel des Hauses Österreich".

auf, den Krieg doch nach dem Herkommen der deutschen Nation zu führen. Maximilian ließ ihnen antworten, die pfälzische Kriegsführung sei viel ärger, sie sei sogar wider Natur und Gesetz der Türken und Heiden. Was den Pienzenauer und seine Leute betreffe, so hätten sich diese des Verrates schuldig gemacht. Das Urteil der Zeitgenossen und der Geschichtsschreibung läßt diese Rechtfertigung Maximilians nicht so ohne weiteres gelten. Vor allem die Hinrichtung der Untergebenen des Pienzenauers hat den Charakter eines barbarischen Racheaktes.

Die aufsehenerregende Eroberung von Kufstein hat den Krieg nicht beendet, Maximilian jedoch war nicht mehr mit vollem Eifer bei der Sache, hatte er doch alles erreicht, woran er ein „Interesse" hatte. Er ließ Herzog Albrecht noch die Burg Itter erobern und Kitzbühel sichern, dann begab er sich mit seinem bayerischen Schwager für zwei Wochen auf die Gemsenjagd in den neu gewonnenen Unterinntaler Jagdrevieren. Daß pfälzische Abteilungen inzwischen neuerlich Teile Oberbayerns plünderten, störte ihn nicht allzusehr. Die pfälzische Partei hatte kaum mehr Aussicht, den Krieg und das niederbayerische Erbe zu gewinnen, zumal auch Herzog Georgs Tochter Elisabeth inzwischen gestorben war. Die Kämpfe an der Donau und am Rhein gingen jedoch noch mehrere Monate weiter. Und einmal hielt es auch Maximilian noch für notwendig, seine Kriegsmacht für Albrecht in die Waagschale zu werfen. Ein Heer aus 700 Reitern und 3000 Fußknechten – darunter viele Tiroler – rückte über Reichenhall und Traunstein tief nach Bayern vor. Dörfer, Märkte und Städte wurden eingenommen und geplündert; es kam auch zu Zusammenstößen mit schlecht bewaffneten Bauernscharen, die ihr Eigentum verteidigen wollten.

Im April 1505 war das grausame Morden endlich zu Ende. Bayern war wieder vereinigt, allerdings um einige Randgebiete verkleinert, und sollte es durch ein neues Hausgesetz, das Albrecht IV. im Jahre 1506 erließ, für alle Zukunft bleiben. Maximilian vergrößerte gegenüber Albrecht seine ursprünglichen Forderungen, da die Kriegskosten höher gewesen seien als angenommen. So fiel 1506 auch die ganze Herrschaft Kitzbühel mit ihren 20 Bergwerken an Österreich und nicht nur die Wälder dieses Gebietes, wie es im ersten Vertrag vorgesehen gewesen war.

Obwohl es keine diesbezügliche Verordnung gab, stand die Vereinigung der gewonnenen Gerichte mit Tirol von Anfang an fest. Der Tiroler Landtag beriet schon 1506 die Heranziehung der Gerichte Kufstein, Kitzbühel und Rattenberg zu den tirolischen Militärlasten. Und in die Neuordnung der Landesverteidigung im Jahre 1511 wurden sie bereits einbezogen. Allerdings heißt es in Gesetzen und Urkunden dieser Zeit immer noch „Grafschaft Tirol mitsamt den drei Gerichten etc". Eine eigene ständische Vertretung für dieses Gebiet, wie sie sich in dem ebenfalls damals zu Tirol gekommenen Pustertal einige Zeit behaupten hatte können, gab es im Unterland nicht. Der Adel und die Prälaten, die Städte und die Landgemeinden des neuen Landesteils entsandten vielmehr gleichberechtigte Vertreter in den Tiroler Landtag. Worin sich die Gerichte Rattenberg, Kufstein und Kitzbühel freilich noch lange vom übrigen Tirol unterscheiden sollten, waren die Rechtsverhältnisse. Trotz der Vereinigung mit Tirol blieb hier nämlich das alte bayerische Landrecht von 1346 in Geltung. Dies kam vor allem dem Adel zugute, dem das Tiroler Recht weniger Vorteile zugestand. In der praktischen Rechtspflege gab es ebenfalls Unterschiede: Während man in Tirol um 1500 davon abgekommen war, Gerichtsverhandlungen auf offenen Dingstätten vor allem Volk durchzuführen, hielt man im Unterland auch nach 1504 an dieser alten bayerischen Gewohnheit fest. Als Dingstätten dienten häufig Dorfplätze mit Linden. Es ist kein Zufall, daß man im unteren Inntal solche Plätze noch viel häufiger findet als im übrigen Tirol. Auch im Brauchtum und in der Mentalität des Volkes hat sich in den ehemals bayerischen Gerichten viel mehr Verwandtschaft zum nördlichen Nachbarn erhalten als in anderen Landesteilen Tirols.

Wie lange es gebraucht hat, bis in den neu erworbenen Gebieten ein Tiroler Landesbewußtsein entstanden ist, kann man nicht feststellen. Wie es scheint, waren aber die Unterländer recht bald schon gute Tiroler. In Bayern hat man den Verlust so schöner und reicher Gebiete lange Zeit nicht verschmerzen können und den Habsburgern auch die Art und Weise nicht verziehen, in der Maximilian seinem Schwager und Verbündeten die Gerichte abgepreßt hatte. Wahrscheinlich war es für viele eine Genugtuung, daß Maximilian noch im Jahr der Erwerbung zumindest die Herrschaft Kitzbühel mit ihren reichen Einnahmen an den Erzbischof von Salzburg verpfänden mußte.

„Flurbereinigung" an der Grenze

Allerlei Grenzprobleme und die nichtbayerischen Nachbarn Tirols vor der Ausdehnung Bayerns im Jahr 1803

Gute Nachbarschaft braucht klare Grenzen. Zwischen Bayern und Tirol sah es diesbezüglich nicht immer zum besten aus. Da es im Mittelalter kaum einmal zur Festlegung genauer Grenzlinien kam, waren die Hoheitsrechte meist innerhalb eines mehrere Kilometer breiten Grenzsaumes strittig, überhaupt in abgelegenen Wald- und Gebirgszonen. Im 16. Jahrhundert wurde dieser Zustand zunehmend als untragbar empfunden. Deshalb kam es von da an etwa alle 100 Jahre zu neuen Verhandlungen und Verträgen, gleichzeitig auch zur Markierung des Grenzverlaufs im Gelände.

Besonders viele offene Grenzfragen gab es nach 1504 im Nordosten Tirols, da durch den Anschluß der Gerichte Rattenberg und Kufstein interne bayerische Verwaltungsgrenzen von geringer Bedeutung zu Landes- und Staatsgrenzen geworden waren. Verständlich, daß jetzt plötzlich vieles unklar war und sich die Beschwerden häuften. Deshalb beauftragten Erzherzog Ferdinand I. von Österreich und Herzog Albrecht V. von Bayern im Jahr 1553 eine gemischte Kommission unter dem Vorsitz des Bischofs Wolfgang von Passau mit einer Untersuchung aller Grenzstreitigkeiten und einer Neufestlegung der bayerisch-tirolischen Grenze. Die Beamten, Fachleute und Diplomaten nahmen ihre Arbeit sehr genau. Meist ging es darum, die Bedeutung alter Besitzungen und traditioneller Nutzungsrechte für die Grenzziehung zu klären. Zum Beispiel hatten die Bauern von Thiersee jenseits des Bergkammes im Tal des Gießenbaches viel Wald, den sie jedoch wegen der Entfernung kaum nutzten. Weide- und Almrechte der Thierseer in diesem Gebiet standen ebenfalls außer Zweifel. Andererseits gab es dort aber einen Einzelhof und eine große Alm, die immer schon dem bayerischen Gericht Auerburg zu Steuer und Zins verpflichtet waren. Die Kommission entschied, daß der Gießenbach zu Bayern gehören solle.

Ähnliche Fälle gab es viele, und stets waren die Tiroler Regierungsvertreter bereit, den bayerischen Ansprüchen nachzugeben und eine dementsprechende Grenzziehung vorzuschlagen. In einem Gutachten wird diese Haltung auch begründet: Nach den Vorschlägen der Kommission würde der Landesfürst zwar „die Obrigkeit etwa in einem rau-

▷ *Ausschnitt aus der um 1550 vom Innsbrucker Maler Paul Dax geschaffenen Karte des Karwendel-Gebietes mit der punktiert eingezeichneten tirolisch-bayerischen Grenze. Sie führt zuerst entlang dem „Wallach Fluß", dann den „Pittenpach" aufwärts zum „Sattele", wo die Grenzstation mit zwei Kreuzen und einem Wachsoldaten gekennzeichnet ist. Die Grenze verläuft dann weiter in Richtung Osten (hier nicht mehr deutlich zu erkennen) über mehrere namentlich beschriftete Berggipfel. Unter dem „platten" (heute „Platteneck") ist deutlich die „plattn Albe" zu erkennen. Unmittelbar nördlich der Grenze sind beschriftet „der Ahenwald", „zum Stuben", „der Sulferstain" und der „weyssenpach" (heute „Weißach").*

Wallach fluß
Prettersperg
Im Graben

hen wilden unfruchtpern perg und schrofen“ aufgeben, jedoch verliere weder er noch einer seiner Untertanen tatsächlich nutzbaren Besitz. Andererseits verdiene das verwandtschaftliche Verhältnis zum Herzog von Bayern – er war Erzherzog Ferdinands Schwiegersohn – und das Interesse an der Ruhe der Untertanen eine besondere Berücksichtigung. Die Arbeit der Kommission führte schließlich zwischen 1555 und 1557 zu mehreren Verträgen über die Landesgrenze im Bereich der Tiroler Landgerichte Rattenberg und Kufstein, die an die bayerischen Gerichte Wolfratshausen, Aibling, Auerburg, Rosenheim und Marquartstein grenzen.

Gleichzeitig wurde die Grenze im Riß- und Achental neu festgelegt, obwohl sich mit diesem Abschnitt bereits ein Vertrag aus dem Jahr 1493 befaßte. Zu diesem Zweck entstand um 1550 auch eine vom Innsbrucker Maler Paul Dax als aquarellierte Federzeichnung geschaffene Karte des ganzen Gebietes. Das östliche Karwendel war zwar schwer zugänglich, hatte aber wegen seiner Almen, Weiden und Wälder wirtschaftliche Bedeutung. Vor allem die Holztrift war immer wieder Anlaß für Streitigkeiten, da die geschlägerten Stämme über Rißbach, Dürrach und Wallach von Tirol nach Bayern, über die Brandenberger Ache bzw. ihre Quellflüsse aber von Bayern nach Tirol getriftet wurden. Die sich daraus ergebenden Probleme wurden mehrmals im 16., 17. und noch im 18. Jahrhundert durch Verträge geregelt. Grenzbegehungen und Kontrollen des strittigen Triftholzes durch je einen bayerischen und tirolischen „Holzmeister“ dokumentiert uns eine um 1610 vom Tölzer Künstler Paulus Röpfl gezeichnete Grenzkarte mit zahlreichen bildlichen Darstellungen. Paulus Röpfl, der sich bei der Innsbrucker Regierung um die Stelle eines tirolischen Zöllners im Achental bewarb, wollte mit seiner Karte die genaue Kenntnis der komplizierten Grenzverhältnisse beweisen.

Die Östliche Karwendelspitze war damals der Endpunkt der tirolisch-bayerischen Grenze. Weiter im Westen hatte Tirol noch nicht wie heute Bayern zum Nachbarn, sondern die geistlichen Fürstentümer Freising und Augsburg sowie die kleine reichsunmittelbare Grafschaft Schwangau, die allerdings schon 1567 zu Bayern kam.

Die zu Freising gehörige Grafschaft Werdenfels mit Garmisch, Partenkirchen und Mittenwald als Hauptorten entstand durch Erwerbungen des Bischofs von Freising im 12. und 13. Jahrhundert. Sowohl die Tiroler Landesfürsten als auch die Herzöge von Bayern hätten das Gebiet natürlich gerne besessen. Von beiden Seiten bekam das Hochstift Freising Tauschangebote. Der Bischof und Herrscher über sein Fürstentum blieb jedoch hart. Dagegen gelang es der Tiroler Regierung, zumindest

Tirolisch-bayerischer Grenzstein mit beamteten Holzmeistern aus beiden Ländern, eine Darstellung auf einer um 1610 von Paulus Röpfl aus Bad Tölz gezeichneten Karte des Grenzgebietes im Karwendel. Die Figuren mit der erhobenen Schwurhand sollen offenbar die Tätigkeit einer gemischten Grenzkommission symbolisieren.

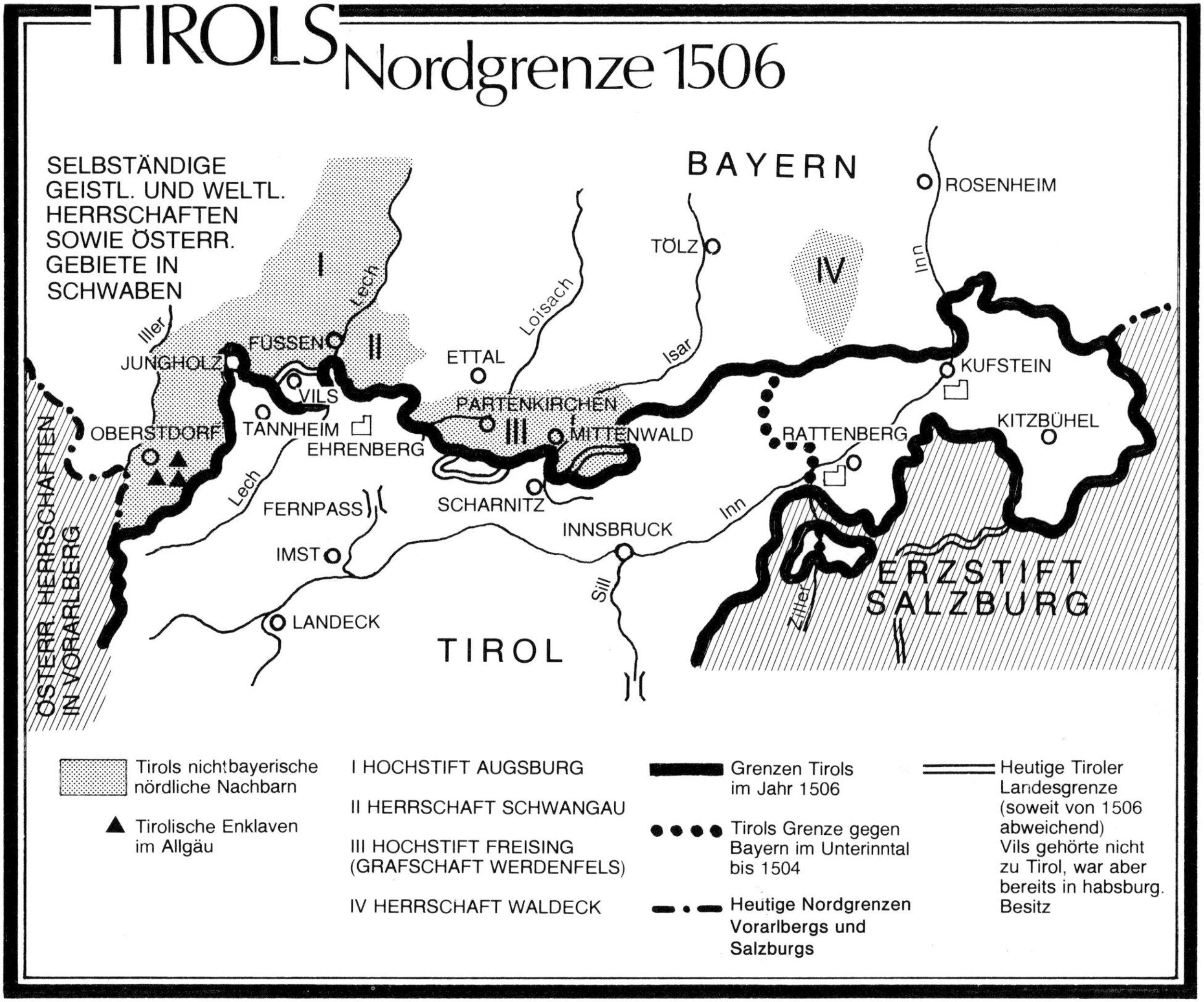

das Hinterautal (Ursprungsgebiet der Isar) und das Karwendeltal aus dem Herrschaftsbereich der Grafschaft Werdenfels zu lösen, eine Entwicklung, die 1766 ihren Abschluß fand. Damals wurde auch der Hauptkamm des Wettersteingebirges als Landesgrenze Tirols endgültig festgelegt, wobei Tirol auf das oberste Reintal verzichtete. Entgegenkommend zeigte man sich in Freising, als die Innsbrucker Regierung im Jahre 1633

in der Talenge von Scharnitz einen zusätzlichen Geländestreifen brauchte, um hier eine mächtige Grenzfestung anlegen zu können. Bei Kriegen in Süddeutschland bestand hier immer die Gefahr bewaffneter Einfälle. Der Feind mußte gar nicht Bayern sein. Anlaß zur Errichtung der „Porta Claudia", wie die Festung nach der damaligen Tiroler Landesfürstin genannt wurde, war die Bedrohung durch das schwedische Heer während des „Dreißigjährigen Krieges," der damals gerade eine besonders kritische Phase erreicht hatte.
Das Hochstift Freising besaß auch im Pustertal ausgedehnte Besitzungen, doch war die Landeshoheit über die Hofmark Innichen und die Gerichte Welsberg und Heinfels bereits im 13. Jahrhundert an die Grafen von Görz bzw. Tirol übergegangen. Es wäre also falsch, Innichen eine „Enklave" von Freising zu nennen. Das Hochstift besaß in späterer Zeit nur mehr Grund und Boden sowie die niedere Gerichtsbarkeit in der Hofmark.
Anschließend an die Grafschaft Werdenfels des Hochstiftes Freising

◁

Die Wappen von Tirol und dem Hochstift Freising (Mohrenkopf) – mit originell gestalteten Schildträgern – auf einer Karte des tirolisch-werdenfelsischen Grenzgebietes, die der bekannte Tiroler Ingenieur und Kartenzeichner Franz Anton Rangger um die Mitte des 18. Jahrhunderts wohl im Zusammenhang mit den damaligen Grenzverhandlungen nach einer älteren Arbeit von Georg Anton Gumpp geschaffen hat.

grenzte Tirol entlang des Klostergerichts Ettal wieder für ein ganz kleines Stück an Bayern. Dann kamen als Nachbarn die Herren von Schwangau, die einmal auch in Tirol reich begütert gewesen waren. Auch gewisse Herrschaftsrechte standen ihnen ursprünglich südlich der heutigen Tiroler Landesgrenze zu. Das alles verkauften sie 1481 an Erzherzog Sigmund von Tirol. Ihr Territorium nördlich der Tiroler Landesgrenze ging 1565/67 an Bayern über, zum großen Ärger des Tiroler Landesfürsten, der sich vergeblich bemüht hatte, Schwangau zu erwerben. Der Kauf Schwangaus war für Bayern ein wichtiger Schritt hin zum ostschwäbischen Raum, wo die Wittelsbacher Fuß fassen wollten. Andererseits unternahmen die Habsburger alles, um ihren von Innsbruck aus verwalteten schwäbischen Streubesitz zu einem größeren Territorium zu vereinen. Dieser Interessenkonflikt zwischen Habsburg und Wittelsbach wirkte sich zeitweise auch negativ auf die Beziehungen zwischen Tirol und Bayern aus.

Eine dieser schwäbischen Besitzungen der Habsburger war seit 1408 das Städtchen Vils, das unmittelbar an Tirol grenzte, aber zum schwäbischen Kreis gerechnet wurde. Die zuständigen Regierungs- und Verwaltungsbehörden waren allerdings in Innsbruck. Erst 1816 wurde Vils mit dem Land Tirol vereinigt.

So kompliziert die verschiedenen Besitzungen und Herrschaftsrechte im nordwestlichen Tirol, dem Außerfern, im frühen und hohen Mittelalter waren, so zersplittert war auch das ganze angrenzende alemannische Gebiet seit dem Untergang des schwäbischen Herzogtums. Wichtigste Nachbarn Tirols waren die Grafen von Montfort mit ihrer Rotenfelser Linie, die Herren von Hohenegg, die Rettenberger und die Herren von Haimenhofen. Einige der Besitzungen und Rechte dieser Adelsfamilien konnten die Tiroler Landesfürsten erwerben, so das Tannheimer Tal teils von den Haimenhofenern, teils von den Montfort-Rotenfelsern und die Herrschaft Vils von den Hoheneggern. Größere Erfolge verzeichnete das Hochstift Augsburg, das bis zum Beginn des 16. Jahrhunderts zwischen Lech und Iller seine Landeshoheit durchsetzen konnte. Im Tannheimer Tal und im Lechtal mußte es dafür auf verschiedene Rechte und Besitzungen zugunsten Tirols verzichten. Nach 1531 grenzte Tirol westlich von Füssen nur noch an das Fürstentum des Bischofs von Augsburg, dessen Diözese übrigens weiterhin auch den Nordwesten Tirols umfaßte. Dies hatte aber auf die politischen Verhältnisse keinen Einfluß. So gab es natürlich auch zwischen den Tiroler Landesfürsten und den Augsburger Bischöfen bzw. dem Hochstift Spannungen und Schwierigkeiten wegen der Grenze, nicht zuletzt wegen der beiderseitigen Bemühungen um schwäbische Herrschaften.

Starken Belastungen war das nachbarschaftliche Verhältnis zwischen Tirol und dem Hochstift Augsburg vor allem im Bauernkrieg von 1525 ausgesetzt. Die Stadt Füssen suchte bei Österreich Schutz, da ihr fürstbischöflicher Herr sie vor den Aufständischen nicht zu schützen vermochte. Die Füssener waren dafür sogar bereit, sich der Tiroler Landeshoheit zu unterwerfen. Gleichzeitig wandten sich auch die Allgäuer Bauern mit ihren Klagen an Erzherzog Ferdinand I. Doch die von Innsbruck nach Füssen entsandten Räte konnten den Frieden nicht herstellen. Eine Massenflucht geschlagener Allgäuer Bauern nach Tirol verhinderte Ferdinand durch harte Gegenmaßnahmen.

Auf Verlangen des Schwäbischen Bundes mußte dann die Stadt Füssen dem Hochstift wieder zurückgegeben werden. Während des Dreißigjährigen Krieges stand Augsburg zwar auf österreichischer Seite, war aber nicht imstande, den Marsch fremder Truppen nach Tirol zu verhindern. Als die Schweden im Frühjahr 1632 nach Süddeutschland vordrangen und den Lech aufwärts marschierten, wurden von Landtag und Regierung in Innsbruck eiligst die vernachlässigten Festungsbauten der Ehrenberger Klause bei Reutte verbessert und ergänzt. Denn hier bestand die einzige Chance, den Weg ins Zentrum des Landes zu sperren. Als Vorposten wurde das Städtchen Füssen am 15. Mai durch zwei tirolische Fähnlein besetzt. Als der feindliche Feldherr, Herzog Bernhard von Weimar, Mitte Juni tatsächlich mit 16.000 Mann vor Füssen erschien, dauerte es freilich nur eine Stunde, bis er dieses Hindernis beseitigt hatte. Die von 12.000 Tirolern verteidigte Festung Ehrenberg konnte er jedoch nicht einnehmen. Er zog wieder ab, ließ aber eine kleine Besatzung in Füssen zurück. Nun waren es die Tiroler unter ihrem Landesfürsten Erzherzog Leopold V., die das geplagte Grenzstädtchen eroberten und die Schweden gefangennahmen. 800 Tiroler Kriegsknechte blieben jetzt in Füssen. Sie konnten jedoch nicht verhindern, daß der Herzog von Weimar die Stadt neuerlich einnahm. Ein großer Teil der Tiroler Besatzung wurde getötet, der Rest floh nach Ehrenberg, wo der Feind trotz wütender Angriffe zum zweiten Mal aufgehalten werden konnte.

Die Augsburger Landeshoheit im Nordwesten Tirols konnte die Folgen der früheren Zersplitterung und besonderer Rechtsbräuche nie ganz überwinden. Vor allem gab es immer einige Enklaven mit auswärtiger Herrschaftsgewalt. Verantwortlich dafür war der sogenannte „Allgäuer Brauch“, demzufolge Neusiedler auch innerhalb fremder Territorien unter der Gerichtsbarkeit, Wehr- und Steuerhoheit ihrer Heimatherren verblieben. Da auch Tiroler Untertanen im Allgäuer Raum rodeten und Siedlungen anlegten, gehörten einige dieser winzigen Enklaven zu Tirol, so in der Nähe von Oberstdorf die Dörfer Spielmannsau, Gerstruben

Die Festung Ehrenberg (oder Ernberg) mit der Straßensperre am Fuße des Hügels, die den ansonsten offenen Weg aus dem schwäbischen Raum in das Zentrum Tirols sperren sollte. Sie lag nicht an der Grenze, sondern etwas südöstlich von Reutte. Darstellung aus dem 17. Jahrhundert. ▷

und Trauchberg sowie zwischen Pfronten und Wertach die Gemeinde Jungholz. Sie hat als einzige ihre Verbindung zu Tirol bis heute bewahren können, auch wenn die Gemeindegrenze nur an einem einzigen Punkt das übrige Tirol berührt.

Im Jahre 1803 gingen die weltlichen Herrschaftsgebiete der Bischöfe von Augsburg und Freising im bayerischen Staat auf, der damit endlich das Ziel einer Eingliederung Ostschwabens erreicht hatte. Nach dieser letzten „Flurbereinigung" grenzte das Land Tirol im Norden nur noch an Bayern.

Bauhütten, Hofkapellen und ein „Grabmacher" aus München

Gemeinsamer Kulturraum im 15. und 16. Jahrhundert

Hat die Politik im Mittelalter die Trennung Tirols von Bayern bewirkt und leidvolle Nebenerscheinungen heraufbeschworen, so blieb die Kultur eine verbindende Klammer zwischen beiden Ländern und sorgte für freudvolle Gemeinsamkeiten, die allerdings nicht nur das damalige Land Tirol und die bayerischen Herzogtümer betrafen, sondern Ostschwaben, die selbständigen Reichsstädte und die geistlichen Fürstentümer in diesem Raum miteinschlossen. Man kann deshalb bei der Betrachtung der kulturellen Beziehungen früherer Zeiten fast die Grenzen des heutigen Bayern gelten lassen.

Daß im kulturellen Bereich die politischen Grenzen wenig oder nichts bedeuten, zeigt am augenfälligsten die charakteristische Bauweise der Städte am Inn von Innsbruck bis Passau. Der im gesamten tirolisch-süddeutschen Raum verbreitete Stadttypus mit der ovalen Grundrißform, dem Marktplatz als Erweiterung der Durchzugsstraße und der etwas abseits davon gelegenen Kirche ist hier und an der Salzach am besten ausgeprägt. Die Häuser sind schmal und reichen weit nach hinten und werden oben durch gerade, zinnengekrönte oder barock-geschwungene Mantelmauern abgeschlossen, hinter denen die senkrecht zur Straße stehenden Giebel- und Grabendächer verborgen bleiben. Vielfach führen entlang der Hauptstraße Laubengänge. Obwohl es auch diese Hausform nicht nur am Inn gibt, sondern in fast ganz Tirol, in Südostbayern und im Salzburgischen, sprechen die Kunsthistoriker vom „Innstadthaus".

Es war eine Blütezeit der Wirtschaft und der Kunst, als die tirolischen und bayerischen Bürger der Innstädte im 15. und frühen 16. Jahrhundert diese Häuser bauten. Meist waren auch neue Kirchen gerade fertiggestellt oder im Bau. Auch bei ihnen ist kaum ein Unterschied zwischen Bayern und Tirol zu merken. Während in Bozen die Bauten der aus Italien kommenden Bettelorden und die schwäbische Parler-Werkstätte mit dem Chor der Bozner Pfarrkirche (begonnen um 1380) die Gotik ins Land gebracht hatten, waren es im Inntal Meister aus dem bayerisch-salzburgischen Raum, die die ersten Bauwerke dieser Stilrichtung schu-

▷

Der Innstadt-Typus am Beispiel Rosenheim: Der Max-Joseph-Platz im Jahre 1815, Zeichnung von F. W. Doppelmayr.

fen, etwa den Chor der Haller Pfarrkirche (1315–1318). Obwohl im 15. Jahrhundert zunehmend Einheimische das Tiroler Baugeschehen beherrschten und zur Blütezeit der süddeutschen Bauhüttenbewegung eine eigene Tiroler Haupthütte als Zentrum des Bauhandwerks gegründet wurde, war der Einfluß aus dem bayerischen Raum keineswegs ausgeschaltet. Das damals noch bayerische Kufstein gehörte zur Wasserburger Haupthütte. Die Baumeister von Rattenberg, der bayerischen Grenzstadt, schlossen sich hingegen der Tiroler Haupthütte an.
Jede der Tiroler Bauhütten läßt zwar in den Details ihrer Werke und in der Verwendung verschiedener Baumaterialien Eigenheiten und Sonderleistungen erkennen, doch blieben sie in der Raumgestaltung mit einigen Ausnahmen, in denen der österreichische Einfluß vorherrscht, durchwegs entweder Vorbildern in Schwaben oder in Niederbayern verbunden. Dort wurden die Tiroler Bauhandwerker geschult, von dort kamen

zum Großteil die Meister und Gesellen, die in Tirol Kirchen bauten. Den größten Einfluß auf die Tiroler Baukunst der Spätgotik hatte die Bauhütte von Landshut-Burghausen, deren Hauptvertreter Hans von Burghausen war (auch Stethaimer genannt). Sein Schüler Hans Sewer (oder Seoner), ein geborener Bayer, erbaute in der ersten Hälfte des 15. Jahrhunderts die dreischiffige Halle des Langhauses der Pfarrkirche von Hall und wölbte deren frühgotischen Chor neu ein. Dank der Persönlichkeit Hans Sewers, der im mittleren Inntal noch mehrere Kirchen baute, wurde Hall zum Vorort der Tiroler Landesorganisation des Bauhandwerks. Kein Wunder, daß Fachleute in vielen gotischen Kirchen Tirols typisch niederbayerische Stilelemente erkennen: Dreikantlisenen statt Strebepfeiler, gemalte Maßwerkfriese unter dem Dach, die Vorliebe für Blendarkaden, die Betonung der Höhentendenz durch breite Mittel- und schmale Seitenschiffe. In der Meraner Spitalkirche, der – nach Erich Egg – wichtigsten Raumschöpfung der Spätgotik in Tirol, hat Meister Stefan von Burghausen mit dem Umgangschor die Landshuter Heiliggeistkirche nachgeahmt.
Die Schwazer Pfarrkirche, von 1460 bis 1478 ebenfalls nach Landshuter Manier gebaut, war kurz darauf schon wieder zu klein, da die Bergwerksstadt damals einen ungeheuren Aufschwung erlebte. Zur Planung eines Um- und Erweiterungsbaus wurde als Bausachverständiger der Münchner Bildhauer Erasmus Grasser nach Tirol berufen. Er übernahm auch die Bauaufsicht und entwarf nach dem Vorbild der zweitorigen Front des alten Rathauses in München die Westfassade mit den durch Lisenen und Türmchen gegliederten Giebel. Die Ausführung des Umbaues war zwar dem Innsbrucker Baumeister Christof Reichartinger übertragen, doch arbeiteten immerhin fünf bayerische Steinmetzen mit. Personell am stärksten von Bayern abhängig war im ganzen 15. Jahrhundert die Bauhütte von Hall. Nach Hans Sewer (gest. 1466), der schon zahlreiche bayerische Gesellen und Werkleute mit nach Tirol gebracht hatte, übernahm Christian Inzinger aus Reichenhall die Führung. Außerdem wurden berühmte Meister aus Bayern fallweise zur Beratung herangezogen, etwa Jörg von Halsbach, der Schöpfer der Münchner Frauenkirche, beim Kirchturmbau, Meister Wolfgang Wieser von Wasserburg beim Einbau der Westempore und ein Meister Jörg von München beim Anbau der Fiegerkapelle.
Neben den niederbayerischen Steinmetzen und Baukünstlern prägten Meister und Gesellen aus dem ostschwäbischen Raum die Tiroler Spätgotik entscheidend mit. Herausragendstes Beispiel ist der prachtvoll filigrane Turmaufsatz der Bozner Pfarrkirche (1499–1519), begonnen vom Augsburger Burkhart Engelberg und ausgeführt von seinem Schüler

Der filigrane Turm der Bozner Pfarrkirche, bei dessen Bau 53 namentlich bezeugte Steinmetzen aus allen Teilen Süd- und Mitteldeutschlands mitarbeiteten.

Die Pfarrkirche von Hall in Tirol, deren älteste Teile schon zu Beginn des 14. Jahrhunderts entstanden waren und deren Turm in der Barockzeit erneuert wurde, geht im wesentlichen auf Hans Sewer zurück, einen geborenen Bayern und Schüler des berühmten Hans von Burghausen.

▷

Hans Lutz von Schussenried, der auch die großartige Kanzel dieser Kirche aus weichem Bozner Sandstein meißelte und sich für immer in Bozen niederließ. 53 namentlich bezeugte Steinmetzen aus allen Teilen Süd- und Mitteldeutschlands arbeiteten beim Bau des berühmten Turmes mit, davon kamen 25 aus Schwaben und neun aus dem damaligen Bayern. Beim Turmbau von St. Pauls in Eppan waren unter zehn deutschen Steinmetzen vier Bayern und drei Schwaben.

Die Beziehungen zwischen Bayern und Tirol im Bereich der gotischen Baukunst sind durchaus einseitig. Die Arbeit eines Tiroler Meisters läßt sich in Bayern nirgendwo nachweisen. Auch zur gotischen Plastik und Malerei in Bayern hat Tirol wenig beigetragen. Nur Michael Pacher aus Bruneck, dessen Genie die Tiroler Kunst dieser Epoche beherrschte, dürfte dank seiner Altäre in St. Wolfgang und Salzburg einen starken Einfluß auf die heranwachsende Künstlergeneration des bayerisch-salzburgischen Raumes ausgeübt und damit viel von seinen italienischen Erfahrungen weitergegeben haben, eine Vermittlerrolle, wie sie für Tiroler Künstler immer bezeichnend war. Ansonsten brachte Tirol in der Gotik zwar eine ganze Reihe überdurchschnittlicher Begabungen und einige kraftvolle Künstlerpersönlichkeiten (außer Michael Pacher z. B. Friedrich Pacher, Marx Reichlich und Hans Klocker) hervor, doch wurde auch diese Epoche weitgehend von italienischen, österreichischen und vor allem von schwäbischen Vorbildern und Zuwanderern beeinflußt. Neue Anstöße für die Kunstentwicklung rund um den Brenner gingen zum Beispiel vom Sterzinger Altar des berühmten Hans Multscher von Ulm aus.

Am meisten mit Aufträgen bedacht wurden von Tirol aus die Kunstzentren und Werkstätten im Allgäu. Ohne die zahlreichen Arbeiten des führenden Meisters der Allgäuer Spätgotik, Jörg Lederer in Kaufbeuren, wäre die Tiroler Bildschnitzkunst des beginnenden 16. Jahrhunderts nicht vorstellbar. Die Maler der Altarflügel stammen ebenfalls durchwegs aus seiner Werkstatt. Der Memminger Bildschnitzer Ivo Strigl beschäftigte in seiner auch für Tirol arbeitenden Werkstatt ebenfalls eigene Maler. An der schwäbisch-bayerischen Grenze, in Landsberg am Lech, war der Maler und Bildschnitzer Hans Schnatterbeck zu Hause, der 1472 Bürger von Füssen wurde, dann nach Sterzing in Tirol zog, schließlich 1478 in Meran ansässig wurde und es dort sogar bis zum Ratsherrn brachte. Für die Pfarrkirche von Niederlana bei Meran schuf er mit seinen Werkstattmitarbeitern einen der bedeutendsten Flügelaltäre Tirols.

Einzelfiguren und Altäre aus dem Wasserburger und aus dem Landshuter Kunstkreis sind in Tirol natürlich auch zu finden. Einige wichtige

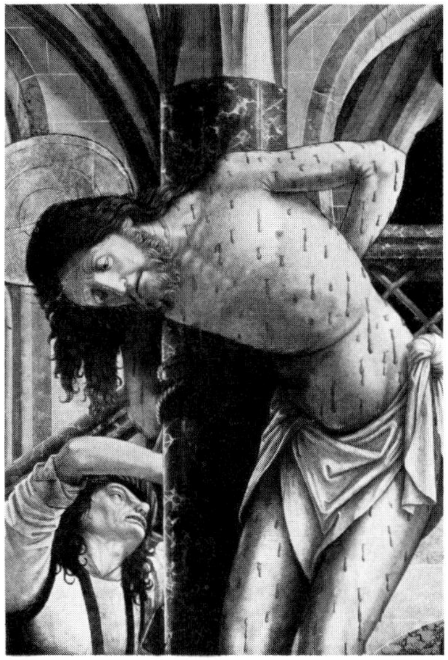

Der Salzburger Altar des Tirolers Michael Pacher (Ausschnitt aus einem der erhaltenen, wenn auch stark beschnittenen Flügelbilder) beeinflußte auch die Entwicklung der Malerei in Bayern.

Werke, wie z. B. der von Hans Stethaimer dem Jüngeren aus Landshut geschaffene Altar der Pfarrkirche von Hall, sind freilich nicht mehr erhalten. Grabsteinplastiken schufen in Tirol der berühmte Münchner Spätgotiker Erasmus Grasser und Wolfgang Leb aus Wasserburg. Mit dem bayerischen Bildschnitzer Michel Parth, der sich um 1510 in Bruneck niederließ, und dem um 1500 nach Brixen gekommenen Maler Ruprecht Potsch, dessen Werk seine Herkunft aus dem Kunstkreis von Freising erkennen läßt, ist das Ende der Spätgotik erreicht. Formenwelt und Malweise der beiden Künstler stehen in enger Verbindung mit der sogenannten Donauschule, die eines ihrer Zentren im niederbayerisch-salzburgischen Raum hatte.

Eine der vielen Figuren des Flügelaltars von Lana bei Meran, den der aus Landsberg am Lech stammende Maler und Bildschnitzer Hans Schnatterbeck geschaffen hat. Er wurde 1478 in Meran ansässig.

Die Übergangsepoche des 16. Jahrhunderts wird – zumindest im Inntal – von der volkstümlichen bayerischen Altarbaukunst beherrscht. Den feineren höfischen Geschmack konnten die bayerischen Schnitzer und Altartischler jedoch nicht zufriedenstellen, wie man am Beispiel des Tölzer Kunsttischlers und Bildhauers Hans Röpfl ersehen kann, der 1553 ein Reliefmuster für den Hochaltar der Innsbrucker Hofkirche vorlegte, das den Sachverständigen der Regierung aber als „nit sogar künstlich" erschien. Zwei Augsburger Meister, denen man die Arbeit gerne anvertraut hätte, waren wiederum zu teuer. Schließlich erhielten der Ulmer Bildhauer Kaspar Leschenbrand und der Mindelheimer Tischler Hans Walch den Auftrag. Ihr kunstvoller Altar ist nicht erhalten.
Zu den Zeiten Erzherzog Sigmunds des Münzreichen und Kaiser Maximilians I. waren am Innsbrucker Hof stets zahlreiche Künstler anwesend gewesen. Sie spielten eine wichtige Rolle als Anreger der Tiroler Kunstentwicklung und als Vermittler auswärtiger Kunstströmungen. Dank der engen Verbindung der Tiroler Residenz zu den habsburgischen Gebieten in Südwestdeutschland kamen vor allem zahlreiche schwäbische Meister nach Innsbruck. Die freundschaftlichen und später sogar verwandtschaftlichen Beziehungen der Tiroler Landesfürsten zu den Höfen in Landshut und München wirkten sich ebenfalls auf künstlerischem Gebiet aus. So kann man in den Werken der Tiroler Hofmaler Jörg Kölderer und Ludwig Konraiter eine bayerische Schulung erkennen, was aber nicht zur Übernahme fremder Tendenzen führte, sondern zur Ausprägung eines charakteristischen bodenständigen Stils voll von Erzählfreude und Wirklichkeitssinn, pathosferner Volkstümlichkeit und nicht selten einer gewissen Derbheit. Kölderers realistische Darstellungen von Landsknechten, Turnieren und Hoffestlichkeiten zeigen auch eine starke Verwandtschaft mit den Kupferstichen des Münchners Matthäus Zasinger. In München könnte auch die Idee geboren worden sein, die Balkonbrüstung des „Goldenen Dachls", einer prunkvollen Hofloge für

die Festlichkeiten am Innsbrucker Stadtplatz, mit Reliefdarstellungen von sich verrenkenden Maruskatänzern zu schmücken. König Maximilian I. hat wohl in der Residenzstadt seines Schwagers die von Erasmus Grasser geschaffenen und im Münchner Rathaussaal aufgestellten Einzelfiguren von 16 Maruskatänzern gesehen und dieses Motiv seinem vermutlich aus Schwaben berufenen Hofwerkmeister Nikolaus Türing vorgeschlagen.
Dem Münchner Maler Gilg Sesselschreiber übertrug Maximilian schließlich die Vorarbeiten und dann auch die Ausführung seines gigantischen Grabmalprojekts. Zuerst arbeitete Sesselschreiber in München, 1508 übersiedelte er nach Innsbruck und ging gemeinsam mit Tiroler Malern, Bildschnitzern, Bronzegießern und verschiedenen Kunsthandwerkern an das große Werk. 40 überlebensgroße Statuen seiner geistigen und leiblichen „Ahnen" und Verwandten sollten um Maximilians Grabmal stehen. Als der Innsbrucker Gießer Peter Löffler bereits nach der ersten Figur seine Mitarbeit einstellte, übernahm Sesselschreiber zusammen mit Sohn und Schwiegersohn auch diese technisch überaus schwierige Arbeit, obwohl er selbst darin keine Erfahrung hatte. Er bekam im Vorort Mühlau eine eigene Gußhütte, verzögerte die Weiterarbeit jedoch durch Jahre. Als sich herausstellte, daß das Werk ins Stocken geriet, noch ehe es richtig begonnen hatte, vergab Maximilian Aufträge für Entwürfe, Holzmodelle und Gußarbeiten nach Nürnberg und Landshut. Diesem Umstand haben wir es zu danken, daß drei der „Schwarzen Mander", wie der Volksmund die unvergoldet gebliebenen Bronzefiguren nennt, auf Vorzeichnungen Albrecht Dürers zurückgehen. Zwei Statuen nach Dürers Entwürfen goß der berühmte Nürnberger Peter Vischer. Hans Leinberger in Landshut, der Hauptmeister der Donauschulplastik, schuf nach der dritten Dürerzeichnung eine Holzfigur, die als Grundlage für den späteren Bronzeguß diente.
Sesselschreiber hatte den Kaiser schwer enttäuscht. Während er für private Auftraggeber arbeitete, erfüllte er den Vertrag mit dem Kaiser nicht, stellte ungebührliche Geldforderungen und kam mit der Ausführung selbst der angefangenen Statuen nur langsam vorwärts. 1516 ließ Maximilian den „Grabmacher", wie Sesselschreiber im Innsbrucker Volksmund hieß, verhaften. Sein Sohn Christof goß zwar mit mehreren Gehilfen binnen kürzester Frist eine Reihe von Figuren, doch Maximilian hatte sich schon um einen verläßlicheren – und billigeren – Meister umgesehen. Er fand ihn in Stefan Godl, den er 1514 aus Nürnberg berufen hatte, um für das Grabmal 100 Heiligenstatuetten zu gießen. Die Familie Sesselschreiber wurde des Auftrags entbunden. Von ihr stammen insgesamt acht Statuen, die in ihrer kraftvoll-persönlichen Gestal-

Zwei Figuren vom Grabmonument Maximilians I. in der Innsbrucker Hofkirche: Oben Herzog Ernst der Eiserne, in seiner Massigkeit eine typische Arbeit der Sesselschreiber-Werkstatt; rechts Graf Albrecht IV. von Habsburg, von Albrecht Dürer in Nürnberg gezeichnet, von Hans Leinberger in Landshut geschnitzt und vom Nürnberger Stefan Godl in Innsbruck gegossen. ▷

tung zu den eindrucksvollsten und interessantesten der bronzenen Ahnengalerie gehören.

Als Maximilian 1519 starb, war noch nicht einmal ein Dutzend der geplanten 40 Großfiguren vollendet. Sein Nachfolger ließ das Werk durch Stefan Godl fortsetzen, der sich zur Mitarbeit einheimische Künstler aussuchte. Nach seinem Tod im Jahre 1534 trat wieder eine längere Pause ein, bis 1548 der Augsburger Maler Christof Amberger gemeinsam mit dem Innsbrucker Bildhauer Veit Arnberger und dem ebenfalls einheimischen Gießer Gregor Löffler zwei weitere Figuren schuf. Dann ging es endgültig nicht mehr weiter. Das Grabmal in der Innsbrucker Hofkirche, dessen leerer Sarkophag in der Mitte später dazukam – auch hier arbeitete mit dem Gießer Hans Lendenstreich (Figuren der Tugenden) wieder ein Münchner mit –, ist das beste Beispiel für die maximilianische Übergangskunst und für das Zusammenwirken von Künstlern aus verschiedenen Städten, die im übrigen alle innerhalb der Grenzen Tirols und des heutigen Bayern liegen.

Maximilian hatte auch andere Aufträge an die bedeutendsten Künstler seiner Zeit, etwa an Albrecht Dürer in Nürnberg oder Albrecht Altdorfer in Regensburg, vergeben. Meist hatte der Kaiser ganz bestimmte Vorstellungen von dem, was er wollte, und ließ deshalb von seinem Hofmaler Jörg Kölderer in Innsbruck ungefähre Vorzeichnungen anfertigen. Nach solchen zeichnerischen Entwürfen malten z. B. Albrecht Altdorfer und sein Kreis die prachtvollen Miniaturen des Triumphzuges, stellten Albrecht Dürer und seine Werkstätte die Holzschnitte zur Ehrenpforte her. So kam es unter der Ägide eines überregionalen Herrschers zu einer äußerst fruchtbaren tirolisch-bayerischen bzw. tirolisch-fränkischen Zusammenarbeit.

Für das Eindringen der Renaissancekunst in Tirol waren, da es zu dieser Zeit gerade keinen eigentlichen fürstlichen Hof in Innsbruck gab, vor allem Aufträge aus kirchlichen Kreisen, von einzelnen Adelsfamilien und schließlich von den wenigen reichen Zentren des Bürgertums entscheidend, wobei die intensiven Handelsbeziehungen zwischen Bozen und Augsburg eine wichtige Rolle spielten. Am Hofe des neuen Tiroler Landesfürsten Ferdinand II. (ab 1567 in Innsbruck) wurde die Kunst zunehmend internationaler. Natürlich spielten die engen verwandtschaftlichen und künstlerischen Bindungen zwischen den Höfen von Innsbruck und München weiterhin eine wichtige Rolle. Der Niederländer Hubert Gerhard, ein Schüler des berühmten Manieristen Giovanni da Bologna, arbeitete z. B. um 1600 sowohl in München als auch in Innsbruck.

In der höfischen Kultur beschränkten sich die Gemeinsamkeiten und Parallelen seit dem 15. Jahrhundert nicht nur auf Einzelheiten und zeitweilige Einflüsse. Man kann vielmehr sagen, daß sich die Residenzen in Innsbruck, Landshut und München in Kunst, Kulturgesinnung, Sitten und Bräuchen, in gesellschaftlichem Leben und Mode vollkommen glichen. Häufige Besuche und längere Aufenthalte beim Nachbarn sowie Heiraten zwischen den Fürstenhäusern und den Familien des Hof- und Landadels – von mehreren Tiroler Adelsfamilien entstanden bayerische Zweiglinien – hielten den Kontakt immer lebendig. Von den Trinksitten bis zum Schmuck der Damen, von den Jagdwaffen der hohen Herren bis zu den Kochrezepten gab es kaum Unterschiede. Wenn sich da oder dort etwas Neues durchsetzte, dann sorgten Geschenke oder die persönliche Anregung bald für einen Ausgleich. Daß das Innsbrucker Hofleben in der zweiten Hälfte des 16. Jahrhunderts neben dem Münchner Einfluß auch starke Impulse aus dem bürgerlichen Ausburg erhielt,

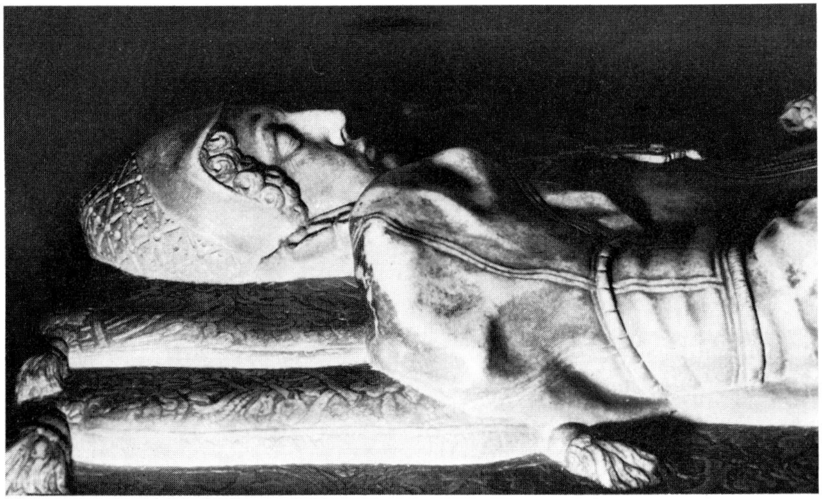

◁

Grabmal der Philippine Welser, der zur Tiroler Landesherrin gewordenen Augsburger Bürgertochter, in der Silbernen Kapelle der Innsbrucker Hofkirche.

ist der Liebesheirat des Erzherzogs Ferdinand II. zu danken, der die Augsburger Bürgertochter Philippine Welser allen standesgemäßen Heiratskandidatinnen vorzog und dafür sogar auf das Nachfolgerecht seiner Söhne verzichtete. Die Tiroler konnten ihren Landesfürsten verstehen: Die „schöne Welserin“, wie man die Landesherrin aus Augsburg nannte, war in der Bevölkerung bald überaus beliebt.

Was wäre ein Fürstenhof ohne Musik! Im November 1564 erhielt Herzog Albrecht V. von Bayern einen Brief vom Bruder seiner Frau, dem habsburgischen Erzherzog Ferdinand II., der eben zum Landesfürsten von Tirol ernannt worden war und seine Übersiedlung von Prag nach

Die Mitglieder der Münchner Hofkapelle Albrechts V. (rechts in einer Miniatur des Hofmalers Hans Mielich) und ihr Leiter, der berühmte Orlando di Lasso (unten), hatten regelmäßige und intensive Kontakte zu den Komponisten und Musikanten am Innsbrucker Hof Ferdinands II.

Innsbruck vorbereitete. In diesem Schreiben heißt es: „Dieweil uns wol bewüßt, daß Eur Lieb als ain sonderer Liebhaber der Musica vil und allerley schöner, kunstreicher Compositionen, auch selbst fürnembe und berüembte Componisten bei sich haben, so ersuechen wir demnach Eur Lieb freindlich gesinnendt, die wellen uns durch desselben Capellmaister zwey oder drey gueter compositiones missae mittheilen und überschikken lassen." Der Münchner Kapellmeister, von dem sich Ferdinand II. Meßkompositionen für seinen zukünftigen Innsbrucker Hof wünschte, war niemand Geringerer als Orlando di Lasso, der sich in den folgenden Jahren öfters in Innsbruck aufhielt und zu einigen Mitgliedern der Tiroler Hofkapelle freundschaftliche Beziehungen unterhielt. München war zu den Zeiten der Herzöge Albrecht V. und Wilhelm V. eines der Zentren europäischer Musikpflege. Die Innsbrucker Hofkapelle wurde ebenfalls von bedeutenden Komponisten geleitet. Vor allem die Niederländer Jakob Regnart und Alexander Uttendal gingen in die Musikgeschichte ein. Die beiden Ensembles befruchteten sich gegenseitig, tauschten Musiker und Noten aus, wetteiferten im Können und in der Aufführung schwieriger Werke, die man bei den berühmtesten Meistern der Musikkunst eigens bestellte.

Für die weitere Entwicklung der Musikkultur beider Länder war der Austausch von Sängerknaben wichtig. Trotz des internationalen Charakters der Hofkapellen, in denen zuerst noch die Niederländer, später die Italiener den Ton angaben, kümmerten sich die kunstsinnigen Fürsten auch um den einheimischen Nachwuchs. Der Erfolg blieb nicht aus. Das berühmteste Beispiel ist Leonhard Lechner aus dem Tiroler Etschtal, der bis 1570 Sängerknabe der bayerischen Hofkapelle unter Orlando di Lasso war, dann nach Nürnberg ging und ab 1584 in verschiedenen süddeutschen Städten, zuletzt in Stuttgart, als Hofkapellmeister, Kapellsänger und Komponist zu großer Berühmtheit gelangte. Ein echter Bayer wiederum war Johann Stadlmayr, der ab 1607 drei Jahrzehnte

lang als Hofkapellmeister in Innsbruck wirkte und als Kirchenkomponist des neuen, konzertierenden Stils international anerkannt war. Die meisten seiner Werke erschienen in Innsbruck im Druck.
Solange Tirol eine fürstliche Residenz besaß (bis 1665), ging der musikalische Notenwechsel mit der Hauptstadt des nördlichen Nachbarn natürlich weiter. Er hatte ja auch nicht erst unter Ferdinand II. begonnen, sondern schon unter Sigmund dem Münzreichen, der seine Pauker und Trompeter und andere Musikanten gerne nach Landshut zur Ausbildung schickte und von dort zu besonderen Anlässen Instrumentalisten und Sänger geliehen bekam. Doch bald überstrahlte Sigmunds Hofkapelle alles, was es damals im süddeutschen Raum an Musikern und Ensembles gab. In Innsbruck begann auch die Karriere eines Mannes, der bald zu den berühmtesten Musikern seiner Zeit zählen sollte: Es war der Organist Paul Hofhaimer, der 1478 als 19jähriger in Sigmunds Dienst trat. Von Maximilian übernommen, begann für Hofhaimer eine Zeit des Reisens, da der König den bedeutenden Organisten überall auftreten lassen wollte. 1502 ließ sich Hofhaimer für einige Jahre in Passau nieder, übersiedelte 1508 nach Augsburg, wo die kaiserliche Hofkapelle sich häufig aufhielt, kehrte 1519 wieder nach Passau zurück, um 1522 eine Stellung als Domorganist in Salzburg anzunehmen.
Die höfische Musikkultur und die musikalischen Beziehungen zwischen Innsbruck, München und Landshut hatten weitreichende Auswirkungen auf die Musikpflege in den Bischofsresidenzen und Klöstern, ja sogar in den Städten und Landpfarren, wo man sich – wie zeitgenössische Berichte erkennen lassen – den jeweils herrschenden Stil zu eigen machte und die Aufführung selbst schwieriger Kompositionen nicht scheute. Die Musikverleger in Innsbruck und München waren jedoch bemüht, für den Druck solche Werke auszusuchen, die auch von weniger geübten Musikern und Chören zu bewältigen waren. So war es dieselbe Musik, die in Brixen und in Freising, in Stams und in Ettal, in Sterzing und in Rosenheim erklang. Für den Bau von Orgeln in Kirchen, Festsälen und sogar auf Türmen (für verschiedene Signale) holten sich die Tiroler fast durchwegs Fachleute aus Bayern, das damals als ein Zentrum der europäischen Orgelbaukunst galt. In den Städten spielte zudem der gegenseitige Besuch von Meistersingern eine gewisse Rolle in den Kulturbeziehungen der beiden Nachbarländer. Es waren eigentlich nicht nur „Beziehungen". Man kann ruhig sagen, daß sie einen gemeinsamen Kulturraum bildeten.

◁

Bayernherzog Albrecht V. und seine in Tirol aufgewachsene Frau Anna von Habsburg auf Miniaturen von Hans Mielich.

Import-Export von Gütern und Gedanken

Wirtschaftliche und geistige Beziehungen vom Mittelalter bis ins 18. Jahrhundert

Der immer stärker werdende Durchzugshandel und das Aufblühen der Silber- und Kupferbergwerke machten Tirol im späten Mittelalter und in der frühen Neuzeit zu einer wahren Schatzkammer. Der Reichtum des Landes kam jedoch nur zum geringen Teil der Bevölkerung zugute. Er nützte in erster Linie den Habsburgern, die sich 1519 die Kaiserkrone buchstäblich mit Tiroler Silber erkauften, und einigen ausländischen Kaufmannsfamilien. Sie kamen mit wenigen Ausnahmen aus einer Stadt, die heute zu Bayern gehört, damals jedoch eine freie Reichsstadt war: aus Augsburg.

Von den Augsburger Unternehmern, die sich in Tirol engagierten, erlangten die Fugger die größte Bedeutung. Sie streckten Maximilian und seinen Nachfolgern riesige Summen zur Finanzierung von Kriegen, Heiraten und politischen Geschäften vor und beherrschten dafür jahrzehntelang den weltweiten Handel mit dem Silber und dem Kupfer aus den Tiroler Bergen. Ihr geschickt genütztes Bündnis mit den Habsburgern ließ die Fugger zu einer handelspolitischen Weltmacht aufsteigen. Als die meist nicht sehr kapitalkräftigen Tiroler Bergbauunternehmer wegen der immer höher werdenden Investitionskosten nacheinander in Konkurs gingen, stiegen die Augsburger Kapitalisten auch direkt ins Bergwerksgeschäft ein. In Schwaz, der „Mutter aller Bergwerke", hatten die Fugger eine Hauptniederlassung, wo zeitweise ein Mitglied der Familie, Ulrich Fugger, die Firma vertrat. Auch in Hall und in Innsbruck erwarben die Fugger repräsentative Häuser, und einen Teil des Verdienstes legten sie in Tiroler Grundbesitz an. Dennoch galten sie in der Tiroler Bevölkerung nicht als Einheimische, im Gegenteil: Man betrachtete sie als landfremde Ausbeuter und gab ihnen die Schuld an vielen wirtschaftlichen Mißständen. Im Bauernkrieg von 1525/26 war die Macht der Fugger ein Hauptangriffspunkt der Aufständischen.

Auch die Baumgartner aus Augsburg richteten sich in Tirol häuslich ein. Hans Baumgartner leitete von 1502 bis 1504 sogar die Innsbrucker Finanzkammer und wickelte in dieser Funktion sozusagen die Geschäfte mit sich selbst ab. 20 Jahre lang war er zudem Pfleger des tirolischen Gerichtes Ernberg (Reutte). Er war für den Kaiser als Diplomat tätig

In der Zentrale der eng mit Tirol verbundenen Handelsweltmacht der Fugger zu Augsburg: Jakob Fugger diktiert seinem Sekretär. Das dem zeitgenössischen Kostümbuch des Matthäus Schwarz entnommene Bild zeigt im Hintergrund die Brief- und Aktenablagen für wichtige Fugger-Zweigstellen, darunter auch Innsbruck.

und erhielt den Titel eines kaiserlichen Rates mit Sitz und Stimme in der Tiroler Regierung. Sein Sohn Hans Baumgartner der Junge war mit einer Fuggerin verheiratet, gebot über die größten Bergwerksunternehmen Tirols und wußte sich durch seine Freigebigkeit die Mitglieder der Tiroler Regierung zu verpflichten. Die Baumgartner gehörten damals zu den reichsten Familien Europas. Sie hatten Besitzungen, Bergwerke, Schmelzhütten und Handelsgeschäfte in der ganzen Welt und traten nicht nur als Finanziers der Habsburger auf, sondern liehen auch ihren Gegnern, den Franzosenkönigen, das nötige Geld zum Kriegführen. Das ständig wachsende Vermögen erlaubte ihnen die Erwerbung mehrerer Herrschaften in Schwaben, Bayern und Tirol, was den Aufstieg in den Freiherrnstand bedeutete. Ein ins Maßlose gestiegener Lebensstil und der um 1550 einsetzende Rückgang des Tiroler Bergsegens trieb das Geschlecht aber schließlich in den Bankrott.
Auch die vorsichtigeren und seriöseren Fugger gerieten damals in Schwierigkeiten und mußten verschiedene Tiroler Bergwerke aufgeben. Sie besaßen jedoch in Tirol immer wieder tüchtige, ja sogar geniale Geschäftsführer (Faktoren), die das Ärgste verhindern konnten und die Tiroler Geschäfte der Augsburger Weltfirma bis in das 17. Jahrhundert hinein aufrechterhielten. 1657 war der Zusammenbruch jedoch nicht mehr zu vermeiden. Den gesamten Fugger-Besitz in Tirol übernahm der Landesfürst. In Schwaz blieb das Augsburger Geschlecht wegen der Verdienste, die es sich um die Stadt und seine Wirtschaft zweifellos erworben hatte, in guter Erinnerung. Mehrere Mitglieder der Familie Fugger sind in der Schwazer Pfarrkirche begraben, die sie mit reichen Stiftungen bedacht hatten. Die Verbindung der Familie Fugger zu Schwaz blieb noch länger bestehen. Zuletzt stifteten die Fugger 1912 ein Glasgemälde für die Pfarrkirche. Dieses Denkmal tirolisch-augsburgischer Partnerschaft fiel im Zweiten Weltkrieg leider den Bomben zum Opfer.
Unternehmer aus Altbayern spielten im Tiroler Bergbau nur in den letzten drei Jahrzehnten des 15. Jahrhunderts eine Rolle. Hans Paumgartner, ein aus Wasserburg stammender Bürger der damals noch bayerischen Stadt Kufstein, hatte schon vom Landshuter Herzog das Privileg erhalten, mit der Silberproduktion der Unterinntaler Gerichte allein Handel betreiben zu dürfen, und stieg 1472 auch in das Tiroler Geschäft ein. Er gewährte dem Landesfürsten Sigmund dem Münzreichen bedeutende Kredite und erlangte auf diese Weise das Handelsmonopol für das Tiroler Silber. Als ihn die Fugger aus dieser wirtschaftlichen Machtposition verdrängten, verlegte er sich auf den Kupferhandel und hatte auch damit Erfolg. Paumgartner verkaufte das Tiroler Kupfer mit viel Gewinn

Grabstein des 1493 verstorbenen Hans Paumgartner in Kufstein. Das von Wolfgang Leb aus Wasserburg geschaffene Denkmal ist nicht nur kunsthistorisch interessant, sondern auch historisch und wirtschaftsgeschichtlich, weil die bayerische Familie der Paumgartner (aus Wasserburg stammend, doch im damals noch bayerischen Kufstein ansässig) in der zweiten Hälfte des 15. Jahrhunderts im weltweiten Handel mit den Tiroler Bergbauprodukten zeitweise eine wichtige Rolle spielte.

vor allem in Nürnberg und in Venedig. Nach dem Tod von Hans Paumgartner im Jahre 1493 dauerte die Herrlichkeit jedoch nicht mehr lange. 1499 endete das Kupfermonopol der bayerischen Familie und ging an die Augsburger Fugger über. Bald darauf löste sich die Firma Paumgartner auf.

Die Konkurrenz der bayerischen Bergwerke im Unterinntal und in der Herrschaft Kitzbühel war für die im Tiroler Bergbau engagierten Unternehmer und für den Landesfürsten als Hauptnutznießer nicht allzu schlimm, da deren Ertrag an die Bergschätze, wie sie allein die Gegend rund um Schwaz barg, nicht heranreichte. Als Maximilian I. im Jahre 1504 die Gerichte Rattenberg, Kufstein und Kitzbühel für Tirol gewann, war dieses Problem ohnehin endgültig gelöst, obwohl einige Bergwerksanteile in bayerischem Besitz blieben.

In beinharter Konkurrenz zueinander standen die tirolische Saline in Hall bei Innsbruck und das bayerische Salzbergwerk von Reichenhall, wobei es nicht um den Absatz innerhalb von Tirol oder Bayern ging – dort war dem jeweils einheimischen Salz ohnehin das Monopol gesetzlich gesichert –, sondern um den südwestdeutschen und Schweizer Markt. Für beide Regierungen bildeten die Salinen wichtige Einnahmequellen, weshalb man auch zu Zeiten größter tirolisch-bayerischer Freundschaft kaum zu Konzessionen bereit war. Im Wettbewerb spielten auf beiden Seiten eigene Transport- und Verkaufsorganisationen eine große Rolle, andererseits auch gegenseitige Behinderungen durch Transitverbote und ähnliche Maßnahmen. Der wirtschaftliche Konkurrenzkampf führte in den Jahren nach 1600 fast zu einem Bruch zwischen den befreundeten Höfen von München und Innsbruck, da Erzherzog Maximilian der Deutschmeister, der damalige Landesfürst von Tirol, den Absatz des bayerischen Salzes in den österreichischen Vorlanden gänzlich unterbinden wollte. Schließlich kam es 1618 doch noch zu einer vertraglichen Abgrenzung der Interessenssphären und zu einem Abkommen über gegenseitige Transiterlaubnis, Niederlagsrechte usw. Salzhandelsverträge kennzeichnen überhaupt das wirtschaftliche Verhältnis zwischen beiden Ländern von frühesten Zeiten bis ins 19. Jahrhundert.

Von gemeinsamem Interesse für beide Länder war ein gut funktionierender Handelsverkehr durch Tirol, da Bayern die Fortsetzung der Brenner- und Inntalstrecke nach Norden beherrschte. Wie Tirol fungierte Bayern als Transitland, da die großen deutschen Fernhandelszentren außerhalb seiner Grenzen lagen. Mit gewissen Einschränkungen waren die End- oder Anfangspunkte des Süd-Nord- oder Nord-Süd-Warenaustausches durch Tirol und Bayern die Reichsstädte Regensburg und Nürnberg. Der Tiroler Transitverkehr von und nach Augsburg und Ulm

brauchte bayerisches Territorium nicht zu berühren. Innerhalb Alt-Bayerns spielten nur München und Landshut als Produktions- und Konsumzentren eine größere Rolle für den internationalen Handel. Für Tirol und für Bayern lag der Vorteil des Durchzugshandels in den Zoll- und Mauteinnahmen sowie in den Verdienstmöglichkeiten für Wirte, Handwerker und Fuhrleute, die den Warentransport jeweils für gewisse Strekken zu übernehmen hatten. Um diese Einnahmen zu sichern, mußten unter anderen Maßnahmen auch die Straßen immer wieder verbessert werden. Im unmittelbaren tirolisch-bayerischen Grenzbereich wurden z. B. um 1490 zwei Wegstücke entscheidend verbessert: die Strecke zwischen Zirl und Seefeld sowie die Verbindung vom Walchensee nach Kochel durch den Bau der Kesselbergstraße.
Dem internationalen Warenaustausch dienten die vielbesuchten Märkte von Hall und vor allem die seit dem Ende des 12. Jahrhunderts bestehenden Bozner Messen. Für viele auswärtige Kaufleute wurde Bozen eine so wichtige Handelsstation, daß sie sich hier Häuser als Warenlager und Absteigquartiere erwarben. Italienische und deutsche Kaufleute trafen sich in Bozen, die einen boten die typischen Waren des Südens und die Luxusgüter des Orients an, die anderen die Spezialitäten Deutschlands

◁

Die regen tirolisch-bayerischen Kontakte im Handelsverkehr dokumentiert ein Fresko mit einer Ansicht Münchens auf einem Gasthaus an der wichtigen Straße durch das Achental.

und des Nordens. Als Erzherzog Sigmund von Tirol im Jahre 1487 als Auftakt seines Krieges gegen Venedig die Kaufleute aus der Lagunenrepublik am Bozner Markt gefangennehmen ließ, verlegten die Venezianer ihren Warenumschlagplatz ins freisingische Mittenwald. Dieser Marktort zwischen Tirol und Bayern bot auch die Möglichkeit, die Warenballen von den Fuhrwerken auf Isarflöße umzuladen. Bei den schlechten Straßenverhältnissen des Mittelalters zog man oft den Wasserweg vor. Auch Hall hatte ja seine Stellung als Marktplatz nicht zuletzt dem Umstand zu verdanken, daß der Inn bis zu diesem Ort mit größeren Schiffen befahren werden konnte. Hall war bis 1504 auch Tiroler Zollstation. Der bayerische Zoll befand sich in Rattenberg.

Einheimische Firmen aus Tirol und Bayern spielten im alpenüberquerenden Handel eine eher bescheidene Rolle. Immerhin waren Handelshäuser aus München, Braunau und Schärding regelmäßig, Firmen aus Wasserburg, Rosenheim und anderen bayerischen Städten fallweise auf den Bozner Messen vertreten. Daß sich Tiroler Händler in Bayern engagierten, beweisen unter anderem die Münchner Firmen Ruffin und Nokker, deren Geschichte in Bozen bzw. in Hall beginnt. Die zahlreichen Geleit- und Rechtshilfeverträge zwischen den Tiroler Landesfürsten und den Herzögen von Bayern mit Bestimmungen über den Schutz für Kaufleute beider Länder und die vielen allgemeinen Handelsverträge bezogen sich nur zum Teil auf die Beteiligung am internationalen Warenverkehr, der im übrigen nach der Katastrophe des Dreißigjährigen Krieges seine einstige Bedeutung nicht mehr erreichte. Sie sollten in erster Linie den regionalen Handel zwischen Bayern und Tirol fördern und erleichtern.

Von Bayern wurden nach Tirol in erster Linie Lebensmittelgrundstoffe exportiert, weil das Bergland seine Bewohner schon damals nicht zur Gänze selbst ernähren konnte. Vor allem der Getreidebedarf des nördlichen Tirol wurde zum Großteil in Bayern gedeckt. Der Inn ermöglichte einen preisgünstigen und sicheren Transport von der niederbayerischen Kornkammer bis nach Hall. Wasserburg war der bayerische Hauptumschlagplatz für den Getreideexport nach Tirol, aber auch andere Orte – wie Burghausen, Ötting, Mühldorf, Rosenheim usw. – spielten eine Rolle. Aus dem westlichen Oberbayern kam nur wenig Getreide nach Tirol, doch gab es hin und wieder auch Lieferungen aus Schongau, Weilheim und Murnau. Der Tiroler Getreidebedarf erhöhte sich mit der Zunahme der Bevölkerung im 15. Jahrhundert, die nicht zuletzt mit dem Aufschwung des Bergbaus und dem Zustrom fremder Arbeiter zusammenhing. Die Versorgungslage war manchmal ziemlich kritisch. Immer wieder kam es vor, daß nach Mißernten die Getreideausfuhr von den

bayerischen Herzögen gedrosselt wurde, was den Kauf der notwendigen Mengen in weiter entfernten Gebieten und die Bezahlung hoher Transportkosten notwendig machte. Auch als politisches Druckmittel konnten die Getreidelieferungen eingesetzt werden, wobei in solchen Situationen ein Ausweichen auf andere Märkte kaum möglich war, weil Bayern dann eben die Transportwege sperrte. Das seit 1414 meist recht gute Verhältnis zwischen den Tiroler Landesfürsten und den bayerischen Herrschern ersparte es den Tirolern, die Nachteile dieser Abhängigkeit vom bayerischen Getreide in voller Härte spüren zu müssen.
Außer Getreide importierte Tirol aus Bayern vor allem Schlachtvieh (Schweine, Ochsen, Schafe), Schmalz, Fisch, Met und Bier. Auch bayerischer Loden und andere Textilien waren in Tirol sehr gefragt, ebenso Pelzwerk, Zaumzeug, Jagdbedarf, Lederwaren, besondere Handwerkserzeugnisse für den höfischen Bedarf und Schmuckstücke. Unter den Gütern, die aus Tirol nach Bayern verkauft wurden – in den Quellen fallen wegen ihrer häufigen Erwähnung vor allem Obst und Öl sowie Mühlsteine auf –, steht der Wein mit großem Abstand an der Spitze. Dafür war in erster Linie nicht der Bedarf der verschiedenen bayerischen Höfe ausschlaggebend, obwohl dieser nicht gering war und sich die Wittelsbacher bei der Tiroler Regierung das Vorrecht ausgehandelt hatten, jährlich mehrere hundert mit Wein beladene Saumrösser zoll- und mautfrei über den Brenner nach Norden führen zu dürfen. Der Wein war vielmehr im mittelalterlichen Bayern und auch noch später das landesübliche Getränk in allen Bevölkerungsschichten. Das bereits berühmte bayerische Bier stand erst an zweiter Stelle. Obwohl damals auch im altbayerischen Gebiet da und dort Wein angebaut wurde, waren die zahlreichen Weinschenken (denen viel weniger Bierwirte gegenüberstanden) auf Lieferungen aus dem südlichen Nachbarland angewiesen. Im tirolisch-bayerischen Wein- und Ölhandel spielten seit frühester Zeit Münchner Kaufleute und Wirte die führende Rolle.
Einen wesentlichen Anteil an der Versorgung Bayerns mit Wein hatten die zum Teil sehr ausgedehnten Besitzungen bayerischer Klöster in Tirol. Alljährlich im Herbst wurde mittels langer Saumzüge der Weinertrag der vielen Klostergüter im Etschtal, im Bozner Becken und im Überetsch nach Bayern geliefert, auf Grund besonderer Privilegien zumeist zoll- und mautfrei. Es müssen beträchtliche Mengen gewesen sein, bewirtschafteten doch allein im Meraner Gebiet rund 20 bayerische Klöster ausgedehnte Weinberge. Aus organisatorischen und technischen Gründen zogen sich seit dem 16. Jahrhundert viele bayerische Klöster aus ihrem Tiroler Besitz zurück. Andere wiederum – vor allem die kapitalkräftigeren – engagierten sich noch mehr im Weinbaugeschäft und

Das ehemalige Weingut des Klosters Tegernsee in Oberplanitzing bei Kaltern in Südtirol. ▷

kauften weitere Güter. Sie wurden von „Baumännern" oder „Bstandsmännern" bearbeitet, die einen Status zwischen Angestellten und Selbständigen hatten. Die Oberaufsicht führten auf Honorarbasis einheimische Bürgerfamilien aus der Kellerei- und Weinhandelsbranche. Die Aufhebung der meisten bayerischen Klöster in den Jahren 1802 und 1803 brachte das Ende dieser intensiven Wirtschaftsbeziehung; die bayerischen Prälatengüter in Tirol gingen in den Besitz des österreichischen Staates über, der sie an einheimische Interessenten verkaufte.
Die Tiroler Besitzungen geistlicher Grundherren aus Bayern – dazu gehörten neben den Klöstern auch die bischöflichen Hochstifte – beschränkten sich nicht nur auf Weinbaugebiete, sondern waren über ganz Tirol verstreut und warfen auch andere Erträge ab. Allerdings mußten selbst in Gegenden, in denen keine Trauben gediehen, die Bauern ihren geistlichen Grundherren in Bayern als Zins nicht selten Wein liefern. Dann hatten sie ihn eben in Südtirol zu besorgen. Grundbesitz im jeweiligen Nachbarland hatten im übrigen auch weltliche Herren. Bei den bayerischen Klöstern ist der Tiroler Besitz jedoch besonders auffallend. Ein gutes Beispiel ist das Benediktinerinnenkloster Frauenchiemsee, das fast die Hälfte seiner Güter in Tirol liegen hatte. Den bayerischen Nonnen waren Bauern in Wiesing und Jenbach, in Kolsaß, Wattenberg, Hötting und Amras zu Abgaben und Arbeitsleistungen verpflichtet; in Innsbruck besaß das Kloster ein Haus, weitere Frauenchiemseer Höfe lagen im Gericht Axams, im Ötztal, am Ritten, in Bozen-Gries, Meran-Untermais, in Ulten und Sarnthein.

Der reiche Besitz altbayerischer Klöster und Stifte in Tirol geht auf die Jahrhunderte gemeinsamer Geschichte im frühen und hohen Mittelalter zurück. Obwohl er später von den Klosterleitungen nur mehr als Wirtschaftsfaktor und Einnahmequelle angesehen wurde, deutete er doch auf uralte geistige Bindungen hin. Überhaupt steht dem lebhaften bayerisch-tirolischen Import-Export von Gütern ein nicht minder intensiver Austausch von Gedanken und geistigen Werten gegenüber.

Die Bedeutung der bayerischen Klöster für das religiös-kirchliche Leben im mittelalterlichen Tirol war umso größer, als es im Lande selbst relativ wenige Klöster gab. Daß diese zumeist von Süddeutschland aus besiedelt worden waren und noch lange dorthin enge Verbindungen bestanden, trug mit dazu bei, daß Tirol Jahrhunderte hindurch „in die altbayerische Klosterlandschaft einbezogen war", wie Robert Gismann schreibt. Dies kam nicht zuletzt in der vom Brixner Fürstbischof Kardinal Nikolaus von Kues (Cusanus) in den fünfziger und sechziger Jahren des 15. Jahrhunderts betriebenen Klosterreform zum Ausdruck: Während der Tiroler Oberhirte gemäß päpstlichem Auftrag auch in Bayern seine Reformideen in die Tat umzusetzen versuchte, kümmerten sich bayerische Zentren der klösterlichen Erneuerungsbewegung um Tiroler Ordensniederlassungen und Stifte. Besonderen Einsatz zeigte das Kloster Tegernsee bei der schwierigen Reform des Stiftes Sonnenburg im Pustertal und bei einer Neuordnung des mönchischen Lebens in St. Georgenberg im Unterinntal. Den Benediktinern vom Tegernsee waren offenbar die geistlichen und geistigen Geschehnisse in Tirol ein echtes Anliegen. Ihre religiösen und kulturellen Kontakte reichten von Pfarrherren und Klostergemeinschaften bis zum Landesfürsten und zum Bischof. Sigmund der Münzreiche seinerseits berief immer wieder Mönche als Prediger von Bayern nach Tirol und setzte durch, daß bayerische Priester auch im Brixner Diözesangebiet als Pfarrer angestellt wurden.

In einigen Gegenden Tirols waren bayerische (oder schwäbische) Seelsorger jahrhundertelang eine Selbstverständlichkeit, da die Landesgrenzen bis Ende des 18. Jahrhunderts nicht mit den Diözesangrenzen übereinstimmten. So war für eine ganze Reihe von Pfarren nördlich des Inn der Bischof von Freising zuständig. Und das östliche Nordtirol gehörte zur kleinen, eng mit Salzburg verbundenen Diözese Chiemsee, deren Bischof sogar häufig seine Sommerresidenz in St. Johann in Tirol aufschlug. Im westlichen Nordtirol war das Lechtal Teil der Diözese Augsburg. Es versteht sich wohl von selbst, daß sich diese engen kirchlichen Bindungen im kulturell-geistigen Bereich auswirken mußten.

Zu alldem kam um die Mitte des 16. Jahrhunderts das Bündnis zwischen Habsburg und Wittelsbach zur Niederkämpfung von Reformation und

Besonders eng mit dem geistigen und kulturellen Leben Tirols verbunden war im 15. Jahrhundert das Benediktinerkloster am Tegernsee (Ausschnitt aus der um 1550 entstandenen Karte des Karwendelgebietes von Paul Dax).

Die „Hohe Schul" von Ingolstadt, von 1472 bis 1800 bayerische Landesuniversität, wurde vor der Gründung der Innsbrukker Universität im Jahre 1669 auch von Tiroler Studenten besucht.

Protestantismus (Gegenreformation) und zur Förderung innerkirchlicher Reformbestrebungen. Die Jesuiten, die 1561/62 als Vorkämpfer des katholischen Glaubens nach Innsbruck und bald darauf auch nach Hall berufen wurden, standen unter der besonderen Gunst der bayerischen Herzöge und späteren Kurfürsten. Ihre Ordensniederlassungen in Bayern und in Tirol unterhielten untereinander intensive Beziehungen, der Nachwuchs wurde in Bayern ausgebildet. Bei anderen Orden und Bruderschaften war es nicht viel anders. Die Dominikaner von Augsburg gründeten zum Beispiel die überaus aktive Kitzbüheler Rosenkranzbruderschaft.

Religion und Kirche waren aber auf geistiger Ebene nicht die einzigen verbindenden Elemente zwischen Tirol und Bayern. Die Fürstenhöfe beider Länder und nicht wenige geistliche Würdenträger pflegten seit der Mitte des 15. Jahrhunderts einen regen Austausch humanistischer Gelehrsamkeit und Literatur; die 1472 gegründete Universität Ingolstadt, an der unter anderen der berühmte Humanist Celtis und der Geschichtsschreiber Aventinus unterrichteten, wurde bis zu Errichtung der Innsbrucker Universität im Jahre 1669 auch von so manchem Tiroler Studenten besucht; der als Humanist, Musiker und Schulmann berühmte Peter Treibenreif aus dem Tiroler Etschland (latinisiert Petrus Tritonius Athesinus) ging zum Beispiel aus dieser hohen Schule hervor; und die Suche nach guten Schulmeistern dehnten Tiroler Städte auch auf Bayern aus. Neue geistige Strömungen, wie im 16. Jahrhundert die Reformation oder im 18. Jahrhundert die Aufklärung, verbreiteten sich zuerst in Bayern, bevor sie dank der grenzüberschreitenden Kontakte einzelner Bevölkerungsgruppen auch in Tirol Eingang fanden. Die Gründung einer Innsbrucker Loge der radikalen Geheimverbindung der Illuminaten im späten 18. Jahrhundert wäre ohne das Ingolstädter und Münchner Vorbild und ohne persönliche Verbindungen sicher nicht zustandegekommen.

Ein Gedanken-Import dieser Art ist für das Verhältnis Tirols zu Bayern zwar typisch, betraf jedoch nur Einzelpersönlichkeiten oder kleine Gruppen. Die große Mehrheit der Tiroler Bevölkerung war seit dem Sieg der Gegenreformation in ihrer Geisteshaltung und in ihren religiösen Anschauungen ebenso gefestigt wie der Großteil des bayerischen Volkes. Kein Wunder, daß beide Länder zusammen als eine Hochburg katholischer Volksfrömmigkeit bekannt geworden sind und dieselben Ausdrucksformen dafür entwickelt haben: Wallfahrtswesen und Barockkunst sind nur zwei Beispiele dafür.

Frömmigkeit kennt keine Grenzen . . .

Tiroler Wallfahrten nach Bayern und bayerische Wallfahrtsziele in Tirol

Man schrieb das Jahr 1663. Im Kerker der Festung Heinfels bei Sillian im Pustertal wartete der Student Thomas Hans aus Hall in Tirol auf seine Hinrichtung. Er war wegen Raubmordes an der Pfarrersköchin von Sillian zum Tod durch das Rad verurteilt worden, einer Todesart, bei der der Henker dem Verbrecher mit einem Wagenrad die Gebeine zu zerbrechen hatte. Wer an den vorgeschriebenen 13 Radstößen nicht zugrunde ging, wurde an einem hohen Pfahl auf das Rad geflochten. Kein Wunder, daß ob solch trüber Aussichten der Student von Reue erfaßt wurde. Rettung schien ihm nur von der wundertätigen Muttergottes des bayerischen Wallfahrtsortes Altötting kommen zu können. Seine Gebete scheinen ehrlich gewesen zu sein. Denn wie durch ein Wunder entging der bekehrte Sünder dem Tod: Am 27. Juli 1663 gelang es auf der Richtstätte von Klettenheim im Hochpustertal dem Henker nicht, den Thomas Hans umzubringen. Die gefürchteten Stöße mit dem Rad blieben – bis auf ein gebrochenes Bein – wirkungslos, und auch die zwei Stunden, die der Verurteilte auf dem hochaufgerichteten Pfahl aushalten mußte, schadeten ihm nicht. Den damaligen Gepflogenheiten zufolge wurde das Mißlingen der Hinrichtung als ein Gottesurteil angesehen und der Student vom Tiroler Landesfürsten, Erzherzog Sigismund Franz, begnadigt.

Zum Dank für die wunderbare Hilfe pilgerte Thomas Hans nach Altötting und stiftete eine prachtvolle Votivtafel mit Text und Bild. Auf den Gedanken, der ebenfalls aus Hall stammende Scharfrichter könnte den Studenten persönlich gekannt haben und der Rettung „durch Fürbitt der Muttergottes" etwas nachgeholfen haben, kam erst unsere weniger wundergläubige Zeit. Hans jedenfalls war durch dieses Erlebnis zu einem frommen Menschen geworden und trat in den Servitenorden ein. Auch das war ein Akt der Dankbarkeit, hatte ihm doch der „Galgenpater" ein von den Serviten des Kärntner Wallfahrtsortes Maria Luggau geweihtes Skapulier umgehängt . . .

Zwar stritten sich nun eine Zeitlang Maria Luggau und Altötting um den „Fall Thomas Hans", doch ändert dies nichts daran, daß das Votivbild des Studenten aus Hall in Tirol im bayerischen Nationalheiligtum Altötting beredtes Zeugnis davon gibt, wieviel Vertrauen die Tiroler Bevölke-

▷

Zahlreiche Votivtafeln dankbarer Tiroler Pilger erinnern im bayerischen Nationalheiligtum Altötting an die Verbundenheit der beiden Länder. Besonders auffallend ist das von Thomas Hanß (oder Hans) aus Hall in Tirol gestiftete Bild, das seine vergebliche „Hinrichtung" durch das Rad zeigt. Er schrieb seine Errettung der wundertätigen Muttergottes von Altötting zu, die über der grausigen Szene schwebt.

rung gerade der Gnadenmutter von Altötting immer entgegenbrachte. In der langen Reihe von bildlichen und schriftlichen Erhörungsberichten, die im gedeckten Umgang der Gnadenkapelle angebracht sind, erinnert so manche Tafel an eine Tirolerin oder einen Tiroler, der hier in seinen Nöten Zuflucht gesucht und Hilfe gefunden hat. Die ältesten stammen aus dem frühen 16. Jahrhundert. Auch in der von Pater Jakob Irsing SJ im Jahre 1718 verfaßten „Historia von der weitberühmten unser lieben Frauencapell zu Alten-Oeting in Nidern-Bayrn“ sind zahlreiche Wun-

derberichte aus Tirol enthalten, die bis zum Jahre 1492 zurückreichen. Unter dem Jahr 1498 ist z. B. vermerkt:
„Barbara Niclasen, Schmids von Botzen Hausfrau, ist an dem Leib dermassen gross aufgeschwollen, dass niemand ihr das Leben mehr geschätzt. Auf solches ihr Ehemann auf die Knye niedergefallen und sie nacher Alten-Oeting mit einem Gelübd versprochen. Alsbald darauff die Kranckheit nachgelassen. Bald hernach hat sie mit ihrem Mann, deme sie sich bis nacher Hall auf die Achseln angehengt, auff die Reis begeben, und zu Hall die völlige Gesundheit erlangt, von dannen ohne alle fernere Hülff nacher Alten-Oeting kommen . . .“
Die Beliebtheit der Gnadenstätte von Altötting hielt auch in späteren Jahrhunderten an. Für eine Pilgerfahrt nach Altötting nahm man gerne Kosten, Mühen und Gefahren in Kauf. Das beste Beispiel dafür ist wohl die Schwester des wegen einiger kühner Unternehmungen im Freiheitskampf von 1809 bekannt gewordenen Johann Panzl von Matrei in Osttirol (damals Windisch-Matrei). Auf der Rückkehr von Altötting erfror sie im Jahre 1822 am Felbertauern.
Altötting ist nicht der einzige bayerische Wallfahrtsort, der von Tirolern viel besucht wurde. Weitere Hauptziele für Pilger aus Tirol mit entsprechend vielen Votivbildern, Eintragungen in Mirakelbüchern und wertvollen Stiftungen waren Ettal und der „Heilige Berg“ Andechs am Ammersee, den mehrere Tiroler Landesfürsten mit kostbaren Weihegaben bedachten. Aber auch das Marienheiligtum von Birkenstein bei Fischbachau, Ebersberg bei Grafing (St.-Sebastian-Verehrung seit dem Jahre 1441), St. Wolfgang in der Schwindau (Wunderberichte von Tirolern aus den Jahren 1479–1488) und andere Gnadenstätten waren überaus beliebt. Nach Tuntenhausen nordwestlich von Rosenheim zog einem uralten Gelöbnis zufolge durch Jahrhunderte hindurch an jedem ersten Mai ein Kreuzgang aus Niederndorf bei Kufstein. Auch die Gemeinden Söll, Scheffau und Ellmau hielten gemeinsame Wallfahrten nach Tuntenhausen ab. Berühmt ist dort der „Söller Bauer“, eine Weihegabe aus dem 18. Jahrhundert, die in volkstümlicher Schnitzerei einen pflügenden Bauersmann darstellt.
Eine besondere Bewandtnis hat es mit der Wallfahrt zum heiligen Magnus von Füssen, dem Apostel des Allgäus, der als Patron gegen Ungeziefer und Feldschädlinge verehrt wurde. In Hötting bei Innsbruck kam man angesichts einer verheerenden Maikäferplage im Jahre 1668 auf die Idee, einen Benediktinerpater aus Füssen kommen zu lassen, um die gefährdeten Fluren mit dem Stabe des heiligen Magnus zu segnen, was später alle vier Jahre wiederholt wurde. Die Tiroler trauten dem heiligen Magnus aber auch zu, mit größerem Getier fertig zu werden: Das Mira-

Der von der Schwazer Berggesellschaft gestiftete Reliquienschrein im bayerischen Wallfahrtsort Andechs, dargestellt in dem 1595 in München erschienenen und von Adam Berg mit Holzschnitten ausgestatteten „Chronicon Andecense“.

Der „Söller Bauer" im Wallfahrtsort Tuntenhausen bei Rosenheim, eine Weihegabe der Bevölkerung von Söll in Tirol aus dem 18. Jahrhundert. ▷

kelbuch von Füssen erwähnt ein Gelöbnis aus Nassereith, dessen Anliegen die Heilung vom Biß eines tollen Hundes war.
Bei der seligen Klosterfrau Maria Crescentia Höss von Kaufbeuren geht die Verehrung, die ihr von Tirolern entgegengebracht wurde, auf persönliche Verbindungen zurück, die die Selige zu ihren Lebzeiten mit Tiroler Persönlichkeiten, vor allem mit den Haller Stiftsdamen, pflegte. In der 1901 erschienenen Lebensbeschreibung der Maria Crescentia Höss von Kaufbeuren wird folgende Gebetserhörung aus der Zeit um 1820 berichtet: „Anna Kuhn aus Tarrenz in Tirol war durch ein Gallen- und Faulfieber so weit gebracht, daß ein Geistlicher an ihrem Bette jeden Augenblick ihren Tod erwartete. Ein paar Tropfen des Crescentia-Wassers, welche eine Schwester ihr eingab und dabei eine Wallfahrt nach Kaufbeuren gelobte, bewirkten eine plötzliche Besserung und volle Genesung."
Wie Tiroler Wallfahrer nach Bayern zogen, so erhofften sich auch viele Bayern von Gnadenbildern und Wallfahrtskirchen im südlichen Nachbarland Schutz, Hilfe oder Tröstung. Der Pilgerverkehr war also gegenseitig. Auch was die zurückgelegten Entfernungen betrifft, standen die Bayern ihren Tiroler Glaubensbrüdern nicht nach. Eine Reise nach Maria Trens bei Sterzing etwa wurde erst nach Eröffnung der Brenner-

bahn im Jahre 1867 etwas leichter. Von dem entlegenen Schnals, einer einst weitbekannten Marien-Gnadenstätte, wird berichtet, daß Wallfahrer aus Bayern in Scharen gekommen seien. Auch nicht gerade leicht zu erreichen ist der Wallfahrtsort Kaltenbrunn im Kaunertal. Dieses Heiligtum nimmt schon deshalb eine besondere Stellung ein, weil es das Zutrauen des bayerischen Hofes genoß, was Stiftungen des abgedankten Herzogs Wilhelm von Bayern und seiner Gemahlin aus den Jahren 1608 und 1610 sowie eine Schenkung durch Kurfürst Max Emanuel aus dem Jahre 1724 (290 Gulden und ein Altarblatt) beweisen.

Näher an der Grenze liegen die St.-Jakob-Kapelle in der Leutasch, wo man die Pilgerfeste zur Abhaltung von Kampfspielen zwischen den Burschen aus beiden Ländern benützte, der Herr im Elend in Scharnitz, die St.-Veit-Kapelle in Lehen bei Telfs, „Maria zur Schmelz" in Hinterriß, die Wallfahrtsorte Seefeld und Erl, Stampfanger bei Söll mit der aus dem Kloster der Englischen Fräulein in München stammenden Muttergottes oder etwa die Raffau-Kapelle bei St. Margarethen im Unterinntal, die vor allem in den Jahren nach 1727 sehr berühmt war, als Berichte von der wunderbaren Heilung eines blinden Kindes aus Bayern Aufsehen erregten. Man könnte die Aufzählung gewiß noch fortsetzen, denn fast alle grenznahen Andachtsstätten wurden und werden auch von Bayern aus besucht. Von besonderer Anziehungskraft auf ganz Bayern waren von alters her Mariastein bei Wörgl, in dessen Mirakelbüchern zahlreiche Gebetserhörungen von Wallfahrern aus vielen bayerischen Orten verzeichnet sind, sowie das vom bayerischen Adeligen Rathold von Aibling im 10. Jahrhundert gegründete Kloster St. Georgenberg bei Schwaz, zu dem die Einwohner von Aibling jährlich eine Pilgerfahrt veranstalteten.

Auch in der Innsbrucker Gegend gibt es nicht wenige traditionelle bayerische Pilgerziele, so etwa Maria Waldrast oder seit 1797 Absam. In Maria Loreto bei Hall betete niemand Geringerer als Herzog Wilhelm von Bayern und stiftete dem Kirchlein eine kunstvolle Kreuzgruppe aus Elfenbein. Daß die Kapelle von Heiligwasser bei Igls in der zweiten Hälfte des vorigen Jahrhunderts geradezu einen Besucherboom erlebte, hängt wohl hauptsächlich mit dem Beginn des Alpinismus zusammen, liegt doch Heiligwasser am Weg auf den Patscherkofel. Überhaupt hatte der gegenseitige Pilgerverkehr zwischen Tirol und Bayern für nicht wenige Orte eine mit dem heutigen Tourismus vergleichbare wirtschaftliche Bedeutung. Wirte, Händler und andere Gewerbetreibende konnten daran recht gut verdienen. Als um 1805 im Zuge der Säkularisation in Bayern die Wallfahrt nach Birkenstein verboten werden sollte, argumentierte der Landrichter von Miesbach gegen diese Maßnahme: „Wenn

Vom Münchner Hofmaler Peter Candid um 1610 geschaffenes Altarblatt, das Kurfürst Max Emanuel etwas mehr als 100 Jahre später der Wallfahrtskirche von Kaltenbrunn im Tiroler Kaunertal stiftete.

Vor dem letzten steilen Anstieg zur Wallfahrtskirche St. Georgenberg bei Schwaz steht diese „Marodibank“, eine Aiblinger Stiftung, die beweist, daß die uralten Verbindungen zwischen St. Georgenberg und seiner Mutterpfarre Aibling bis in die Gegenwart bestehen blieben. ▷

diese Kirche demoliert (wird), wird das hiesige abergläubige und dumme Landvolk der Maria in Absam in Tirol zuströmen und dadurch das Geld ins Ausland ziehen, ohne dasjenige Gold in Anschlag zu bringen, was bisher die Tiroler der Maria am Pirkenstein zutrugen.“ Ohne staatliche Eingriffe blieb später in vielen kleineren Gnadenorten der Pilgerstrom aus dem Nachbarland aus. Erst in jüngster Zeit lebt so manche uralte Wallfahrt wieder auf, wobei auch gemeinsame tirolisch-bayerische Feiern veranstaltet werden, z. B. in Sachrang.

Warum sich die Bayern und Tiroler nicht mit den Gnadenstätten in ihrem eigenen Land zufriedengaben, sondern ins jeweilige Nachbarland pilgerten – und immer noch pilgern –, hat sicher verschiedene Ursachen, die im einzelnen nicht so leicht zu deuten sind. Am leichtesten zu erklären ist es noch dort, wo veränderte staatliche und kirchliche Grenzen die alten Kontakte nicht unterbrechen konnten. Aber auch ehemalige Besitzungen von Klöstern können eine Rolle spielen. Entscheidend wird aber wohl gewesen sein, daß eine lange und beschwerliche Fußreise als Buße aufgefaßt wurde und deshalb als Unterstützung des Wallfahrtsanliegens gelten konnte. Die weite Verbreitung von Nachbildungen der bedeutendsten Gnadenbilder mag mit dazu beigetragen haben, daß viele gerade diesen oder jenen Wallfahrtsort besuchen wollten, vor allem wenn es sich um ein so vielgerühmtes Heiligtum wie etwa Altötting handelte.

Ob man die grenzüberschreitenden Wallfahrten von Tirolern und Bayern nur als eine Form von Tourismus oder als eine Art „übernatürlicher Nachbarschaftshilfe“ betrachtet oder ihnen eine tiefere geistig-kulturelle Bedeutung beimißt, ist Ansichtssache. Fest steht, daß sie ein wichtiges und dauerndes verbindendes Element in der Geschichte beider Länder darstellen und ganz gewiß zur freudvollen Seite der bayerisch-tirolischen Nachbarschaft gehören.

Barockseligkeit in weiß-blau und weiß-rot

Künstlerische Wechselbeziehungen im 17. und 18. Jahrhundert

Der Innsbrucker Pfarrmesner Josef Schennacher, interessierter Beobachter und gewissenhafter Chronist des Kirchenneubaus von St. Jakob, traute seinen Augen kaum: Erst am 8. Juli 1722 hatte der aus München berufene kurfürstliche Hofmaler Cosmas Damian Asam „den Anfang mit dem Gemähl in der unteristen Blindt-Kuppl gemacht", und fünf Wochen später war das herrliche Gemälde mit dem hl. Jakobus, der bei Gott für die Stände Tirols bittet, bereits fix und fertig. Und im nächsten Jahr dauerte es noch weniger lang, bis die restlichen Kuppelbilder „mit verwunderlicher Geschwindigkeit in vollkommenen Standt gesetzt" waren.

Auch heute kann man über Asams Deckenmalereien in der inzwischen zum Dom erhobenen St.-Jakobs-Kirche von Innsbruck nur staunen, weniger wegen des Tempos, in dem sie entstanden, sondern vielmehr wegen ihrer frappierenden Wirkung: Asam „schwindelt" dem Kirchenbesucher Kuppeln vor, wo die Decke in Wirklichkeit fast vollständig flach ist. Den in Italien erfundenen „Trick" der sinnestäuschenden und raumtrügerischen Deckengestaltung hatte Asam zur Perfektion weiterentwickelt und damit der süddeutschen Malerei neue Impulse gegeben. Daß er eines seiner frühesten Hauptwerke in Tirol schuf, ist vielleicht gar nicht so sehr dem Kunstverständnis der Innsbrucker Stadtväter zu danken. Sie wären wohl auch mit dem begabten, aber „konservativen" einheimischen Maler Franz Michael Hueber zufrieden gewesen. Doch gab es da zufällig einen angesehenen Innsbrucker Bürger, den kaiserlichen Aktuar Franz Anton Mörl, dessen Tochter in München mit einem Maler verheiratet war, der sich zwar schon einen Namen gemacht hatte, einen weiteren großen Auftrag aber gewiß gut brauchen konnte. Bisher hatte der Tiroler Regierungsbeamte für seinen bayerischen Schwiegersohn Cosmas Damian Asam nichts tun können. Der Neubau der Pfarrkirche, der Ende 1721 seiner Fertigstellung entgegenging, bot endlich Gelegenheit dazu. Von München aus, wo Mörl die Tochter und deren Mann besuchte, richtete er an den Innsbrucker Stadtschreiber einen Brief, worin er Asam empfahl und die Bereitschaft des Künstlers bekanntgab, die neue Kirche „al fresco" auszumalen, falls ihm der Kirchenbauausschuß das Vertrauen schenke. Die Entscheidung der Inns-

▷ *Blick in die vordere Scheinkuppel des Innsbrucker Sankt-Jakobs-Domes. Die raumsteigernden Deckenfresken des Münchner Hofmalers Cosmas Damian Asam wiesen der Tiroler Malerei des frühen 18. Jahrhunderts eine neue Richtung. Die Stukkaturen stammen vom Bruder des Malers, Egid Asam.*

brucker Bauherren scheint rasch gefallen zu sein, denn schon zehn Tage später schrieb ein Bruder der Frau Asam, der geistliche Herr Franz Christof Mörl, ebenfalls aus München nach Innsbruck, daß sein Schwager in zwei Wochen kommen werde, um die nötigen Vereinbarungen zu treffen und die Maße zu nehmen. Asam übernahm den Auftrag und brachte auch gleich seinen Bruder Egid als „Stukkatorer“ mit.
Asams illusionistische Deckenmalerei in der Innsbrucker Pfarrkirche hat der Tiroler Barockkunst neue Wege gewiesen. Der Münchner ist deshalb aus der Tiroler Kunstgeschichte nicht wegzudenken, obwohl er nur noch einmal nach Tirol berufen wurde: Als die Tiroler Landstände zehn Jahre später einen Maler für den Sitzungssaal des neuen Landhauses suchten, entschieden sie sich wieder für den bayerischen Künstler und

beauftragten ihn mit einer Verherrlichung des Landes Tirol und seiner Schätze. Es gab nur einen einzigen einheimischen Konkurrenten, und zwar den Kitzbüheler Simon Benedikt Faistenberger. Es ist bezeichnend für die tirolisch-bayerische Kunstverflechtung der Barockzeit, daß auch er die Malerei in München erlernt hat, wo seine Onkel Andreas und Dominikus als Bildhauer und Maler bereits erfolgreich tätig waren. Simon Benedikt Faistenberger war in München – und jetzt wird die Verquickung noch augenfälliger – Schüler des aus Innsbruck stammenden Hofmalers Johann Anton Gumpp, dessen Verwandte in der Tiroler Landeshauptstadt durch ein Jahrhundert das Baugeschehen beherrschten. Ein Gumpp hatte ursprünglich auch die St.-Jakobs-Pfarrkirche neu erbauen sollen. Doch sein Entwurf wäre viel zu teuer gekommen. Deshalb erhielt ein Bauunternehmen aus dem ebenfalls für Tirol so entscheidenden ostschwäbischen Kunstraum den Auftrag: Johann Jakob Herkomer aus Füssen.

Daß Cosmas Damian Asam Herkomers Flachkuppeln durch perfekte Scheinarchitektur und gemalte Raumillusion nach oben hin öffnen konnte, ist letztlich wieder einem Tiroler zu danken, dem aus Welschtirol stammenden Andreas Pozzo, dessen Buch über die Theorie und Praxis der perspektivischen Malerei Evangelium und Arbeitsunterlage für alle Künstler nördlicher und südlicher Herkunft wurde. Pozzo wirkte vor allem in Rom, wohin viele Tiroler Maler zogen, um ihr Handwerk zu lernen. Unter ihnen war auch der Innsbrucker Egid Schor, der dann zu Hause sein Können und seine Erfahrung an den späteren Münchner Hofmaler Johann Anton Gumpp weitergab. Von ihm haben wir schon gehört, daß er der erste Lehrer des Kitzbüheler Barockmalers Simon Benedikt Faistenberger war, der neben Asam für die Bemalung des Innsbrucker Landhaussaales in Frage gekommen war. Damit ist der Kreis geschlossen.

Ähnlich vielfältige Wechselwirkungen und künstlerische Kontakte kann man im tirolisch-bayerisch-schwäbischen Raum immer wieder beobachten. Es ist eine einheitliche Kunstlandschaft, wenn auch mit verschiedenen Schwerpunkten und regionalen Sonderentwicklungen. Die großen Kunstzentren und die wichtigsten Ausbildungsstätten befanden sich freilich alle in Bayern oder in den angrenzenden Gebieten, die heute zu Bayern gehören. Da es in Tirol in der ersten Hälfte des 17. Jahrhunderts an ganz großen Talenten mangelte und später kein landesfürstlicher Hof als finanzkräftiger Auftraggeber mehr bestand – die Klöster waren in Tirol zu arm, um diese Funktion zu erfüllen –, war Bayern (und dazu sollen jetzt, wo es nicht um Politik geht, auch die selbständigen Reichsstädte und geistlichen Fürstentümer gerechnet werden) in der Kunstent-

▷

Die in Innsbruck ansässig gewordenen Stukkatorer Anton und Augustin Gigl aus Wessobrunn schufen unter anderem die reiche Rokokofassade des Helblinghauses in Innsbruck.

wicklung des 17. und 18. Jahrhunderts Tirol meist um ein Stück voraus. Andererseits waren dafür nicht selten Tiroler verantwortlich, die als Vermittler neuer Kunstströmungen fungierten. So hat etwa der Tiroler Andreas Faistenberger aus Kitzbühel, der seit 1676 Hofbildhauer in München war, die Kunst Berninis und damit die hochbarocke Plastik italienischer Prägung nach Süddeutschland gebracht. Viel Neues aus Italien gelangte auch erst nach Bayern, nachdem es in Tirol eine Umformung erfahren hatte. Die Innsbrucker Malerfamilien Schor und Waldmann, beide italienisch geschult, sind mit ihrem indirekten Einfluß auf die bayerische Malerei wohl das beste Beispiel dafür. Bayerische Künstler wiederum, die in Tirol tätig waren, trieben hier die Entwicklung voran und forderten die einheimischen Talente zu einer Auseinandersetzung mit ihrem Schaffen und zu neuen Leistungen heraus. Nicht wenige von ihnen brachten es dann wiederum in Süddeutschland zu großem Ansehen.

Diese Wechselwirkung und Verflechtung ist so vielschichtig und kompliziert, daß es nicht möglich ist, in wenigen Sätzen klar erkennbare Entwicklungslinien und Akzente aufzuzeigen. Am ehesten kann man noch verallgemeinernd feststellen, daß Westtirol mehr vom schwäbischen Raum, das Unterinntal von Bayern aus beeinflußt worden ist, daß die Kontakte, Beziehungen und Einflüsse abnehmen, je weiter man nach Süden kommt, und daß das in Barock und Rokoko so wichtige Kunsthandwerk der „Stukkatorer“ nach Ablöse der Münchner Schule fast ausschließlich von Weilheimer und Wessobrunner Meistern beherrscht wurde. Der berühmteste von ihnen ist wohl Franz Xaver Feichtmayr, der 1731 an der Innengestaltung der Stiftskirche von Stams und 15 Jahre später in Fiecht mitarbeitete. Zwei Wessobrunner Stukkatorer, die Brüder Anton und Augustin Gigl, wurden nach 1720 in Innsbruck seßhaft und bildeten hier einige Mitarbeiter aus.

Die barocke Baukunst hatte in Tirol in den Mitgliedern der Familie Gumpp durch mehrere Generationen hindurch ziemlich eigenständige Vertreter, die in der Kirchenarchitektur und in ihren Adelspalästen italienische Formelemente mit süddeutschen Tendenzen verbanden. Eine neue Entwicklung leitete dann der Füssener Baumeister Johann Jakob Herkomer mit seinem Plan für die Innsbrucker Pfarrkirche St. Jakob ein. Mit ihr beginnt in der Baukunst das Tiroler Spätbarock, das reich an einheimischen Begabungen und Baumeisterfamilien ist. Im Unterinntal sind mehrere hochbarocke Kirchen typische Werke der bayerischen Bauschulen von Schliersee und Aibling. In den wohlhabenderen Gebieten des Nordtiroler Unterlandes wurde viel mehr gebaut als anderswo in Tirol: Zwiebeltürme und barocke Bauwerke wurden dort zum beherr-

schenden Element der Kulturlandschaft. Zwei der bedeutendsten Bauten sind die Dekanatskirche in St. Johann bei Kitzbühel und die Pfarrkirche von Ebbs bei Kufstein, beides Schöpfungen von Abraham Millauer aus dem bayerischen Haustatt bei Aibling.
Was die Ausstattung der Kirchen mit Altären und Statuen betrifft, war in Tirol ebenfalls der nördliche Nachbar führend. Vom schwäbischen Raum ausgehend, hatte das volkstümliche Frühbarock ganz Oberbayern erfaßt. In mehreren Orten, z. B. in Rosenheim, vor allem aber in Weilheim, etablierten sich fruchtbare Werkstätten, die auch weite Teile Tirols mit Altären versorgten und Tiroler Schnitzer, Tischler und Altarbauer ausbildeten. Einige schwäbische und bayerische Meister der Weilheimer Schule wanderten auch nach Tirol aus. Kein Wunder, daß der volkstümliche und wirkungsvolle Weilheimer Altartypus in verschiedenen Ausformungen im 17. Jahrhundert und darüber hinaus bis weit nach Südtirol hinein die Tiroler Sakralkunst beherrscht. Ein Meisterwerk der gan-

Die Pfarrkirche von Ebbs bei Kufstein, wegen ihrer Größe und Pracht auch „Ebbser Dom“ genannt, ist ein Werk des Abraham Millauer von Haustatt bei Aibling.

◁

▷

Der Michaelsaltar in der Johanneskirche von Imst, ein typisches Beispiel für den weitreichenden Einfluß der süddeutschen Altarwerkstätten (Weilheimer Typus). Er ist ein um 1630 entstandenes Werk des Oberinntaler Bildhauers Hans Patsch, der beim großen schwäbischen Meister Christoph Rodt in Neuburg an der Kammel in die Lehre gegangen ist.

zen Epoche ist der zwischen 1609 und 1612 entstandene Hochaltar in der Stiftskirche Stams im Oberinntal, die wichtigste Arbeit des berühmten Weilheimers Bartlme Steinle. Einer von Steinles Mitarbeitern in Stams war der Meraner Adam Baldauf. Seine Lehrzeit in Weilheim hatte ihm die volkstümliche schwäbische Schnitzkunst vertraut gemacht. In Brixen, wohin er 1615 übersiedelte, fand er jedoch unter dem Einfluß höfisch-manieristischer Kunstbestrebungen – der Schongauer Hans Reichle war an der fürstbischöflichen Residenz in diesem Sinne tätig – zu einem eigenständigen Stil, der über alle Vorbilder hinausgeht.

Während in der Zeit des Hochbarock (um 1700) mit dem Durchbruch des überschwenglich bewegten italienischen Stils der unmittelbare Einfluß schwäbischer und oberbayerischer Künstler in Tirol zurückgeht und vor allem Oberinntaler Bildhauer die neuen Anregungen aus Italien und aus Ostösterreich (Schwanthaler, Donner) durchaus eigenständig verarbeiten, gewinnt mit dem Einsetzen des Rokoko (um 1750) der schwäbisch-augsburgische Raum wieder zunehmend an Bedeutung, jedoch nicht mehr in dem Maß wie ein Jahrhundert früher zur Blütezeit der Weilheimer Schule. Zu stark war jetzt bereits der Wirkungskreis der Wiener Akademie, an der mehrere Tiroler unterrichteten.

In der Malerei ist die Bedeutung von Augsburg und Bayern für die Tiroler Kunstlandschaft besonders augenfällig. Selbst die beiden großen und wichtigen Tiroler Malerfamilien Waldmann und Schor wurden von zugewanderten süddeutschen Künstlern begründet: Die Schor stammen aus Augsburg, die Waldmann allerdings aus Freiburg. Im frühen 17. Jahrhundert waren die vielen in Innsbruck ansässigen Maler nicht imstande, dem Qualitätsbedürfnis von Hof, Adel, reichen Bürgern und Klöstern zu genügen. Die Aufträge wurden deshalb vor allem an Italiener und an bekannte Münchner Maler (z. B. Matthias Kager, Johann Brüderl, Wilhelm Schöpfer, Sebastian Traut) vergeben. Ihre Altarbilder und Orgelflügel zieren viele Tiroler Kirchen. München war neben italienischen Kunstzentren und Wien auch eine wichtige Ausbildungsstätte von Tiroler Malern.

Nach mehreren Jahrzehnten ziemlich eigenständiger Leistungen bzw. anderweitiger Einflüsse waren für die Freskomalerei des Spätbarock und Rokoko die Tiroler Arbeiten zweier bayerischer Künstler geradezu stilbildend: Die anfangs erwähnten Deckenfresken von Cosmas Damian Asam in der Innsbrucker St.-Jakob-Kirche (1722/23) und etwas später die Malereien seines Schülers Matthäus Günter in Sterzing, in Neustift bei Brixen, Rattenberg, Schloß Mareit bei Sterzing, Gossensaß, Fiecht und in der Wiltener Basilika, seinem reifsten Werk von weiträumiger Atmosphäre, heiterer Sinnlichkeit und einer Fülle erzählerischer Details.

Detail aus dem Stamser Hochaltar des berühmten Weilheimer Meisters Bartlme Steinle.

◁

Günter hat später in Tirol noch mehrere Kirchen ausgemalt, doch zeigen sie bereits ein Nachlassen seiner Schaffenskraft. Matthäus Günter war in Augsburg ansässig. Aus diesem Kunstzentrum kamen auch Johann Georg Wolker, der die Fresken in der Stiftskirche von Stams schuf, und der Akademiedirektor Georg Bergmüller, der in Fulpmes tätig war. Der Siegeszug des bürgerlichen Rokoko brachte weitere süddeutsche Maler nach Tirol (z. B. Josef Schmutzer aus Wessobrunn, die Brüder Johann und Alois Weiß aus dem Allgäu, Josef Anton Walch von Kaufbeuren) und bestimmte den Geschmack der Auftraggeber und das Schaffen der einheimischen Künstler. Die bürgerliche Akademie in Augsburg wurde zum Mekka angehender Tiroler Maler.

Als Vollender des spezifischen Augsburger Rokoko-Stils gilt ein Tiroler: der schon mit 31 Jahren gestorbene Johann Evangelist Holzer aus Burgeis in Südtirol. Er war ein Schüler von Johann Georg Bergmüller in Augsburg und wurde mit dem von Phantasie, Vitalität und Volkstümlichkeit strotzenden Kuppelfresko der St.-Anton-Kirche in Partenkirchen (1736) berühmt. Sonst ist von ihm nicht viel erhalten geblieben, vor allem seine vielgepriesenen Fresken an den Fassaden der Augsburger

Ausschnitt aus dem Kuppelfresko der St.-Anton-Kirche in Partenkirchen, dem einzigen erhaltenen Hauptwerk des früh verstorbenen Johann Evangelist Holzer aus Burgeis in Südtirol, dem Vollender des Augsburger Rokoko-Stils.

▷

Bürgerhäuser sind leider zerstört worden. Zum Schluß war Holzer Hofmaler des Fürstbischofs von Eichstätt. Ein Mitarbeiter Johann Evangelist Holzers war Franz Anton Zeiller aus Reutte, ein weiterer Tiroler, der mehrere seiner Hauptwerke in Bayern und Schwaben geschaffen und das süddeutsche Rokoko mitgeprägt hat. In Füssen (Magnuskapelle), Rieden bei Kaufbeuren, Sachsenried im Schongau, Ottobeuren sowie in anderen Klöstern und Pfarrkirchen hinterließ er Fresken, die eine Weiterentwicklung der Augsburger Malweise durch italienische Schulung zeigen. Noch bedeutender für die bayerische Kunstgeschichte ist sein Vetter Johann Jakob Zeiller, ebenfalls aus Reutte im Außerfern, da es ihm, wie Erich Egg schreibt, „gelungen ist, das süddeutsche Rokoko mit der raumsteigernden österreichischen Spätbarockkunst Paul Trogers zu vermählen". Seine größten und reifsten Fresken schuf er zwischen 1752 und 1763 im Kloster Ettal, in Benediktbeuren und in Ottobeuren. Dazu kommen bedeutende Altarblätter, z. B. in Maria Rain und in der Stiftskirche von Ottobeuren. Bayern besitzt noch eine ganze Reihe weiterer Werke dieses Tiroler Malers. Eine Berufung nach Bayern erhielt auch Martin Knoller aus Steinach am Brenner, einer der führenden Künstler des spätesten Barock und frühen Klassizismus. Er war wie Johann Jakob Zeiller ein Schüler von Paul Troger und schuf in Bayern das große Chorfresko in der Stiftskirche Ettal und als Höhepunkt seines Lebenswerks die sieben Kuppelfresken der Klosterkirche Neresheim in Schwaben. Sein mächtiges Deckengemälde in der Bürgersaalkirche in München wurde im Zweiten Weltkrieg zerstört.

Die überragende Bedeutung von Zeiller, Holzer und Knoller lassen den Eindruck entstehen, als ob sich der Beitrag Tirols zur süddeutsch-bayerischen Barockmalerei auf das 18. Jahrhundert beschränken würde. Dies ist keineswegs der Fall. Tirol war immer ein „Exportland" für Künstler, und viele davon wirkten naturgemäß in Bayern, wo sie ihre Ausbildung genossen und wo kein Mangel an Auftraggebern herrschte. So wirkten – um nur einige Namen zu nennen – vor und um 1700 Johann Degler aus Villnöß als kurfürstlich bayerischer Hofmaler in München und Jakob Christof Platzer aus Eppan als Hofmaler des Passauer Fürstbischofs. Beide arbeiteten natürlich auch für andere Auftraggeber und hinterließen vor allem viele Altarblätter in bayerischen Kirchen. Vom Innsbrucker Johann Anton Gumpp, der ebenfalls in kurfürstlich bayerische Dienste trat und unter anderem Fresken in der Residenz, im Schloß Schleißheim und im Münchner Bürgersaal malte, war schon die Rede. Melchior Steidl aus Innsbruck, ein Schüler des berühmten Münchners Andreas Wolf, war außer in Oberösterreich und Salzburg um 1700 auch in Bayern viel beschäftigt (z. B. Karmeliterkirche in Straubing). Im Chiemgau lebte

Bildnis des Malers Johann Jakob Zeiller aus Reutte, des Schöpfers der Fresken in Ettal, Benediktbeuren und Ottobeuren; das Porträt malte sein ebenfalls viel in Bayern tätiger Vetter Franz Anton Zeiller.

und arbeitete der Innsbrucker Josef Eder, außerdem hinterließen in diesem Raum der Meraner Jakob Karnutsch und die Sillianer Brüder Johann und Anton Vicelli einige Werke. Und so könnte man für die Zeit des Hochbarock noch viele aufzählen. Für die Mitte und das späte 18. Jahrhundert wurden die wichtigsten Namen schon genannt. Aber auch in dieser Zeit wirkten natürlich weitere Tiroler in Bayern, so zum Beispiel Johann Wolfgang Baumgartner aus Ebbs und Josef Mages aus Imst, zwei Bergmüller-Schüler und vielbeschäftigte Vertreter des Augsburger Rokoko, sowie Philipp Jakob Greil aus Pfunds, der es in München zum Hofmaler brachte.
Was die Bildhauerei betrifft, wurde die Bedeutung des Kitzbühelers Andreas Faistenberger für die Kunstentwicklung in Bayern bereits erwähnt. Er war nach 1676 mehrere Jahrzehnte lang Hofbildhauer in München, wo sich fast alle seine erhaltenen Werke befinden. Von den Oberinntaler Bildhauern zog es viele nach Schwaben. Ignaz Waibl aus Grins ist einer von ihnen. Sein berühmtestes Werk ist das großartige Chorgestühl in der Kartause von Buxheim bei Memmingen. Der Begründer der Tiroler Bildhauerei des Hochbarock, der Schwanthaler-Schüler Andreas Thamasch aus dem Paznauntal, war zuerst in Kaisheim tätig, dem Mutterkloster von Stift Stams im Oberinntal, wo Thamasch seine Tiroler Hauptwerke schuf. Anton Sturm aus Prutz ließ sich in Füssen nieder und entfaltete um 1750 von hier aus eine fruchtbare Tätigkeit

Von Prutz im Oberinntal nach Füssen kam der Bildhauer Anton Sturm. Die Kanzel in der Stiftskirche seiner Wahlheimatstadt ist sein Werk. ▷

„Der Raub der Proserpina" von Simon Troger. Solche reich bewegten Figurengruppen aus Elfenbein begründeten den Ruhm des aus Abfaltersbach im Pustertal stammenden Bildhauers, der um 1750 in den Dienst des bayerischen Kurfürsten trat.

◁

vor allem als Mitarbeiter im Baugeschäft von Johann Jakob Herkomer. Aus Sturms Werkstätte stammen viele Altäre und Kanzeln in den Kirchen dieses Gebietes. Für die berühmte Wieskirche schuf er die Statuen der Kirchenväter. Von Nassereith aus versorgte Martin Falbesoner bayerische Kirchen mit Altären (z. B. Garmisch) und Statuen. Der Kufsteiner Meister Franz Stitz arbeitete viel im bayerischen Kreis Rosenheim. In Rosenheim ansässig wurde Josef Götsch aus dem Ötztal, der in Rott am Inn mit dem berühmten Ignaz Günter zusammenarbeitete und in ganz Oberbayern zahlreiche bedeutende Werke hinterließ. Den überaus begabten Oberinntaler Johann Schnegg verschlug es während seiner Wanderzeit durch Schwaben, Bayern und Franken nach Bayreuth, wo er sich als Hofbildhauer des dortigen Markgrafen etablieren konnte und an der Bayreuther Akademie unterrichtete. Ein regelrechtes Tiroler-Zentrum war Passau mit dem prunkliebenden fürstbischöflichen Hof. Hier arbeiteten als Hofbildhauer der Imster Josef Deutschmann, Balthasar Horer aus Kauns und Josef Bergler aus dem Osttiroler Defereggental. Der berühmteste Tiroler Bildhauer im Ausland war aber Simon Troger aus Abfaltersbach im Pustertal, der sich um 1750 in München niederließ und als Elfenbeinbildhauer in den Dienst des Kurfürsten trat. Mit seinen reich bewegten Figurengruppen erregte er weitum Aufsehen und galt bald als der bedeutendste Elfenbeinkünstler seiner Zeit.

Der rege Austausch künstlerischer Begabungen zwischen den Nachbarn Tirol und Bayern während der Barockzeit ist nicht zuletzt Ausdruck einer engen Verwandtschaft in Wesensart, Kunstauffassung und geistiger Haltung. Er beweist auch, daß den Auftraggebern aus allen Schichten der Bevölkerung engstirniger Lokalpatriotismus fremd war und daß man beiderseits der Grenze in größeren Dimensionen zu denken verstand. Trotz mancher politischer Spannung seit 1700 ging der Kulturaustausch weiter und ermöglichte großartige Leistungen auf allen Gebieten der Kunst. Ob ein Künstler von auswärts kam oder im eigenen Land geboren war, fiel bei der Auftragsvergabe weniger ins Gewicht als die Qualität und der Ruf seiner Werke. Als der in Ostösterreich berühmt gewordene Tiroler Maler Paul Troger nach Brixen berufen wurde, um das Deckenfresko des neuen Brixner Domes zu schaffen, wurde zwar seine Tiroler Herkunft betont, entscheidender jedoch war, daß „sein Pembsel in ganz Europa vor andern sonderbahr in Fresko berüehmt war“.

„Ein bewaffnet Volk in den Bergen. . .“

Der Krieg von 1703/04 und das politische Verhältnis zwischen Bayern und Tirol bis zum Jahr 1805

„Wenn Sie wüßten, was das heißt: Ein bewaffnet Volk in den Bergen!“ Als der bayerische Kurfürst Max Emanuel dies am 28. Juli 1703 von der tirolisch-bayerischen Grenze bei Mittenwald an seine Frau in München schrieb, war alles schon vorbei: die ersten schnellen Erfolge bei seinem Einfall in Tirol („Der Himmel ist offenbar für uns“, frohlockte er damals in einem Brief), die Unterwerfung der Tiroler Behörden („Die Leute in Amt und Würden haben fast alle ihre Partei für mich genommen“, lautet der entsprechende Bericht nach Hause), die Niederlagen der bayerischen Armee im Oberinntal und am Brenner, der Aufstand des Landvolkes in allen Landesteilen, die brutalen Vergeltungsmaßnahmen und schließlich der wenig ruhmvolle Rückzug. Wie war es zu diesem Krieg gekommen, der nach jahrhundertelangem Frieden zwischen beiden Ländern fast so etwas wie eine Erbfeindschaft aufkommen ließ?
Seit Beginn des 16. Jahrhunderts waren Wittelsbach und Habsburg, waren Bayern und Österreich miteinander verbündet, fochten im Zeitalter der Gegenreformation und während des Dreißigjährigen Krieges für die gemeinsame, für die katholische Sache, betrieben zusammen europäische Großmachtpolitik. Die Wittelsbacher wurden dafür vom habsburgischen Kaiser mit einer Rangerhöhung belohnt: Von 1623 an war Bayern nicht mehr Herzogtum, sondern Kurfürstentum. Maximilian von Bayern, der erste und bedeutendste Kurfürst, hatte übrigens zwei Tiroler unter seinen engsten Beratern: Ferdinand Khuen zu Belasy und Paul Andreas von Wolkenstein-Trostburg; andere Adelsfamilien aus Tirol – die Schurff, Lodron, Arco und Ruffin – spielten am Hof und im bayerischen Heer eine wichtige Rolle.
Nach 1650 neigten sich die bayerischen Kurfürsten und ihre Kanzler immer mehr Frankreich zu, kam es zu mehreren sprunghaften Kursänderungen der bayerischen Politik. Noch einmal verbündete sich Kurfürst Max II. Emanuel mit dem Kaiser und zog 1688 für ihn in den Türkenkrieg. Als aber 1701 das große europäische Ringen um das spanische Erbe einsetzte, trat Max Emanuel alsbald auf die Seite Frankreichs und der anderen Gegner Österreichs, da er sich davon die besten Chancen auf einen Macht- und Gebietsgewinn für Bayern ausrechnete.

▷

Gruppe von Tiroler Kämpfern auf einem der vielen Flugblätter, die die Nachricht vom sensationellen Sieg der Tiroler Bauern über die kurfürstlichen Truppen in ganz Europa verbreiteten.

Das Land Tirol war durch diese Veränderung der politischen Lage besonders gefährdet: Wenn der nördliche Nachbar im feindlichen Lager stand, war nichts Gutes zu erwarten, zumal Frankreich seinen neuen Verbündeten am liebsten auf Kosten Österreichs belohnt sehen wollte. Und Kurfürst Max II. Emanuel gehörte zu jenen Wittelsbachern, die nur zu gerne bereit waren, die auf die Zeiten der Margarethe Maultasch zurückreichenden Ansprüche Bayerns auf Tirol wieder einmal auszugraben. Daß Tirol seit 1665 nicht mehr von einer habsburgischen Seitenlinie regiert wurde, sondern unmittelbar dem Kaiser in Wien unterstand, machte zudem die habsburgische Umklammerung Bayerns noch deutlicher spürbar und förderte den Wunsch, Tirol den Österreichern zu entreißen. Auch war Bayern gerade stark und Tirol durch ständige Konflikte zwischen Regierung und Landständen innerlich geschwächt. Dies konnte dem Bayernherrscher genausowenig verborgen bleiben wie die Tatsache, daß Tirol von regulären Truppen entblößt war, die traditionelle Landesverteidigung durch die militärisch organisierten Tiroler Schützen in einer Krise steckte und die Grenzbefestigungen sich in schlechtem Zustand befanden. So entschloß sich der Kurfürst, Tirol zu erobern und sich hier mit der aus Italien vorstoßenden französischen Armee unter General Vendome zu vereinigen.

Trotz der offensichtlichen Gefahr eines bayerischen Angriffs konnte man sich in Tirol nicht zu entscheidenden Verteidigungsmaßnahmen aufraffen. Als am 15. Juni 1703 in Innsbruck die Nachricht eintraf, daß der bayerische Kurfürst mit rund 10.000 Mann eigener Truppen und 2500 Franzosen von Rosenheim gegen Tirol ziehe, da war es natürlich zu spät, obwohl sich bereits am nächsten Tag Tausende Bauern sammelten, um Munition zu fassen und Befehle entgegenzunehmen. Denn als Landmiliz und Landsturm endlich in Richtung Unterinntal abmarschierten, stand das bayerische Heer längst vor Kufstein, wo dem Kurfürsten das Glück zu Hilfe kam: Als die Österreicher einige alte Häuser vor der Stadtmauer anzündeten, um freies Schußfeld zu haben, trug der Wind die Flammen in die Stadt hinein. Es ist durchaus möglich, daß einige bayerisch gesinnte Kufsteiner dem Funkenflug etwas nachhalfen, wie von Zeitgenossen und später von Historikern vermutet wurde. Beweise fehlen aber. Nicht nur ganze Häuserzeilen brannten nieder, auch auf der Festung flogen der Kaiserturm und zwei Pulvermagazine in die Luft. Die Besatzung wollte sich ergeben, doch der Kurfürst verweigerte den freien Abzug. Noch war das Kufsteiner Schloß stark genug, um sich gegen jeden Sturm zu wehren. Seine Kanonen begannen sogar, die kurfürstlichen Truppen zu beschießen. Da gelang es einem kleinen bayerischen Stoßtrupp, die Felswand zu erklimmen und sich in eine Fensteröffnung der Mauer zu schwingen. Die überraschten und verwirrten Verteidiger – in Kufstein waren vor allem Rekruten stationiert – ließen sich fast kampflos entwaffnen.

Nach dem Fall von Kufstein zog der Kurfürst rasch weiter und stand schon am 20. Juni vor Rattenberg, das sich nach dreitägiger Beschießung ergab. Militärisch verlief somit alles nach Wunsch. Doch das Ziel, die Unterländer Bevölkerung, die ja bis 1504 bayerisch gewesen war, für sich zu gewinnen, erreichte der Kurfürst nicht, obwohl er Agenten in die Gemeinden schickte und sich auch der Unterstützung einiger Tiroler versicherte. So half ihm der allerdings längst in Bayern lebende Gastwirt und Schiffsunternehmer Thomas Mayr aus Ebbs nicht nur beim Trans-

Zeichnerische Rekonstruktion des Handstreichs auf die Festung Kufstein im Juni 1703.

Kurfürst Max II. Emanuel, der 1703 Tirol in seinen Besitz bringen wollte.

port des Nachschubs innaufwärts, sondern bemühte sich auch durch persönliche Kontakte, die führenden Leute des Unterlandes auf die Seite des Eroberers zu ziehen. Mit wenig Erfolg. Zu den wenigen Gemeinden, die gleich nach dem Einmarsch der Bayern zu einer Huldigung bereit waren, gehörte Thiersee, das wegen der grenznahen Lage dem Druck des nördlichen Nachbarn besonders ausgesetzt war und zudem einen bayerischen Pfarrer hatte, der seinen Einfluß zur Geltung brachte. Im übrigen trug das Benehmen der neuen Herren nicht dazu bei, in den Unterländern einen vielleicht nur verschütteten bayerischen Patriotismus zu wekken. In Kufstein zum Beispiel, wo der zurückgebliebene Festungskommandant der Bayern unverzüglich mit dem Ausbessern der Schäden begann, wurden Handwerker wochenlang zu Arbeiten für die Besatzer gezwungen, Wälder wahllos abgeholzt und schon vorhandenes Baumaterial kurzerhand enteignet.

Rattenberg war das letzte Hindernis auf dem Weg des Kurfürsten nach Innsbruck gewesen: Der österreichische General Gschwind, dem die empörten Tiroler die Schuld am Gelingen des bayerischen Einfalls gaben, zog sich mit den Resten seiner Garnisonen in aller Eile gegen den Brenner zurück. Die aufgeregten und unter sich zerstrittenen Abteilungen der Landmiliz lösten sich auf. Überall wurden heftige Vorwürfe und Drohungen gegen Adel und Beamtenschaft laut. Man fühlte sich von der Obrigkeit verkauft und verraten. Max Emanuel deutete diese Unmutsäußerungen völlig falsch und schrieb seiner Frau, das Volk zeige überall nur Freude und Lust, mit Bayern vereinigt zu werden.

In Hall kam dem Kurfürsten eine Delegation der Innsbrucker Regierungsbehörden entgegen, die ihn um Milde anflehte und – wohl im Hinblick auf die empörten Bauernscharen – seinen Schutz erbat. Der Rektor des Innsbrucker Jesuitenkollegs begrüßte den bayerischen Herrscher gar mit einem Zitat aus dem Alten Testament: „O Emanuel, unser König und Gesetzgeber, Erwartung der Völker und ihr Erlöser, komm, uns zu retten!" Sein Hauptquartier schlug der siegreiche Feldherr zunächst vor den Toren Innsbrucks in Mühlau auf, erst fünf Tage später, am 2. Juli, zog er mit großer Pracht in die Tiroler Landeshauptstadt ein. Das Heer lagerte östlich der Stadt auf den Feldern von der Mühlauer Brücke bis Wilten.

Regierungsmitglieder und Beamtenschaft hatten sich – von einigen Geheimräten ausgenommen – dem neuen Herrn des Landes bedingungslos unterworfen. Der Kurfürst verstand es, die vornehme Gesellschaft durch seine persönliche Liebenswürdigkeit und herablassende Freundlichkeit zu beeindrucken. Dem Tiroler Volk versprach er, ein guter Landesfürst zu sein, die Wirtschaft zu fördern und Getreide aus Bayern

anzuliefern. Was die Landesverwaltung betrifft, ließ er möglichst alles beim alten, nur daß die Einkünfte des Landes nun in die bayerische Staatskassa flossen. Zu den bisherigen Steuern und Abgaben mußten die Tiroler allerdings riesige Summen Bargeld und gewaltige Naturalleistungen zur Versorgung des kurfürstlichen Heeres aufbringen. Damit jedoch nicht genug, holten sich die einzelnen Heeresabteilungen rund um ihr jeweiliges Quartier von den Höfen der Bauern, was sie brauchten und meist noch mehr. Und die Pferde weideten in Wiesen, Feldern und Äckern. Bis ins Stubaital hatte die Bevölkerung unter den Überfällen der Husaren und Dragoner zu leiden. Daß die Raubzüge ohne Bewilligung, ja wohl auch gegen den Willen des Kurfürsten unternommen wurden, steht fest. Andererseits war auch Max Emanuel auf Kriegsbeute erpicht, wie der Abtransport einer Reihe von Bildern, Statuen und anderer Kunstwerke zeigt. Die wertvolle Kunst- und Altertümersammlung im Schloß Ambras hatte jedoch in Sicherheit gebracht werden können, was den Bayernherrscher verstimmte: „Ich hätte gern diese Beute gemacht, mein liebes Kind, um Dir Deinen Anteil daran zukommen zu lassen", schrieb er seiner Gemahlin nach München. Er wollte angeblich sogar das berühmte „Goldene Dachl" abtragen und in München wieder aufbauen lassen.
Noch vor seinem Einzug in Innsbruck hatte Kurfürst Max Emanuel Maßnahmen zur Sicherung Nordtirols und zum Vorstoß nach Süden angeordnet: Drei Bataillone marschierten bis Sterzing; weitere Truppeneinheiten besetzten die kaum verteidigten Festungen Ehrenberg und Scharnitz an der Nordgrenze; 200 Mann Grenadiere und Füsiliere, zur Hälfte Franzosen, zur Hälfte Bayern, und 100 bayerische Dragoner wurden beauftragt, ins Oberinntal vorzustoßen. Sie sollten das erste Opfer des erwachenden Tiroler Verteidigungswillens werden.
Einige patriotisch gesinnte Männer beschlossen nämlich, den Geländevorteil zu nützen und den Feind in der engen Gebirgsschlucht zwischen Landeck und Prutz zu vernichten. Als die bayerisch-französische Abteilung, die vor lauter Sorglosigkeit nicht einmal Kundschafter oder eine Vorhut vorausgeschickt hatte, die Pontlatzer Brücke am Ende der Schlucht erreichte, wurde sie vom Feuer der sicher postierten Tiroler Scharfschützen, von Kugeln kleiner Geschütze und von herabrollenden Steinlawinen empfangen. Es war ein mörderisches Chaos. Viele Soldaten wurden auf der Stelle getötet, schwer verwundet oder in den reißenden Inn geschleudert. Die enge Straße soll von zerschmetterten Körpern und toten Pferden übersät gewesen sein. Aber auch denen, die zu fliehen vermochten, erging es nicht viel besser, denn bei Landeck war inzwischen der Rückweg durch Verhaue und Sturmmannschaften versperrt. Erneut

▷

Zeitgenössische Darstellung der Vernichtung einer bayerisch-französischen Abteilung in der Talenge vor der Pontlatzer Brükke im Oberinntal.

hob ein schreckliches Gemetzel an. Als sich einige Dragoner und Grenadiere mit ihrem Hauptmann in einen Heustadel retteten und das Tor verrammelten, brachen die Bauern mit Äxten die Bretter ein und erschlugen damit auch gleich die Soldaten.

Kein einziger Mann dieser ganzen Truppe konnte entkommen. Über 60 hatten ihr Leben verloren; die übrigen waren gefangen und fast alle verwundet. Über mangelnde Pflege und Versorgung hatten die Unglücklichen nicht zu klagen: Nicht den Menschen gelte ihr Kampf, betonten die Tiroler, sondern dem Feind, der mit bewaffneter Hand in sein Vaterland eingefallen war. Aus Mitleid mit den so schwer Geschlagenen lieferte

ihnen zum Beispiel ein Landecker Wirt gleich am ersten Tag 58 Maß Wein.
Von der Niederlage an der Pontlatzer Brücke hatte Kurfürst Max Emanuel noch nichts gehört, als er am 2. Juli in Innsbruck einzog. Dagegen war es längst bekannt, daß sich in Brixen und Meran das Landesaufgebot zu sammeln begann und gegen den Brenner vorrückte. Die bayerische Vorhut hatte sich bereits von Sterzing auf die Höhe des Brennerpasses und auf feste Stellungen bei Lueg zurückgezogen. Darauf berief der Kurfürst seinen General Maffei mit neuem Fußvolk sowie mit Reiterei und Geschützen von München auf der kürzesten Linie über die Scharnitz zu sich nach Innsbruck und erließ zur Beruhigung der aufgeregten Gemüter mehrere Aufrufe an die Tiroler, in denen sich Schmeicheleien, Versprechungen und Drohungen abwechselten. Seinen ursprünglichen Plan, über den Brenner zu marschieren, um sich im Süden des Landes mit dem französischen Heer unter General Vendome zu vereinen, wagte Max Emanuel erst wieder aufzunehmen, als er endlich am 19. Juli von diesem die Nachricht erhielt, daß er in Richtung Gardasee und Trient vorrücke.
Unverzüglich zog der Kurfürst seine Truppen in einem festen Lager bei Wilten zusammen und brach mit seiner Hauptmacht gegen den Brenner auf. Ohne größere Schwierigkeiten erreichte er die Paßhöhe, wo die vorgeschobenen bayerischen Truppen drei Tage vorher schwere Verluste erlitten hatten. Doch als er sich gerade zum entscheidenden Angriff auf die Tiroler Stellungen vorbereitete, erreichte ihn die Meldung, daß in seinem Rücken die Hölle los war: Die Oberinntaler Bauern zogen nach ihrem Sieg bei Pontlatz und Landeck in Richtung Innsbruck, die Ehrenberger Klause wurde von Bauernscharen belagert, in der Scharnitz hatte sich der bayerische Befehlshaber nach mehrstündigem Kampf zum Abzug nach Mittenwald entschlossen, die Paßsperre in der Leutasch nahmen die Bauern durch Überrumpelung, der Posten bei Zirl war völlig aufgerieben worden. Auch im Unterinntal hatte sich die zum Teil nur notdürftig bewaffnete Bevölkerung gegen die zunehmende Unterdrückung erhoben. Die Besatzung von Rattenberg war überlistet und niedergemacht oder gefangen worden. In Hall fielen 3000 Bauern und die Schwazer Bergknappen über die Bayern her.
Wollte er nicht zwischen zwei Fronten geraten, mußte der Kurfürst so rasch er konnte ins Inntal zurückkehren. In rasendem Galopp sprengten die Dragoner voraus, den Schönberg zu besetzen und den Weg nach Innsbruck offenzuhalten. Zum Glück für die Bayern hatten die ohne gemeinsame Führung operierenden Tiroler Sturmscharen Innsbruck und die Ausgänge des Wipptales nicht besetzt. So konnte sich das kurfürstli-

Die bayerischen Truppen verlassen ihr Lager bei Wilten. Ausschnitt aus einem Fresko von Kaspar Waldmann in der Wiltener Stiftskirche. ▷

che Heer im Wiltener Lager sammeln, um sich am nächsten Tag den Rückweg über Seefeld und Scharnitz nach Bayern freizukämpfen. Angesichts der großen Verluste, der Volkserhebung in allen Landesteilen und der Tatsache, daß sich von Süden eine kaiserliche Hilfstruppe dem Brenner näherte, war Tirol nicht mehr zu halten, die bayerische Führung mußte sogar froh sein, nicht in einer Falle festzusitzen.
Westlich von Innsbruck hatten die Tiroler auf beiden Seiten des Inn feste Schanzen errichtet und besetzt, um den Bayern den Rückweg abzu-

schneiden. Daß die Eroberung dieser Sperren, vor allem der Stellung am Fuß der Martinswand, erst nach vielstündigem Kampf möglich war und zudem einige hundert Tote forderte, erbitterte die kurfürstlichen Soldaten derart, daß sie Zirl und auf der südlichen Talseite die Dörfer Völs, Afling, Kematen und Unterperfuß plünderten und niederbrannten. Dabei sollen grausame Verbrechen verübt worden sein. Ein Zirler Chronist behauptet, einigen unschuldigen Einwohnern seien die Augen ausgestochen und die Hände abgeschlagen worden, anderen habe man die Hände und Füße zusammengebunden und sie lebendig in brennende Häuser geworfen, schwangeren Frauen sei der Bauch aufgeschnitten

◁

Daß Ferdinand Graf Arco am Fuße der Martinswand von einem Tiroler Scharfschützen mit dem Kurfürsten verwechselt und erschossen worden war, beschäftigte die Phantasie des Volkes und der Künstler. Der Graf habe seinem Kurfürsten das Leben gerettet, sich für ihn geopfert, hieß es. Diese Legende ist auf diesem späteren Gemälde dargestellt.

worden. Zumindest einiges davon könnte wahr sein, da mehrere Augenzeugenberichte übereinstimmen und selbst Max Emanuel Ausschreitungen seiner Truppen zugab. Die Soldaten des Kurfürsten, der jeden seiner Siege mit feierlichen Muttergotteslitaneien feiern ließ und noch vor Beginn des Feldzuges an der Münchner Fronleichnamsprozession teilgenommen hatte, verschonten auch Kirchen und Tabernakel nicht. Von Zirl wird berichtet: „Aus denen Kirchen wurden die heilige Paramenta sambt Kelch und Cyborien weckh geraubet, die heilige Hostien aus dem Altar herausgeschüttet, die Priester bis auf das Hemmed ausgezochen . . .“

Nach dem bei Zirl erfochtenen Sieg schickte der Kurfürst nur eine Vorausabteilung in die Scharnitz zur Sicherung des Weges und kehrte selbst noch einmal nach Innsbruck zurück. Dabei wäre er fast das Opfer eines Tiroler Scharfschützen geworden. Nur eine Verwechslung rettete ihm das Leben. Der kurfürstliche Kammerherr und Titularoberst Graf Ferdinand von Arco, der ein Stück vor dem Kurfürsten ritt, trug nämlich die prächtigste Uniform von allen Bayern und wurde damit zur Zielscheibe. Als ihn eine Kugel niederstreckte, verbreitete sich in halb Europa die falsche Kunde vom Tod des Bayernherrschers, wie überhaupt die Erfolge der Tiroler gegen den berühmten Feldherrn und Türkenbezwinger internationales Aufsehen erregten.

Während Graf Arco anstelle seines Herrn verblutete, erreichte der Kurfürst heil und gesund das Wiltener Lager, wandte sich dort gegen die östlich von Innsbruck aufmarschierten Landstürmer und drängte sie nach Hall ab. Da er mit der Beschießung der Salzstadt drohte, zogen sie sich sogar noch weiter zurück. Als endlich die letzten Einheiten vom Brenner herab in Innsbruck eintrafen, befahl Max Emanuel am 26. Juli den Rückzug nach Mittenwald. Es war der Feiertag der hl. Anna, weshalb die Tiroler Landstände die zum Dank für die Befreiung in der Innsbrucker Neustadt (heute Maria-Theresien-Straße) errichtete Mariensäule auch mit einer Statue der hl. Anna schmückten und jährliche Prozessionen dahin am St.-Anna-Tag gelobten. So erhielt die Mariensäule im Volk den Namen Annasäule. Daß die Muttergottesstatue ganz oben (warnend) nach Norden schaut, woher der Feind im Jahr 1703 gekommen war, hat später im Zeichen der aufblühenden tirolisch-bayerischen Freundschaft und des Fremdenverkehrs viele Tiroler gestört. Es war sogar schon davon die Rede, daß die Statue umgedreht werden sollte, um die Bayern nicht zu ärgern. Auch den fotografierenden Touristen wollte man damit eine Freude machen, kehrt ihnen doch Maria den Rücken zu, wenn sie den berühmten Blick gegen die Nordkette mit der Kamera festhalten. Statt zu einer „Umdrehung“ kam es aber nur zu einer „Umdeutung“:

Die Muttergottes schaut weiter gegen Norden, gegen Bayern, aber eben nicht mehr warnend, sondern einladend!
Einen Tag nach dem Abzug der Bayern traf am 27. Juli 1703 der österreichische General Guttenstein mit regulären Armee-Einheiten und zahlreichen Schützen, aus Südtirol kommend, in Innsbruck ein. In den allgemeinen Jubel mischten sich bittere Vorwürfe und haßerfüllte Angriffe gegen Regierungsvertreter und Beamte, denen man Unfähigkeit und mangelnden Patriotismus vorwarf. Die Jesuiten, bei denen die Bayernführung Quartier genommen hatte, beschuldigte man gar des geheimen Einverständnisses mit dem Feind. Auch das Kloster Wilten konnte nur durch eine Sicherheitswache gegen die Volkswut geschützt werden. In der allgemeinen Freude und Aufregung vergaß man ganz auf die Verfolgung des Feindes. Erst am nächsten Tag schickte General Guttenstein einige hundert Mann hinter den Bayern her. Sie wurden vom bayerischen General Lützelburg, den Max Emanuel von Mittenwald aus zurückbeorderte, unweit von Seefeld geschlagen. Im übrigen verzettelten das österreichische Militär und die Landmiliz ihre Kräfte in verschiedenen kleinen Aktionen; viele Schützen kehrten nach Hause zurück.
Dies ermöglichte den Bayern, sich noch einmal in der Seefelder Gegend festzusetzen und von hier aus Streifzüge ins Inntal zu unternehmen. Als die Situation für Innsbruck bedrohlich wurde, erklärten die Bauern, für die verachteten Geheimräte, Beamten und Kavaliere in der Landeshauptstadt ihr Leben nicht aufs Spiel setzen zu wollen. Zu allem Überfluß kündigte General Guttenstein an, daß er sich auf den Brenner zurückziehen werde, da er für eine Verteidigung Innsbrucks zu schwach sei. Den Stadtvätern gab er den Rat, den Jesuitenrektor mit der Bitte um Schonung an den Kurfürsten zu entsenden. Diese Haltung des obersten Befehlshabers machte die Verwirrung komplett, allgemeine Anarchie drohte auszubrechen. Die Innsbrucker Bürger und die Bewohner der Oberinntaler Orte halfen sich selbst, so gut es ging, und errichteten neue Schanzen. Da inzwischen aber eine starke österreichische Militärmacht unter General Heister südlich des Brenner im Anmarsch war und sich auch die Franzosen aus Welschtirol zurückgezogen hatten, wagten die Bayern keinen größeren Vorstoß mehr. Der ganze strategische Plan des Kurfürsten hatte seinen Sinn verloren.
Als General Heister endlich nach Innsbruck kam, war sein Heer durch den Zuzug von Schützen und Landsturm nach Schätzungen auf etwa 20.000 Mann angewachsen. Jetzt erst verließ Max Emanuel endgültig Tirol und fuhr am 21. August von Mittenwald aus auf einem Floß nach München zurück. Die abziehenden Bayern plünderten und brandschatzten noch einmal gründlich und zerstörten die Scharnitzer Festung, die im

30jährigen Krieg errichtete „Porta Claudia“. Diesmal waren ihnen die Verfolger auf den Fersen, und diese begnügten sich auch nicht damit, den Feind aus dem Land zu vertreiben, sondern stießen ihrerseits nach Bayern vor, um Rache zu nehmen und Beute zu machen. Von Scharnitz aus umgingen General Heisters Soldaten mit ihrer Tiroler Verstärkung – insgesamt sollen es einige tausend Mann gewesen sein – das zum Freisinger Hochstift gehörige Werdenfelser Gebiet und eroberten eine bayeri-

Zum Dank dafür, daß die kaiserlichen Soldaten und die Tiroler Sturmscharen bei ihren Ausfällen von Scharnitz nach Bayern im Jahre 1703 das zu Freising gehörige Werdenfelser Gebiet verschont hatten, errichteten einige Partenkirchner Bürger die Antonius-Kapelle, in der dieses Stifterbild an die überstandene Gefahr erinnert.

sche Schanze zwischen Partenkirchen und Ettal, die vom Aufgebot der einheimischen Bevölkerung, einer sogenannten „Landfahne“, besetzt war. Damit war der Weg nach Norden offen. Eschenlohe, die Stiftskirche von Habach und der Markt Murnau wurden niedergebrannt. Bis gegen Polling und Weilheim ging der Verheerungszug der Kaiserlichen. Zugleich stieß eine zweite Kolonne vom Achenpaß zum Tegernsee vor, wo es sich ebenfalls zeigte, daß sich das bayerische Landesaufgebot an Schlagkraft mit der Tiroler Verteidigungsorganisation nicht messen konnte. Eine Landfahne stellte sich den Eindringlingen in den Weg, wurde jedoch aufgerieben. Auch von Einzelaktionen an anderen Stellen der Grenze wird berichtet, wobei sich die Angaben oft widersprechen. Es waren Schreckenstage für das ganze bayerische Oberland vom Tegernsee bis zum Lech. Klöster, Dörfer und Höfe brannten, andere konnten sich durch Zahlung einer hohen „Brandschatzung“ retten. Viehherden wurden weggetrieben, Häuser ausgeraubt. Dem völlig unschuldigen Landvolk, das um Gnade und Erbarmen bettelte, sollen die Tiroler – so wird überliefert – ungerührt zur Antwort gegeben haben, die Grausamkeit habe man nur von den Bayern gelernt. Als die Landstürmer und das kaiserliche Militär nach drei Tagen ihre Plünderung beendeten, brachten sie viel Geld, wertvolle Sachgüter und 8000 Stück Rindvieh mit nach Hause. Von seiten der österreichischen Heeresführung war der Ausfall nach Bayern als eine willkommene Möglichkeit angesehen worden, das in Tirol stationierte Militär mit Lebensmitteln zu versorgen. In Tirol selbst war ja kaum mehr etwas zu bekommen. Hier hatten schon die Bayern alles genommen, was möglich war. . .

◁

Beschießung von Kufstein durch die Österreicher im Herbst 1703 und im Frühjahr 1704. Deutlich zu erkennen sind die Geschütze auf der „Hochwacht" (rechts oben) und auf der „alten Midterndorffer Schanz" (rechts unten). Zu Füßen der Festung ist ein „Cur Payrischer außfahl zu Pferdt" dargestellt, der von „CurPayr. Fueß Folckh" unterstützt wird. Ausschnitt aus einer 1713 für die Locherer Kapelle gestifteten Votivtafel des Viertels Söll (heute Kufsteiner Heimatmuseum auf der Festung).

Während die Festung Ehrenberg im Außerfern schon im August wieder in Tiroler Hände geraten war, nachdem sich die bayerische Besatzung gegen freien Abzug ergeben hatte, widerstand die Festung Kufstein jedem Eroberungsversuch. Gleich nach der Befreiung Innsbrucks waren an die 4000 Mann Landmiliz und einige Kompanien Militär nach Kufstein gezogen, hatten alle umliegenden Schanzen erobert und einen Belagerungsring um Stadt und Festung gebildet. Mehr konnte jedoch nicht erreicht werden, im Gegenteil: Zuerst stieß ein bayerisches Entsatzkorps von Rosenheim bis nach Kufstein vor und brachte Verstärkung, dann wieder gelangen der Festungsbesatzung unter Oberst Seefeld beutereiche Ausfälle. Einmal wurden bei so einem Kommando die Häuser des Ortes Sparchen angezündet und mehrere Bauern erschossen, worauf die Belagerer Rachezüge in bayerische Grenzdörfer unternahmen. Auf beiden Seiten der Grenze wurden Haß und Verbitterung immer größer.
Als Anfang Oktober General Heister mit frischen Militäreinheiten nach Kufstein kam, begann eine lang andauernde Beschießung des feindlichen Bollwerks. Am 29. Oktober war es soweit, daß der Sturm gewagt werden konnte. Tatsächlich fiel die Stadt, wobei die Bayern rund die Hälfte ihrer ca. 600 Mann starken Besatzung verloren, doch Oberst Seefeld konnte die Festung selbst behaupten. Übergabeangebote lehnte er ab. Trotz heftigster Beschießung hielt er durch, bis Anfang November neuerlich bayerische Soldaten heranrückten, was General Heister veranlaßte, die Belagerung aufzuheben und seine Truppen über den Winter zurückzuziehen. Kufstein blieb also vorläufig bayerisch, und der haßerfüllte Kleinkrieg zwischen Tirolern und Bayern sollte noch fast ein Jahr lang weitergehen: Im Jänner zogen die Tiroler gegen Benediktbeuren, im März war Bayrischzell das Ziel einer Raubexpedition, im Juli und August wurden Schöffau und Oberaudorf geplündert und in Brand gesteckt. Die bayerischen Nachbarn waren auch nicht zimperlich und verwüsteten Erl, Niederndorf, Ebbs und Thiersee.
Dann kehrte zumindest in Tirol wieder Friede ein, als Bayern den Krieg gegen Österreich verlor und der Kurfürst ins niederländische Exil ziehen mußte. Am 29. November 1704 verließ die unbesiegte bayerische Festungsbesatzung Kufstein. Die folgenden Kriegsjahre und die Besetzung Bayerns durch die Österreicher haben mit der damals sehr leidvollen bayerisch-tirolischen Nachbarschaft nichts mehr zu tun. Der berühmte Bauernaufstand von 1705/06 richtete sich gegen das österreichische Besatzungsregime in München, und an der Niedermetzelung der bayerischen Freiheitskämpfer in der Sendlinger Mordweihnacht waren keine Tiroler beteiligt.
Der Krieg von 1703/04, für den die Tiroler den verharmlosenden Namen

„Bayrischer Rummel" erfanden, hatte große Teile Nordtirols und viele Orte des angrenzenden Oberbayern in Unglück und Elend gestürzt. Die Schäden waren enorm, die Folgen – nicht nur die materiellen, sondern auch die moralischen – konnten zum Teil erst nach Jahren überwunden werden. Und der einmal gesäte Haß zwischen den Nachbarn sollte sich sogar 100 Jahre später noch auswirken. Man vergißt eben nicht so schnell, wenn einem der Nachbar Haus und Hof niederbrennt, die Äcker verwüstet und das Vieh stiehlt; von Schlimmerem ganz abgesehen.

Zur wenigstens teilweisen Wiedergutmachung des angerichteten Schadens wurde gemäß kaiserlicher Verfügung der bayerische Besitz in Tirol konfisziert, doch wurde diese Maßnahme nicht konsequent durchgezogen und 1709 sogar wieder rückgängig gemacht. Lediglich das ehemalige Eigentum des Kurfürsten und seine Anteile an Tiroler Bergwerken blieben verfallen. Eine Zeitlang hofften die Tiroler auf eine „Entschädigung" von viel weitreichenderer Art: Die Vertreter der Tiroler Stände richteten an den Kaiser den Wunsch, er möge doch Teile des gerade von Österreich besetzten Bayern, und zwar die fruchtbaren Landstriche am Inn, für immer mit Tirol vereinen, damit das Land seinen Bedarf an Getreide nicht länger im Ausland decken müsse. Der Ausschußlandtag vom September 1709 und eine eigene Gesandtschaft nach Wien im Jahre 1710 wiederholten diesen Wunsch der Tiroler, doch konnte ihn der Kaiser nicht erfüllen. Tirol behielt seine Grenzen. Freilich wäre damals beinahe ganz Bayern zu Österreich gekommen, da Kurfürst Max Emanuel sein verwüstetes Erbland gerne gegen die habsburgischen Niederlande oder das ebenfalls zum habsburgischen Imperium gehörige Sizilien getauscht hätte. Wäre es dazu gekommen, hätte sich die tirolisch-bayerische Nachbarschaft in Zukunft innerhalb Österreichs abgespielt. Jahrzehnte später (1778/79) hat dann Österreich ein solches Tauschprojekt angestrebt, doch wieder wurde nichts daraus: Bayern blieb ein selbständiger Staat innerhalb des lockeren deutschen Reichsverbandes.

Der Spanische Erbfolgekrieg ging 1714 zu Ende, Kurfürst Max Emanuel kehrte ein Jahr später nach München zurück. Doch Bayern war am Rande des Staatsbankrotts und erholte sich lange nicht mehr. Die Beziehungen zu Österreich und damit auch zu Tirol normalisierten sich wohl, und Max Emanuels Sohn Karl Albrecht vermählte sich sogar mit der Tochter Kaiser Josefs I., doch das gegenseitige Vertrauen war erschüttert. In Tirol versuchte man jedenfalls, die Grenzfestungen gegen Bayern künftig in Ordnung zu halten. Als Kurfürst Karl Albrecht während des Polnischen Erbfolgekrieges (1733–1735) eine Politik des Abwartens praktizierte und durch Truppenaufmärsche die Unsicherheit vergrö-

Zeitgenössische bayerische Karte der Tiroler Festungswerke von Scharnitz und Leutasch und der Kriegshandlungen von 1805. Eingezeichnet sind die Stellungen der französischen Truppen zwischen Mittenwald und Scharnitz sowie das Umgehungsmanöver der Division Loison, die von bayerischen Förstern in das parallel zur Leutasch verlaufende Tal (rechts) und von dort über den Wettersteinkamm in den Rücken der Verteidiger der Festung Leutasch geführt wurde. ▷

ßerte, rückten bis zum Eintreffen regulärer Einheiten wieder einmal Schützen an die tirolisch-bayerische Grenze. Gleichzeitig wurden überall Befestigungsarbeiten durchgeführt. Vor allem das bisher wenig geschützte Achental erhielt provisorische Verteidigungsanlagen. Immer wieder wurde im Laufe dieser Kriegsjahre Alarm gegeben, immer wieder glaubte man, es sei „anietzo die Gefahr größer, als noch niehmahlen". Da gleichzeitig die Südgrenze Tirols geschützt werden mußte, weil aus Italien ebenfalls feindliche Einfälle drohten, bedeutete die erhöhte Vorsicht gegenüber Bayern eine arge Belastung für das Land, obwohl es zu keinen Zusammenstößen kam.
Ein paar Jahre später gab es wieder Krieg – diesmal wurde er von Bayern

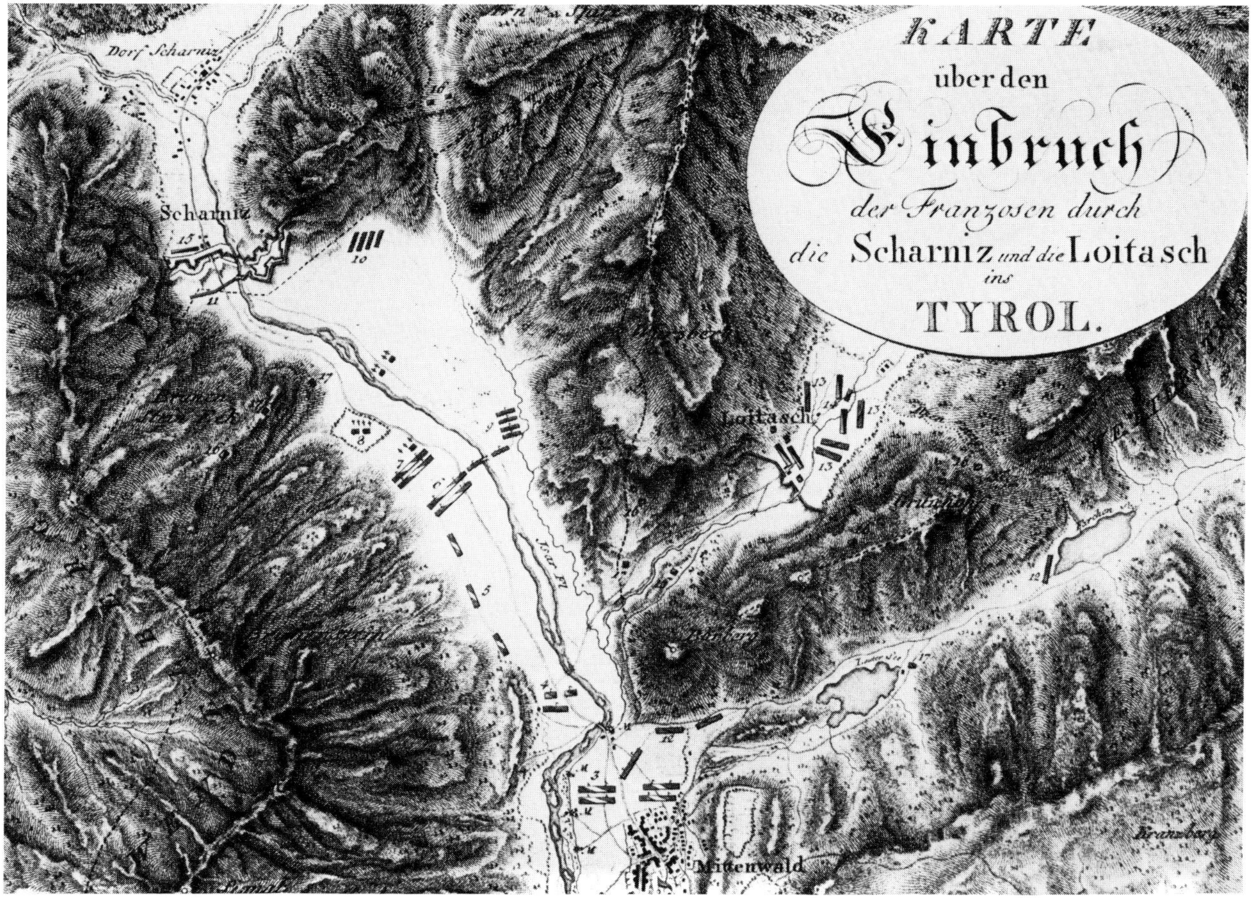

ausgelöst, da Karl Albrecht nach dem Tode des österreichischen Herrschers Karl VI. und dem damit verbundenen Aussterben der Habsburger im Mannesstamm Erbansprüche auf ganz Österreich stellen konnte. 1741 drang der Kurfürst mit eigenen und mit französischen Truppen in Oberösterreich ein. Aber auch Tirol war natürlich in Gefahr, das Landesaufgebot wurde an die Grenze geschickt. Zu Kämpfen kam es jedoch zunächst nirgends. Karl Albrecht konnte Prag erobern und wurde zum deutschen Kaiser gewählt, doch sein Land war wieder einmal österreichischen Angriffen und Verwüstungen durch ungezügelte Hilfstruppen ausgeliefert. Die Tiroler überschritten ihre Grenze nicht, konnten sich also zugute halten, an den Greueln, die jetzt über die bayerische Bevölkerung hereinbrachen, nicht schuld zu sein. Dann wendete sich das Kriegsglück, 1744 kehrte Karl Albrecht als Kaiser Karl VII. nach München zurück. Und damit wurde es auch an der Tiroler Grenze wieder brenzlig. Bei Windhausen wehrten die Schützen einen bayerischen Angriff ab. Am 20. Jänner 1745 starb Karl Albrecht. Sein Nachfolger, Kurfürst Max III. Josef, schloß in Füssen Frieden mit Österreich – und für das nächste halbe Jahrhundert wurden die tirolisch-bayerischen Beziehungen durch keine diplomatischen Verwicklungen und kriegerischen Ereignisse mehr getrübt.

Das Jahr 1803 brachte dem inzwischen mit der Pfalz vereinten Bayern durch die Einverleibung der bisher geistlichen Fürstentümer Freising und Augsburg sowie anderer kleiner Herrschaften und der Reichsstädte eine bedeutende Ausdehnung nach Westen und Tirol einen einzigen Nachbarn im Norden. Waren im Krieg von 1800 gegen Frankreich das Kurfürstentum Pfalz-Bayern und Österreich noch verbündet, so standen sie sich fünf Jahre später als Feinde gegenüber. Kurfürst Max IV. Josef aus der pfälzischen Nebenlinie Zweibrücken hatte mit Napoleon ein Schutz- und Trutzbündnis abgeschlossen.

Jetzt mußten sich die Tiroler Grenzbefestigungen, die schon im ersten Napoleonischen Krieg erneuert und ausgebaut worden waren, wieder einmal bewähren. Doch zwei bayerische Förster „knackten" die Festung in der Leutasch, indem sie mehr als 3000 Franzosen von Mittenwald aus über einen Gebirgssteig in den Rücken der Verteidiger führten, und dem französischen Marschall Ney gelang es, die „Porta Claudia" bei Scharnitz sturmreif zu schießen. Als der verteidigende österreichische Oberstleutnant Swinburne erfuhr, daß dem Feind der Weg durch die Leutasch offenstand und er damit keine Rückendeckung mehr hatte, gab er auf. Das nach der Kapitulation des österreichischen Heeres bei Ulm von regulären Truppen geräumte Land Tirol – auch die bereits aufgebotenen Schützen waren wieder entlassen worden – lag schutzlos vor den Fran-

▷ *Umgehung der Leutascher Schanzen und Belagerung der Festung Scharnitz im Jahre 1805 auf einem Ölbild von M. Noder.*

zosen. Am 5. November 1805 zog Marschall Ney mit klingendem Spiel in Innsbruck ein. Daß am Paß Strub eine kleine Schar von Soldaten und Landstürmern einen bayerischen Angriff abgewehrt hatte, war ohne Bedeutung. Damals dachte freilich noch niemand daran, daß nun eine mehrjährige Bayernherrschaft folgen sollte.

„König! seit wir Dich gesehen . . .“

Tirol unter bayerischer Herrschaft (1805–1809)

Der Dezember des Jahres 1805 war ein Schicksalsmonat für die bayerisch-tirolische Nachbarschaft. Das von Napoleon und seinen Verbündeten vernichtend geschlagene Österreich mußte im Frieden von Preßburg am 26. Dezember die gefürstete Grafschaft Tirol – natürlich mitsamt den beiden früher nur lose mit Tirol verbundenen, seit 1803 aber gänzlich dem Lande einverleibten geistlichen Fürstentümern Brixen und Trient – an das mit Napoleon verbündete Bayern abtreten, das am 1. Jänner 1806 zum Königreich erhoben wurde. Das bayerische Besitzergreifungspatent datiert mit dem 22. Jänner 1806. Am 11. Februar übergaben französische Kommissäre und Offiziere das seit Anfang November 1805 besetzt gehaltene Land offiziell dem bayerischen Hofkommissär. Tirol war zu einem Teil Bayerns geworden.

Zwei Jahre später: Am 6. Jänner 1808 trifft das bayerische Königspaar mit Kronprinz Ludwig, Prinzessin Charlotte und einem großen Gefolge, aus Mailand kommend, in Innsbruck ein. Empfänge und Festlichkeiten stehen auf dem Programm. Die Prominenz drängt sich zum glanzvollen „Tanz-Casino“, bei welcher Gelegenheit „allgemein die Herablassung ihrer Majestäten“ bewundert wird, wie Innsbrucks Stadtchronist Pusch vermerkt. Wo sich König Max I. Joseph öffentlich zeigt, strömt das Volk zusammen, ruft Vivat. Am Abend des 8. Jänner gibt es im hell erleuchteten Theater eine Festvorstellung, nachher veranstalten die „Herren Akademiker hiesiger Universität“ einen Fackelzug. Der Herrscher empfängt eine Delegation und erscheint anschließend auf der Altane der Hofburg: „Allgemeines lautes Vivatrufen von der ganzen versammelten Volksmenge unter Schwingen der Hüte und unter dem Degengeklirr der Akademiker. Nach eingetretener Stille wurde von denselben das für diesen festlichen Abend eigens von Herrn Professor Pater Benitius Mayr verfaßte und von dem Herrn Priester Falk in Musik gesetzte Volkslied gesungen.“

Wir wissen nicht, wie sehr sich der König von den Vivatrufen der Menge, von Huldigungsreden und dem überschwenglich-hymnischen Begrüßungsgedicht der Akademiker beeindrucken ließ, ob er wirklich meinte, sie seien Ausdruck der im Lande herrschenden Stimmung. Wohl kaum. Denn wenn er auch nicht wissen konnte, daß derselbe Pater Beni-

▷

Mit diesem Lied (Noten umseitig) begrüßten die Innsbrucker Akademiker im Jahre 1808 den bayerischen König Max I. Joseph in der Tiroler Landeshauptstadt – „zur Bezeugung ihrer innigsten Freudengefühle über die allerhöchste Anwesenheit Sr. Majestät des Königs, und der durchlauchtigsten königlichen Familie“, wie es in einem anschließend gedruckten Flugblatt heißt.

König! seit wir Dich gesehen
So erhaben und so mild,
Fangen wir an zu verstehen,
Was es heiſse: Gottes-Bild!
Nicht des Krieges Schlachtgeschicke,
Nicht ein siegelschwer Papier,
Nein, der erste Deiner Blicke,
Der Dich uns gab, gab uns Dir.

C H O R.

Sehen muſs man unsern König;
Man sieht Ihm den Vater an;
Kron' und Scepter glänzen wenig
Neben Dir, MAXMILIAN!

Zwar Dein Ruhm, der von den Lippen
Aller Deutschen Stämme klang,
Hallte lang an unsern Klippen
Mit der Baiern Dankgesang;
Doch wir sah'n Dich, und mit Freuden
Sehen wir nun lebhaft ein,
Warum Völker uns beneiden
Um das Loos, Dein Volk zu seyn.

CHOR wie oben.

Unbewacht mit all den Deinen
Kamst Du hold und zutrau'nsvoll,
Wie ein Vater, der zu seinen
Kindern kömmt, in Dein Tirol;
Von der hohen Stirne blinkte
Ein Gedanke: unser Glück!
Und zu jeder Hoffnung winkte
Uns empor Dein Vaterblick.

CHOR wie oben.

Nicht im Diadem', im Kreise
Der Familie kamst Du.
Dieser Anblick flüstert leise
Deinen stillen Wunsch uns zu:
So wie Deiner Caroline
Möchtest Du Tirols Dich freu'n;
Dir wie Carl und Caroline
Möchten die Tiroler seyn!

CHOR wie oben.

O wie gleichst Du Deinen Ahnen,
Die so lang dies Land beglückt,
Die, wie Du, in Unterthanen
Ihre Kinder nur erblickt!
Deine grosse Deutsche Seele
Braucht, und kennt Verstellung nicht;
Deine Liebe gibt Befehle;
Dafür bürgt Dein Angesicht.

CHOR wie oben.

Und des Hauptes freundlich Neigen
Zu dem Volke rings um Dich,
Deine Hand, Dein Aug, Dein Schweigen
Sprach so laut, so väterlich:
Ehmals wart ihr auch bey Baiern
Glücklich, Kinder! denket nach!
Was euch Andex that, und Scheyern,
Dieſs und mehr thut WITTELSPACH.

C H O R.

Sieh auch Du uns, Vater! König!
Sieh des Landes Kinder an!
Kindlich liebend, unterthänig
Sind sie; sey MAXMILIAN!

Bey dem zur Bezeugung ihrer innigsten Freudengefühle über die allerhöchste Anwesenheit Sr. Majestät des Königs, und der durchlauchtigsten königlichen Familie veranstalteten feyerlichen Fackelzuge gesungen von den Akademikern der k. Universität zu Innsbruck.

tius Mayr, Pfarrprediger und Professor der praktischen Philosophie, nur sechs Jahre später ähnlich euphorisch und unterwürfig das wieder in den Besitz Tirols gelangte österreichische Kaiserhaus begrüßte, so mußte er doch aus Berichten von Polizei und Behörden erfahren haben, daß die meisten Tiroler den neuen Herren wenig Liebe entgegenbrachten.

Die Verbindung der beiden Nachbarländer stand unter keinem guten Stern. Hätten Stammesverwandtschaft und viele Gemeinsamkeiten der Bevölkerung vielleicht ein friedliches Miteinander ermöglicht, so bewirkten alte Rivalitäten und Erinnerungen an vergangene militärische Auseinandersetzungen das Gegenteil. Schon 1363 hatten sich die Tiroler für Habsburg entschieden und bayerische Eroberungsversuche abge-

▷

Diese Festdekoration (Aquarell von Josef Strickner) wurde beim Besuch des bayerischen Königs am Innsbrucker Rennweg aufgestellt. Im Zentrum der klassizistischen Fassade kniet die Symbolgestalt der Tyrolia vor der Doppelbüste des Königspaares. Darüber leert die Bavaria ihr Füllhorn aus.

Die vertonte erste Strophe des „Volksliedes" zur Begrüßung des bayerischen Königs im Jahr 1808.

◁

wehrt. Und 1703 mußte der ins Land eingefallene Kurfürst Max Emanuel vertrieben werden. Auch war der Kampf Karl Alberts gegen Maria Theresia noch unvergessen. Und nun hatte sich Bayern mit Frankreich gegen den Kaiser verbündet, nicht nur in den Augen der Tiroler ein glatter Reichsverrat! Ein Diener und Freund des verhaßten Bonaparte trat als Herrscher des Landes an die Stelle der angestammten Dynastie, der man in Tirol seit Jahrhunderten treu ergeben war und die das Land mit dem sprichwörtlich gewordenen „milden Szepter" regierte. Daß man auch mit der Wiener Regierung nicht immer zufrieden war, fiel angesichts des erzwungenen Herrschaftswechsels nicht ins Gewicht.
Die führenden Persönlichkeiten in München wußten sehr wohl, daß sie in Tirol nicht mit offenen Armen empfangen werden würden. Äußerungen hoher Persönlichkeiten, z. B. des Staatsministers Montgelas, und verschiedene Flugblattkommentare lassen erkennen, daß den Bayern ein anderes Geschenk aus Napoleons Hand erwünschter gewesen wäre als Tirol, obwohl andererseits manche bayerische Historiker und Politiker gerade auf dieses Land ein unverjährbares Recht zu haben glaubten. Doch Würzburg, das gerade zwei Jahre lang zu Bayern gehört hatte,

jetzt aber wieder abgetreten werden mußte, Salzburg, das Innviertel oder das ganze Land ob der Enns (Oberösterreich) wären leichter zu verwalten gewesen und hätten obendrein mehr eingebracht. Wie dem auch sei, am Machtwort Napoleons war auch von seiten Bayerns nicht zu rütteln. Für den Franzosenkaiser ging es vor allem darum, die strategisch wichtigen Alpenübergänge im Besitz eines treuen Bundesgenossen zu wissen. Bayerns König Max I. Joseph empfand für seine neuen Untertanen aufrichtige Zuneigung und war nach Kräften bemüht, sie allen widerwärtigen Umständen zum Trotz für sich zu gewinnen. Einer Tiroler Delegation gegenüber, die ihm noch im Jänner 1806 verschiedene Bitten des Landes vortrug, zeigte er sich betont väterlich und herablassend. Er verstehe die Trauer der Tiroler über den Verlust eines guten Landesvaters und werde sich bemühen, ihn zu ersetzen. Er versicherte ihnen auch schriftlich, „daß Wir sie (die Tiroler) nicht nur bei ihrer Landesverfassung, ihren wohlerworbenen Rechten und Freiheiten kräftigst handhaben, sondern zugleich Uns stäts bestreben werden, ihren Wohlstand im höchsten Grad zu befördern, wobey Wir die Wünsche der treuen Landschaft jederzeit mit besonderer Aufmerksamkeit vernehmen werden, so oft sie solche verfassungsmäßig an Uns oder an Unsere Repräsentanten bringen wird."

Das bayerische Besitzergreifungspatent, mit dem der Übergang Tirols an Bayern rechtskräftig wurde. ▷

Ganz im Sinne dieser wohlwollenden Einstellung den Tirolern gegenüber war es auch, daß der aus altem Welschtiroler Adel stammende Vizepräsident des obersten Justiztribunals in Bayern, Karl Graf Arco, als Hofkommissär für Tirol nach Innsbruck geschickt wurde, um die Verwaltung des Landes zu leiten. Seinen Instruktionen zufolge sollte er alles vermeiden, was zu Beschwerden Anlaß geben und als Eingriff in die überlieferte Verfassung und die Traditionen des Landes aufgefaßt werden könnte. Tatsächlich vertrat Arco in seinen folgenden zwei Jahren Amtszeit in Tirol – sein Titel wurde bald von Hofkommissär in Generalkommissär umgewandelt – nicht selten die Interessen der Tiroler gegenüber Münchner Zentralstellen und drohte sogar, sich öffentlich gegen neuerliche Belastungen des Landes zu äußern, um sein Ansehen und seinen guten Ruf zu wahren.

Generalkommissär Karl Graf Arco, der von 1806–1808 die Regierung Tirols leitete.

Die Einverleibung Tirols in das bayerische Königreich konnte nicht ohne harte Maßnahmen erfolgen, da man in München einen modernen Einheitsstaat schaffen wollte. Die dazu notwendigen Reformen betrafen ganz Bayern, besonders alle seit 1802 erworbenen Gebiete und darunter wieder hauptsächlich Tirol, wo vieles erst nachzuholen war. Zum Teil waren es ähnliche Maßnahmen, wie sie bereits die österreichischen Herrscher Maria Theresia und Joseph II. begonnen, versucht oder zumindest beabsichtigt hatten. Schon damals hatte Wien damit den Unwillen der

Wir Maximilian Joseph,

von Gottes Gnaden König von Baiern, des heil. römischen Reichs Erzpfalzgraf, Erztruchseß und Kurfürst 2c. 2c.

Entbieten allen und jeden, die dieses lesen oder lesen hören, Unsere Gnade und Unseren Gruß, und fügen denselben zu wissen:

Da durch den zwischen Sr. römischen auch österreichisch-kaiserlichen und königlichen Majestät, und Sr. französisch-kaiserlichen und königlichen Majestät am 26. Dezember 1805 zu Preßburg errichteten Friedensschluß, und durch die in Gemäßheit desselben zwischen diesen Mächten und Uns getroffene Vereinbarung es dahin gediehen ist, daß Uns, Unsern Erben und Nachkommen, und ganzen königlichen Hause unter andern Landen und Orten die **Fürstenthümer Brixen, Trient, und die gefürstete Grafschaft Tyrol, so wie die Vorarlbergischen Herrschaften** zugetheilt und zugeeignet werden sollen, dergestalt: daß diese Länder auf ewige Zeit Unserm Szepter angehören, und bey Unserm königlichen Hause verbleiben, auch Wir und Unsere Nachfolger an der Krone darin alle solche landesherrliche und obrigkeitliche Gewalt, als es in Unsern andern Staaten geschieht, besitzen und ausüben sollen; so haben Wir in Folge des oben erwähnten Einverständnisses beschlossen: nunmehr von genannten Fürstenthümern, Graf- und Herrschaften, allen ihren Orten, Zubehörden und Zuständigkeiten Besitz nehmen zu lassen, und die Regierung darin anzutreten.

Wir thun solches Kraft des gegenwärtigen Patents, und verlangen daher von der Geistlichkeit, der Ritterschaft, Lehenleuten, Einsassen, Civil- und Militärbedienten, Magistraten der Städte, und endlich von sämmtlichen Einwohnern und Unterthanen, wessen Standes oder Würde sie seyn mögen, hierdurch so gnädig als ernstlich, daß sie sich Unserer Regierung unterwerfen, und ermahnen dieselbe, sich dieser Besitznehmung und den zu diesem Ende von Uns abgeordneten Befehlshabern, Kriegsvölkern und Kommissarien auf keine Weise zu widersetzen, sondern vielmehr Uns von nun an als ihren rechtmäßigen König und Landesfürsten anzusehen und zu erkennen, vollkommenen Gehorsam und alle Unterthänigkeit und Treue zu erweisen, sich jedes Recurses an auswärtige Behörden unter Vermeidung Unserer ernstlichen Ahndung gänzlich zu enthalten, und demnächst, sobald Wir es erfordern werden, die gewöhnliche Erbhuldigung zu leisten. Wir ertheilen ihnen dagegen die Versicherung: daß Wir ihnen mit königlicher Huld und Gnade, und landesväterlichem Wohlwollen jederzeit zugethan seyn, allen Schutz kräftigst angedeihen lassen, und überhaupt ihrer Wohlfahrt und Glückseligkeit Unsere ganze landesväterliche Vorsorge unermüdet widmen werden, um sie in dem möglichsten Grade, und eben so als Wir es in Absicht Unserer übrigen getreuen Unterthanen stäts zu befördern gewünscht und gestrebt haben, alles bürgerlichen Wohlergehens genießen zu lassen.

Wir haben die oberste Leitung der Besitznahme gedachter Lande, und der öffentlichen Staatsverwaltung in denselben Unserem Kämmerer, wirklichen geheimen Rath und Georgi-Ordensritter, Karl Maria Rupert, Reichsgrafen von Arco, als Unserem Hofkommissär übertragen, und befehlen, daß unter seiner speziellen Direktion ein ihm untergeordnetes Korps Unserer Truppen die Besitznahme bewerkstelligen, und die von ihm ernannten Kommissärs die dabey vorkommenden weitern Civil-Geschäfte ausrichten sollen.

Wir erwarten demnach von sämmtlichen Einwohnern und Unterthanen obiger Lande, daß sie den von diesen Behörden in Unserm Namen zu treffenden Einrichtungen und Anordnungen Folge leisten werden.

Wir setzen dabey fest, daß vor der Hand alle gegenwärtig dort angestellten Bediente und Beamte in ihren Functionen verbleiben, und ihre Amtsverrichtungen ordnungsmäßig nach dem bisherigen Geschäftsgange dergestalt einstweilen fortsetzen, daß sie Unserer Gnade und Unseres ferneren Vertrauens würdig bleiben.

Zur Urkunde dessen haben Wir gegenwärtiges Patent allerhöchst eigenhändig vollzogen und mit Unserm königlichen Insiegel bestärken lassen.

So geschehen und gegeben in Unserer Haupt- und Residenzstadt München den 22. Jänner 1806.

Max Joseph.

L.S.

Freyherr von Montgelas.

Tiroler Bevölkerung erregt und mußte vieles rückgängig machen. Was man sich schon vom angestammten Landesvater nicht gerne gefallen ließ, mußte als Diktat einer Fremdherrschaft besonders verbittern. Und wenn man von München aus Tirol nicht anders behandelte als die übrigen bayerischen Provinzen, so waren doch hier die Veränderungen viel größer. Dazu kam statt der notwendigen Behutsamkeit nur zu oft eine übereilte und unkluge Vorgangsweise vor allem untergeordneter Beamter, die noch dazu durch hochmütiges Benehmen Anstoß erregten. Recht interessant sind in diesem Zusammenhang die Aufzeichnungen einer gewiß objektiven Zeugin, nämlich der Münchnerin Julie von Paur, die als Gattin eines bayerischen Mautoberbeamten mitsamt drei kleinen Kindern nach Bozen übersiedeln hatte müssen. Unter anderem schreibt sie:

„Die erste Zeit, da wir dort lebten, war auch alles ganz gut. Die Lebensmittel waren billig, die Gegend so herrlich als nur möglich, die Luft wunderbar und auch die amtliche Stellung meines Mannes durchaus nicht unangenehm. Denn liebten die Tiroler die Bayern in politischer Beziehung nicht, so achteten sie doch den persönlichen Charakter des Menschen; und daß mein Mann freundlich zu ihnen war, das schlugen sie ihm hoch an, und habe ich später viel Nutzen davon gehabt. Daß die bayerische Regierung in Tirol nicht beliebter wurde, daran waren meist die bayerischen Beamten selber schuld. Entweder stolzierten ihre Damen in frech dekolletierten Toiletten herum, ließen sich den Hof machen und sahen naserümpfend auf den stillen, schwer arbeitenden Tiroler Bauern herab, oder die Herren des Gerichtes oder anderer vorgesetzten Behörden verdonnerten den armen Tiroler zu unerhörten Strafen und Bußen, ohne daß er sich klar werden konnte, weshalb. Ja einer der Herren, der Landrichter von Brixen, soll, als er von Bittenden bestürmt wurde, doch die Strafgelder nicht gar so hoch zu bemessen, höhnisch gelacht und gesagt haben, der Bauer solle nur Heu fressen, dann könne er schon bezahlen! Daß bei sotaner Behandlung die Liebe zu Bayern nicht wuchs, läßt sich denken. Daß die Tiroler sich zusammenschworen, das verhaßte Joch abzuwerfen, habe ich ihnen nie übel genommen."

Es waren aber nicht nur die aus Altbayern versetzten Beamten, die sich und das Regime unbeliebt machten. Nicht selten taten sich einheimische Amtsträger, die von den neuen bayerischen Herren aus österreichischen Diensten übernommen worden waren, besonders hervor, um ihre Treue und Anhänglichkeit der neuen Regierung gegenüber hervorzukehren. Außerdem entsprachen Reformmaßnahmen im Sinne des Zentralismus und der Aufklärung vielfach auch den Vorstellungen und Tendenzen früher österreichischer Beamter, was sie natürlich zu Eifer anspornte, ganz gleich, ob sie nun mit dem Anschluß an Bayern einverstanden waren oder nicht. Daß vieles am umfangreichen Reformwerk der bayerischen Regierung vor allem auf dem Gebiet des Gerichtswesens und der politischen Verwaltung, aber auch im schulischen Bereich und in anderen Belangen angebracht und an der Zeit war, da es ausgehöhlte Strukturen sowie manche Ungerechtigkeit und Unzukömmlichkeit beseitigte, wurde auch sonst von fortschrittlichen Tirolern durchaus eingesehen. Doch die Mehrheit der Bevölkerung verhielt sich ablehnend.

Zu Beginn der bayerischen Herrschaft waren es vor allem zwei Maßnahmen, die den Unmut der Tiroler erregten. Die eine davon wäre dem Land allerdings auch unter Österreich letztlich nicht erspart geblieben und wurde mit dem Einverständnis, ja sogar auf Empfehlung der Ständevertretung durchgeführt: nämlich die Herabsetzung des Kurses der im Umlauf befindlichen österreichischen Bancozettel oder „Papiergulden" auf zwei Fünftel des Nominalwertes. Diese Geldabwertung traf nicht nur Besitzer von Bargeld, sondern wirkte sich auch negativ auf den verschuldeten bäuerlichen Grundbesitz aus, da es durch rücksichtsloses Vorgehen von Gläubigern zu zahlreichen Hofversteigerungen kam. Obwohl die Regierung Übergangsbestimmungen vorgesehen hatte und die Gerichtsbeamten womöglich gütliche Vergleiche anstreben sollten, traf viele ein hartes Los. Die Schuld gab man natürlich den Bayern; in diesem Zusammenhang sicher zu Unrecht.

Anschlagzettel über den festgesetzten Wert des Wiener Papiergeldes. ▷

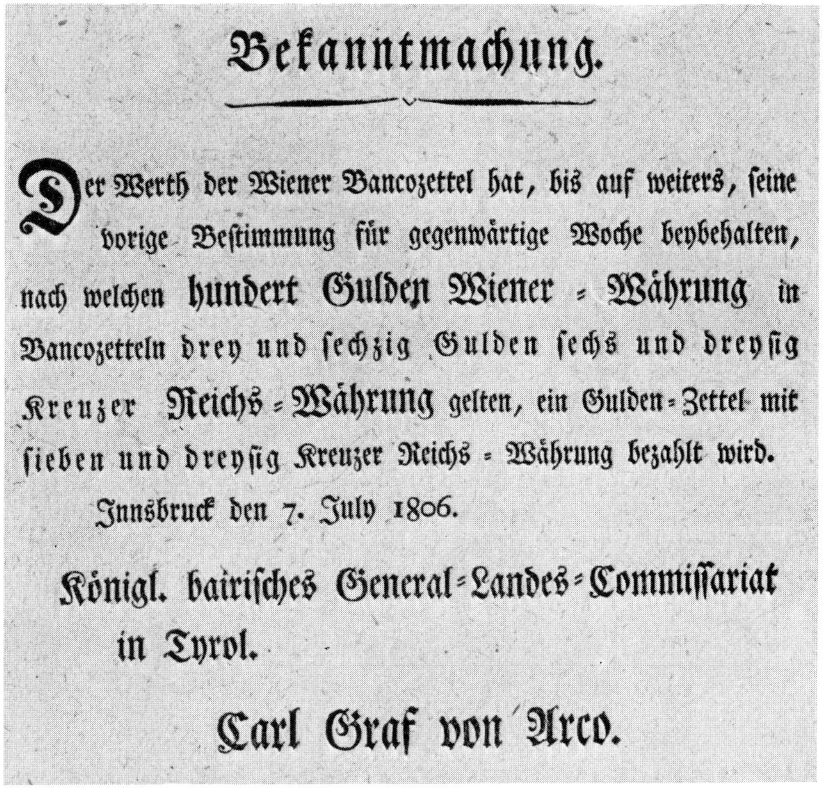

Bekanntmachung.

Der Werth der Wiener Bancozettel hat, bis auf weiters, ſeine vorige Beſtimmung für gegenwärtige Woche beybehalten, nach welchen **hundert Gulden Wiener = Währung** in Bancozetteln drey und ſechzig Gulden ſechs und dreyſig Kreuzer **Reichs = Währung** gelten, ein Gulden = Zettel mit ſieben und dreyſig Kreuzer Reichs = Währung bezahlt wird.

Innsbruck den 7. July 1806.

Königl. bairiſches General = Landes = Commiſſariat in Tyrol.

Carl Graf von Arco.

Dagegen ist die Verbitterung über die Einführung neuer Steuern und die Erhöhung der bisherigen Taxen und Abgaben nur allzu verständlich. So war es zum Beispiel in Tirol unerhört, daß das Land die Kosten für die Stationierung regulärer Truppen selbst tragen mußte und dafür eine Kopfsteuer ausgeschrieben wurde. Salz-, Maut- und Postgefälle sowie Straßengelder, die bisher als traditionelle Einkünfte der landständischen Verwaltungsbehörden wenigstens im Lande geblieben waren, flossen von nun an nach München. Die bayerische Zentralregierung, die durch die Kosten für das Bündnis mit Napoleon schwer belastet war, wollte

Amtstafel des verhaßten, weil für die Steuereinbringung zuständigen königlich-bayerischen General-Taxamtes für Tirol aus den ersten Monaten der bayerischen Herrschaft (das Königswappen – hier noch mit dem Reichsapfel als Hinweis auf das theoretisch noch nicht erloschene Kurfürstenamt – wurde im September 1806 geändert).

Unter der bayerischen Herrschaft wurde die Haller Münzstätte reaktiviert. Neben anderen Geldstücken wurde hier diese „Landmünze“ (6 Kreuzer) geprägt, die vorne das Profil des Königs zeigt und auf der Rückseite das seit September 1806 geltende Königswappen.

aus der neu gewonnenen Provinz den größtmöglichen Gewinn ziehen. Die Großmacht Österreich war da in einer anderen Position gewesen. Sie hatte das seit dem Versiegen der Bergwerke an Einkünften nicht mehr reiche Tirol finanziell schonen können, lag doch der Wert des Landes vor allem in seiner strategischen Position und in der Verteidigungsbereitschaft der Bewohner.

Während die Bayern die Finanzkraft des Landes in höchstem Maße beanspruchten, stagnierte das Wirtschaftsleben oder litt gar unter Rückschlägen. Dabei hatten sich ursprünglich viele Händler und Gewerbetreibende vom Wechsel der Staatszugehörigkeit wegen der verstärkten Wirtschaftsbeziehungen zum bayerischen Raum bedeutende Vorteile erhofft. Allein die Einbeziehung Tirols in den bayerischen Mautverband ließ auf sich warten, die provinziellen Zölle bestanden fort, ja die neue Regierung verbot sogar den Viehexport nach Altbayern. Auch sonst gab es keine Förderung von Handel, Produktion und Verkehr durch die neuen Machthaber. Sie konnten auch nicht verhindern, daß Tirol durch Napoleons Kontinentalsperre großen Schaden nahm. Der Transithandel, eine der wirtschaftlichen Grundlagen des Landes, kam fast gänzlich zum Erliegen. Dennoch waren gerade die Bürger, vor allem die Innsbrucker, am ehesten geneigt, die positiven Seiten der Entwicklung zu sehen. Auf lange Sicht, so hoffte man, würden sich die neuen Grenzverhältnisse und vielleicht auch die Nähe der Hauptstadt München doch positiv auswirken.

Auch in kulturpolitischer Hinsicht konnten sich freisinnige städtische Kreise von der aufgeklärten Münchner Regierung einiges erhoffen. An der Innsbrucker Universität, über deren Professoren und ihre Qualitäten Generalkommissär Graf Arco ein vernichtendes Urteil abgab, hatte man über den Wechsel der Regierung deshalb nicht zu klagen. In Würdigung der vom bayerischen König huldvoll gewährten Förderung gab der Senat ihr sogar einen neuen Namen, indem er dem Namen des Gründers, Leopold, den Namen des neuen Herrschers hinzufügte: „Universitas Leopoldino-Maximiliana“. Entsprechend ihrer Weltanschauung und Geisteshaltung hatten Beamtenschaft, Professoren und höhere Bürgerkreise meist auch nichts gegen die aufklärerische Kirchen- und Religionspolitik der neuen Regierung einzuwenden, die ansonsten im ganzen Lande viel Mißmut erregte.

Im Sinne des aufgeklärten Absolutismus fühlten sich die staatlichen Organe berechtigt, regelnd und reformierend in den kirchlichen Bereich einzugreifen und das religiöse Leben von allem zu säubern, was der neue Geist als unsinnig, unnütz und veraltet betrachtete. Und die Kirche mußte sich auf jeden Fall der staatlichen Ordnung unterwerfen, dem

Staate dienen. Ähnliches hatte in Österreich schon Joseph II. gewollt, doch waren seine in Tirol viel kritisierten Maßnahmen von seinen Nachfolgern zum größten Teil wieder zurückgenommen worden. Altbayern hatte ebenfalls bereits eine staatliche Kirchenreform hinter sich, die in ihrem Ausmaß über die josephinischen Neuerungen in Österreich weit hinausging. In Tirol sollten die religiösen Verhältnisse nun angeglichen werden. Auf die Traditionen und auf die konservative Denkweise des tiefgläubigen und an seinem Brauchtum hängenden Gebirgsvolkes wurde dabei keine Rücksicht genommen.
Wahrscheinlich haben die aufklärerischen bayerischen Beamten gar nicht daran gedacht, wie sehr die bald nach der Übernahme der Herrschaft hereinbrechende Flut von Verboten und Verordnungen das religiöse Gefühl der Bevölkerung verletzten mußte. Tatsächlich war man vom Maß der Empörung völlig überrascht, die das Verbot der Mitternachtsmette zu Weihnachten des Jahres 1806 auslöste. Doch die Einmischung in kirchliche Angelegenheiten ging weiter: Bäuerliche Feiertage wurden abgeschafft, Bittgänge und Prozessionen verboten, das Glockengeläute am Feierabend unter Strafe gestellt usw. Alles wurde durch den Staat geregelt, ob es sich nun um das Rosenkranzgebet oder um den Verbrauch des Öles beim Ewigen Licht handelte. Wer nicht gehorchte, hatte Geld- und Arreststrafen, ja sogar öffentliche Prügelung zu befürchten. Trotzdem widersetzte sich das Volk offen oder heimlich, und wo man sich nicht wehren konnte, war die Verbitterung umso größer. Kein Wunder, daß Gerüchte über die bevorstehende Aufhebung kirchlicher Grundregeln, wie der Unauflöslichkeit der Ehe, kursierten.
Besser als das Volk sah der Klerus, daß die eigentliche Glaubenssubstanz nirgends angerührt wurde. Die meisten Priester ertrugen deshalb die Eingriffe mit Fassung, manche sahen die Notwendigkeit von Reformen auch ein. Aber auch Bischöfe und Klerus wurden mit nahezu unannehmbaren Forderungen konfrontiert, die alle auf eine völlige Unterwerfung der Kirche unter den Staat hinausliefen. Der Streit der Regierung mit den Tiroler Bischöfen in Brixen und Trient und dem Bischof von Chur, der während der napoleonischen Wirren in dem zum tirolischen Teil seiner Diözese gehörigen Meran residierte, artete immer mehr zu einem regelrechten Kirchenkampf aus. Unter anderem forderte der König für sich das Recht der Pfründenverleihung, der Vergabe fast aller geistlichen Stellen und der Heranbildung der Priester. Um sie gefügig zu machen, drohte man den Oberhirten sogar mit Verbannung. Tatsächlich wurden der Bischof von Chur in die Schweiz und der von Trient nach Reichenhall deportiert. Den Geistlichen untersagte man jeglichen Kontakt mit ihren Bischöfen, die Kirchenpolizei überwachte die Predigten. Dreißig

Staatsminister Maximilian von Montgelas, der Vater der bayerischen Verfassung von 1808, in der für ein Land Tirol und für eine Tiroler Ständevertretung kein Platz mehr war.

Priester wurden aus ihren Pfarren entfernt und abgeschoben. Vor allem aber wurden die sieben großen Klöster des Landes und eine Reihe weiterer geistlicher Vereinigungen aufgehoben und die Stiftsgüter konfisziert. Daß sie zumindest zum Teil zur Finanzierung öffentlicher Einrichtungen, wie etwa der Innsbrucker Universität, verwendet wurden und daß auch diese Maßnahmen bereits unter Joseph II. vorexerziert worden waren, änderte nichts an ihrer Wirkung auf die Stimmung der Bevölkerung, die in den Bayern allmählich eine gottlose Bande sehen mußte.
Unter diesen Umständen war natürlich von einem allmählich erwachenden bayerischen Nationalbewußtsein, auf das Regierung und König hofften, nichts zu spüren. Darüber konnte auch der eingangs geschilderte Empfang, den Beamtenschaft, Bürger und Akademiker von Innsbruck dem Monarchen im Jänner des Jahres 1808 bereiteten, nicht hinwegtäuschen. Der ärgste Schlag gegen das Tiroler Selbstverständnis und Traditionsbewußtsein stand damals aber noch bevor: Am 1. Mai 1808 trat die neue Verfassung des Königreiches in Kraft, die mit allem Althergebrachten völlig brach und einen modernen Einheitsstaat verwirklichen sollte. Die alten Provinzen als historisch gewachsene Einheiten wurden bewußt zerschlagen, an ihre Stelle traten kleinere Kreise nach rein administrativ-geographischen Gesichtspunkten. Solches Vorgehen traf andere Landesteile Bayerns nicht minder hart, war also keineswegs gegen Tirol gerichtet. Dennoch mußte es gerade die Tiroler brüskieren und verärgern, wenn ihr Land zu bestehen aufhörte und an seine Stelle nach den Hauptflüssen Inn, Eisack und Etsch benannte Kreise traten. Begriff und Name Tirol waren beseitigt. Allenfalls nannte man die drei Kreise zusammen „Südbayern".
Natürlich verschwand gleichzeitig die uralte landständische Verfassung, auf welche die Tiroler so stolz gewesen waren, auch wenn sie längst nicht mehr die einstige Bedeutung besessen hatte und volle Landtage seit langem kaum mehr zusammengetreten waren. Immerhin gab es noch landständische Behörden, Ausschüsse und verschiedene Amtsträger. Sie wurden jetzt aufgelöst bzw. abgesetzt. Vergeblich erinnerten die Tiroler an das Versprechen des Königs, ihre Sonderstellung, ihre Landesverfassung nicht anzutasten.
Die Innsbrucker waren über die Verfassungsreform auch deshalb wenig erfreut, weil sie die Bedeutung der Stadt empfindlich einschränkte: Aus der Provinzhauptstadt, deren Verwaltungsbereich von Kufstein bis zum Gardasee und – was die Staatsbehörden betrifft – bis zum Bodensee reichte, wurde eine gewöhnliche Kreishauptstadt, von der aus nur mehr der Innkreis verwaltet wurde. Das Gubernium in Innsbruck wurde aufgelöst, an seine Stelle trat ein direkt dem Münchner Ministerium unter-

stelltes Kreiskommissariat. Mit dem Ende der Ständevertretung verlor Innsbruck zudem seine Funktion als Sitz des Ausschußlandtages und des Landeshauptmannes. Schließlich wurde die ohnehin nur mehr geringe städtische Selbständigkeit durch die bayerische Munizipalverfassung noch weiter eingeschränkt. Praktisch konnte nun ohne Willen und Zustimmung der Staatsbehörden kein gültiger Gemeindebeschluß mehr zustandekommen.
Einen großen Nachteil bedeutete es für Tirol, daß mit der Auflösung des Generalkommissariates der verständige, taktisch kluge und mit dem Tiroler Wesen besser vertraute Graf Arco das Land wieder verließ. Von den drei bayerischen Generalkreiskommissären, die nun ihre Posten in Innsbruck, Brixen und Trient antraten, folgte nur Maximilian Graf Lodron im Innkreis ähnlichen Prinzipien, während Johann Georg Freiherr von Aretin im Eisackkreis und der zu den Bayern „umgeschwenkte" Tiroler Johann Graf Welsperg im Etschkreis durch ihren Übereifer und ihre brüske Vorgangsweise die Gegensätze weiter verschärften. Anders als bis dahin wurden nun auch viele mißliebige einheimische Beamte nach Altbayern versetzt, umgekehrt kamen in größerer Zahl Bayern auf Tiroler Posten.
Mit der Einführung der neuen Verfassung bestand kein Hindernis mehr, Tiroler zum bayerischen Militärdienst heranzuziehen. In München wußte man wohl, was eine allgemeine Konskription für die freiheitsliebenden Tiroler bedeutete. Sie hatten unter Österreich wohl die Verpflichtung gehabt, ihr Land selbst zu verteidigen, doch waren sie von jedem regulären Militärdienst befreit und brauchten nicht außerhalb ihres Landes in den Krieg zu ziehen. Das „Landlibell" Kaiser Maximilians I. vom Jahre 1511, in dem diese Grundsätze und die Wehrordnung der Tiroler Landesverteidigung festgelegt waren, galt als eines der wichtigsten Elemente der Tiroler Landesverfassung.
Die ersten Tiroler rückten 1807 noch auf Grund einer freien Werbung zum bayerischen Militär ein. Doch als sich das 888 Mann starke Jägerbataillon zum erstenmal über die Tiroler Grenze begeben sollte, liefen rund 300 Soldaten davon. Gerüchte über bevorstehende Zwangseinhebungen veranlaßten junge Männer, scharenweise in die Berge oder ins Ausland zu flüchten. So zögerte die bayerische Regierung selbst nach dem 1. Mai 1808, den Grundsatz von der Militärdienstpflicht in die Tat umzusetzen. Daß Napoleon von seinen Verbündeten immer größere Leistungen an Geld und Mannschaften forderte, war mit ein Grund, daß Bayern schließlich zu Beginn des Jahres 1809 alle Rücksichten fallenließ und die Richter mit der Erstellung von Konskriptionslisten beauftragte. Unruhen in verschiedenen Gemeinden waren die Folge, doch konnten die

Porträt des bayerischen Königs Max I. Joseph auf einem in Tirol verbreiteten Flugblatt.

Bayern ihrer durch die Entsendung von Militär und durch Bestrafung der Rädelsführer Herr werden.
Als die Behörden am 12. und 13. März 1809 dann tatsächlich die ersten Rekruten ausheben wollten und dafür das Dorf Axams bei Innsbruck ausersahen, flohen die betroffenen Burschen in die umliegenden Wälder. Militär schwärmte aus, um die Entlaufenen festzunehmen. Dabei kam es zu einem ernsten Zwischenfall, als eine bayerische Patrouille zwei bewaffnete junge Männer festnehmen wollte und von ihnen in die Flucht geschlagen wurde. Daraufhin wurde das Militär in Alarmbereitschaft versetzt. In einigen Dörfern läuteten erstmals die Sturmglocken. Bauern griffen zu den Waffen, nahmen Soldaten gefangen und schickten sie entwaffnet nach Innsbruck zurück.
Die Folge dieses mißglückten Rekrutierungsversuches waren Unsicherheit auf bayerischer und wachsendes Selbstvertrauen auf tirolischer Seite. Die Widerstandsbereitschaft wuchs. Neben der Verbitterung über die verhaßten Maßnahmen der Fremdherrschaft hatte eine gezielte Propaganda von Wien aus ihre Früchte getragen. Auch organisatorisch waren die Tiroler zum Losschlagen bereit. Es fehlte nur noch das Signal.

Für Gott, Kaiser und Vaterland

Vorbereitung und Ausbruch des Aufstandes von 1809

Viele Gründe mußten zusammenkommen, um den Aufstand der Tiroler gegen die bayerische Herrschaft auszulösen. Keiner allein hätte ausgereicht: weder die Aufhebung der alten Verfassung noch die Überheblichkeit vieler bayerischer Beamter, weder die drückende Steuerlast noch die religionspolitischen Maßnahmen. Ja nicht einmal die verhaßten Rekrutierungen zum bayerischen Militär hätten unter anderen Umständen solch verheerende Folgen gezeitigt. Ausschlaggebend war letztlich wohl, daß die Tiroler unter Bayern nicht Tiroler bleiben durften, daß man sie mit allen Mitteln zu Bayern machen wollte.
Vom wiederaufgerüsteten und kriegsbereiten Österreich aus wurde die Mißstimmung im Lande kräftig geschürt. Agenten zogen umher und sprachen von einem baldigen Krieg, der Tirol die Freiheit bringen würde, überhaupt dann, wenn die Tiroler selbst gehörig mithelfen würden. So stieg die Spannung, wuchs die Hoffnung auf eine Änderung der Verhältnisse. Immer offener machten die Tiroler ihrem Haß auf die Besatzer Luft, immer freimütiger wurden die Reden im Wirtshaus und immer kecker die Spottlieder. Eines wendet sich in der letzten Strophe an den Kaiser Franz um Hilfe:

„Der Bayer hat das Land verheeret,
wie eine Sau die Flur zerstöret.
Franz! leg dem Rüssel Ringe an,
damit er nicht mehr wühlen kann.“

Den bayerischen Amtsträgern in Tirol wurde immer unbehaglicher zumute. Aus Wien erfuhren sie im Februar 1809, daß sich Tiroler in der österreichischen Hauptstadt mit Erzherzog Johann getroffen hätten. Wurden gar Aufstandspläne besprochen? Im Bericht der bayerischen Gesandtschaft in Wien hieß es: „Einige Tiroler, welche sich Abgeordnete des Volkes nennen, sind hier, um Mitteilungen zu machen. Ich weiß nicht, ob sie auch zu Hof gekommen sind. Ich weiß nur, daß einer darunter der Sohn oder Bruder eines Gärtners in Bozen oder Brixen ist, von schlechter Konduite, der einen Mann mit einem langen Bart begleitete, dessen Äußeres die Frauen sehr interessierte.“
Die Unsicherheit selbst der höchsten bayerischen Beamten in Tirol war

▷ *Schmieden waren vielfach die geheimen Versammlungsorte der Tiroler zur Vorbereitung des Aufstandes gegen die bayerische Herrschaft. Eine solche Szene hat Johann Kapferer um die Mitte des 19. Jahrhunderts auf einem Ölbild dargestellt.*

inzwischen so groß, daß gegen den Passeirer Sandwirt Andreas Hofer, der als der auffallende Tiroler mit dem langen Bart ausgeforscht werden konnte, nichts unternommen wurde. Der Brixner Generalkreiskommissär, Freiherr von Aretin, fragte Mitte März 1809 in München an, ob er „denselben arritieren lassen und was dann weiter mit ihm vorgenommen werden soll". Sichtlich verärgert über so viel Laxheit antwortete der bayerische König höchstpersönlich: „Wenn Hofer Abgeordneter in Wien war und sträfliche Absichten hatte, wie versichert wird, wenn er zu diesem Zweck heimlich und ohne Paß abgereist ist und durch seine Äußerungen sich schon voraus verdächtig gezeigt hat, so soll er sogleich verhaftet und hierher gebracht werden. Über seine Gefangensetzung hätte nicht erst angefragt zu werden brauchen." Offensichtlich war der

Fall aber doch nicht so eindeutig, denn Hofer blieb unbehelligt und konnte gemeinsam mit anderen Tirolern, die ebenfalls in Wien gewesen waren, die schon einige Wochen dauernde Untergrundarbeit fortsetzen, geheime Konferenzen abhalten und eine Volkserhebung für den Fall vorbereiten, daß österreichisches Militär in Tirol einmarschieren würde; so war es in Wien vereinbart worden.

Von den konkreten Plänen erfuhren die Behörden nichts, obwohl es nach dem „Schneeballsystem" immer mehr Eingeweihte gab. Doch ahnten die Bayern sehr wohl, was auf sie zukam. Man wußte auch die Gründe für die Misere, in der man steckte. Jetzt war es aber zu spät, etwas an den Regierungsmaßnahmen zu ändern oder die Volksstimmung verbessern zu wollen. Selbst gutgemeinte Zugeständnisse, wie die Einstellung der Rekrutierung, schlugen ins Gegenteil um, da sie die Schwäche der Münchner Regierung offenbarten. Aber hart vorzugehen wagte auch niemand mehr. So warnte Generalkreiskommissär Aretin vor einer geplanten Entwaffnung des Volkes nachdrücklich: „Der Hang zur Jagd und zum Schießen ist national, der Tiroler liebt seine Büchse fast wie seine Familie, es würde eine allgemeine Erhebung die Folge sein."

Nur ein Mittel schien geeignet, die Tiroler im Zaum zu halten: die Stationierung von starken Militäreinheiten an allen wichtigen Punkten des Landes. Dem wiederum stand der ausdrückliche Befehl Napoleons gegenüber, der alle verfügbaren Kräfte für den vorauszusehenden Waffengang mit der österreichischen Armee brauchte. Für Tirol waren nicht mehr übrig als jene rund 4500 Mann, die General Kinkel von Innsbruck aus befehligte. Daß mit solch schwachen Kräften Tirol im Kriegsfall nicht zu halten war, interessierte Napoleon wenig, zumal es ein Grundsatz seiner Kriegsführung war, „den Feind mit der ganzen Schwere der Waffen in seinem Herzen anzugreifen und zu erdrücken, jeden Nebenpunkt mit scheinbarer Gleichgültigkeit seinem Schicksal zu überlassen, bis die großen Erfolge des Hauptschlages ihre zermalmende Wirkung auf die übrigen Punkte von selbst erstrecken". Dem Vorschlag maßgeblicher bayerischer Persönlichkeiten, dann gleich alle Truppen aus Tirol herauszuziehen, um nicht unnötige Niederlagen hinnehmen zu müssen, stimmte der Franzosenkaiser aber auch nicht zu, da er hoffte, General Kinkel könnte mit seinen Soldaten wenigstens die wichtige Brennerstraße offenhalten.

Nicht wenige der auf Tiroler Posten eingesetzten Bayern äußerten sich Anfang 1809 überaus pessimistisch und meinten, es sei wohl das beste, bei einem Kriegsausbruch bei Nacht und Nebel nach Bayern zu laufen, um nicht von den erbosten Tirolern erschlagen zu werden. Und der Krieg rückte immer näher, daran war nach den letzten Berichten aus

Der auffallende schwarze Vollbart hätte den Passeirer Sandwirt Andreas Hofer in der Vorbereitungsphase des Aufstandes bald verraten. Flugblatt-Porträt aus der ersten Zeit der Volkserhebung.

Wien nicht mehr zu zweifeln. Ende März kannte man in München die Pläne der Österreicher ziemlich genau, doch hatte man keine Möglichkeit, etwas dagegen zu unternehmen. So blieben Lienz und das Pustertal, wo der Einmarsch österreichischer Truppen bevorstand, völlig unverteidigt.
Allen düsteren Vorzeichen zum Trotz gab es aber auch noch Offiziere und Beamte, die immer noch optimistisch waren und glaubten, Tirol könne aus dem drohenden Kriegsgeschehen herausgehalten werden. Selbst der als Appellationsrat in bayerischen Diensten stehende Tiroler Andreas Dipauli, der stets zwischen Beamtenpflicht und Patriotismus hin- und hergerissen wurde, glaubte bis zuletzt nicht an die Möglichkeit einer bewaffneten Erhebung, obwohl er am besten wissen hätte müssen, was in den Köpfen und Herzen der Tiroler vorging. Doch er war eben Städter und Beamter und kein Bauer. Daß er später, beim Ausbruch des Aufstandes, von seinen bayerischen Beamtenkollegen beschuldigt wurde, mit den Rebellen im Bunde zu sein, traf ihn tief. Von den verantwortlichen Militärs glaubte der alte General Kinkel, daß es überhaupt zu keinen Kämpfen kommen werde, während der ihm zur Seite gestellte Oberst Ditfurth zu den ständigen Warnern gehörte. Neue Zuversicht breitete sich in den Generalkreiskommissariaten von Innsbruck, Brixen und Trient aus, als bekannt wurde, daß in der ersten Aprilhälfte doch eine Verstärkung der bayerisch-französischen Militärmacht in Tirol zu erwarten war. Wenigstens für kurze Zeit. Napoleon hatte sich entschlossen, 5000 Mann aus Italien abzuberufen und sie zur Donau-Armee zu beordern. Bei ihrem Marsch durch Tirol sollten sie zur „Beruhigung" rebellisch gesinnter Dörfer eingesetzt werden.
Die Chance, vergangene Schmach zu sühnen, wollen die Befehlshaber in Innsbruck nicht ungenützt lassen. Sie warten erst gar nicht auf die Ankunft der Franzosen, sondern schicken am 10. April eine starke Einheit zur Strafexekution gegen das Dorf Axams, dessen Bewohner im März das Rekrutierungskommando vertrieben haben. Doch die Bayern stoßen auf Widerstand. Es wird geschossen. Der erste bayerische Soldat fällt. Zwar zieht der Dorfwirt Georg Bucher die rund hundert aufgebotenen Schützen zunächst wieder ab, weil sie allein gegen die Übermacht der bayerischen Soldaten auf verlorenem Posten stehen, doch wird der Rest des Tages und die Nacht dazu genützt, von der näheren und weiteren Umgebung Sturmmannschaften zusammenzutrommeln. Allen ist klar: Jetzt geht es ums Ganze. Man weiß seit ein paar Stunden, daß der Krieg begonnen hat, daß österreichische Truppen schon in Lienz eingerückt sind und der im ganzen Land beliebte Erzherzog Johann im Namen des Kaisers von Tirol wieder Besitz ergriffen hat. Seine Prokla-

mationen an das Tiroler Volk werden von Hof zu Hof geschickt und in den frühen Morgenstunden des 11. April in vielen Kirchen verlesen, wo sich Schützen und abenteuerlich bewaffnete Landstürmer vor dem Ausrücken zum Gottesdienst versammeln. Dann geht es für Gott, Kaiser und Vaterland in den Kampf.

Inzwischen hatte am 10. April Erzherzog Karl mit der österreichischen Armee den Inn überschritten. Österreich stand – ganz auf sich allein gestellt – im Krieg gegen Napoleon und seine Verbündeten. Die ersten Kriegshandlungen hatte General Chasteler mit einem Teil des achten Armeekorps bereits in den Morgenstunden des 9. April im Drautal unternommen. Um das Überraschungsmoment zu nützen, wurde die Kriegserklärung erst kurz vorher von einem Trompeter dem bayerischen Vorposten bei Lienz überreicht, was von bayerischer Seite als Bruch des Völkerrechts angesehen wurde. Die Urkunde, mit der Österreich Tirol wieder in Besitz nahm, hatte Erzherzog Johann sogar noch einen Tag früher in Villach unterzeichnet. Sein Berater in Tiroler Fragen, der aus Tirol stammende Historiker und Staatsbeamte Josef Freiherr von Hormayr, der zum „Intendanten" für das wiedereroberte Land ernannt worden war, hatte auf eine frühzeitige Verlautbarung eines solchen „Besitzergreifungspatentes" großen Wert gelegt, damit sich die Tiroler nicht mehr als bayerische Untertanen fühlen mußten, sondern als Österreicher. Wer nun gegen Bayern kämpfte, war demnach kein Rebell, sondern ein Angehöriger eines militärischen Aufgebotes, wie es in der alten Tiroler Landesordnung für den Kriegsfall vorgesehen war. Nicht zuletzt aus diesem Grunde setzte Erzherzog Johann die frühere Landesverfassung wieder in Kraft, was in Flugschriften verkündet wurde.

Hormayr verstand sich überhaupt bestens auf „psychologische Kriegsführung". In kürzester Zeit kursierte im ganzen Land österreichisches Propagandamaterial, das nicht zuletzt rechtliche und moralische Bedenken gegen einen Aufstand beseitigen sollte. Hormayr und Erzherzog Johann hatten nämlich schon bei ihren Gesprächen mit führenden Tirolern in Wien gemerkt, daß die zwar freiheitsliebenden, aber doch zu Gehorsam und Ehrfurcht vor der Obrigkeit erzogenen Bauern vielfach Skrupel hatten, gegen eine rechtmäßige Regierung mit Waffengewalt vorzugehen, auch wenn sie noch so verhaßt war. Dem hielt man entgegen, daß die Tiroler ein Recht zur Notwehr hätten, ja sogar verpflichtet seien, heiligste Werte zu verteidigen, und daß sich schließlich der bayerische König durch die Nichteinhaltung der Bestimmungen des Friedenstraktates und durch den Bruch seines eigenen Versprechens das Recht auf Tirol verwirkt habe. Im Friedensvertrag von Preßburg heißt es, Bayern solle von der Grafschaft Tirol „auf die gleiche Weise, mit den glei-

Erzherzog Johann, der im Volk überaus beliebte Habsburgerprinz. Er machte den Tirolern Hoffnungen auf österreichische Hilfe.

Josef Freiherr von Hormayr, Propagandist der Volkserhebung und „Intendant" der provisorischen österreichischen Verwaltung nach Vertreibung der Bayern.

chen Titeln, Rechten und Prärogativen Besitz nehmen, wie sie vorher Se. Majestät der Kaiser von Deutschland und Österreich oder die Prinzen seines Hauses besessen haben, und nicht anders". Dieser Passus wurde nun so ausgelegt, als ob er eine Garantie für die Sonderstellung Tirols beinhalte, eine Auffassung, die von bayerischer Seite – und wohl mit Recht – stets zurückgewiesen wurde, da diese auch sonst oft angewendete Floskel nach dem diplomatischen Sprachgebrauch eher die uneingeschränkte Zugehörigkeit Tirols zu Bayern bekräftigen sollte. Immerhin war auch eine Auslegung zugunsten Tirols möglich, und Hormayr sorgte dafür, daß sie Allgemeingut der Tiroler wurde. Auch das 1806 schriftlich abgegebene Versprechen des bayerischen Königs, daß er die Tiroler Landesverfassung nicht antasten wolle, spielte bei der moralischen Rechtfertigung des Aufstandes eine wichtige Rolle. Einem wortbrüchigen Herrscher sei man nicht zur Treue verpflichtet, wurde den Tirolern mündlich und schriftlich klargemacht.

Die gute psychologische und organisatorische Vorbereitung des Aufstandes trug nun ihre Früchte: Bei der Kunde vom Kriegsausbruch erhoben sich überall in Tirol bewaffnete Bauernscharen, nahmen mißliebige Beamte gefangen und überwältigten oder vertrieben die schwachen Militäreinheiten. Einen gemeinsamen Oberbefehl gab es nicht, ja selbst bei Einzelaktionen fehlte oft eine wirkliche Führung. Der Passeirer Kommandant Andreas Hofer bei den Kämpfen in Sterzing und Josef Speckbacher bei der Gefangennahme der Besatzungen von Hall und Volders waren Ausnahmen. General Chasteler konnte mit den österreichischen Truppen ungehindert gegen den Brenner ziehen.

Die schwersten Kämpfe ereigneten sich am 11. und 12. April um und in Innsbruck. Nach der mißglückten bayerischen Strafexpedition nach Axams sammelten sich in der Nacht vom 10. auf den 11. April rund um die Stadt die Aufgebote der nahen Dörfer und Täler. Oberst Karl von Ditfurth sah seine Truppen schon in der Früh von allen Seiten angegriffen, konnte sich nur mit Mühe im Gelände halten und mußte sich am Abend in die Stadt zurückziehen, um die Verteidigung zu organisieren. „Die darauffolgende Nacht hörte man in ganz Ober- und Unterinntal die Sturmglocken tönen, und die vielen 100 Wachtfeuer, welche alle Gebirge erleuchteten, machten die Nacht zum Tage. Des folgenden Tages am 12ten war der ganze Landsturm in einem Umkreis von 10 Stunden auf dem Gebirge diesseits und jenseits des Inn bei Innsbruck versammelt." So schildert ein Innsbrucker wenige Tage später in einem Brief die spannungsgeladene Situation. Im Tagebuch des Appellationsrates Andreas Dipauli lesen wir unter dem 12. April: „Schon gegen 6 Uhr zeigte sich auch das Dorf Hötting, in das die Nacht viele Landstürmer aus dem Gericht Hörtenberg gekommen waren, in vollem Aufstande. Das Landvolk warf sich in die städtischen Häuser außer der Innbrücke, feuerte heftig auf die diesseits des Inns aufgestellte bayerische Truppe und tötete mehrere Mannschaften derselben. Der gleiche Aufstand zeigte sich in Mühlau, wo an der Innbrücke ein langwieriges, hartnäckiges Gefecht entstand; und so sah die Stadt und das königlich bayerische Militär sich ringsum angegriffen und belagert. Die Bürgerschaft bat den General Kinkel, gütige Unterhandlungen anzuknüpfen, anfangs umsonst. Oberst Ditfurth war unermüdlich tätig. Er schlug, wiewohl mit bedeutendem Verlust, wie ich ihn selbst gestehen hörte, die Bauern aus dem Dorfe Wiltau wieder hinaus . . . Seine Truppe war äußerst ermüdet und ward immer kleiner. Es war augenscheinlich, daß er unterliegen müsse. Das Landvolk zeigte einen Mut und eine Verachtung der Gefahr, die jeden Soldaten in Erstaunen setzte."

Erst jetzt bewilligte General Kinkel, daß die Stadt Verhandlungen anfange und kapituliere, machte aber den freien Abzug für Militär und Beamte zur Bedingung. Darauf gingen die Bauern nicht ein. Der erwähnte Brief schildert drastisch und unmittelbar, was sich nun ereignete: „Da entschlossen sich 50 der tapfersten Burschen, ihr Leben der gemeinschaftlichen Sache zu weihen und nahmen im Sturm die Innbrücke weg, eroberten die Kanonen und schlugen sich, da das Militär mit dem ihnen nachrückenden Volk zu sehr beschäftigt war, bis zur Mitte der Stadt durch, stürmten mit einem Mute, der in der Geschichte kein Beispiel hat, die Hauptwache, rissen das bayerische Wappen ab, steckten den Adler auf und flogen im Eilmarsch der Triumphpforte zu. Nun war die Verwirrung allgemein. Das Landvolk strömte in gedrängten Haufen in die Stadt herein, die Kommunikation zwischen dem Militär war unterbrochen, Bauern, Soldaten, Artillerie und Kavallerie untereinander, in jeder Straße eine Schlacht. Die Stadt erbebte vom Donner der Kanone, vom Feuer des kleinen Gewehrs, vom Gerassel der Wagen und vom Sprengen der Kavallerie, von dem Jauchzen der Bauern und vom Angstschrei der Bewohner."

Oberst Ditfurth, der mit verwegenem Mut und Verzweiflung gekämpft hatte, erlag wenige Tage später im Innsbrucker Militärspital seinen zahlreichen Verletzungen. Ein bayerischer Militärmaler zeigt ihn auf einem Bild, wie er, bereits mehrfach verwundet, von einer Bahre aus den Endkampf vor der Spitalkirche leitet. Ditfurth soll in Fieberträumen phantasiert haben, er hätte im Kampfgetümmel einen Heiligen auf weißem Pferd gesehen. So kam die Legende auf, der heilige Jakob als Schutz- und Stadtpatron Innsbrucks sei den Tirolern zu Hilfe gekommen. Als gegen Mittag General, Offiziere und Mannschaften gefangen waren, erfaßte die

Die aufständischen Bauern erobern die Innbrücke und dringen in die Stadt Innsbruck ein. Darstellung des Augenzeugen Placidus Altmutter. ▷

Uniformrock (mit Offiziersschärpe) des am 12. April 1809 in Innsbruck schwer verwundeten und einige Tage später gestorbenen bayerischen Obersten Karl von Ditfurth.

Bauern ein wahrer Siegestaumel. Vor der Hofburg wurde ein regelrechtes Zielschießen auf das bayerische Wappen veranstaltet. Eine starke Gruppe betrat das Schloß und stattete dem Generalkreiskommissär Maximilian Graf Lodron einen „Besuch“ ab. Sie wollten ihm nichts anhaben, denn er hätte – wie sie sagten – nichts Schlechtes getan, sondern nur „seine Unterschrift hergegeben“. Viele Bauern wußten gar nicht, daß nicht mehr Graf Arco in Innsbruck residierte, und verlangten nach ihm, weil sie zu ihm am meisten Vertrauen hätten. Schließlich ließen sie sich bewirten und forderten Frau und Töchter des Grafen zum Tanz auf. Da gab es kein Sträuben: „Habts in der Fastn mit die Hearn tanzt, so

tanzts iaz um Ostern mit Bauern halt a", lautete die unwiderstehliche Aufforderung. Eine der Damen mußte sich ans Klavier setzen . . .
Inzwischen hatten Bauernscharen auch die Hauptwache und das Gerichtsgebäude besetzt. Gelder und militärisches Material wurden „beschlagnahmt". Auch in die Wohnung des Generals Kinkel drang ein Haufen ein und plünderte sie, wobei, wie Dipauli berichtet, „der würdige Greis und seine vortreffliche Dame unsägliche Angst auszustehen hatten". Ein Bub aus Tux erbarmte sich der ebenfalls ausgeraubten Gattin des Obersten Ditfurth und rettete ihr etwas Geld und einige Kleider. Zahlreiche Beamte und bayernfreundliche Innsbrucker Bürger wurden

Der Endkampf der bayerischen Garnison in Innsbruck vor der Spitalkirche (heute Maria-Theresien-Straße) auf einem kolorierten Stich nach dem Gemälde des bayerischen Militärmalers Ludwig Braun. Oberst Ditfurth ist bereits verwundet und kommandiert von einer Bahre aus, die vier Dragoner tragen.

◁

in diesen Stunden schwer heimgesucht. Das Durcheinander und das Fehlen jeder Ordnungsmacht nützten allerlei dunkle Elemente und vorstädtisches Gesindel, sich zu bereichern oder auch nur angestaute Unlust abzureagieren. Allmählich setzten sich dann doch vernünftige Elemente durch, rechtschaffene Bauern stellten sich schützend vor bedrängte oder schon beraubte Gefangene, Geistliche wirkten beruhigend, und Sicherheitswachen aus Bürgern und Bauern zerstreuten die tobenden Haufen. Erst gegen Abend wurde es endlich ruhiger.

Jetzt war auch der bekannte Martin Teimer, einer der führenden Männer der Erhebung, mit Oberinntaler Schützen eingetroffen und vermochte den weiteren Verlauf der Ereignisse zu lenken. Vor allem war er es, der durch geschicktes Auftreten weitere Kämpfe vermied: Am selben Abend erschien nämlich in Wilten die von den Bayern längst erwartete französische Abteilung unter General Bisson, der sich in Brixen bayerische Soldaten unter Oberstleutnant Wreden angeschlossen hatten. Da eine der beiden französischen Kolonnen zuerst zurückgeblieben und dann überhaupt umgekehrt war, waren es insgesamt 4600 Mann. Teimer verhandelte mit den beiden Befehlshabern am nächsten Tag in der Uniform eines österreichischen Majors und erreichte angesichts der verteidigungsbereiten Stadt und der von Schützen besetzten Berghänge die Kapitulation der gesamten Truppe. Der Jubel der Bauern war begreiflich, ihre Ausgelassenheit für die Gefangenen ebenso beängstigend wie für die Bürger der Stadt. Die Gasthäuser und Schenken waren überfüllt, aber auch in Privathäusern taten sich die Bauern gütlich. Zu ernster Besorgnis Anlaß gaben der kaum mehr zurechnungsfähige Gassenmob und manche Landsturmabteilungen, die sich – im Gegensatz zu den aus Bauern und Bauernsöhnen gebildeten Schützenkompanien – hauptsächlich aus mittellosen Taglöhnern, Knechten und Landarbeitern zusammensetzten. Wieder kam es zu Plünderungen und Ausschreitungen.

Am 16. April konnte man endlich aufatmen, als österreichisches Militär, der oberkommandierende General Chasteler und wenig später auch Intendant Hormayr als Vertreter der zivilen Gewalt in Innsbruck eintrafen und Regierung und Sicherheitswesen in ihre Hand nahmen. Die meisten bayerischen Beamten wurden nicht nur abgesetzt, sondern nach Klagenfurt abgeschoben. Wie es ihnen auf dieser unfreiwilligen Reise erging, schilderte später ein Betroffener in einem ausführlichen Bericht. Der namentlich nicht genannte Verfasser und seine Kollegen fühlten sich offenbar immer wieder durch die Bevölkerung der durchfahrenen Ortschaften bedroht. Allzu gefährlich kann es jedoch nicht gewesen sein, da ein einziger Mann von der Innsbrucker Bürgerwache ausreichte, für die Sicherheit der bayerischen Gefangenen zu sorgen. Natürlich glich die

Fahrt einem Spießrutenlaufen, und die Bayern waren froh, als sie sich endlich der Kärntner Grenze näherten: „Bey unserer Ankunft zu Sillian peinigte uns der Postmeister mit Erzählungen ungeheurer Siege des Erzherzogs Johann, die wir anhören, und was noch ärger war, die wir zu glauben scheinen mußten . . . Auf der folgenden Post zu Mittewald stiegen wir, um nicht neue Siege hören zu müssen, gar nicht aus der Kutsche, und eilten nach Lienz, um so bald wie möglich über die Grenze des Rebellen-Landes, und unter Menschen zu kommen, bey welchen man doch wenigstens seines Lebens und seiner Habe sicher ist."
Im befreiten Land versuchte Intendant Hormayr als Vertreter der zivilen Gewalt eine geordnete österreichische Verwaltung in Gang zu bringen, General Chasteler oblag die militärische Sicherung des errungenen Erfolges. Im Süden des Landes standen noch die Franzosen, Kufstein blieb in bayerischer Hand. Doch der österreichische General hatte weiterausgreifende Pläne und erließ einen Aufruf an die Tiroler, sich für Ausfälle nach Bayern zur Verfügung zu stellen und dort nicht nur die Verbindung mit der vorrückenden österreichischen Armee zu suchen, sondern in den Dörfern und Märkten Kontributionen einzutreiben. Da es in Innsbruck nichts mehr zu tun gab, waren die aufgeputschten Sturmmassen nur zu gerne bereit, dieser indirekten Aufforderung zum Plündern in Feindesland nachzukommen.
Verantwortungsbewußte Schützenhauptleute erkannten die Gefahr und schickten alles nach Hause, was nicht zu den organisierten Kompanien gehörte. Dennoch folgten den von Scharnitz aus nach Bayern vordringenden Soldaten und Schützen, die sich diszipliniert verhielten, ihre Forderungen an die Bevölkerung in Grenzen hielten und für die requirierten Güter Lieferungsbescheinigungen ausstellten, ganze Scharen von Landstürmern, die plündernd und raubend über die Bevölkerung herfielen. Die Führer der regulären Einheiten waren entsetzt, ebenso die in Innsbruck zusammengerufenen Vertreter der Stände, die als Schutzdeputation gemäß der alten Tiroler Verfassung für die Organisierung und Leitung des Volksaufgebotes zuständig waren. Echte Tiroler, so verkündete dieses Gremium, dürften mit Räubern nichts zu tun haben, denn nicht die Völker führten den Krieg, sondern nur feindliche Armeen, und die Tiroler wollten mit ihren lieben Nachbarn in Ruhe leben. Strenge Untersuchungen wurden eingeleitet, die geraubten Gegenstände sollten zurückgestellt werden, Entschädigungen wurden in Aussicht gestellt. Man wollte mit diesen Maßnahmen die bayerischen Nachbarn wieder beruhigen.
Von nun an beschränkten sich die noch weiter unter Waffen bleibenden Tiroler Kompanien und die wenigen Truppeneinheiten auf die Beset-

Martin Teimer, einer der Tiroler Kommandanten. Er erreichte die Kapitulation des Korps von General Bisson am 13. April in Wilten, er war auch für mehrere Beutezüge nach Bayern verantwortlich.

zung der Grenzpässe zu Bayern und eine lockere Kontrolle der in ihrem Vorfeld gelegenen Täler. Doch schon Anfang Mai sammelten einige Hitzköpfe wieder „Freiwillige“ und stießen vor allem von Reutte aus in das schwäbische Gebiet vor, dessen Bevölkerung auf die erst wenige Jahre alte bayerische Herrschaft selbst nicht gut zu sprechen war und deshalb die Tiroler mit Sympathie empfing. Diese war jedoch bald verscherzt, als das Benehmen der Eindringlinge immer zügelloser und gewalttätiger wurde und sie immer mehr und mehr forderten. Empört schrieb die landständische Schutzdeputation an Martin Teimer, den Führer dieser bis Memmingen und Mindelheim vordringenden Freischärler, es sei doch nicht notwendig, sich das bayerische Volk zum Feinde zu machen! Sein unkluges Vorgehen auf eigene Faust mußte umso bedauerlicher erscheinen, als in den neubayerischen Landgerichten Immenstadt und Sonthofen die Bereitschaft gewachsen war, gemeinsam mit den Tirolern die Waffen gegen die ungeliebte Münchner Regierung zu ergreifen.

Um den Angriffen aus Tirol nicht völlig schutzlos ausgeliefert zu sein, befahl der bayerische König die Errichtung von sechs Reservebataillons, die Bildung eines Gebirgsschützenkorps, dessen drei nach Regionen eingeteilte Abteilungen von den jeweiligen Forstinspektoren geleitet werden sollten, und die Gründung eines Korps freiwilliger Jäger. Sonst konnte die bayerische Regierung in bezug auf Tirol nichts unternehmen. Man mußte abwarten, was Napoleon zu tun gedachte. Der Franzosenkaiser hatte inzwischen die Österreicher aus Bayern zurückgedrängt und marschierte in Richtung Wien. Er wollte jedoch keinen Unruheherd im Rücken und gab seinem Marschall Lefebvre den Befehl, mit zwei bayerischen Divisionen Tirol wieder zu unterwerfen.

Die führenden Männer in Innsbruck waren ahnungslos. Während sie von weiteren Ausfällen und Vorstößen bis nach München träumten und dafür größere Einheiten nach Scharnitz verlegten, kehrte die bayerische Division des Generals Wrede von Oberösterreich nach Salzburg zurück und marschierte nach Lofer, um über den Paß Strub nach Tirol einzubrechen. Und durch das Inntal rückte die Division des Generals Deroy gegen Kufstein vor. Dem Land Tirol standen schlimme Tage bevor.

„Die Scene, die ich sah, war schrecklich . . .“

Die Kämpfe und Ereignisse von Mai bis November 1809

In den Nächten rund um den 15. Mai 1809 bietet sich den Münchnern ein seltsames Schauspiel: Der Himmel über den Alpen glüht, aber „nicht vom Feuer der untergehenden Sonne, sondern vom Mordbrande“, wie Bettina von Arnim an Goethe schreibt. Und in einem Bericht des Münchner Polizeidirektors Stetten vom 17. Mai heißt es: „Seit drei Nächten schon werden in der Richtung gegen Tirol furchtbare Brünste gesehen, vorgestern aus der Gegend von Kufstein, gestern aus der Gegend vom Wendelstein, aber etwas entfernter, und heute noch entfernter; aber dieses letztere Feuer ist das stärkste, konnte aber wegen weiter Entfernung in seiner Lage nicht genau bestimmt werden.“ Die Wiedereroberung Tirols hat begonnen. Der Feuerschein – von 14 verbrannten Orten im Unterinntal stammend, wie die Münchner bald erfahren – ist die Bestätigung dafür.

An zwei Stellen hatte Napoleon das rebellische Land angreifen lassen. Das dafür abgestellte Armeekorps wurde von einem General der obersten französischen Heeresleitung angeführt, von Marschall Franz Josef Lefebvre, Herzog von Danzig. Die ahnungslosen Tiroler hatten die Grenzpässe nur schwach besetzt. Dennoch stieß Lefebvre mit ca. 11.000 Mann am Paß Strub bei Lofer auf erbitterten Widerstand. Neun Stunden wurde gekämpft. Die Bayern verloren rund 1000 Mann an Toten und Verwundeten, bevor der Durchbruch endlich gelang. Die Soldaten waren wütend. Aufgehetzt durch wochenlange Propaganda, die die Tiroler als treulose Empörer und gnadenlose Unmenschen hinstellte, die es „auf das schrecklichste zu züchtigen gelte“, wie es in einem Flugblatt hieß, ließen sie sich bei dem nun folgenden Marsch über St. Johann nach Wörgl zu ärgsten Ausschreitungen hinreißen. Da wurde geplündert, Feuer gelegt, gemordet, daß den Offizieren schauderte. Sie hatten die Kontrolle über ihre Mannschaft verloren.

Selbst an unbewaffneten Kindern und Greisen vergriffen sich die Soldaten, ja sogar mehrere der eigenen bayerischen Mautleute mißhandelten sie und schleppten sie als angebliche Spione mit sich. Einer von ihnen berichtete später seinen Vorgesetzten: „Auf dem Marsche wurde von Ort zu Ort gemordet, nicht selten mußte ich einen alten, unschuldigen Greis niederschießen oder zerhauen sehen. Diese Auftritte zerrissen

▷ *Der Brand von Schwaz und der umliegenden Dörfer im Mai 1809, gezeichnet von einem Zeitgenossen, dem Innsbrucker Servitenpater Benitius Mayr.*

meine ganze Seele." Ein anderer bayerischer Beamter schrieb nach München: „Die Grausamkeit unserer Leute soll jene der Franzosen in Spanien noch weit übertreffen." Der bayerische Divisionskommandant General Wrede versuchte durch einen aufrüttelnden, mahnenden und mit strengen Strafen drohenden Tagesbefehl die Disziplin der Truppe wiederherzustellen: „Wahr ist es, Soldaten, wir haben heute und gestern gegen rebellische, durch das Haus Österreich und dessen kraftlose Versprechungen irre geführte Untertanen unseres allgeliebten Königs gekämpft; aber wer hat euch das Recht eingeräumt, selbst die Unbewaffneten zu morden, die Häuser und Hütten zu plündern und Feuer in Häusern und Dörfern anzulegen? Soldaten! ich frage euch, wie tief sind heute und gestern eure Gefühle von Menschlichkeit gesunken? Blicket zurück auf den Weg von Lofer hierher, auf die Brandstätten, auf die geplünderten Dörfer, auf jene Leichen, die ohne Waffen in der Hand ermordet worden sind. Euer General . . . spricht mit Tränen in den Augen zu euch, und sagt euch, daß euere Gefühle von Menschlichkeit in Grausamkeit ausgeartet sind."

Das grausame Vorgehen der Bayern weckte in der bereits entmutigten bäuerlichen Bevölkerung erneut die Widerstandsbereitschaft. So wurden die bayerischen Kolonnen fortwährend von den Berghängen aus angegriffen und in kleinere Gefechte verwickelt. Auch einige Kompanien österreichischer Soldaten leisteten in der Gegend von Söll hinhaltenden Widerstand. Sie erreichten jedoch nicht viel. Der österreichische General Chasteler, der inzwischen mit stärkeren Kräften von Innsbruck herangerückt war, konnte den Vormarsch der Bayern ebenfalls nicht aufhalten. Am ungünstigsten Ort, in der Ebene von Wörgl, wo er keinerlei Geländevorteile hatte und die an eine ganz andere Kampfesweise gewohnten Tiroler Schützen ihn nicht genügend unterstützen konnten, stellte er sich zum Kampf und wurde binnen einer Stunde vernichtend geschlagen.

Inzwischen hatte General Deroy mit seiner Division die Schanzen rund um Kufstein genommen und die Stadt besetzt. Dann folgte er Lefebvre und Wrede nach Rattenberg, wo sich beide Divisionen vereinten. Deroys Soldaten erwarben sich den Ruf, disziplinierter zu sein, doch auch sie waren erbittert und machten kaum einmal Gefangene. Beim Eingang ins Zillertal kam es erneut zu Kämpfen und zu Ausschreitungen. Wieder gingen Höfe und Dörfer in Flammen auf, wurden Bauern zusammengetrieben und kurzerhand aufgehängt. Bayerische und französische Offiziere und Generale gaben sich gegenseitig die Schuld an diesen Vorfällen. So konnte auch nie restlos geklärt werden, wie es zum katastrophalen Brand von Schwaz kam. Der Markt war von österreichischen Einheiten, von Tiroler Landstürmern und von Ortsbewohnern mit verzweifelten Anstrengungen verteidigt worden, um jedes Haus wurde gekämpft, Artilleriebeschuß und Nahkämpfe in den Straßen forderten auf beiden Seiten viele Opfer. Als der Widerstand gebrochen war, ließen die Sieger ihrer Wut und ihrem Rachedurst freien Lauf. Es wurde geplündert und sinnlos zerstört. Die Offiziere mochten befehlen, was sie wollten, der gemeine Mann achtete längst nicht mehr darauf. Brandlegungen waren eine logische Folge dieser Exzesse und mußten nicht erst von oben angeordnet werden.

Daß man den General Wrede später von Tiroler Seite der Brandstiftung beschuldigte, hängt wohl mit seinem sonderbaren Verhalten zusammen: Ungerührt sah er von der Brücke aus dem grausigen Spiel der Flammen zu. Einer jammernden und um Hilfe rufenden Abordnung der Bevölke-

Szene des Schreckens aus dem Mai 1809, dargestellt von einem ungenannten bayerischen Maler. ▷

Der bayerische General (später Fürst) Karl Philipp von Wrede, dem die Tiroler die Schuld am Brand von Schwaz gaben.

rung hatte er nichts anderes zu sagen als derbe Zurechtweisungen. Kein Wort menschlicher Teilnahme. Wen wundert es, daß man in der Zerstörung von Schwaz ein beabsichtigtes Exempel strengster Strafe sah? Nach zwei Tagen, am Abend des 16. Mai, waren von den 425 Häusern des Ortes nur fünf übriggeblieben. Alle anderen waren in glimmende und rauchende Trümmerhaufen und Ruinen verwandelt. Auch Vomp und viele andere Orte der Umgebung waren niedergebrannt. Der Feuerschein und die Kunde vom gnadenlosen Wüten der Bayern hatte weitum Schrecken verbreitet, noch mehr aber Zorn und Haß. „Rache für Schwaz“ wurde fast zu einem Losungswort für die folgenden Kämpfe.

Zunächst schien es, als ob nun Ruhe einkehren würde. Das dezimierte österreichische Militär zog sich unter General Chasteler über den Brenner zurück in den sicheren Süden. Von den Tirolern verhandelte Martin Teimer mit General Wrede über einen Waffenstillstand. Tatsächlich kam es zu einer Kampfpause. Widerstandslos ließ man die bayerischen Truppen in Innsbruck einziehen und ihr Lager auf dem weiten Saggenfeld aufschlagen. Die Stimmung war jetzt durchaus friedlich: Das Militär gab Konzerte „türkischer Musik" auf dem Rennplatz; im Caféhaus „spielten die Offiziere sehr hoch mit Würfeln", wie es im Tagebuch des in Innsbruck tätigen Hauslehrers Anton Knoflach heißt.

Lefebvre und Wrede bemühten sich, wieder eine geordnete Verwaltung in Gang zu bringen. Den Vertretern der Stadt, der Beamtenschaft und des tirolischen Adels machten sie Vorhaltungen wegen des Aufstandes, kündigten aber gleichzeitig an, daß man in Zukunft Fehler bei der Behandlung des Landes vermeiden wolle. Zwei Delegationen wurden nach München geschickt, eine aus „gewöhnlichen Untertanen" bestehend, die andere aus Beamten. Sie sollten dem König huldigen, um Verzeihung bitten und für die Zukunft Gehorsam versprechen. Von den Beamten erwartete man sich auch Vorschläge über die zukünftige Verwaltung Tirols. Unter ihnen war der den Bayern gegenüber stets loyale Tiroler Appellationsrat Dipauli, der nun in der bayerischen Hauptstadt von Staatsminister Montgelas wiederholt zu Konferenzen beigezogen wurde. Der bayerische König und seine Minister waren entschlossen, auf ein Strafgericht zu verzichten, da das Volk nur durch Österreich verleitet worden sei.

Seit 19. Mai herrschte in Tirol Ruhe. Sie war jedoch trügerisch. Südlich des Brenner standen noch Schützen- und Landsturmaufgebote unter Waffen. Und der inzwischen von allen Südtiroler Bauern als ihr Befehlshaber anerkannte Passeirer Sandwirt Andreas Hofer drängte darauf, dem „nördlichen Vaterland" Hilfe zu gewähren und die „Mordbrenner" aus dem Inntal zu vertreiben. Auch Freiherr von Hormayr, der von Erzherzog Johann eingesetzte „Intendant" der provisorischen Landesverwaltung, und andere Persönlichkeiten der Volkserhebung waren für einen Marsch nach Innsbruck. Doch General Chasteler war dafür nicht zu gewinnen. Er zog über das Pustertal ab. Nur etwas mehr als 1000 Mann, knapp 100 Reiter und fünf Geschütze ließ er auf Drängen der Tiroler zurück. Als von Innsbruck die Kunde ins Tiroler Hauptquartier nach Sterzing gebracht wurde, daß General Lefebvre seine Aufgabe in Tirol offenbar für beendet hielt und mit der Division Wrede abzog, entschied ein Kriegsrat am 23. Mai für den Angriff und schickte entsprechende „Laufzettel" in die Täler. Schon am nächsten Tag strömten von überall

General Johann Gabriel Marquis Chasteler war im April 1809 mit regulären österreichischen Truppen nach Tirol gekommen, wurde am 13. Mai bei Wörgl von den Bayern vernichtend geschlagen und zog sich darauf ins sichere Pustertal zurück.

her bewaffnete Bauernscharen in Sterzing zusammen. Es waren keine schlecht ausgerüsteten und unorganisierten Landstürmer, sondern reguläre Kompanien gutbewaffneter Schützen.
In den Morgenstunden des 25. Mai traf das etwa 5000 Mann starke Bauernheer in Matrei ein und begann mit der Besetzung der Berghänge südlich von Innsbruck, deren Mittelstück von der Sillschlucht bis zum Anstieg nach Natters damals allgemein als Bergisel bezeichnet wurde, ein Name, der heute nur mehr für den Hügel am Ausgang der Sillschlucht üblich ist. Vom Unterinntal führte Schützenhauptmann Speckbacher etwa 1000 Mann heran. Der erwartete Zustrom aus dem Oberinntal blieb jedoch im großen und ganzen aus, wie sich zeigen sollte. Einen Schlachtplan hatten die Tiroler nicht. „Was habe ich denn zu tun, worauf ist eigentlich unser Operationsplan gegründet?“ fragte der Hauptmann der Villanderer Schützenkompanie, Dr. Anton von Gasteiger, den Oberkommandanten Andreas Hofer, als der ihn an der Matreier Weggabelung aufs südöstliche Innsbrucker Mittelgebirge schickte. „Wenn ihr die Bayern trefft, so schlagt drauflos und werft sie über den Berg hinab!“ lautete des Sandwirts Antwort. Dieses einfache taktische Konzept sollte sich bewähren. Am frühen Nachmittag kam es zu den ersten Zusammenstößen mit bayerischen Vorposten und Aufklärungstrupps. Bald darauf waren die knapp 7000 bayerischen Soldaten, die unter General Deroy in Innsbruck geblieben waren, auf breiter Front in heftige Kämpfe verwickelt. Die erste Bergiselschlacht war in vollem Gange, dauerte jedoch nur wenige Stunden, die einbrechende Nacht und ein heftiger Gewitterregen trennten die Kämpfenden, ohne daß es eine Entscheidung gegeben hätte. Die Bayern hatten die Ebene, die Tiroler die Berghänge behaupten können.

Der bayerische General Bernhard Erasmus Graf Deroy, der die beiden Bergiselschlachten vom 25. und 29. Mai leitete.

Trotz der allgemein gedrückten Stimmung wollten die Tiroler noch einmal die Schlacht wagen. In alle Richtungen schickte Andreas Hofer seine Zettel, um Verstärkung herbeizurufen. Vor allem die Oberinntaler, die beim ersten Mal gefehlt hatten, wurden diesmal dringend gebraucht. Der Sandwirt schickte ihnen durch seine persönlichen Adjutanten folgenden markigen Aufruf: „Für Gott, den Kaiser und das teure Vaterland! Morgen in der Frühe ist der letzte Angriff. Wir wollen die Bayern mit Hilf der göttlichen Mutter fangen oder erschlagen und haben uns zum liebsten Herz-Jesu verlobt; kommt uns zu Hilf! Wollt ihr aber gescheiter sein als die göttliche Fürsichtigkeit, so werden wir's ohne euch auch richten.“
Das wirkte. Nur bis Innsbruck kamen die Schützen und Stürmer aus dem Oberinntal nicht, denn schon zwischen Telfs und Zirl trafen sie auf Vorposten jener bayerischen Einheiten, die zum Schutz der Nordgrenze

aufgestellt worden waren und seit Lefebvres Einmarsch in Innsbruck ihre Aufgabe darin gesehen hatten, über die Scharnitz und den Fernpaß nach Süden vorzustoßen. Nun mußten sie sich zwar wieder über die Grenze zurückziehen, doch erreichten sie damit immerhin, daß dem hartbedrängten General Deroy in Innsbruck ein massiver Angriff aus Westen erspart blieb. Der bayerische Befehlshaber hatte inzwischen eine Verstärkung aus 1200 Mann und sechs Schützen erhalten. Er sei nicht besorgt, werde alle Angriffe abschlagen und sich in Innsbruck behaupten können, schrieb er seinem König. Viele Beamte waren weniger zuversichtlich und verließen Innsbruck. Die ärarischen Geldvorräte nahmen sie gleich mit. Gleichzeitig wurden Priester und während des Gefechts gefangene Bauern mit gedruckten Friedensaufrufen und Versprechungen in die Tiroler Lager geschickt. Die Argumente waren nicht ungeschickt: Die Bauern sollten einsehen, daß ihr Schicksal nicht auf Tiroler Schlachtfeldern entschieden würde und ruhig nach Hause gehen. Tatsächlich gab es schon da und dort Enttäuschte, die nicht mehr mitmachen wollten. Und vereinzelt sollen Frauen ihre Männer persönlich nach Hause geholt haben. Doch die Aufrufe der Tiroler Führung waren stärker. Insgesamt mehrte sich die Zahl der Bewaffneten südlich von Innsbruck. Und auch die österreichischen Soldaten in Andreas Hofers Streitmacht erhielten von ihrem in Sillian wartenden General Nachschub an Geld, Verpflegung und Munition.
Am 29. Mai in der Früh greifen die Tiroler und das österreichische Militär auf der ganzen von Volders bis Kematen reichenden Front an. Zuerst sind die bayerischen Truppen ganz in die Verteidigung gedrängt, dann berennen sie ihrerseits die Berghänge. Die Verluste sind groß. In Innsbruck notiert Anton Knoflach in sein Tagebuch: „Blessierte werden ohne Ende hereingebracht . . . Soeben komme ich vom Servitenkloster. Die Scene, die ich sah, war schrecklich. Zwey wurden in meiner Gegenwart versehen. Ich habe Leinwäsche zum Verbinden hingebracht.“ Am Abend wird die Situation für Deroy bedrohlich: Seine um rund 1000 Mann an Verwundeten oder Gefallenen dezimierte Truppe kann keinen der als befestigte Stützpunkte wichtigen Ansitze und Höfe auf den Hängen südlich von Innsbruck zurückerobern. Außerdem rücken von Westen her weitere Tiroler Scharen an, nun auch auf der Nordseite des Tales. Daß er den Beschluß faßt, im Schutze der Nacht heimlich abzuziehen, entspricht den damaligen Gepflogenheiten der Kriegsführung, die kein „Bis-auf-den-letzten-Mann-Kämpfen“ kannte. Wer hoffnungslos eingeschlossen war, ergab sich – wie knapp eineinhalb Monate vorher der französische General Bisson am selben Ort mit nur knapp weniger, dazu noch ausgeruhten Soldaten. Am besten war es aber, man ließ es gar

Szene aus einer Bergiselschlacht, dargestellt von Placidus Altmutter, einem unmittelbaren Augenzeugen, der hinter den bayerischen Linien Skizzen anfertigte. Es handelt sich zwar bei dem Bild, aus dem dieser Ausschnitt stammt, um die dritte Bergiselschlacht vom 13. August 1809, doch lagen die hier gezeigten Hänge, Ansitze und Wege zwischen Sillschlucht und Natters südlich von Innsbruck auch im Mai im Mittelpunkt des Kampfgeschehens. Vergeblich berannten die bayerischen Regimenter die von den Tiroler Schützen besetzten Anhöhen.

nicht so weit kommen. Und noch war General Deroy mit seiner angeschlagenen Division wenigstens nicht vollständig eingeschlossen.
Kaum sind die letzten Schüsse gewechselt, beginnt der Abzug. Wagenräder und Pferdehufe werden mit Fetzen umwickelt, um Lärm zu vermeiden. Um beim eiligen Marsch nicht behindert zu werden, werden die vielen Verwundeten in Innsbruck zurückgelassen. Man hofft, daß sie menschlich gepflegt würden, und täuscht sich darin nicht. Knapp nach Mitternacht notiert Anton Knoflach in sein Tagebuch: „Schon seit einer halben Stunde ziehen unter meinen Fenstern in aller Stille bair. Truppen vorüber. Sie verlassen mit Gen. Deroi die Stadt und nun hat sich auch die Hauptwache an sie angeschlossen. Ein Baier, der soeben weinend und über die Bauern schimpfend von der Innbrücke her kam, sagt: Die Bauern seien schon sehr nahe an der Stadt." Die nächste Notiz stammt von ein Uhr nachts: „Alles ist nun still und ruhig. Nur einzelne Soldaten schleichen noch wie verirrte Schafe vorüber. Sie wissen nicht, wo hinaus die übrigen retirierten und sind voll Angst." Wenige Stunden später beobachtet Knoflach von seinem Fenster aus, daß auf der Hauptwache der kaiserliche Adler aufgestellt wird, ein Wappenwechsel, der sich noch mehrmals in diesem Jahr wiederholen sollte.
Wieder hatten die Tiroler die Bayern aus dem Land vertrieben. In den Jubel und in die Begeisterung mischten sich freilich auch besorgte Stimmen: Wie sollte es weitergehen? Waren die großen Opfer nicht doch umsonst? Wer machte den unermeßlichen Schaden wieder gut? Zwar hatte Österreich inzwischen bei Aspern gegen Napoleons Armee eine Schlacht gewonnen, doch war dies keine Entscheidung. Die Maßnahmen des österreichischen Landesintendanten Hormayr, der nach den Kämpfen wie aus der Versenkung wieder aufgetaucht war, waren nicht imstande, geregelte Verhältnisse herzustellen. Dafür verursachten sie nicht selten Mißmut und Unzufriedenheit. Die allgemeine Unsicherheit und die auftauchenden Zweifel nützte der außer Landes geflohene bayerische Salinendirektor Utzschneider für einen Versuch, die führenden Persönlichkeiten zu einem Aufgeben weiteren Widerstandes zu bewegen. Er schrieb unzählige Briefe, verfaßte Flugschriften, knüpfte persönliche Verbindungen – all das zuerst auf eigene Faust, dann aber mit ausdrücklicher königlicher Billigung, wobei er auch ermächtigt wurde, volle Verzeihung zuzusichern. Er hatte jedoch keinen Erfolg, obwohl er psychologisch nicht unklug vorging und den österreichischen Patriotismus der Angesprochenen schonte: „Wäre Österreich von Tirol zu retten, so würde ich schweigen, aber ich sehe keine Rettung; also kommen wir zusammen und retten wir wenigstens Tirol." So schrieb er dem einen. Den anderen ließ er wissen, daß die Franzosen eine neue Invasion gegen

Tirol planen, daß aber der bayerische König nicht Tirols Zerstörung wolle. Wieder anderen versprach er im Namen des Königs eine Unterstützung für alle im Krieg Geschädigten, eine Verminderung der Lasten, die Wiedereinführung einer ständischen Verfassung und anderes mehr. Daß man sich in Tirol diesen sicher ehrlich gemeinten Bemühungen gegenüber skeptisch verhielt, ist verständlich. Und die schroffe Zurückweisung aller Friedens- und Versöhnungsangebote durch die führenden Persönlichkeiten – Hormayr nannte Utzschneiders Versprechungen „grobe Lügen" – wurde im nachhinein durch Bayerns Staatsminister Montgelas gerechtfertigt, der Utzschneider eine verantwortungslose Überschreitung seiner Kompetenzen vorwarf und ihm jede weitere Einmischung in die Politik untersagte.
Die militärische Lage an der tirolisch-bayerischen Grenze glich haargenau der von Anfang Mai: Kufstein war in bayerischer Hand verblieben und wurde von 700 Soldaten und 60 Kanonen verteidigt. Für eine erfolgversprechende Belagerung fehlten ausreichende Mannschaften und vor allem die Geschütze. Auch der Plan, die Festungsbesatzung auszuhungern oder durch das Anzünden der Stadt auszuräuchern, schlug fehl. Auf die Stadtbevölkerung nahmen die Bauern wenig Rücksicht, hegte man doch an ihrem Patriotismus Zweifel. Schlimmes ahnend, waren viele Bürger längst in die Berge oder nach Rosenheim geflohen. Überhaupt waren die Kufsteiner im Jahre 1809 in einer verzweifelten Lage. Nie ganz österreichisch-tirolisch und nie ganz bayerisch hatten sie einen schweren Stand. Treffend charakterisiert ihre Situation der Schullehrer und Schützenhauptmann Josef Kögl von Häring: „Diese Kufsteiner waren gewiß unter allen Tirolern im Jahre 1809 am schlimmsten dran und mußten am härtesten leben. Diejenigen, welche in der Stadt blieben, konnten wenige oder gar keine Geschäfte verrichten, denn wir besetzten alle Wege und Stege, damit ihnen keine Lebensmittel zukommen konnten. Diejenigen, welche heraus kamen, wurden aufgegriffen und bewacht, damit sie nicht mehr hinein kommen konnten, uns zu verraten. Die bayerische Besatzung schimpfte sie Tiroler Spitzbuben, denen man nicht trauen dürfe, und drohte ihnen das Aufhängen. Wir hingegen nannten sie bayerische Barbaren, welche nur herauskämen, zu spionieren, und drohten ihnen das Erschießen."
Während Kufstein erfolglos belagert wurde, kam es von Reutte, Scharnitz und vom Achenpaß aus wieder zu zahlreichen Ausfällen ins bayerische Grenzland. Wieder war vor allem Martin Teimer der Befürworter dieser Art von Kriegsführung, bei der oft genug patriotische Parolen für private Beutelust – im bayerischen Grenzland ging das Wort von den „Tiroler Küahholern" um – mißbraucht wurden; wieder war die erneut

ins Leben gerufene Innsbrucker Schutzdeputation strickte dagegen. Auch viele Schützenhauptleute lehnten eine Beteiligung an solchen Raubzügen ab und blieben mit ihren Mannschaften an der Grenze stehen. Wieder bot die königlich-bayerische Regierung Militär und Freiwillige auf, um die Strecke von Tegernsee bis Murnau decken zu können. Tatsächlich konnten sie den Tirolern auf bayerischem Boden – einmal in der Nähe von Kochel – so manche Schlappe zufügen. Die damaligen Abwehrkämpfe bilden einen Schwerpunkt in der Tradition der Bayerischen Gebirgsschützenkompanien.

In München mußte man abwarten, was der Franzosenkaiser bezüglich Tirol zu unternehmen gedachte. Napoleon war am 21. und 22. Mai bei Aspern und Eßlingen von der österreichischen Armee unter Erzherzog Karl besiegt worden, konnte jedoch, da die Österreicher ihren Erfolg nicht entschieden genug nützten – seinerseits die Österreicher bei Wagram schlagen und sie zu einem Waffenstillstand zwingen, der am 12. Juli in Znaim unterzeichnet wurde und Tirol neuerlich den Feinden Österreichs auslieferte. Die Kunde davon wurde in Tirol zunächst nicht geglaubt, vor allem da Kaiser Franz erst am 29. Mai „seiner getreuen Grafschaft Tirol" feierlich versichert hatte, nie mehr einen Frieden unterzeichnen zu wollen, der das Land von Österreich trennt. Nun war freilich ein Waffenstillstand noch kein Friedensschluß, und der Vertrag von Znaim, von dem die Tiroler alsbald und unzweifelhaft auch offiziell in Kenntnis gesetzt wurden, enthielt ja „nur" die Bestimmung, daß Tirol von den Österreichern geräumt werden müsse. Von einer neuerlichen Besetzung durch Bayern und Franzosen war nicht ausdrücklich die Rede, was einige Optimisten weiter hoffen ließ.

In Wahrheit hatte natürlich Napoleon andere Absichten. Seinen eigenen Worten zufolge hatte er den Waffenstillstand überhaupt nur abgeschlossen, um mit den Tirolern abrechnen und das rebellische Land endgültig unterwerfen zu können. Rund 20.000 Mann wollte er abstellen, um sie von vier Seiten ins Land eindringen zu lassen. Das Oberkommando erhielt wiederum General Lefebvre: „Seien Sie schrecklich", hieß es in Napoleons Befehl, „lassen Sie sich von dieser Canaille nicht betrügen, sie werden mich bald wissen lassen, daß sie dieses Volk geschlagen, zerstreut und entwaffnet haben." Geiseln sollten genommen und zur Abschreckung mehrere Dörfer angezündet werden. Zum Glück für die Tiroler nahm Lefebvre seinen Kaiser nicht wörtlich. Auch Bayerns Kronprinz Ludwig, dessen Division mit Lefebvre nach Tirol geschickt wurde, wollte von Racheakten und Strafaktionen nichts wissen. Dem General Raglovich, der ihn an der Spitze der Division vertrat, gab er folgenden Auftrag: „Sie werden immer Milde statt Strenge, womöglich,

Ein Freund der Tiroler und Gegner Napoleons: Bayerns Kronprinz Ludwig. Als seine Division zum ersten Mal gegen die Tiroler Aufständischen marschieren mußte, ließ er sich an ihrer Spitze vertreten und gab seinem General den Befehl der Milde und Mäßigung mit auf den Weg.

gebrauchen. Das Benehmen der Bayern bei der letzten Einnahme Tirols beleidigte die Menschlichkeit und vermehrte den Haß. Herz und Staatsklugheit fordern das Gegenteil. Das erwarte ich von ihnen und werde mich gewiß nicht irren. Schärfen sie dies jedem ihrer Leute ein." Tatsächlich kam es beim Zug Lefebvres von Lofer über den Paß Strub bis Innsbruck kaum einmal zu Übergriffen oder Grausamkeiten der Soldaten. Dies hängt natürlich auch damit zusammen, daß sie auf keine Gegenwehr stießen.

Zugleich mit dem Einmarsch des französischen Generals, der neben den beiden bayerischen auch eine sächsische Division mit sich führte, zogen sich die noch in Tirol verbliebenen österreichischen Truppeneinheiten über den Brenner und das Pustertal nach Österreich zurück. Auch Freiherr von Hormayr, Martin Teimer und eine Reihe anderer führender Persönlichkeiten verließen das Land. Innerhalb der Bevölkerung gab es verschiedene Strömungen. Viele wollten von weiteren Kämpfen nichts mehr wissen und sich ergeben. Angesehene Männer wirkten in diesem Sinne und riefen zu Ruhe und Besonnenheit auf: Es bleibe den Tirolern nichts anderes übrig, als sich geduldig in die Fügungen Gottes zu ergeben. Nicht wenige waren anderer Meinung. Hatte man nicht gesehen, was ein Bauernheer leisten kann? Dabei waren im April und im Mai nicht einmal alle Kräfte aufgeboten worden. Und nun wolle man kampflos die Freiheit verlieren? An die Spitze dieser „Kriegspartei" stellte sich Andreas Hofer, der im noch unbesetzen Südtirol getreue Kommandanten um sich sammelte und für den weiteren Widerstand warb. Seiner Überzeugung nach hatte Napoleon kein Recht, während des Waffenstillstandes den Krieg in Tirol fortzusetzen. Auch der Kaiser sei getäuscht worden. Jeder Tiroler habe sogar die heilige Pflicht, den durch Lüge und Verrat ins Land gekommenen Feind zu vertreiben.

Inzwischen hatte sich Lefebvre in der Innsbrucker Hofburg häuslich eingerichtet. Seine Truppen lagerten rund um die Stadt, Militär wurde auch in Privathäusern einquartiert. Wie schon im Mai kam es zu Lebensmittelknappheit und Teuerung. Zum Glück war das 10.000 Mann zählende Korps, das einen Tag nach Lefebvres Ankunft in Innsbruck über Scharnitz einmarschierte, nicht auch nach Innsbruck bestimmt, sondern zog über das Oberinntal nach Vorarlberg. Es bestand aus französischen und bayerischen Soldaten, wurde von General Beaumont geführt und hinterließ auf seinem Weg ein brennendes Seefeld und viele ausgeraubte Dörfer und Höfe. Im Unterinntal, das diesmal von solchen Greueln verschont geblieben war, mußten die Ortsvorsteher und Schützenkommandanten Ergebenheitsadressen unterzeichnen, einige wurden in Salzburg unter Hausarrest gestellt. Die Befestigungsanlagen an den Pässen wur-

den demoliert, wozu Bauern aus Traunstein und Reichenhall aufgeboten wurden. Am 1. August wurde überall ein Manifest angeschlagen, das die allgemeine Unterwerfung und die Ablieferung aller Waffen forderte. Zuwiderhandelnden wurde strengste Strafe angedroht. Eine Reihe namentlich genannter Anführer der Erhebung wurde aufgefordert, sich zu stellen. Nur wer sich weiter widersetzte, sollte bestraft werden.
Die Wirkung dieser Proklamation war gleich null. Die abgelieferten Gewehre waren meist veraltet und unbrauchbar, jeder wußte, daß die guten Stücke verborgen blieben. Die gesuchten Häupter der Rebellion waren natürlich nicht aufzufinden. Nur der Haller Kronenwirt Straub meldete sich, weil es hieß, es werde bis zu seinem Auftauchen jeden Tag ein Haller Bürger aufgehängt. Den Bewohnern von Hötting wurde mit dem Anzünden ihres Dorfes gedroht, wenn sich die dortigen Rädelsführer nicht stellten. Schließlich wurde aber nur das Haus des Wolfgang Natter demoliert. Zwei Bauern aus Weerberg starben im Saggen unter den Schüssen eines Exekutionskommandos, weil in ihrer Gemeinde bayerische Soldaten gefangengenommen worden waren, die Lebensmittel requirieren sollten. Glimpflicher kam die Baronin Therese von Sternbach davon, in deren Schloß im Innsbrucker Vorort Mühlau eine große Menge versteckter Gewehre gefunden wurde. Ein bayerischer Bedienter hatte sie verraten. Die Baronin wurde zunächst unter Hausarrest gestellt – den ersten Tag spielte sie fortwährend mit dem wachhabenden bayerischen Offizier Billard – und dann in Innsbruck in einem Privatquartier als Gefangene gehalten. Man ließ sie im Ungewissen, was mit ihr geschehen sollte. Zu irgendwelchen Verhandlungen kam es zunächst nicht.
Bald nach Lefebvre war auch eine bayerische Hofkommission in Innsbruck eingetroffen, die die Zivilverwaltung neu organisieren sollte. Gleichzeitig war ihr aber auch befohlen worden, die schuldigen Tiroler zu bestrafen und Ersatz für alle angerichteten Schäden zu fordern. Die Anführer der Rebellion sollten von einer Amnestie ausgenommen werden, ebenso die Anstifter, wobei als solcher schon angesehen wurde, wer die Sturmglocken gezogen hatte. Höchst ungern hatte sich auch ein Tiroler bereitgefunden, in dieser Drei-Mann-Kommission mitzuwirken. Es war Appellationsrat Dipauli, der sich seit Mitte Mai in München aufgehalten hatte. Zu seiner Beruhigung sagte man ihm in München, der strenge Auftrag an die Hofkommission solle nur Napoleon zufriedenstellen, der der bayerischen Regierung Schwäche gegen Tirol vorwerfe. Es sei nicht daran gedacht, so hart gegen die Tiroler vorzugehen. So konnte der innerlich gepeinigte Beamte, der mit seinem Volke fühlte, aber seiner Regierung treu ergeben war, nur hoffen, daß er in seinem schweren und unangenehmen Amt vielleicht manches Gute wirken

Andreas Dipauli, Tiroler Appellationsrat in bayerischen Diensten, Mitglied der bayerischen Hofkommission zur Neuorganisierung der Zivilverwaltung im wiedereroberten Tirol.

könnte. Schweren Herzens machten sich in Innsbruck die drei Hofkommissäre – auch die beiden Bayern waren über ihre Aufgabe nicht erfreut – an die Arbeit und bereiteten eine Proklamation im Sinne der königlichen Weisung vor. Doch Lefebvre und sein französischer Stab wollten von soviel Strenge nichts wissen: Ob man denn das Volk noch weiter reizen wolle, lautete die Frage an die Herren aus München. Strenge sei Sache des Militärs, die Regierung müsse mit Milde vorgehen. Außerdem verbat sich Marschall Lefebvre jede Einmischung in die Militärgerichtsbarkeit. Es kam zu Streitigkeiten, über die die Ereignisse jedoch bald hinweggingen.

Marschall Lefebvre wußte aus bitterer Erfahrung, daß der Besitz der Hauptstadt noch nicht die Eroberung des Landes Tirol bedeutete. Vor allem galt es, den südlichen Landesteil zu besetzen. Der Kriegsplan sah vor, den Kern des Landes, der seit den Apriltagen nie behelligt worden war, von mehreren Seiten anzugreifen. Lefebvre selbst schickte sogleich eine starke Abteilung über das Oberinntal in den Vinschgau und eine andere, die zum größten Teil aus Sachsen bestand, über den Brenner nach Brixen. Sie sollte sich dort mit einer über das Pustertal einmarschierenden französischen Division unter General Ruska vereinigen. Außerdem war im Süden eine französische Brigade zum Angriff durch die Veroneser Klause auf Trient angetreten; eine andere hatte den Auftrag, über Ampezzo ins Pustertal vorzustoßen. So war das südliche Tirol von allen Seiten eingekreist, und keiner der militärischen Führer zweifelte am Gelingen des Plans. Allein es kam anders. Hofers Aufrufe hatten ihre Wirkung getan. Ohne voneinander zu wissen, ohne einen von einem Hauptquartier ausgegebenen Operationsplan griff die einheimische Landbevölkerung überall zu den Waffen und verwehrte dem Feind den Eintritt ins Land oder den Vorstoß in einen noch nicht besetzten Landesteil.

In der Lienzer Klause im Drautal, im Oberinntal bei Prutz – an der Pontlatzer Brücke, wo Franzosen und Bayern schon 1703 besiegt worden waren – und in der Eisackschlucht zwischen Sterzing und Brixen fügten Bauern den kampferprobten und gedrillten Soldaten vernichtende Niederlagen zu. Ruska mußte mit seinen Franzosen nach Kärnten abziehen, wobei er aus Rache noch die Dörfer rund um Lienz anzünden ließ. Zwischen Landeck und Prutz wurde der Vormarsch von 1400 bayerischen Fußsoldaten, einer Einheit Dragonern und zwei Kanonen vereitelt, wobei wie 1703 auch die Taktik von Steinlawinen angewendet wurde. Nur ein Teil dieser Truppe konnte entkommen und sich unter verlustreichen Rückzugsgefechten bis Zirl retten. An der Pontlatzer Brücke mußten sich 800 Mann den Tirolern ergeben. In der Eisack-

schlucht südlich von Sterzing waren es zuerst die sächsischen Kontingente, die in die Falle der Tiroler Landesverteidiger gingen. Sie fanden die engen Wege durch Baumstämme und Felsbrocken verlegt, wurden von allen Seiten aus dem Hinterhalt beschossen und mit Steinlawinen überschüttet. Nachdem sich ihr General zurückgezogen hatte, um Verstärkung zu holen, verbluteten seine im Ort Oberau verschanzten Soldaten in zweitägigem Kampfe. Die Schlucht südlich von Sterzing wird seit damals „Sachsenklemme" genannt.
Als Marschall Lefebvre im Innsbrucker Hauptquartier von den Kämpfen in der Eisackschlucht hörte, brach er am 5. August sofort mit der gesamten Division Kronprinz auf, um selbst nach dem Rechten zu sehen. Mit 7000 Mann, 10 Geschützen und einer Musikkapelle zog er über den Brenner und traf am Nachmittag des 6. August in Sterzing ein. Da sich Verhandlungen mit den Tirolern zerschlugen, sollte am nächsten Tag der Durchbruch nach Brixen erzwungen werden. In zwei Kolonnen näherte sich Lefebvre der Schlucht, wo er eine böse Überraschung erlebte. Oberst Epple, einer seiner bayerischen Offiziere, schilderte die Situation in einem Brief an den König: „Unsere Truppen sollten den Versuch der Sachsen wieder aufnehmen. Allein jetzt war kein Defilee mehr vorhanden, die Straße war durch übereinandergehäufte Steine gesperrt, von welchen manche sechs bis acht Schuh Durchmesser hatten. Zwei bayrische Soldaten, die früher gefangen worden und gezwungen wurden, Dienste zu nehmen, aber bei dieser Gelegenheit zu uns entkommen sind, sagen aus, daß nicht die Eingänge allein, sondern die ganze Straße auf eine halbe Stunde lang so gesperrt sei. Ohne die Felsenstücke mit Pulver zu sprengen, ist kein Durchgang mehr möglich, und alle Frontangriffe haben ein Ende. Wegen des weit ausgedehnten Zusammenhanges dieser höchst steilen Höhen sind auch Umgehungen in der Nähe nicht ausführbar."
Dennoch war Lefebvre nicht bereit, gleich aufzugeben und ließ seine Soldaten den ganzen Tag hindurch um wenige Meter Bodengewinn kämpfen. Dann zog er sich nach Sterzing zurück, wo inzwischen – über den Jaufenpaß kommend – zahlreiche Kompanien aus dem Etschland unter der Führung von Andreas Hofer eingetroffen waren und sofort in die Kämpfe eingriffen. Drei Tage lang wogte eine regelrechte Schlacht im Sterzinger Talkessel mit wechselnden Erfolgen hin und her, immer wieder unterbrochen durch Verhandlungen, die jedoch keine Ergebnisse brachten. Lefebvre ließ Nachschub aus dem Unterinntal kommen, was ihm zwar militärisch ein gewisses Übergewicht gab, was aber den immer ärger werdenden Nahrungsmangel noch vergrößerte. Bayerische Truppen mußten bereits bis auf die Almen vordringen, um Vieh zu requirie-

Der französische General Franz Josef Lefebvre, Herzog von Danzig, der die bayerischen Divisionen zweimal nach Tirol führte und im August 1809 gegen die Tiroler Bauern bittere Niederlagen hinnehmen mußte.

ren. Die Tiroler folgten ihnen, verwickelten sie in Gefechte und nahmen ihnen zumeist das Geraubte wieder ab. Als Lefebvre am 10. August von der Katastrophe an der Pontlatzer Brücke, von der Niederlage General Ruskas bei Lienz und vom Rückzug französicher Truppen an der Südgrenze erfuhr, entschloß er sich, sofort nach Innsbruck zurückzukehren. Beschämt meldet der sieggewohnte General am 12. August seinem Kaiser: „Es sei also gesagt, daß ich meinen ersten Rückzug im Leben vor rasenden Bauern antreten mußte . . . Diese Wilden stiegen mit rasendem Geschrei ins Tal hernieder, das Kuzifix an der Spitze, mit ihren Priestern, rasend wie Tiger."

Der Marschall hatte nun auch einmal erlebt, was seinen Untergebenen das Kriegführen in Tirol schon längst verleidet hatte. Französische Offiziere, die an der Spitze bayerischer Einheiten nach Tirol geschickt wurden, beklagten sich bitter über ihr Schicksal. Und ein bayerischer Regimentschronist schildert die Plagen des gemeinen Soldaten mit folgenden Worten: „Auf schmalen, fast ungangbaren Gebirgssteigen mußten die Truppen, ein Mann hinter dem anderen, oft auf Händen und Füßen, die Anhöhen erklettern, um den hinter sicherem Versteck lauernden feindlichen Schützen beikommen zu können. Tag für Tag marschieren und fechten, jeden Fußbreit vorwärts mit Blut erkaufen, nachts hoch oben auf schneebedeckten Bergen biwakieren und Vorposten stehen, sehr häufig mangelhafte Verpflegung, dazu der grimmige Haß der Landesbewohner, die in jedem bayerischen Soldaten einen Unterdrücker sahen, aus jedem Busch und Baum, aus jeder Felsspalte und jedem Fensterladen einer lauernden Kugel gewärtig, das war die Art der Kriegführung in der neugewonnenen bayerischen Provinz Tirol . . ."

In Innsbruck schreibt der Goldschmid Paul Stettner in sein Tagebuch, er habe von bayerischen Soldaten sagen gehört, gegen ihresgleichen wollten sie gerne kämpfen, gegen diese Bauern jedoch, welche sie nie sehen, bevor sie nicht verwundet sind, sei keine Ehre zu holen. Besonders ärgerte es die Bayern, wenn sie auf einem vorgeschobenen Posten standen und sich Spottverse und bissige Liedchen in der Art von Wirtshaus-Gstanzeln anhören mußten. Davon berichtet unter anderem der in der Division Deroy dienende Infanterist Josef Deifl in seinem aufschlußreichen und originellen Kriegstagebuch: „Als sie (die Tiroler) einmall bey Innsbruk auf dem Berg Isel . . . immer geschrien haben: Boar Vak (Schwein), Boar Vak, zuzuzu, trululu etc., und dann Liedlen: der boarische Kini, der Hungerleider, der Kirchenausrauber, der Vakentreiber, da kan ich mich nicht anders rächen, als ich zog den Sebel und haue alle Kohlköpf, türkischen Weizen, blühenden Stämme etc. weit umher nieder auf dem Feld, ja wenn mich nicht die Tyrollerkugeln abgekihlt häten, ich würde einen grosen Schaden angerichtet haben." Bei aller Erbitterung, mit der auf beiden Seiten gekämpft wurde, gab es doch auch menschliche Episoden: So wird berichtet, daß Tiroler unter Lebensgefahr einen verwundeten Feind versorgten, daß bayerische Soldaten einem Tiroler Bauern durch ihr Einschreiten gegen Plünderer Hab und Gut retteten; so soll es vorgekommen sein, daß Tiroler und Bayern in Kampfpausen friedlich miteinander diskutierten – wenn auch über sichere Entfernung hinweg – und sich von Lagerfeuer zu Lagerfeuer zuprosteten. Dafür kam es häufig zu Spannungen zwischen bayerischen Kommandanten und jenen französischen Offizieren, die auch in bayerischen Divisionen den meisten Bataillonen vorgesetzt waren. Die bayerischen Generale gönnten dem als großsprecherisch bekannten Franzosen-Marschall seine Niederlage von Sterzing.

Es war höchste Zeit, daß Lefebvre und die Division Kronprinz am 11. August wieder nach Innsbruck kamen, denn schon sahen sich die zurückgebliebenen Truppen von allen Seiten angegriffen, auch wenn es sich dabei nur um Einzelaktionen handelte. Daß nun wieder 15.000 Mann bei Innsbruck zusammengezogen waren, ließ noch einmal Ruhe einkehren. Wenn auch nur für einen Tag. Denn Lefebvre auf den Fersen waren Tausende Schützen, die sich unter der Führung von Andreas Hofer und seinen beiden „Flügelmännern" Josef Speckbacher und Pater Haspinger zur dritten Bergiselschlacht formierten. Die Lage von Lefebvres Armee war alles andere als günstig. Eine Verstärkung war nicht zu erwarten. Vereinzelte bayerische Angriffe an der Grenze bei Vils und Reutte waren zurückgeschlagen worden. Und ein Transport von Munition und Lebensmitteln, der über den Achenpaß nach Innsbruck gelangen sollte, war von den Tirolern abgefangen worden. So mußte der nächste Tag eine Entscheidung bringen. Die Lebensmittelknappheit wurde so kraß, daß Lefebvre seine entkräfteten Truppen nicht schonen konnte und die Schlacht annehmen mußte. Es blieb ihm nichts anderes übrig, als die auf den Bergrücken von Volders bis Kranebitten stehenden Tiroler anzugreifen. 15.000 Schützen waren diesmal dem Ruf Andreas Hofers und seiner Mitkämpfer gefolgt. Eine Verstärkung durch reguläres Militär gab es freilich nicht. Lassen wir den Zirler Schützenhauptmann Anton Plattner zu Wort kommen, der im Zentrum der Tiroler stand und am Morgen des 13. August den Beginn der Schlacht erwartete:

„Seine (Lefebvres) Streitmacht steht schlagfertig konzentriert auf Wiltens Gefilde. Es ist der 13. August, fünf Uhr morgens. Es fällt ein Kanonenschuß. Die feindliche Heeresmasse fängt an zu wogen, wie die Wetternacht, wenn der Sturmwind in ihren Wolkenhaufen zu wühlen beginnt; es entwickeln sich weiterhin gedehnte Fronten. Der lautlose

▷ *Die dritte Bergiselschlacht am 13. August 1809. Ausschnitt aus einem der Bilder von Placidus Altmutter mit einer Fülle wirklichkeitsnaher Details (gefangene Tiroler, Betreuung von verwundeten Bayern, Geschütze, Gruppe kommandierender Bayern und Franzosen). Links ist die Stiftskirche von Wilten zu erkennen, am Berghang die Verteidigungslinie der Tiroler.*

Schimmerblitz ihrer Waffen bei den Wendungen gleicht dem unheimlichen Wetterleuchten, ehe man das Rollen des Donners hört . . . Innsbruck sieht und hört, was es noch nie gehört und gesehen: eine Schlacht von 40.000 Kombattanten auf dem Flächenraum von einer halben Stunde. Der Geschützdonner brüllt die ganze Schlachtlinie entlang, Schlag auf Schlag, Feuerstrom auf Feuerstrom gegen den Berg, die Stellung der Tiroler. Ihre erste Linie weicht, wird aber von der zweiten aufgenommen. Die feindlichen Sturmbataillone dringen ermutigt vor, aber nun sind sie außer dem Bereich ihrer Geschütze, der Kampf wird gleich. Das Kleingewehrfeuer der Tiroler beginnt, die Vorderreihen der feindlichen Bataillone stürzen nieder, sie verwickeln, verwirren sich, sie fliehen, stürzen in regloser Eile auf die Ebene zurück. Der erste Sieg der Tiroler in offener Feldschlacht gegen reguläre Truppen. Ganz Innsbruck auf den Dächern und Türmen sieht es und staunt; einzelne weiße Fähn-

lein werden gehoben und geschwungen – wie klopft mein Herz! Die Bayern, wütend gemacht, formierten noch stärkere Sturmbataillone, ihre Geschützlinie rückt, um die Stürmenden kräftiger zu unterstützen, 300 Schritte vor und beginnt ein Preßfeuer der furchtbarsten Art, unter seinem Schutze rücken die Bataillone vor, ohne einen Schuß zu tun, nirgends etwas anders sicht- und hörbar als Feuerströme, Qualm und Kanonendonnergebrüll, und um 9 Uhr vormittags, wo der Kampf wahrlich grauenhaft wütete und bis zum mörderischen Handgemenge gesteigert wurde, schien es, als sei die ganze Gefilde-Ebene zum weitgeöffneten Feuerpfuhl geworden und der Abgrund kämpfe gegen den Himmel."
Im Nahkampf waren die Tiroler mit ihren Stutzen gegen die Bajonette der Soldaten im Nachteil. Da rissen manche Burschen junge Baumstämmchen aus und eilten damit ins Kampfgetümmel. Als die Tiroler auch noch ihre wenigen Kleingeschütze wirkungsvoller einsetzten, wendete sich das Blatt: „Es wurde die wildeste Flucht und schweißtriefend kehrten die Trümmer der napoleonischen Sturmbataillone zurück, ihren Rückzug mit Blutstreifen, Sterbenden und Leichnamen bezeichnend . . . Besonders entsetzlich war der Anblick des Hohlweges, wenn die Stürmenden hart gedrängt in diesem Schutz suchten und dann von unserer Reserve von einem Kugelregen überschüttet wurden."
Die Bauern behielten ihre Stellungen und bauten sie aus. Um der völligen Einschließung und Gefangennahme zu entgehen, blieb Lefebvre nach einem Ruhetag nichts anderes übrig, als in der Nacht zum 15. August den Rückzug anzutreten. Zahlreiche Höfe und Ansitze rund um Innsbruck, die während der Kämpfe halbwegs heil geblieben waren, ließ er vorher niederbrennen. Auch einige Geiseln wurden mitgenommen: Graf Sarnthein und Baron Schneeburg wurden kurzerhand verhaftet und zusammen mit der bereits mehrere Tage eingesperrten Freifrau von Sternbach auf einen Wagen verladen. Der Kronenwirt Straub von Hall, der ebenfalls mitfahren sollte, konnte durch einen Sprung in den Inn entfliehen. Im Verlauf des Zuges durch das Unterinntal, bei dem die geschlagenen Truppen immer wieder angegriffen wurden, wurden noch einige weitere Beamte und Geistliche mitgenommen. Der greise Graf Sarnthein überlebte die rauhe Behandlung nicht und starb einen Monat später. Die anderen Geiseln wurden zuerst in München eingesperrt und später nach Straßburg in die dortige Zitadelle gebracht.
Der Sieg der Tiroler Bauern über mehrere Divisionen aus Napoleons großer Armee erregte in ganz Europa Aufsehen. Bilder ihrer Anführer, vor allem natürlich des Sandwirts Andreas Hofer, fanden reißenden Absatz – auch in Bayern, wo in verschiedenen Buchhandlungen ganze Stöße von Andreas-Hofer-Bildern konfisziert wurden. Interessanter-

Andreas Hofer auf einem zeitgenössischen Flugblatt (Ausschnitt).

weise erlaubte die Polizei ihren Verkauf in München, weil es hier nur darum gehe, wie es hieß, die Neugierde der Bürger zu befriedigen. Für die Münchner Regierung, die Behörden, die Polizei und für die meisten patriotisch gesinnten Bayern war Andreas Hofer natürlich kein Freiheitsheld, sondern ein Rebell und Aufrührer. Ein Polizeibericht charakterisiert ihn nicht eben günstig: „Hofer Andre vulgo Sandwirt: hat sein Ansehen vorzüglich seinem Barte zu danken, sonst hätte er es schwerlich bekommen, denn er ist ein Mann ohne Kopf und Charakter. In Hinsicht seines Herzens ist er wenigstens nicht hart; ihn einen gutartigen Fanatiker zu nennen, heißt ihn vielleicht am besten charakterisieren. Persönlichen Muth hat er nicht viel gezeigt, denn immer war er hinter seinen Horden." Auch in Innsbruck waren die „Meinungen von seinen Fähigkeiten sehr geteilt", wie Anton Knoflach in sein Tagebuch schreibt. Aber selbst die Innsbrucker, die unter den ständigen Befreiungen und Besetzungen unsäglich zu leiden hatten, sich an den Kämpfen kaum beteiligten und den Frieden herbeisehnten, waren schließlich froh, daß Andreas Hofer sich am 15. August 1809 bereit erklärte, auch die zivile Verwaltung des nun völlig auf sich allein gestellten Landes zu übernehmen. Dank seiner Autorität wurde ein Chaos verhindert.

Josef Speckbacher (in österreichischer Majorsuniform mit Kette und Medaille, die ihm vom Kaiser später verliehen wurde), einer der Führer des Tiroler Freiheitskampfes von 1809.

Als wichtigste Aufgabe betrachtete es das Bauernregiment in der Hofburg, die Landesgrenzen abzusichern. Alle Übergänge und Pässe im Norden wurden mit starken Einheiten besetzt. Ausfälle nach Bayern wurden aber strengstens verboten. Und diesmal hielten sich die Kämpfer auch daran. Vorstöße über die Landesgrenzen wurden nur im Nordosten unternommen, weil sich gezeigt hatte, daß dies der gefährdetste Teil Tirols war, wo Vorposten von Nutzen sein konnten. Es gelang den Tirolern, auch Teile der Salzburger Bevölkerung gegen die französisch-bayerische Besatzung aufzuwiegeln und den Steinpaß zwischen Lofer und Bad Reichenhall sowie den Paß Lueg südlich von Hallein in ihren Besitz zu bringen. Bei diesen Kämpfen, die von Pater Haspinger und Josef Speckbacher geführt wurden, kamen die Tiroler Vortrupps bis vor die Tore von Reichenhall. Die Bayern mußten Berchtesgaden räumen.
Verhandlungen mit der bayerischen Regierung gab es nicht. Lediglich um den Austausch von Gefangenen und Geiseln wandte sich Andreas Hofer direkt an den bayerischen König: „Auch hofft man, daß unsere Landsleute bis zur Auswechslung gut behandelt werden, und daß man sie ebenso behandle wie die Gefangenen hier behandelt werden. Womit man sich an seine Majestät gehorsamst empfiehlt. Andr. Hofer, Oberkommandant in Diroll." Es ging dabei nicht nur um Kriegsgefangene, sondern auch um jene Tiroler, die bei Ausbruch der Kämpfe in Bayern als Wanderhändler oder als Dienstboten tätig gewesen und eingesperrt

worden waren. In Tirol waren insgesamt 1400 bayerische Soldaten in Verwahrung. Zum Teil arbeiteten sie auf Bauernhöfen, wurden dort wie Familienangehörige oder zumindest wie die eigenen Knechte behandelt. Nicht wenige blieben ihren „Dienstherrn" freundschaftlich verbunden. Außerdem wurden 62 Miesbacher Bauern mit ihren Pferden und Wagen in Innsbruck festgehalten. Sie waren Anfang August mit einem Proviant-transport unterwegs nach Innsbruck gewesen und überwältigt worden. König Max Josef befragte in dieser Angelegenheit Napoleon, da er es nicht wagte, aus eigener Machtvollkommenheit mit dem Rebellenführer in Innsbruck Kontakt aufzunehmen. Tatsächlich erhielt er keine Erlaubnis dazu. Dafür begann der Franzosenkaiser geheime Verhandlungen, weil er die Tiroler bei einem möglichen neuen Kriegsausbruch nicht als

Gefangene Tiroler am Chiemsee. Das Bild stammt aus einer in Nürnberg hergestellten Szenenfolge aus dem Tiroler Krieg, die natürlich nur für Bayern Positives zeigt, wie ja auch die bayerischen Zeitungen dieser Zeit völlig einseitig berichten.

◁

Feinde haben wollte. Er bot ihnen die Unterstellung des Landes unter die französche Regierung an, sogar unter Aufrechterhaltung einer gewissen Autonomie. Dafür sollten sie neutral bleiben. Auch am Kaiserhof in Wien war man nicht sicher, ob man die Tiroler nicht noch einmal brauchen würde. Deshalb mußte man in Innsbruck Hoffnung und Zuversicht wecken. In verantwortungsloser Weise ließ Wien die Tiroler im Ungewissen, bestärkte sie sogar in ihrem Eifer, obwohl längst klar war, daß im bevorstehenden Friedensschluß Tirol nicht für Österreich zu retten war. Noch am 4. Oktober empfing Andreas Hofer eine Ehrenkette des Kaisers. Daß die Bauernführer die bald danach eintreffende Meldung vom Friedensschluß zu Schönbrunn (14. Oktober) und vom neuerlichen Verzicht des Kaisers auf Tirol nicht glauben wollten, ist verständlich, wenn man die ausdrücklichen Zusagen der Kriegspartei am Wiener Hof und das vom Kaiser persönlich abgegebene Versprechen bedenkt, Tirol nie mehr preiszugeben. Aber auch als an den Tatsachen nicht mehr zu zweifeln war, wollte man sie ganz einfach nicht wahrhaben.
Napoleon ließ den Tirolern keine Zeit, lange nachzudenken. Am selben Tag, an dem er in Schönbrunn den Frieden unterzeichnete, gab er seinem Stiefsohn und Vizekönig von Italien den Befehl, Tirol zu unterwefen. Insgesamt sollten jetzt sogar 50.000 Mann aufgeboten werden, doch war von Rache und Strenge diesmal nicht die Rede: Die Tiroler seien zu entwaffnen und zu unterwerfen, die Chefs anzuzeigen, die Beschwerden der Bewohner entgegenzunehmen und, soweit sie berechtigt seien, Abhilfe zu schaffen. Ein französischer General und nicht eine bayerische Hofkommission sollte die Neuorganisierung des Landes in die Hand nehmen. Sogleich sammelten sich in Salzburg drei bayerische Divisionen zum Einmarsch in Nordtirol. Sie wurden von Deroy, Wrede und dem Kronprinzen befehligt, der sich diesmal nicht vertreten lassen konnte. Gerne hätte er es getan. Denn gegen die Tiroler zu kämpfen, war nicht seine Sache. Zu groß war seine Sympathie für dieses freiheitsliebende Volk. Seine Einstellung geht aus jener Proklamation hervor, die Ludwig im September entworfen hatte, jedoch nie veröffentlichen durfte. Das Konzept ist überschrieben: „Wenn ich, Ludwig, König von Bayern wäre“. Dann heißt es: „Tiroler! Was geschehen ist, alles sei vergessen. Unrecht habt Ihr getan, Unrecht ist Euch widerfahren. Werdet meine treuen Kinder, lieben werde ich Euch als Vater. In früher Jugend fühlte ich mein Herz zu Euch gezogen, ich schätzte Euch, da ihr österreichisch waret, vor anderen Völkern der Anhänglichkeit wegen an Euren Herren . . . Mein Wort gebe ich, kein Tiroler, auch die Anführer nicht, soll wegen des Aufstandes gestraft werden . . . Bayern und Tirol sind einander verbunden durch Lage, Sitten und Sprache; Wir bekennen uns zu

derselben heiligen römisch-katholischen Religion. Tiroler, gegen Euch habe ich nie streiten wollen. Tief schmerzte es mich, da ich sah, daß man Neuerungen bei Euch vornahm. Macht hatte ich keine, es zu verhindern . . . Eure Klagen und Vorstellungen anzuhören werdet Ihr immer bei mir Bereitwilligkeit finden und ein Herz, Tiroler, das Euch liebt, wenn auch Ihr mich liebt." Und nun muß Kronprinz Ludwig gegen seine geliebten Tiroler ins Feld ziehen.

Den Oberbefehl über die drei bayerischen Divisionen hatte der frühere Stabschef von General Lefebvre inne, General Drouet d'Erlon. Mit Lefebvre hatte sich Ludwig vollständig zerstritten. Am 17. Oktober wurde in Melleck der starke Tiroler Vorposten unter Speckbacher aufgerieben, wodurch der Zugang zum Paß Strub für die Division Kronprinz geöffnet war. Die anderen beiden Divisionen überschritten bei Kufstein und bei Kössen die Landesgrenze. Obwohl sich die Bayern bewußt Zeit ließen, um den Tirolern das Einlenken zu ermöglichen, standen sie bereits am 24. Oktober vor Innsbruck.

Drei Tage vorher hatte Andreas Hofer die Tiroler Landeshauptstadt mitsamt seinem Hauptquartier verlassen. Er war völlig verwirrt und wußte nicht, was zu tun sei. Verstört zog er zwischen verschiedenen Wipptaler Orten hin und her. Von allen Seiten redete man auf ihn ein. Jeder wollte und behauptete etwas anderes. Daß Österreich Tirol abgetreten habe, konnte Andreas Hofer einfach nicht glauben. Die Möglichkeit eines neuerlichen Sieges über das Invasionsheer war jedoch nicht sehr groß, da die Kampfbereitschaft gesunken war und vor allem viele der besten Anführer und Kompanien nicht mehr mittun wollten. Allerorten herrschte Unsicherheit und Niedergeschlagenheit, unter den Kommandanten genauso wie in den Mannschaften, die den Bergisel notdürftig besetzt hielten.

Die Bayern standen immer noch vor Innsbruck, ließen die Stadt sozusagen im Niemandsland. Wahrscheinlich wäre es ein Leichtes gewesen, die Tiroler Stellungen einfach zu überrennen. Doch der Kronprinz wollte unnötiges Blutvergießen vermeiden. Eine Art von Truppenparade sollte die bayerische Macht demonstrieren und auch die Kriegspartei der Tiroler erkennen lassen, daß weiterer Widerstand sinnlos war. Endlich trafen am 27. Oktober auch die Plakate mit dem Manifest des Vizekönigs im französisch-bayerischen Hauptquartier ein. Es enthielt die Friedensbedingungen und die Zusicherung der Straflosigkeit für alle, die die Waffen sofort niederlegten. Mehrere Pakete mit diesen Schriftstücken sandte man an die Stadt Innsbruck und an Hofers Hauptquartier hinter dem Bergisel. Dann erst wurde Innsbruck besetzt, wobei die Vorhut auf Gruppen von bewaffneten Bauern stieß, die zum Besuch der Sonntags-

Nach der Niederlage der Tiroler bei Melleck am 17. Oktober wurden ca. 170 Gefangene nach München gebracht, unter ihnen der kleine Sohn Speckbachers. König Max I. Joseph ließ sich die geschlagenen Rebellen vorführen. Zeitgenössische Zeitungsberichte und dieses Aquarell halten die Szene fest.

messe in die Stadt gekommen waren. Es fiel jedoch kein Schuß, die Bauern konnten ungehindert zurück auf den Bergisel. Andreas Hofer hatte inzwischen einen Waffenstillstandsbefehl ausgegeben und wollte selbst beim Kronprinzen vorsprechen. Der Wagen war schon bespannt. Doch der wütende Pater Haspinger vermochte Hofer umzustimmen.
Also muß es noch einmal zum Kampf kommen. Am 31. Oktober hören die Innsbrucker wieder Gefechtslärm. Im Tagebuch Anton Knoflachs ist zu lesen: „Was wollen denn die Wahnsinnigen? Möchten sie doch zur Besinnung kommen . . . Den 1. November. Halb 10 Uhr. Die Truppen von Hall, der Kronprinz, die Genrale sind alle schon hier und gegen den Berg Isel marschiert. Sechs Haubitzen und zwanzig Kanonen sind gegen die Schanzen der Bauern aufgepflanzt. Die Kanonade ist fürchterlich; es zittern alle Fenster. Gott, so weit mußte es kommen! Wie wird es enden?" Nach der Kanonade überrennen die Bayern im ersten Ansturm die Stellungen der Tiroler, die nicht mehr so zahlreich wie früher sind, denen vor allem aber der alte Kampfgeist, die frühere Einigkeit und die Zuversicht fehlen.
Selbst diese letzte, verlorene Bergiselschlacht war jedoch noch nicht das Ende. Andreas Hofer brach jetzt unter der ihm aufgebürdeten Verantwortung zusammen und wurde zum Werkzeug verantwortungsloser Hitzköpfe. So gingen die Kämpfe noch weiter, vereinzelt im Oberinntal, wo bayerische Einheiten mehrmals angegriffen wurden, vor allem aber im Süden des Landes, der von französischen Truppen aus Italien und aus Kärnten besetzt wurde. Erst im Dezember verebbte der letzte Widerstand, gingen die letzten Höfe in Flammen auf. Kronprinz Ludwig, der all dem nicht zuschauen konnte, war schon in den ersten Novembertagen aus Tirol wieder abgereist. Entschuldigend schrieb er an seinen Vater: „Ich verlasse Tirol, da ich glaube, es sei Ihr Wille nicht, daß ich eine Vendéekrieg mitmache. Übrigens sind auch die Märsche in den naßkalten Nebeln meiner Gesundheit nachteilig . . ."
Durch die Mißachtung der Friedens- und Amnestieangebote hatten sich die Aufständischen jede Schonung verwirkt. Dennoch war das Strafgericht der Sieger – mit Ausnahme des im Pustertal befehlenden Generals Broussier – eher milde. Napoleons Stiefsohn Eugen Beauharnais, Vizekönig von Italien, wollte auch den auf der Pfandler Alm verhafteten und nach Mantua überstellten Andreas Hofer begnadigen, weil er sich gegenüber dem Feind menschlich verhalten und viel Unglück vermieden habe. Auch der bayerische König und natürlich Kronprinz Ludwig setzten sich dafür ein. Doch der Kaiser der Franzosen ordnete höchstpersönlich Hofers rasche Verurteilung und Hinrichtung an. Das Militärgericht konnte nicht mehr frei entscheiden.

Kronprinz Ludwig in der Hofburg

Ein Teil Tirols wieder unter bayerischer Herrschaft (1810–1814)

Das aufständische Tirol war niedergerungen. Wie sollte es nun weitergehen? Schon vor dem endgültigen Sieg der verbündeten Bayern und Franzosen hatte Kronprinz Ludwig am 15. Oktober 1809 an einen Münchner Freund geschrieben: „So sage ich Ihnen, daß ich für Bayerns Macht Tyrol sehr wesentlich halte, aber nicht als eine Brandstätte in Asche, sondern mit uns ergebenen Bewohnern, wenigstens doch keinen Feinden. In Güte durch Vergleich Tyrol zu erhalten, dieses finde ich das wünschenswerteste; allgemeine Amnestie. Beibehaltung der Klöster und religiösen Bräuche . . . wären wohl Hauptbedingungen."

Nun, eine Brandstätte in Asche waren freilich inzwischen weite Landstriche Tirols geworden. Und die Ruhe, die herrschte, hatte nichts mit Ergebenheit zu tun. Doch in München war man jetzt wenigstens bereit, auf den Kronprinzen zu hören und die Fehler früherer Jahre zu vermeiden. Zuerst aber mußte der bayerische König Tirol erst wieder in seinen Besitz bringen. Napoleon ließ das eroberte Land, das seiner Macht so harten Widerstand entgegengesetzt hatte, vorläufig von Militärregierungen in Innsbruck und Bozen verwalten, die unmittelbar seinem zum Vizekönig von Italien gemachten Stiefsohn Eugen Beauharnais unterstanden. Der von Max I. Joseph eingesetzte Hofkommissär für den Inn-, Eisack- und Etschkreis konnte sein Amt nicht antreten. Der französische Divisionsgeneral Drouet ließ die in Innsbruck angeschlagenen bayerischen Besetzungspatente sofort wieder entfernen. Vergeblich intervenierten die bayerische Regierung und der König bei Napoleon und dem Vizekönig von Italien.

Eine Zeitlang war es unsicher, ob Tirol überhaupt wieder zu Bayern kommen würde. Ein Anschluß ganz Tirols an Italien oder direkt an Frankreich schien durchaus im Bereich des Möglichen. Die französischen Kommandanten bemühten sich jedenfalls, für eine solche Lösung Stimmung zu machen, und äußerten sich gegenüber führenden Tirolern sehr negativ über Bayern. In diesem Propagandakrieg unter den Verbündeten blieben auch die Bayern nicht untätig und bemühten sich ihrerseits, die Tiroler Bevölkerung davon zu überzeugen, daß ein Verbleib bei Bayern immer noch das beste für das Land sei. Tatsächlich entsandten in diesen unsicheren Monaten zu Beginn des Jahres 1810 die wichtigsten

Die Innsbrucker Hofburg, Residenz des bayerischen Kronprinzen, im Jahre 1812 (Aquarell von Josef Strickner). Das große Gebäude im Vordergrund ist das Mauthaus („Dogana“), zu dem Kronprinz Ludwig im Jahre 1808 den Grundstein gelegt hatte.

Tiroler Städte Delegierte nach München, um dem König ihre Ergebenheit zu bezeugen.
Um den bayerischen Verbündeten nicht ganz zu verärgern und andererseits das Tiroler Volk möglichst zu schwächen, entschied sich Napoleon schließlich für eine Dreiteilung des Landes. Am 28. Februar 1810 übergab der Franzosenkaiser dem König von Bayern als neue Gebiete die Markgrafschaft Bayreuth, das Fürstentum Regensburg, Salzburg, Berchtesgaden und Teile Oberösterreichs, nahm ihm dafür aber vom Altbesitz das südliche Tirol weg. Daraufhin konnte Bayern wieder die selbständige Verwaltung des Inn- und des Eisackkreises übernehmen. Der Etschkreis verblieb weiter unter französischer Militärverwaltung. Die endgültige neue Südgrenze des Königreichs stand noch nicht fest. Die Verhandlungen, an denen auf bayerischer Seite auch Tiroler teilnahmen, zogen sich noch Monate hin; erst am 7. Juni kam es zum Abschluß des neuen Grenzvertrages: Welschtirol und der südlichste Teil des deutschsprachigen Tirol (mit der Stadt Bozen) kamen zum Königreich Italien,

das Pustertal östlich von Welsberg (mit Lienz und dem Iseltal) wurde zu den Illyrischen Provinzen Frankreichs geschlagen, und nur der Rest von Tirol, also das heutige Nordtirol und von Südtirol das Eisacktal mit Brixen bis etwa Klausen sowie der Vinschgau bis südlich von Meran, blieb bei Bayern. Petitionen vieler deutschsprachiger Gemeinden im Süden des Landes hatten diese unnatürliche Grenzziehung nicht verhindern können.
In dem ihnen verbliebenen Rest von Tirol richteten die Bayern jetzt nur mehr einen einzigen Kreis ein. Seine Grenzen stimmten auch innerhalb des bayerischen Königreichs nicht mit den alten Tiroler Landesgrenzen überein: Das Landgericht Kitzbühel wurde abgetrennt und dem Salzachkreis (Hauptstadt Salzburg) verbunden, das Gericht Reutte kam zum Illerkreis. Dafür wurden das bis 1803 zum Hochstift Freising gehörige Gericht Werdenfels (Garmisch-Partenkirchen–Mittenwald) und das altbayerische Gericht Auerburg nördlich von Kufstein den Innsbrucker Verwaltungsbehörden unterstellt. An ihre Spitze wurde als Generalkommissär Baron Max von Lerchenfeld berufen. Ihm übergeordnet war als Generalgouverneur und Militärkommandant des Inn- und des Salzachkreises niemand Geringerer als Kronprinz Ludwig.
Es mußte von den Tirolern als besondere Gunst und als Zeichen des guten Willens gewertet werden, daß König Max I. Joseph seinen Sohn als Regenten nach Innsbruck entsandte. Ludwigs Sympathie für die Tiroler, seine Begeisterung für das Land und seine Gegnerschaft zu Napoleon waren bekannt. Und die Innsbrucker freuten sich, endlich wieder einen fürstlichen Hof in den Mauern der Stadt beherbergen zu dürfen. Sogleich schickten sie eine Abordnung nach München, um dem König zu danken. Als der Kronprinz am 27. Oktober 1810 mit seiner Gemahlin Therese von Sachsen-Hildburghausen in Innsbruck eintraf, wurde ihm ein überaus herzlicher Empfang bereitet. Die ganze Stadt war hell erleuchtet, allein am Mauthaus („Dogana“), zu dessen Bau Ludwig ein paar Jahre vorher den ersten Spatenstich getan hatte, brannten 1000 Lichter. Gegenüber der Hofburg war ein Tempel aufgestellt, den Orangengirlanden zierten. Bedeutsamer als die üblichen Festdekorationen und die schwulstigen Lobgedichte war, daß nicht nur Bürgerschaft, Akademiker und Beamte zur Begrüßung erschienen, sondern auch die Vertreter von vielen Landgerichtsgemeinden der Umgebung mit Schützenabordnungen und Musikkapellen. Die Festlichkeiten zogen sich noch mehrere Tage hin und erreichten mit einem Volksfest rund um eine Bauernhochzeit in Kematen ihren Höhepunkt. Kronprinz Ludwig, der seinen Tiroler Auftrag ursprünglich als „delikaten Posten“ angesehen und bei seinem Eintreffen in Innsbruck peinliche Kundgebungen befürchtet

Das Kronprinzenpaar Ludwig von Bayern und Therese von Sachsen-Hildburghausen auf einer silbernen Gedenkmedaille, die 1810 zur Erinnerung an ihre Anwesenheit in Innsbruck geprägt wurde.

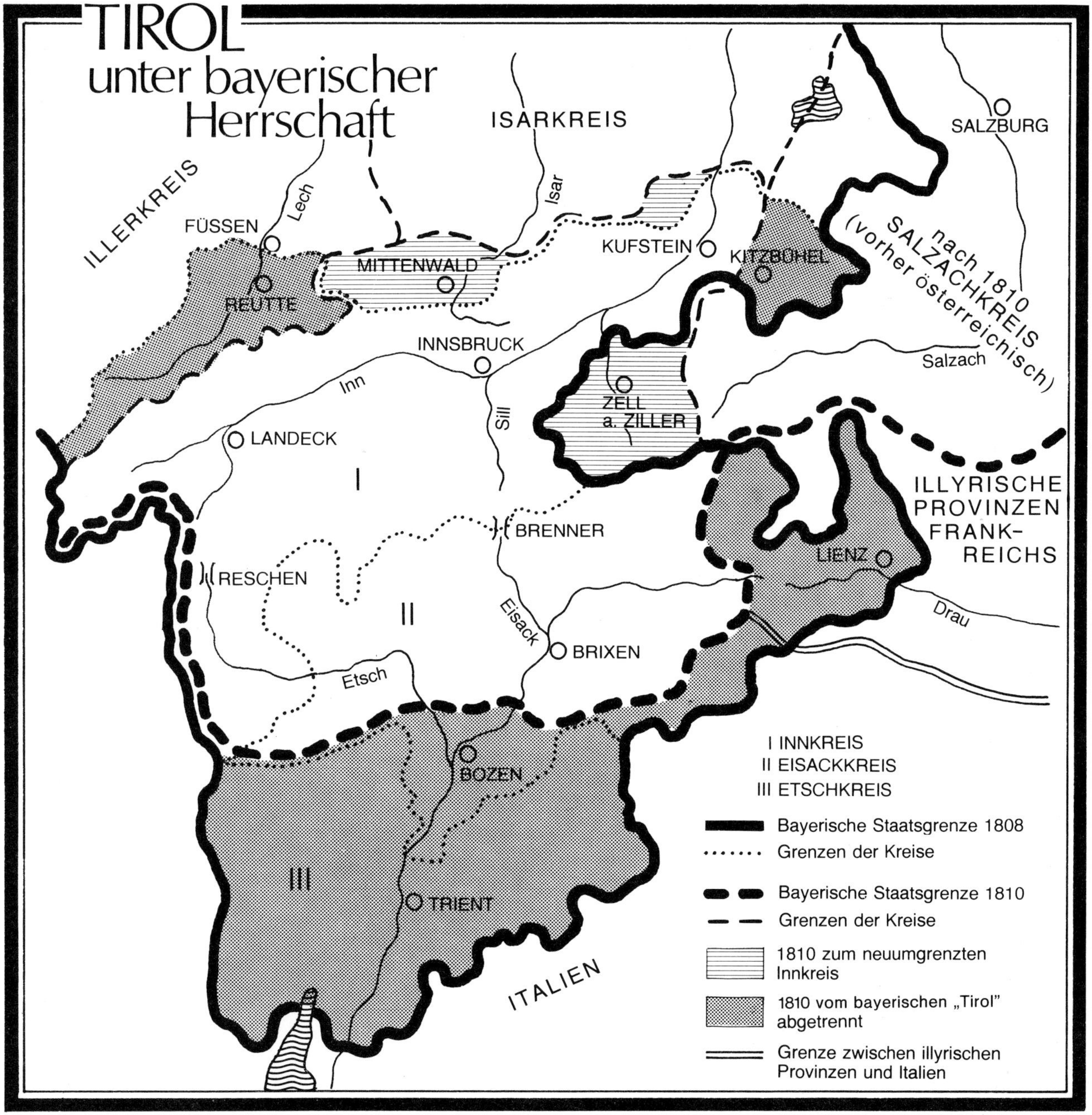
TIROL
unter bayerischer
Herrschaft
ISARKREIS
ILLERKREIS
SALZBURG
nach 1810
SALZACHKREIS
(vorher österreichisch)
FÜSSEN
Lech
Isar
KUFSTEIN
KITZBÜHEL
MITTENWALD
REUTTE
INNSBRUCK
Salzach
Inn
ZELL
a. ZILLER
Sill
LANDECK
I
ILLYRISCHE
PROVINZEN
FRANK-
REICHS
BRENNER
LIENZ
RESCHEN
II
Eisack
Drau
BRIXEN
Etsch
BOZEN
III
TRIENT
ITALIEN
I INNKREIS
II EISACKKREIS
III ETSCHKREIS
Bayerische Staatsgrenze 1808
Grenzen der Kreise
Bayerische Staatsgrenze 1810
Grenzen der Kreise
1810 zum neuumgrenzten Innkreis
1810 vom bayerischen „Tirol" abgetrennt
Grenze zwischen illyrischen Provinzen und Italien

hatte, war angenehm überrascht und sah sich in der Hoffnung bestärkt, die Tiroler zu guten und treuen bayerischen Staatsbürgern machen zu können. Seinem Vater schrieb er in diesen Tagen nach München: „Tirol Ihnen anhänglich zu machen, ist mein Bestreben. Wie viel mächtiger sind Sie, haben Sie das kräftige Volk in dieser Naturfestung für sich."

In den folgenden drei Jahren residierte Kronprinz Ludwig von Bayern manchmal in Salzburg, häufiger aber in Innsbruck. Er bereiste Tirol nach allen Richtungen, unternahm weite Wanderungen, oft allein mit seiner Frau, besuchte Almhütten und Märkte und gewann mit seinem leutseligen und hochgesinnten Wesen die Herzen der Tiroler für sich. Auch der mit ihm befreundete Generalkommissär Lerchenfeld war nach Kräften bemüht, frühere Fehler wiedergutzumachen und die Ursachen berechtigter Klagen abzustellen. Die Bayern hatten aus der bitteren Erfahrung gelernt und steuerten nun einen viel milderen Kurs. Zu einer fast radikalen Kehrtwendung kam es in der Kirchenpolitik. Die meisten alten Bräuche wurden wieder erlaubt. Die Verwaltungsreform ging weiter und wurde allmählich auch von der Bevölkerung als ein Fortschritt anerkannt. Bayerische Beamte wurden ausdrücklich zu einem korrekten und zurückhaltenden Benehmen angewiesen.

Nicht alles konnte sich freilich zum Guten wenden: Steuerdruck und Mißstände im staatlichen Finanzsystem blieben; die Auswirkungen des Krieges verschlimmerten noch die Situation. Die Kontinentalsperre, die Napoleon gegen England verhängt hatte und der alle seine Verbündeten beitreten mußten, hatte für Handel und Wirtschaft in Tirol katastrophale Folgen. Nur ein Beispiel: am 1. November 1810 wurden alle Schnitt- und Kolonialwarengeschäfte für eine Woche zwangsweise geschlossen und in dieser Zeit behördlich visitiert. Sämtliche englischen Stoffe und Waren wurden konfisziert.

In der Bildungspolitik mußte sich Tirol einen besonders harten Schlag gefallen lassen: Die Innsbrucker Universität wurde im November 1810 aufgehoben. Offiziell gab man als Begründung an, daß wegen der Abtrennung Welschtirols die Ausbildung zweisprachiger Verwaltungsbeamter nicht mehr notwendig sei und damit ein Hauptziel der Innsbrucker Universität wegfalle. Auch war die Zahl der Studierenden durch die Zeitumstände dermaßen gesunken und standen so geringe Geldmittel zur Verfügung, daß selbst der Rektor der Universität das Ganze als „eitel Stückwerk" bezeichnete. Viele Lehrkanzeln waren überhaupt nicht mehr besetzt. Hauptargument für die bayerischen Universitätsgegner war aber wohl, daß aus einer Universität in Innsbruck immer nur Tiroler, nie aber Bayern hervorgehen konnten, „da der Gebirgsbewohner nur außerhalb der rohen Masse seiner Berge zu einer höheren Stufe

Der berühmte Orientalist Jakob Philipp Fallmerayer, einer jener Tiroler, die zwischen 1810 und 1814 zum Studium nach Landshut gingen und in Bayern „hängenblieben". Fotografie von Hanfstaengl in München aus dem Jahre 1858.

◁

Seidenschärpe mit aufgedrucktem Festgedicht zum Empfang des Kronprinzenpaares in Innsbruck.

▷

Rekrutierung zum bayerischen Militär im Lechtaler Ort Elbigenalp, dargestellt vom einheimischen Maler und Lithographen Anton Falger.

der Humanität sich aufzuschwingen vermöge". Zu dieser höheren Humanität, sprich: bayerisches Untertanenbewußtsein, sollten die Studenten, also die zukünftigen Beamten und die Führungsschicht des „Innkreises", an der Landshuter Hochschule erzogen werden. Wie schon unter Joseph II., wurde in Innsbruck nur ein Lyzeum mit einer theologischen und philosophischen „Sektion" belassen. Diese Maßnahme bescherte Bayern einen Akademikerzustrom aus Tirol, da natürlich so mancher Student in Landshut oder sonstwo in Bayern „hängenblieb" und nach 1815 nicht mehr in seine Heimat zurückkehrte. Der bekannteste dieser nach Bayern verschlagenen Tiroler Akademiker ist Jakob Philipp Fallmerayer, der als Orientalist berühmt wurde und Mitglied der Münchner Akademie der Wissenschaften war.

Keine Konzessionen konnte die bayerische Regierung in bezug auf die Dienstpflicht beim Militär machen. Der König brauchte Soldaten, um den Forderungen Napoleons nachkommen zu können. So kam es, daß Tiroler in Rußland für Frankreich kämpften und fielen. Ein neues, auf Gerechtigkeit und Berücksichtigung der Familienverhältnisse bedachtes Konskriptionsgesetz und möglichst viel Milde in der Durchführung sollten diese Last erträglicher machen und Ausschreitungen bei der Rekrutierung vermeiden helfen, die man aus dem Jahre 1809 noch in unange-

nehmster Erinnerung hatte. Zwar entzogen sich noch immer zahlreiche Burschen durch Flucht ins Ausland oder in die Berge ihrer Stellungspflicht, doch nahmen jetzt viele – insgesamt waren es 5172 Mann – den ungeliebten Dienst beim bayerischen Militär als unabwendbares Schicksal auf sich. Sogar dieses Problem wurde durch die Volkstümlichkeit und Beliebtheit des Kronprinzen Ludwig gemildert: Nur nicht gegen Österreich dürfe es gehen, sonst würden sie wohl bereit sein, bayerische Soldaten zu werden, antworteten dem Prinzen einmal ein paar Bauernburschen, als er sie darauf ansprach. Von ihm wußte man ja auch, daß er seinen Vater und dessen Staatsminister Montgelas drängte, in die europäische Koalition gegen den Franzosenkaiser einzutreten. Am 8. Oktober 1813 erreichte er sein Ziel: Im Vertrag von Ried vollzog Bayern den Frontwechsel und verbündete sich mit Österreich. So zogen nach der Völkerschlacht von Leipzig Tiroler Burschen in bayerischen Uniformen nach Frankreich, um den Franzosenkaiser stürzen zu helfen. Nicht wenige taten sich dabei durch besondere Tapferkeit hervor und waren später stolz darauf, mit dabei gewesen zu sein. Einer von ihnen war der bekannte Zeichner, Lithograph und Chronist Anton Falger von Elbigenalp im Lechtal, der überhaupt aus seiner Bayernfreundlichkeit kein Hehl machte.

Wenn sich auch nach 1810 vieles im Lande zugunsten der bayerischen Regierung veränderte, so hofften doch die meisten Tiroler auf eine baldige Rückkehr zu Österreich. Momentan hatten sie freilich andere Sorgen: Die Folgen der Kämpfe von 1809, Kriegslasten und wirtschaftliche Schwierigkeiten ließen den Kampf um das tägliche Brot wichtiger erscheinen als Politik. Dennoch hatten Resignation, Enttäuschung und Not den Widerstandsgeist nicht ganz und nicht bei allen verschüttet: Um die Jahreswende 1811/12 wurden zwischen Wien und Tirol schon wieder Aufstandspläne geschmiedet, die jedoch nicht ins Konzept der österreichischen Regierung paßten. So wurde der „Alpenbund", der eine Erhebung der Alpenländer gegen Napoleon und seine Verbündeten zum Ziel hatte, nicht etwa von Bayern, sondern vom österreichischen Kaiser selbst zerschlagen, nachdem ihm die Verschwörung verraten worden war. Die Tiroler sollten geduldig zuwarten, bis der österreichische Staatsminister Metternich die Zeit für günstig hielt, die Armee wieder aufgerüstet war und die Habsburgermonarchie Napoleon den Krieg erklären konnte. Als dies im Spätsommer 1813 der Fall war, wurde der Süden Tirols während eines kurzen Feldzugs im September und Oktober von österreichischen Truppen und Schützeneinheiten befreit. Für den bayerischen Norden sah jedoch alles anders aus.

Trotz der Erfolge der Österreicher und der Tiroler Freiheitskämpfer im

◁

Der Tiroler Anton Falger von Elbigenalp hat 1813 als bayerischer Soldat den Frankreich-Feldzug mitgemacht und eine Reihe kleiner Bilder mit Kampfszenen und Eindrücken aus dem Soldatenleben hinterlassen: oben das bayerische Heerlager bei München, unten die Verwundung des Josef Heckel bei Luisetaines am 13. Februar 1814.

Pustertal verhielten sich die Tiroler im bayerischen Innkreis zunächst völlig ruhig. Obwohl fast nirgends bayerisches Militär stationiert war, gab es keinen Versuch einer bewaffneten Erhebung. Die Aufrufe der Österreicher verhallten ohne Wirkung, ins Land geschlichene Patrioten konnten auch nicht mehr erreichen. Sehr geschickt verhielt sich Kreiskommissär Lerchenfeld, der einerseits vor harten Maßnahmen gegen Aufwiegler nicht zurückschreckte, andererseits eine Proklamation an die Tiroler Bevölkerung erließ und sie darin aufforderte, in Ruhe den allgemeinen Frieden und die folgenden Verhandlungen abzuwarten. Erst als am 8. Oktober das Bündnis zwischen Bayern und Österreich zustandekam und darin von Gebietsabtretungen des bayerischen Königs nicht die Rede war, fing es in Bayerisch-Tirol zu gären an. Denn jetzt schien die Hoffnung, ohne eigenes Zutun wieder österreichisch zu werden, auf einmal doch vergebens. Die Situation wurde kritisch, als viele ins Ausland geflüchtete Tiroler, die bisher im Süden gekämpft hatten, zurückkehrten und ihre Landsleute zu einem Aufstand überreden wollten. Bald wurde da und dort die Bezahlung der Steuern verweigert, und mehr Stellungspflichtige entflohen wieder den Rekrutierungskommandos. Gegenmaßnahmen des bayerischen Militärs, das verstärkt worden war, schufen neue Verbitterung. Jetzt war es aber wieder die österreichische Regierung, die bremste und von den eben noch aufgehetzten Tirolern die strikte Einhaltung des bayerisch-österreichischen Bündnisvertrages forderte. Auch besonnene Tiroler mahnten zur Ruhe und unterstützten Generalkommissär Lerchenfeld in seinen Maßnahmen.

Währenddessen kam es an verschiedenen Orten zu Bauernversammlungen, die das weitere Vorgehen berieten und Briefe mit der Bitte an den Kaiser nach Wien absandten, er möge Tirol möglichst schnell wieder mit Österreich vereinen. Die Ungeduld wurde immer größer, der Ruf nach Gewalt lauter. Von Sterzing aus drangen am 10. Dezember 1813 bewaffnete Scharen in Richtung Innsbruck vor und eroberten die Kreishauptstadt tags darauf in einem tollkühnen Sturmlauf. Wieder einmal mußte ein bayerischer Befehlshaber aus Innsbruck flüchten. Die Sieger und das sattsam bekannte Vorstadtgesindel plünderten Ämter und Militärmagazine. Nur mit Mühe gelang es dem bayerischen Generalkommissär, angesehenen Bürgern und bekannten Bauernführern, Ruhe und Ordnung wiederherzustellen. Auch durchziehende österreichische Soldaten wurden gegen die Tiroler Unruhestifter eingesetzt.

Doch die Ohnmacht von Behörden und Ordnungshütern war offenkundig geworden. Jede Gelegenheit wurde nun benützt, um die Anhänglichkeit an Österreich zu demonstrieren. Selbst Bauern, die sich bisher den Bayern gegenüber immer loyal verhalten hatten, verlangten in aller

Ein Vermerk am Rahmen dieses Feuerschirms besagt, daß er zur Ausstattung des Kronprinzen-Appartements der Innsbrucker Residenz gehörte.

Öffentlichkeit das Ende der bayerischen Herrschaft. Bald war es allgemein üblich, die Anordnungen der Behörden zu mißachten und zu verspotten. Das Verwaltungswesen stand vor dem totalen Zusammenbruch, Anarchie drohte. Es war höchste Zeit, daß im Frühjahr 1814 die diplomatischen Verhandlungen zwischen Wien und München über die Rückkehr Tirols zu Österreich positiv abgeschlossen wurden. Als die Nachricht vom bevorstehenden Regierungswechsel in Tirol eintraf, herrschten überall Jubel und Übermut. Schon jetzt wurde die Mehrzahl der bayerischen Hoheitszeichen wieder gegen den österreichischen Doppeladler ausgetauscht. Am 26. Juni 1814 war es dann endlich soweit: Im Riesensaal der Hofburg fand durch die beiderseitigen Hofkommissionen der offizielle Akt der Rückerstattung des bayerischen Anteils von Tirol an Österreich statt. Wie der Innsbrucker Stadtchronist Pusch schreibt, wurde „während dieser Handlung . . . der Oesterreichische Adler auf den Zinnen der Burg zwischen den zwei (bairischen) Löwen aufgestellt". Bald darauf verschwanden die Löwen, ein neuer, größerer Doppeladler breitete seine Schwingen über der Fassade der Hofburg aus. Tirol war wieder bei Österreich.

Argwohn und nationale Begeisterung

Politik und Volksstimmung im Jahrhundert nach Anno Neun

Keine andere Epoche hat einen größeren Wandel im Verhältnis zwischen Tirolern und Bayern gebracht als das Jahrhundert nach 1809, das mit erbitterten Kämpfen begann und in Freundschaft und gegenseitiger Bewunderung endete. Bevor es jedoch zur nachbarschaftlichen Umarmung kommen konnte, war noch ein halbes Jahrhundert des Argwohns und der (versuchten) Abkapselung zu überwinden, was freilich nicht den Bayern angelastet werden kann. War den Tirolern ihr Mißtrauen dem nördlichen Nachbarn gegenüber nach den Jahren der Besetzung und Demütigung nicht zu verdenken, so trugen an der Abkapselung der österreichische Kaiser und seine Regierung in Wien die Schuld. Sie wollten nämlich neue politisch-geistige Strömungen von der Bevölkerung ihres Staates fernhalten, um den Wunsch nach Veränderung und nach einer Verfassung zu unterdrücken und revolutionäre Tendenzen gar nicht erst aufkommen zu lassen.

Was Tirol betrifft, so hatten die damaligen Lenker des österreichischen Staates trotz der sprichwörtlichen und eben erst bewiesenen Treue der Tiroler zum habsburgischen Kaiserhaus allen Grund zur Sorge. War doch die Hoffnung der Tiroler, nach der Wiedervereinigung des Landes mit Österreich ihre alte Verfassung mit den verbrieften Sonderrechten wiederzuerlangen, bitter enttäuscht worden. Zentralismus und Bürokratie triumphierten. Keine Spur von einem wirkungsvollen Mitspracherecht der Ständevertreter. Wie vorher Bayern, so wollte nun auch Österreich nicht auf die Dienstpflicht der Tiroler bei der regulären Armee verzichten – die Tiroler waren empört! Dazu kam, daß der Abgaben- und Steuerdruck gegenüber der Bayernzeit eher noch erhöht wurde. Man kann verstehen, daß der Wiener Regierung jede Erinnerung an das Jahr 1809 äußerst peinlich war. Damals hatte man die Tiroler aufgefordert, sich gegen die Mißachtung der alten Rechte durch Bayern zu wehren; jetzt kümmerte sich Österreich genausowenig darum und überhörte die immer lauter und heftiger werdenden Klagen über allzugroße Belastungen. Die Stimmung im Land war zeitweise so gedrückt und gereizt, daß die Staatspolizei geheime Verbindungen „mißvergnügter" ehemaliger Landesverteidiger mit dem Ausland befürchtete und Spitzel einsetzte, um mögliche Aufstandspläne gegen Österreich in Erfahrung zu bringen.

▷

Auch von bayerischen Zuschauern begeistert umjubelt: Festzug zum 100-Jahr-Jubiläum des Tiroler Freiheitskampfes von 1809 vor der Innsbrucker Hofburg.

Auch unter Beamtenschaft, Lehrern und Professoren wurde eifrig nach Anhängern des bayerischen Regimes gefahndet. Wer sich um die Übernahme vom bayerischen in den österreichischen Staatsdienst bewarb, wurde in bezug auf seine Tätigkeit, seine Leistung und Beliebtheit unter der vergangenen Regierung peinlich genau überprüft. Allenfalls wurde eine Überwachung angeordnet. Wenn sie entsprechende Fähigkeiten besaßen und ihre Loyalität gegenüber Österreich außer Zweifel stand,

konnten freilich selbst gebürtige Bayern in Tirol ohne weiteres Karriere machen. Bestes Beispiel ist Robert Benz, der 1807 als Gubernialrat nach Innsbruck versetzt worden war. Er verstand es, sich die Achtung und die Sympathie der Tiroler zu erwerben und wurde 1814/15 in den österreichischen Dienst übernommen. Als Kreishauptmann des Oberinntales mit Sitz in Imst erregte er die Aufmerksamkeit seiner Vorgesetzten in Innsbruck und in Wien. 1818 schrieb ein Mitglied des Kaiserhauses, daß er ihn für den besten Beamten im Lande halte und man ihm einen größeren Wirkungskreis geben müsse. Tatsächlich wurde Benz in den Ritterstand (später Freiherrnstand) erhoben, kam 1821 als Hofrat an das Innsbrucker Gubernium und wäre 1837 wohl an die höchste Stelle des Landes aufgestiegen, wenn er dem Hochadel angehört hätte. So konnte er nicht Gouverneur werden und mußte sich damit begnügen, bis zur Ernennung eines neuen Gouverneurs im Jahre 1841 als „Verweser des Landesguberniums" und damit als provisorischer Landeschef zu fungieren. Dann war er wieder bis zu seiner Pensionierung im Jahr 1849 Vizepräsident des Guberniums.
Bei den geheimen Präsidialakten des Tiroler Landesarchivs in Innsbruck befinden sich zahlreiche Berichte des damaligen Imster Kreishauptmannes Benz über die inneren Zustände in Bayern zwischen 1816 und 1818. Metternichs Staatskanzlei in Wien und die geheime Staatspolizei waren in diesen Jahren sehr besorgt über die Entwicklung im nördlichen Nachbarland Tirols und versuchten, alle nur denkbaren Informationsquellen auszuschöpfen. Unzufriedenheit in der Bevölkerung, Parteiungen, der Sturz des Staatsministers Montgelas, die Gewährung einer Verfassung – all das könnte auch auf Tirol und die dortige Volksstimmung Auswirkungen haben, fürchtete man. Und über all das berichtete Kreishauptmann Benz mit „viel Sachkenntnis und Scharfsinn", wie es in einer Belobigung durch den höchsten österreichischen Polizeichef Sedlnitzky heißt. Man sehe deutlich, daß dem ehemaligen bayerischen Beamten seine Kenntnis des Volkscharakters, der inneren Verhältnisse in Bayern, der führenden Persönlichkeiten und der Regierungsgrundsätze zugute kämen.
Durch dieses Lob angespornt, zog Benz weitere Erkundigungen ein, nützte seine persönlichen Verbindungen und verfaßte umfangreiche und detaillierte Darstellungen über alles, was eventuell für Österreich von Interesse sein konnte: Die Finanzlage des bayerischen Staates wird genauso dargestellt wie die Absichten der Opposition, Differenzen im Königshaus, die Lebensverhältnisse der Landbevölkerung und vieles andere mehr. Benz bietet sich sogar an, im Auftrage des Kaisers eine Mission nach Bayern anzutreten, um zwischen dem König und seinen

Eugen Beauharnais, Stiefsohn Napoleons, Ex-Vizekönig von Italien, Schwiegersohn des bayerischen Königs, lebte nach 1814 als Herzog von Leuchtenberg und später als Fürst von Eichstätt in Bayern. Die österreichische Staatspolizei befürchtete geheime Verbindungen unzufriedener Tiroler mit diesem ehemaligen Exponenten des napoleonischen Systems.

Gegnern zu vermitteln und die Entwicklung im Sinne Österreichs zu beeinflussen. Hier winken seine Vorgesetzten jedoch ab, das sei doch nicht notwendig.

Für äußerst notwendig hielt man es dagegen, die Machenschaften des Ex-Vizekönigs von Italien, Eugen Beauharnais, zu beobachten, der sich als Herzog von Leuchtenberg in der Nähe von München niedergelassen hatte. Verschiedene geheime Anzeigen deuteten auf eine Verbindung unzufriedener Tiroler mit diesem Exponenten des napoleonischen Systems, der nicht nur der Stiefsohn des abgesetzten Franzosenkaisers war, sondern auch eine Tochter des Bayernkönigs zur Frau hatte und von diesem sehr geschätzt wurde. Als man darüber nichts Näheres herausfinden konnte – wahrscheinlich gab es auch nichts herauszufinden –, konzentrierten sich die Polizeispitzel und „Korrespondenten" in München mehr auf seine Verbindungen mit Anhängern seiner ehemaligen Regierung in Italien. Dabei spielte auch die Innsbrucker „Postloge" eine wichtige Rolle, in der verdächtige Korrespondenz mit Spezialinstrumenten geöffnet werden konnte. Im Zusammenhang mit diesen Nachforschungen in Bayern stehen auch zwei geheime Berichte aus München an Staatskanzler Metternich in Wien, die eine verdächtige Reisetätigkeit zwischen Tirol und Bayern anzeigen. Die Anhaltspunkte und Verdachtsmomente waren jedoch so geringfügig, daß sogar der stets mißtrauische und vorsichtige Polizeipräsident Sedlnitzky die Angelegenheit nicht weiter verfolgen ließ.

Dann erlahmte das Interesse der österreichischen Stellen für Bayern einige Jahre lang, um gegen 1830 wieder zuzunehmen. Zuerst wegen des aus Tirol stammenden Historikers, Beamten, Politikers und Dichters Josef Freiherr von Hormayr, der bei der Tiroler Erhebung von 1809 eine wichtige Rolle gespielt hatte, später jedoch in Konflikt mit dem Kaiser geraten war und allerlei Ungerechtigkeit erleben mußte. 1828 wanderte Hormayr nach Bayern aus und überschüttete aus dem sicheren Exil Österreich, die Habsburger und das vormärzliche Regime mit leidenschaftlichem Haß. In Bayern wurde der hochgebildete und geistreiche, charakterlich jedoch sehr schwierige Mann zuerst im diplomatischen Dienst verwendet. Im Jahr 1846, zwei Jahre vor seinem Tod, wurde er Direktor des Münchner Staatsarchivs. Als Feind Österreichs und seines Herrscherhauses waren Hormayr, der auch in Bayern nie richtig heimisch wurde, die Grenzen seines Heimatlandes versperrt. Die Polizei beobachtete argwöhnisch jeden Kontakt zwischen ihm und seinen Tiroler Verwandten, Bekannten und Freunden und überwachte seine Korrespondenz.

Für das damalige österreichische Regime – und auch für die klerikalkonservative Mehrheit im Tiroler Landtag – war Bayern überhaupt ein gefährliches Land, weil dort – von zeitweisen Einschränkungen abgesehen – Pressefreiheit herrschte und sich auch unter Ludwig I. (seit 1825) trotz seines „patrominial-absolutistischen" Regierungssystems (wie es Karl Bosl nennt) die verschiedensten politischen und geistigen Strömungen ziemlich frei entfalten konnten, während in Österreich alles verboten war, was nur im entferntesten mit politischen Bestrebungen und geistiger Erneuerung zu tun hatte. Studentenverbindungen, Vereinigungen liberal gesinnter Menschen, auch wenn sie sich nur mit Wissenschaft, Literatur oder bildender Kunst befaßten, Organisationen von Handwerkern, religiös-schwärmerische Sekten – all das durfte oder sollte auf Tirol nicht abfärben, hier keine Nachahmer und Anhänger finden. Zu diesem Zweck wurden Büchersendungen an der Grenze nach verbotenen Werken durchsucht, was den Schmuggel mit solch „heißer Ware" aufblühen ließ, durften „gefährliche" Zeitungen aus Bayern nicht abonniert werden, untersagte man Studenten das Studium an deutschen Universitäten, wurden die persönlichen Kontakte zwischen liberalen Künstlern, Gelehrten und Beamten beider Länder möglichst sorgfältig überwacht. Häufig taucht z. B. der bekannte bayerische Literat Dr. Ludwig Steub – ein Bewunderer und Propagandist Tirols – in den Akten und Protokollen der Innsbrucker Polizeidirektion auf. Sein dichtender und malender Landsmann Friedrich Lentner, der sich später in Meran niederließ, erhielt 1844 „wegen Österreich verletzender Artikel" in bayerischen Zeitungen vom Tiroler Gouverneur sogar einen Landesverweis. Obwohl es verboten war, publizierten viele Tiroler Dichter und Schriftsteller ihre Arbeiten in bayerischen Verlagen und Zeitungen, meist natürlich unter einem Pseudonym. Auch Literaturdiskussionen und Dichterfehden zwischen Tirolern wurden in Münchner und Augsburger Presseorganen ausgetragen. Umgekehrt blickte man in liberalen Kreisen Bayerns zeitweilig recht mitleidig, wenn nicht gar verächtlich auf das bigotte und zurückgebliebene Tirol. Erst nach 1860 änderte sich diese Haltung und machte allmählich einer romantischen Vorliebe für das Urwüchsig-Älplerische Platz.

Trotz aller Angst vor einer Ansteckung Tiroler Untertanen durch den Bazillus revolutionärer Ideen und der deshalb ergriffenen Vorsichtsmaßnahmen ging man jedoch nie so weit, die Grenze für die betroffenen Personengruppen ganz zu sperren. Eine solche Maßnahme wurde zwischen 1844 und 1846 für Arbeiter und wandernde Handwerksburschen ernstlich überlegt, da vor allem in der Schweiz, aber auch in ganz Süddeutschland, eine rege Propagandatätigkeit von Gesellenverbindungen und Arbeitervereinen beobachtet wurde, wobei erstmals von „Communi-

Ließ die innenpolitischen Vorgänge in Bayern von Tirol aus beobachten: Österreichs höchster Polizeichef Sedlnitzky.

sten" die Rede war. Während man in Wien das Ärgste befürchtete und harte Zwangsmaßnahmen vorschlug, sprachen sich die führenden Persönlichkeiten in Tirol durchwegs gegen ein Wander- und Pendlerverbot aus, da es im Lande selbst nicht genügend Erwerbsmöglichkeiten für Taglöhner, Dienstboten, Hirten, Maurer, Steinhauer gebe und „die Bewohner dieser Provinz für Neuerungen ohnehin weniger empfänglich und gegen alles, was neu und fremd ist, mißtrauisch" seien.
Das Revolutionsjahr 1848 hatte auf die bayerisch-tirolische Nachbarschaft nur insoferne Einfluß, als die allgemeine liberale und nationale Aufbruchstimmung und das Zusammengehörigkeitsgefühl „aller deutschen Länder und Stämme" auch hier spürbar wurden. Allein aus dem Traum eines neuen deutschen Reiches wurde nichts.
Grenzprobleme und Streitigkeiten zwischen den Behörden und Regierungen in München und in Innsbruck bzw. in Wien hatte es seit 1816 kaum gegeben. In diesem Jahr war das 1814 bayerisch gebliebene Land Salzburg zu Österreich gekommen und damit das Zillertal und das Brixental zu Tirol. Auch das Städtchen Vils im Außerfern wurde erst in diesem Jahr mit Tirol verbunden, und zwar aufgrund eines Tauschvertrages, den Kaiser Franz I. mit König Max I. Joseph abschloß. Österreich trat als Gegenwert für Vils das nahe der tschechischen Grenze liegende Städtchen Marktrewitz im heutigen Oberfranken an Bayern ab. Noch länger strittig blieb Jungholz, auf das Bayern bis 1844 Anspruch erhob, was die Jungholzer wiederum veranlaßte, ihr Tirolertum besonders hervorzukehren. Ein Bericht des Landgerichts Reutte von 1821 bezeichnete die Bewohner dieser rundum von bayerischem Gebiet eingeschlossenen Gemeinde „als die besten Patrioten des Bezirks und abgesagte Feinde der Bayern". Umgekehrt verzichtete auch Österreich erst 1844 offiziell auf die früher zu Tirol gehörigen Dörfer im Allgäu. Um die wirtschaftliche Benachteiligung der bei Tirol verbliebenen Enklave Jungholz zu mildern, wurde 1868 ein Währungs- und Zollvertrag abgeschlossen. Die gesamte tirolisch-bayerische Grenze wurde übrigens zwischen 1837 und 1850 neu vermessen, markiert und in einem umfangreichen Kartenwerk festgehalten.
Die Unsicherheit innerhalb des deutschen Bundes und das Spannungsverhältnis zwischen Preußen und Österreich ließen es um die Mitte des 19. Jahrhunderts notwendig erscheinen, an der tirolisch-bayerischen Grenze neue Befestigungsanlagen zu errichten, obwohl Bayern damals auf der Seite Österreichs stand. Den Erfahrungen der Kriegsjahre 1703/04 und 1809 Rechnung tragend, wurde am Thierberg bei Kufstein zwischen 1855 und 1861 um viel Geld ein mächtiges Sperrfort errichtet, das den Einmarsch feindlicher Truppen ins Inntal verhindern und die Unter-

inntaler Bahnlinie schützen sollte. Doch das Werk erwies sich als völlige Fehlplanung und wurde 1880 wieder abgerissen.

Um diese Zeit hatte sich die alte tirolisch-bayerische „Erbfeindschaft" längst zur Freundschaft gewandelt, zur gegenseitigen Bewunderung. Über die Jahre 1806 bis 1814 redete und schrieb man in Bayern wenig. Im Bewußtsein, daß damals nicht alles in Ordnung gewesen war, hatte man die Erinnerung an die Angliederung Tirols und vor allem an die blutigen Kämpfe möglichst verdrängt. Die Umarmung mit dem Nachbarvolk fiel nun umso stürmischer aus. Die Tiroler taten sich etwas schwerer, ihren Argwohn und eine gute Portion Voreingenommenheit abzubauen. Das immer stärker werdende Nationalbewußtsein war dabei einerseits eine Hilfe, andererseits eine Ursache für so manche Verlegenheit, denn die Tiroler wollten ihr „Heldenjahr" 1809 ja nicht vergessen: Waren aber die Bayern nicht auch „deutsche Brüder", als sie den Tirolern zwischen 1806 und 1809 als Besatzungsmacht so schwer zu schaffen machten und als man sie schließlich aus dem Lande warf? Wie ließ sich patriotische Hochstimmung bei den verschiedenen Gedenkfeiern an die Freiheitskämpfe mit Nationalgefühl und gutnachbarschaftlicher Freundschaft verbinden? Oft genug half man sich damit, daß man Napoleon und den Franzosen die Schuld an allem gab und man Bayern nur ein verführter oder gezwungener Handlanger, ja sogar selbst ein Opfer französischer Gewaltpolitik sein ließ. Als gemeinsame Leidtragende einer schrecklichen Zeit reichten sich Tiroler und Bayern, Kriegsveteranen und deren Nachkommen, bei Denkmalenthüllungen und Jubiläumsfeiern die Hände. Diese Art, die Geschichte zu betrachten, wurde bald auch in Bayern populär und brachte es z. B. mit sich, daß bayerische Theater Tiroler Andreas-Hofer-Stücke spielen konnten und damit das Publikum scharenweise anlockten.

Schwärmten die Bayern von Tirol und den Tirolern, vom Hochgebirge und seinen Schönheiten, so schauten die Tiroler vielfach zu den „bayerischen Stammesbrüdern" auf, suchten sich „draußen" Anregungen und Vorbilder. Ob ein neues Kleid oder eine Zeitung, ein Gemälde oder eine landwirtschaftliche Maschine – wirklich vollwertig war etwas nur, wenn es aus München kam! Fremdenverkehr und Alpinismus, Heimatschutz- und Brauchtumsbewegung, Kontakte zwischen Studentenverbindungen, Professoren und Universitätsinstituten, Turnvereine und ähnliche Organisationen trugen wesentlich zur Verbrüderung bei. Wie es dem Zeitgeist entsprach, spielten dabei nationales Gedankengut und der Traum vom alten Germanentum eine wichtige Rolle, auch bei Menschen, die mit politischem Nationalismus gar nichts zu tun haben wollten. Wenn bayerische Besucher in Tirol einen Schützenaufmarsch miterlebten mit all

Im ehrenden Gedenken brüderlich vereint: Das an die Kämpfe von 1809 erinnernde Denkmal in der „Sachsenklemme" südlich von Sterzing erinnert auch an die hier gefallenen Sachsen und Bayern. Unter dem bayerischen Wappen ist in den Stein gemeißelt: „Zum Andenken an die in dieser Talenge gefallenen heldenmütigen bayrischen Krieger".

seinen kernigen Gestalten und urigen Typen, bunten Trachten und der schmetternden Marschmusik, dann waren sie eben stolz auf die gemeinsame Geschichte, auch wenn sie viele Jahrhunderte zurücklag, und auf die bajuwarische Stammesverwandtschaft. Oder man betrachtete die Tiroler gar als Reste eines untergegangenen Ur-Germanentums – wozu nicht zuletzt die These von gotischen Stammesteilen, die sich in die Gebirgstäler zurückgezogen haben sollen, Anlaß bot –, als Musterdeutsche sozusagen.

Bester und wortgewaltigster Kronzeuge dafür ist kein Geringerer als der berühmte bayerische Dichter Ludwig Thoma, der im August des Jahres 1909 nach Innsbruck kam, um für die Leser der „Münchner Neuesten Nachrichten" den Festzug der glanzvollen Anno-Neun-Jubiläumsfeier zu schildern. Seine Berichte sind voll romantisch-verklärter Begeisterung. Die journalistische Aussage wird von einem privaten Brief bestätigt, den Thoma an einen Freund in Stuttgart schrieb:

„Da war ich jetzt in Innsbruck und habe 30.000 Bauern defilieren gesehen. 30.000 deutsche Bauern, und jeder einzelne war mehr Germane als sämtliche deutsche Oberlehrer zusammen. Es war unerhört schön. Ethnologisch war es ein Wunder und künstlerisch nichts anderes. Goten, Bayuwaren und Alemannen, so deutlich zu unterscheiden wie Anno null nach Christus. In weiser Selbsterkenntnis will ich Dir verraten, daß wir Bayuwaren uns vor den Goten verstecken können. Breitschultrig, zum Fettansatz geneigt, etwas nichtssagend im Gesicht, stehen wir recht plebejisch neben den adeligen Gestalten der Goten, die um Meran herum sitzen und ganz gewiß die schönsten Männer sind. Bauernknechte vom Sarntal sehen vornehmer aus wie englische Lords und sind auch vornehmer. Der deutsche Kaiser mit seinem ganzen Stab und allen Brandenburger Grafen und Baronen sind Bourgeoise gegen diese prachtvollen Mannen des Herrn Dietrich von Bern. Mein alter Glaube, daß nur der Bauer die Rasse hält, hat seine glänzende Bestätigung gefunden, und ich bin drei Stunden lang glücklich und stolz gewesen, als Deutscher zu sehen, wie unser Volk einstmals war, bevor es Bäckerbäuche und Gelehrtenbrillen verschandelt haben. Herrgott, war das schön! Mit eigenen Augen sehen dürfen, was einen Dürer und Riemenschneider schon entzückt hat! 30.000 kriegerische Germanenbauern; in Gletschereis konservierte Goten."

Von Wilderern, Ölträgern und anderen Grenzgängern

Das Leben im Grenzraum in der „guten alten Zeit“

Ohne ein paar Wilderergeschichten kommt man nicht aus, wenn man von bayerisch-tirolischer Nachbarschaft erzählen will. Es gibt sie in großer Zahl, teils wahr, teils erfunden, teils humorvoll-grotesk, teils mit Rebellenmythos umrankt oder von grausiger Brutalität. Folgende Episode spielte sich gegen Ende des 19. Jahrhunderts ab:
Die beiden für das herzogliche Revier Bayrischzell zuständigen Jäger Unterleitner und Göttfried hatten am Großen Traithen einen Wilderer gestellt, ihn nach einer wüsten Rauferei glücklich bezwungen und nach Fischbachau zum Oberförster eskortiert. „Hier erhielt der ziemlich erschöpfte Lump“ – so erzählt Arthur Achleitner in seinem Buch „Büchsenspanner, Erinnerungen aus dem Hofjagdleben“, erschienen im Jahre 1922 – „die nötige Atzung, worauf er im Zimmer mit vergittertem Fenster eines Nachbarhauses eingesperrt wurde. Zur Vorsicht hatte Unterleitner, der das Nachbarzimmer bezog, dem Verhafteten alle Kleider weggenommen; der Kerl hatte nur das Hemd an und mußte sich ins Bett legen. Des Morgens wollte Unterleitner dem Wilderer die Kleider wiedergeben, aber der Kerl war nicht mehr da. Beide Jäger waren anfangs nicht wenig verblüfft; die Flucht im Hemd, bei fußhohem Schnee überraschte sehr. Die sofort eingeleitete Untersuchung klärte auf, wie der Wilderer seine Flucht bewerkstelligt hatte; der Kerl, ein tirolischer Holzknecht aus Thiersee, hatte nachts die Bettstatt auseinandergenommen und mit der einen Bettlade das Eisengitter am Fenster so verbogen, daß das Durchzwängen möglich war. Im Hemd und bloßfüßig wanderte der Kerl durch Nacht und Schnee über die Grenze nach der tirolischen Ortschaft Landl, wo ihm ein Landsmann, ein Bauer, mit Kleidern aushalf. Was die Jäger schwer ärgerte, den Herzog nicht wenig amüsierte, war die Tatsache, daß jener Wilderer dem Jäger Unterleitner eine Postkarte mit voller Unterschrift sandte, das nächstemal werde er auf Pirsch im herzoglichen Revier ein zweites Paar Schuhe mitnehmen . . .“
Nicht immer kamen die Kontrahenten so glimpflich davon. Schwer verwundete Jäger und erschossene Wilddiebe waren keine Seltenheit. Der

▷

Der vom Wildschützen zum Wildhüter und Jagdmeister bekehrte Peter Rießer aus dem Tiroler Achental, von dem so manche bayerische Wilderergeschichte erzählt. Die Porträtskizze stammt vom bekannten bayerischen Maler Eduard von Grützner, der die Sommer in Rotholz bei Jenbach verbrachte.

Eine Szene, die sich im bayerisch-tirolischen Grenzgebiet einst öfters abgespielt hat: Ein Tiroler Wilderer wird von einem bayerischen Jagdaufseher überrascht . . . (Abbildung aus dem 1873 erschienenen Buch „Aus deutschen Bergen“ von Hermann Schmid und Karl Stiegler)

▷

Kampf zwischen Jagdaufsehern und Wilderern ging auf Leben und Tod. Freilich waren die Wilderer in den oberbayerischen Revieren nicht immer Tiroler. Im Gegenteil. Von einigen Jagdgebieten direkt an der Grenze abgesehen, waren es vor allem Einheimische, die verbotenem Wild nachjagten. Wie die bayerischen Wilderer als wagemutige Rebellen gegen hochadelige oder staatlich-bürokratische Herrschaftsansprüche galten und die Sympathie der Bevölkerung auf ihrer Seite hatten, so wurden auch die Tiroler ganz und gar nicht als Fremde und böse Eindringlinge betrachtet, wenn sie herüberkamen, um sich hier mit Wildbret zu versorgen. Der Wildschütz Peter Rießer aus dem Achental zum Beispiel und Sebastian Eder, wegen seiner Herkunft „Tirolerwastl“ genannt, wurden zeitweise zwischen Walchen- und Schliersee geradezu als Helden gefeiert. Daß sie Dutzende bayerische Mädchenherzen brachen, ist verständlich. Bei einer Schießerei in der Nähe von Fall wurde der Tirolerwastl einmal schwer verwundet. Die Schrotkugeln steckten so tief, daß der Wilderer bei Bekannten in Jachenau und schließlich sogar im Tölzer Krankenhaus Hilfe suchen mußte. Bevor ihn dort die Gendarmen holen konnten, kamen Freunde aus Tirol und „befreiten“ den Wastl,

aber nicht etwa heimlich, sondern indem sie ihn triumphierend durch Tölz trugen. Angeblich soll der Wilderer dabei noch das Krankenhemd angehabt haben.
Auffallend ist, daß man von bayerischen Wilderern in Tirol weniger hört als umgekehrt. Das hängt mit den Jagdverhältnissen und dem Wildbestand zusammen. Weniger gefährlich war das „Handwerk" des Wilddiebs in Tirol, weil hier die Jäger mit dem Leben ihrer Gegner vorsichtiger umgehen mußten, wollten sie nicht selbst mit einschlägigen Gesetzen in Konflikt geraten. So verließen sie sich lieber auf ihre Körperkräfte als auf das Gewehr. Und wenn statt gerauft wirklich einmal geschossen werden mußte, so zielte man auf die Füße des Jagdfrevlers. Dieser unterschiedlichen Praxis entsprechend wurde ein bekanntes Wildschützenlied in Tirol anders gesungen als in Bayern. Links die weißblaue, rechts die abgemilderte weißrote Version:

Und wenn dann d' Jager kemman	Und wenn dann d' Jager kemman
Und sie dersechn di,	Und sie dersechn di,
Schiaßns da oane aufi,	Dann schiaßns glei a wengerl
Und du bist hi.	Her auf di.

Wenn bayerische Wilderer über die Grenze nach Tirol gingen, so blieben sie dennoch häufig fast in heimatlichen Gefilden, wurden doch zahlreiche Jagdgebiete entlang der Grenze nach und nach an bayerischen oder sonstigen deutschen Hochadel, später auch an bekannte Geldaristokraten verpachtet. Mit Tiroler Jägern, Förstern und Revieraufsehern konnten sie aber nicht nur hier in Konflikt geraten, sondern auch auf der bayerischen Seite der Grenze. Denn die Taktik der bayerischen Behörden und privater Jagdherren, gerade die wildesten Raubschützen als gutbestallte Jäger einzustellen und damit unschädlich zu machen, fragte wenig nach der Staatszugehörigkeit. So gelang es dem Fürsten Leiningen, den gefürchteten Wildschützen Peter Rießer zum Jagdgehilfen zu machen. Auf der Stelle wurde aus dem Schrecken aller Jäger ein treuer Diener seines neuen Herrn, ein musterhafter Wildheger und strenger Feind aller Wilderer. Schließlich wurde ihm von Herzog Ernst II. von Sachsen-Coburg-Gotha sogar die Stelle eines Wildmeisters und Jagdleiters in seinem Revier Hinterriß übertragen. Ganz vergessen hatte der Tiroler Weidmann, der auch als Oberjäger noch gerne und voll Respekt von seinen Gefechten mit dem berühmten bayerischen Förster Anton Hohenadl berichtete, seinen alten Freiheitsdrang freilich nie. Kein Wunder, daß er sich mit den Hofbeamten schlecht vertrug und schließlich vorzeitig pensioniert wurde.

Weniger auf bekannte Wilderer als vielmehr auf schneidige und schußsichere Jäger aus dem Zillertal stützte sich der preußische Kronprinz Wilhelm im Kampf gegen die Wilddiebe, die sein Gemsenrevier von Bad Kreut unsicher machten. Als Fremde brauchten sie keine Rücksicht auf die einheimische Bevölkerung zu nehmen und konnten sich ohne Gewissensbisse ihrem Schutzdienst widmen. So kam es auf bayerischem Gebiet nicht selten zu Auseinandersetzungen zwischen Tirolern und Tirolern. Als dann die Grenze in der Zeit vor dem Ersten Weltkrieg immer schärfer überwacht wurde und es vor allem die schußtüchtigen und draufgängerischen Brandenberger immer schwerer hatten, aus Tirol in das verlockende bayerische Wildparadies zu gelangen, versuchten sie, mit einem neuen Trick zum Erfolg zu kommen: Die aus denselben Dörfern stammenden Holzknechte, deren Arbeitsgebiet den Quellbächen der Brandenberger Ache entlang weit in bayerisches Gebiet hineinreichte, trieben manches Stück Wild über die Grenze nach Tirol, wo es von ihren Freunden abgeknallt wurde.

Holzknechte, Triftarbeiter und Flößer waren aber nicht nur als Wilderer und Helfer von Wilderern bekannt und gefürchtet. Sie betrachteten auch

Tiroler Holzarbeiter nahe der bayerischen Grenze, wahrscheinlich im Ursprungsgebiet der Brandenberger Ache bei Valepp, wo die Klause (im Hintergrund) zum Aufstauen des Triftwassers ursprünglich auf bayerischem Gebiet stand. Lithographie aus dem frühen 19. Jahrhundert. ▷

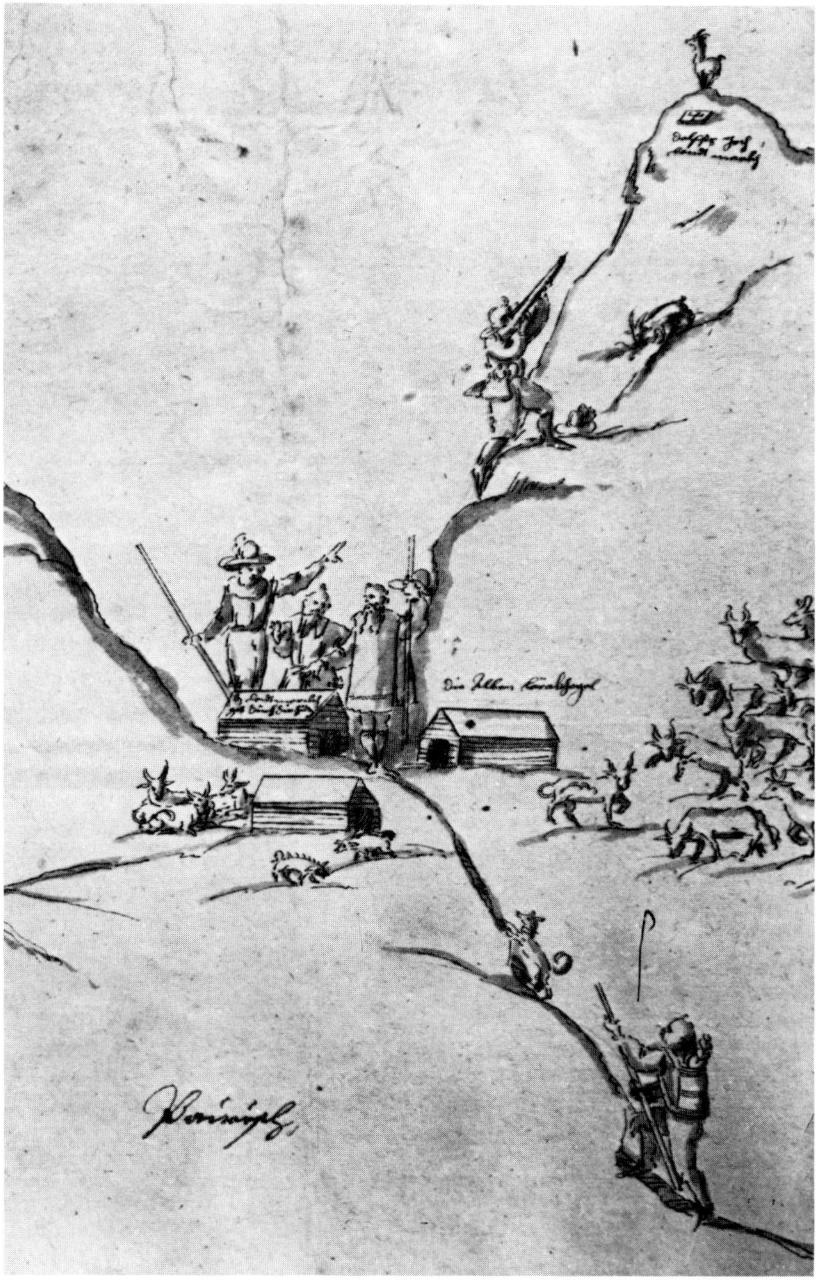

◁

Szenen aus dem bayerisch-tirolischen Grenzgebirge schildert der Maler und Bildhauer Paulus Röpfl aus Bad Tölz in einer um 1610 entstandenen Kartenzeichnung (aufbewahrt im Tiroler Landesmuseum Ferdinandeum). Zum Teil schematisiert-symbolhaft (Landschaft, Almhütten), zum Teil mit liebevoll gestalteten Details (Tiere und Menschen) sind Jäger (und Wilderer), Senner, Hirten und Holzarbeiter, Gemsen und anderes Wild, Ziegen, Schweine, Kühe und Hunde dargestellt. Unser Ausschnitt zeigt die „Alben lärakhogel" (Lärchenkogelalm") direkt an der Grenze von Bayern aus (Beschriftung unten: „Pairisch"). Wie auf der obersten Almhütte vermerkt ist, geht die „Landtmarkh" (Grenze) direkt „durch die hüdten". Rechts steigt steil ein felsiger Berg mit einem Grenzstein an, laut Beschriftung handelt es sich um das „Delffser Joch" (heute „Thorjoch"). Der zum Schuß auf die Gemse anlegende Schütze hat – vermutlich wegen des zu erwartenden Rückstoßes – den federgezierten Hut neben sich niedergelegt.

die Schmugglerei geradezu als einen Nebenerwerb. Die Tiroler und Bayern, die freie Jagd für ihr gutes Recht hielten, auch wenn Besitzverhältnisse und staatliche Gesetze dagegen waren, konnten auch im Schmuggel nichts Unmoralisches finden. Warum sollte man nicht auf der anderen Seite der Grenze einkaufen, wenn etwas dort billiger zu haben war? Am meisten geschmuggelt oder – wie man damals sagte – „geschwärzt" wurde in der Scharnitzer Gegend und um das Wettersteingebirge. Der lokale Warenaustausch vollzog sich natürlich nicht nur auf dem Schmuggelweg. Die grenznahen Märkte wurden jeweils auch vom Nachbarn aus dem anderen Land besucht.

Wie sich die wegen des Triftens an den Lauf der Flüsse gebundene Holzarbeit nicht um bestehende Grenzen kümmern konnte – die Isar entspringt in Tirol, das Rißtal, Bächental, Achental und Schmiedtal (Thierseer Ache) entwässern nach Norden, während die Brandenberger Ache ihr Wasser aus Bayern erhält –, so wurden wegen alter Besitz-, Weide- und Almrechte auch Hirten und Senner zu häufigen Grenzgängern.

Aber nicht nur zur Arbeit, sondern auch zum Vergnügen überschritt man in den Almregionen die Staatsgrenze. Sommerliche Almtänze und Bauernfeste in grenznahen Sennhütten erfreuten sich meist von hüben und drüben regen Zulaufs. Daß bei der Obrigkeit deswegen Beschwerden einliefen, hat allerdings nichts mit diesen gutnachbarschaftlichen „Grenzverletzungen" zu tun, sondern mit angeblichen Entartungen dieser Feiern und Feste. Ein Aktenstück des Münchner Hauptstaatsarchives vom Jahre 1627 berichtet von diesbezüglichen Klagen, mit denen sich die zwischenstaatliche Grenzkommission befassen mußte. Es ging darum, die zwischen „Johanni" (24. Juni) und „Bartholomäi" (24. August) auf den Almen „zu Wisen bei der Rattenlackhen" und „zu Nider Khäser bei dem Praitenstain" abgehaltenen Tanzfeste zu verbieten. Die beiden Almen lagen im bayerisch-tirolischen Grenzgebiet nordöstlich von Kufstein, eine davon auf Tiroler Boden, die andere in Bayern. Es ereigne sich bei solchen „ärgerlichen Winkeltänzen im Gepürg" viel Übles: Junge wie alte Bauersleute gingen wegen der Weite des Weges schon morgens um sechs oder sieben Uhr von ihrem Haus weg, versäumten so den Gottesdienst und kämen erst nachts wieder heim. Es passierten dabei allerhand Leichtfertigkeiten, junge Weibspersonen würden geschwängert, und von den Almen und Kasern würde Milch, Butter, Schmalz, Brot und Käse vertragen. Es gäbe Lärmereien und Raufereien, die bis zum Totschlag führten. Ja sogar Gotteslästerungen hätten sich schon ereignet. Auf der Tiroler Grenzalm wurden deshalb diese Tänze im Jahre 1627 verboten; Bayern folgte diesem Beispiel alsbald.

Regelmäßige Grenzgänger waren die Wanderhändler, deren Gewerbe seit dem 18. Jahrhundert immer größere Bedeutung erlangte. Berchtesgadener und Oberammergauer Schnitzer vertrieben auf diese Weise ihre Heiligenfiguren, Spielzeugartikel, Spanschachteln und andere Waren auch in Tirol. Umgekehrt verkauften Deferegger Wanderhändler Dekken und Hüte, die Stubaier ihre Eisenwaren, Zillertaler heilkräftige Öle und Salben, Grödner verschiedene Holz- und Schnitzwaren, Oberinntaler allerlei Kleinwaren – und Vögel – im ganzen bayerischen Raum und weit darüber hinaus. Marktfahrer pendelten natürlich in beiden Richtungen über die Grenze.

Einer der berühmtesten Tiroler Wanderhändler war der Zillertaler Peter Prosch, der in seinen 1789 in München veröffentlichten Lebenserinnerungen erzählt, wie ihm, als er zehn Jahre alt war, ein Freund seiner verstorbenen Eltern den Rat gab: „Es sind gar viele, die ihr Brot mit einer Handelsschaft außer Landes suchen, probier es auch, wer weiß, ob du nicht dein Glück finden kannst?" Der tüchtige Zillertaler schildert dann, wie er mit Steinölfabrikaten loszog: „Ich ging also außer Landes mit noch einem Kameraden ins Bayern, als ein herumlaufender Ölträger, im zehnten Jahre meines Alters, und weil ich die Medizin nicht verstunde, auch der Hunger mich niemal ungeschoren ließ, so hausierte ich die meiste Zeit bei den Bäuerinnen in den Kucheln herum, anstatt mit meiner Handelsschaft etwas zu erobern . . ."

Später kam Peter Prosch auf die Idee, statt mit verschiedenen Volksmedikamenten mit den in Innsbruck hergestellten Handschuhen Handel zu betreiben. Er begründete damit einen ganz neuen Erwerbszweig für zahlreiche Tiroler. Seine kostbaren Handschuhe wurde Peter Prosch vor allem in Schlössern und Adelshäusern und in den vielen kleineren und größeren Residenzen weltlicher und geistlicher Herren in Bayern sowie im schwäbischen und im fränkischen Raum los. Durch seine offene und ehrliche, naive und schlauwitzige Art machte sich Peter Prosch bei den hohen Herren beliebt, hatte Zutritt zu ihren privaten Gemächern, erhielt Ehrengaben und da und dort sogar eine fixe Besoldung als „Hoftyroler", was nicht viel anderes war als eine Art Hofnarr, der die Fürsten und ihre Gesellschaften unterhalten und selbst für allerlei Schabernack herhalten mußte. Solche Hoftyroler gab es mehrere im damaligen Deutschland. Einmalig bei Peter Prosch ist jedoch, wie er ein Handelsgeschäft mit einem zur Schau gestellten Tirolertum zu verbinden wußte und daraus Kapital schlug. In durchaus liebenswerter Art offenbar. Auch am Münchner Kurfürstenhof war er gerngesehener Gast und fast ein Vertrauter des Herrscherpaares: „Er ist brav, schwätzt nicht und kann gescheit sein, wenn man will", charakterisiert ihn einmal die bayerische Kurfürstin. Das beste Zeugnis stellt dem Tiroler indirekt wohl der greise

Die Münchner Hofgesellschaft amüsiert sich über das Mißgeschick ihres „Hoftyrolers" Peter Prosch aus dem Zillertal, dem man am Nymphenburger Kanal einen Streich gespielt hat. Kupferstich aus den 1789 in München gedruckten Lebenserinnerungen des als Handschuhhändler wie als Spaßmacher an fürstlichen Residenzen gleichermaßen erfolgreichen Tirolers. Das Bild zeigt den bayerischen Kurfürsten Maximilian III. Joseph und seine Gattin (sitzend) sowie den Herzog von Zweibrücken und andere hohe Gäste, darunter den Bischof von Freising. ▷

Bischof von Regensburg aus, indem er ihn kurz vor seinem Tod zu sich rufen läßt, um im Gespräch mit ihm die Nachmittage und langen Abende zu verbringen.
Nicht weniger Auslandserfahrung als die Wanderhändler aus den verschiedensten Tiroler Tälern hatten im Oberinntal und im Außerfern die Maurer. Auch sie ließen sich natürlich nicht nur in Bayern anstellen, sondern zogen weiter nach Westen und nach Norden. Andere Handwerker hielten sich an engere Grenzen und arbeiteten nur gelegentlich, wie es gerade die Auftragslage ergab, im Nachbarland.
Ein besonderes Kapitel waren bis zum Ersten Weltkrieg die vielen Kinder aus armen Tiroler Gegenden, vor allem aus dem Oberinntal und aus dem Vinschgau, die den Sommer über in Bayern und in Schwaben bei reichen Bauern arbeiteten. Hunderte solcher „Schwabenkinder" zogen alljährlich in kleinen und großen Gruppen, nicht selten nur von Halbwüchsigen begleitet, über die Pässe ins Alpenvorland, um sich ein Gewand und ihrer Familie ein paar Geldstücke zu verdienen. Ein nicht minder wichtiger Nebeneffekt war aber, daß für einige Monate zu Hause ein Esser weniger zu verköstigen war. Für die bayerische Landwirtschaft bedeuteten die Kinder aus Tirol billige Arbeitskräfte. Das damit verbundene soziale Problem bedrückte bis gegen Ende des vorigen Jahrhunderts kaum jemanden. Und mit ihren persönlichen Sorgen und Schwierigkeiten mußten die kleinen Tiroler selbst fertig werden. Es wird ihnen oft nicht anders ergangen sein als dem jungen Peter Rießer aus dem

Achental, dem späteren Wildschützen. Er war als Bub zu einem Wirt nach Lenggries in die Arbeit gekommen. Sein Freund Pfretzschner erzählt über diese Zeit: „In Lenggries ward der kleine Tyroler bald das Gespötte der dortigen Buben. Man hatte eben alte Geschichten, die zwischen Bayern und Tyrolern einst gespielt, nicht vergessen. Aber Peter hieb sich durch alle Fährlichkeiten mit seinen Fäusten freie Bahn. Bald war er der Gefürchtete, der Angesehene, der Gesuchte, denn, Gott sei Dank, findet bei unseren Bauern gerader Sinn, unerschrockenes Handeln immer noch Anerkennung . . ."

Regelrechte Gastarbeiter in Bayern waren jene Tiroler, die sich bei oberbayerischen Bauern für ein Jahr oder länger als Knechte verdingten, die als Tagelöhner oder Dienstboten in bayerischen Städten ihr Brot verdienten, und nicht zuletzt jene, die in der Eisenhütte von Kiefersfelden beschäftigt waren. Dieses Werk „in der Kiefer" mit einem „Blaofen" und einem Hammerwerk war 1697 von den Unternehmern des Zillertaler oder Fiegerischen Eisenhandels gegründet worden, da wegen des Holzmangels das Zillertaler Roherz nicht mehr an Ort und Stelle verarbeitet werden konnte. Wie es in einem zeitgenössischen Bericht heißt, waren die etwa 50 Arbeiter „meistens Zillertaler und andre in den Sitten ungeschlachte, auch im christlichen Glauben unerfahrene Tyroller". Das auf diese Weise in tirolisch-bayerischer Coproduktion entstandene Zillertaler Eisen von Kiefer war noch im 19. Jahrhundert wegen seiner hohen Qualität sehr geschätzt und wurde in die Schweiz (Uhren- und Instrumentenindustrie) und nach Italien (Werkzeug- und Waffenerzeugung) exportiert. In Bayern und in Tirol wurden daraus vor allem Sensen geschmiedet. Ende des vorigen Jahrhunderts mußte das Kiefersfeldener Eisenwerk seine Produktion wegen der übermächtigen auswärtigen Konkurrenz einstellen. War diese Fabrik in Bayern auf eine Tiroler Initiative zurückgegangen, so engagierten sich vor allem in der zweiten Hälfte des 19. Jahrhunderts viele bayerische Unternehmer in Tirol, zum Teil mit beachtlichem Erfolg.

Von einer „Unternehmerin" recht seltsamer Art erzählt Ludwig Ganghofer in seinem Roman „Der Dorfapostel": „Weit draußen, fast am Ende des Dorfes, wohnte die Spielbötin, die sich jeden Montag auf die Beine machte, um die ausgemünzte Hoffnung der Leichtsinnigen und Armen über die Grenze nach Kufstein zu tragen, für die Innsbrucker Ziehung. Viel Geld wars, das sie hinüber trug, selten brachte sie was zurück."

Daß bei den zahlreichen beruflichen und sonstigen Kontakten auch Liebesbande über die Grenze hinweg geknüpft wurden und dadurch die Nachbarschaft nicht selten zur Verwandtschaft wurde, versteht sich von selbst. Gar mancher Tiroler holte sich seine Braut aus dem bayerischen

Der Tiroler Steinmetzmeister und Steinbruchunternehmer Franz Höllriegel, der es in München zum meistbeschäftigten Materialzulieferer für die Bauten Ludwigs I. brachte und der durch einen Ortsnamen (Höllriegelskreuth) verewigt ist.

Nachbardorf. Und gar mancher Bayer blieb bei seiner Liebsten in Tirol „hängen", übernahm dort den Hof, das Geschäft, ein Amt. Umgekehrt natürlich genauso. Gegenseitige Blutauffrischung gehörte und gehört zum Alltag im tirolisch-bayerischen Grenzraum. Die Ähnlichkeit der Mentalität und des Dialekts machen das Heimischwerden leicht. Daß ein Bürgermeister, Wirt, Kaufmann oder sonst ein angesehenes Mitglied einer Dorf- oder Bürgergemeinschaft von jenseits der Grenze stammt, war und ist durchaus keine Seltenheit. Natürlich kam auch mancher Außenseiter „von drüben". In Ortschroniken und in den Geschichten von Ganghofer und Ludwig Thoma, die bei aller Phantasie ja auch aus dem Leben schöpften, findet man für beides genügend Beispiele.

Der Bevölkerungsaustausch ist natürlich nicht nur auf die ausgesprochenen Grenzgebiete beschränkt. Leider gibt es keine Statistik der im Laufe der Jahrhunderte nach Bayern ausgewanderten Tiroler und der Bayern, die sich für immer irgendwo in Tirol niederließen. Sie würde wahrscheinlich zeigen, daß es kaum bevorzugte Zielorte gibt, es sei denn, einige größere Städte; sie würde zeigen, daß die Gründe für eine Übersiedlung mannigfaltig sein konnten: wirtschaftliche Schwierigkeiten im eigenen Land, bessere Berufschancen im anderen, verwandtschaftliche Bindungen usw.; sie würde vor allem die Zahlen anschaulich machen. Aus den Verfachbüchern des Landgerichtes Lienz geht zum Beispiel hervor, daß allein aus diesem kleinen Gebiet im heutigen Osttirol zwischen 1550 und 1850 nicht weniger als 362 Personen nach Bayern auswanderten, meist Handelsleute und Handwerker, zum Teil mit Frau und Kind. Einige von ihnen brachten es in der neuen Heimat zu Reichtum und Ansehen. Von zwei Lienzern weiß man, daß sie in Bayern – beide übrigens in Straubing – in den Stadtrat gewählt wurden. Der Handelsmann Andrä Mohr von Sonnegg aus Lienz wurde in Straubing sogar Bürgermeister. Und der Sohn des Lienzer Rößlwirtes, der ebenfalls ein Handelsgeschäft betreibende Jakob Mayr, brachte es in Burghausen zu dieser Position.

Eine ganz besondere Ehre widerfuhr einem anderen Tiroler in Bayern: Der Steinmetzmeister Franz Höllriegel nützte in München die Baukonjunktur unter König Ludwig I., eröffnete die Nagelfluh-Steinbrüche des Isarhochufers und wurde zu einem der hauptsächlichsten Lieferanten für die zahlreichen Bauten dieser goldenen Epoche der bayerischen Hauptstadt. Für seine Arbeit errichtete er mitten in der Isarwildnis eine kleine Siedlung, die rasch wuchs, Kirche und Gasthaus erhielt und schließlich nach dem Tiroler Unternehmer und Münchner Wirtschaftspionier benannt wurde: Höllriegelskreuth.

Dampfrösser kontra Innplätten

Neue Verkehrsverbindungen und das Ende der Innschiffahrt

„Innsbruck möge nie vergessen, daß ich zuerst und frühzeitig auf die Sache aufmerksam machte . . ." Mit diesen Worten erinnerte der Münchner Großhändler und Kaufmannschaftsvorstand Georg von Kloeber den Innsbrucker Bürgermeister im März 1836 daran, daß er bereits im Sommer 1835, rund vier Monate vor der Eröffnung der ersten deutschen Eisenbahnstrecke von Nürnberg nach Fürth, den Bau einer Eisenbahn von Oberitalien über Innsbruck nach Bayern vorgeschlagen hatte. Mit diesem für den damaligen Stand der technischen Entwicklung ungemein kühnen Projekt beginnt ein neuer Abschnitt in der Geschichte der bayerisch-tirolischen Nachbarschaft: Neue Verkehrsmittel ließen Entfernungen schrumpfen, machten traditionsreiche Transportmittel überflüssig.

Noch war es aber nicht soweit. Der Verkehr zwischen Tirol und Bayern war noch lange auf Postkutschen und Stellwägen, auf Fuhrwerke und Innschiffe angewiesen. Der Vorschlag des weitblickenden Münchner Kaufherrn hatte damals keine Chance auf Verwirklichung, obwohl sich auch Friedrich Graf Wilczek, der Gouverneur von Tirol und Vorarlberg, sowie der damalige Innsbrucker Bürgermeister, Dr. Joseph Valentin Maurer, vehement dafür einsetzten. Als 1837 ein „Privat-Verein zur Errichtung einer Eisenbahn von Innsbruck bis Kufstein" gegründet wurde und die Projektierungsarbeiten begannen, standen die meisten Experten der Frage, ob ein Paß wie der Brenner mittels Eisenbahn überwunden werden könnte, skeptisch gegenüber. Deshalb sollten zwei getrennte Bahnlinien entstehen, eine von München über Rosenheim bis Innsbruck, die andere von Süden kommend über Verona und Trient bis Bozen. Dazwischen sollte ein Straßenvorspanndienst organisiert werden. Auch eine Pferdebahn über den Brenner wurde erwogen.

Obwohl vor allem bayerische Interessentengruppen darauf drangen, auch zur Errichtung der südlichen Teillinie einen eigenen Verein zu errichten, kam es dazu nicht. Auch die Nordtiroler Gesellschaft, die mit offiziellen Stellen in München Kontakt aufgenommen hatte, mußte ihre Tätigkeit schon 1839 wieder beenden. Die Schwierigkeiten waren zu groß, die Regierungen in Wien und in München versagten jede Unterstützung. Wie Gerüchte wissen wollten, soll das bayerische Kriegsmini-

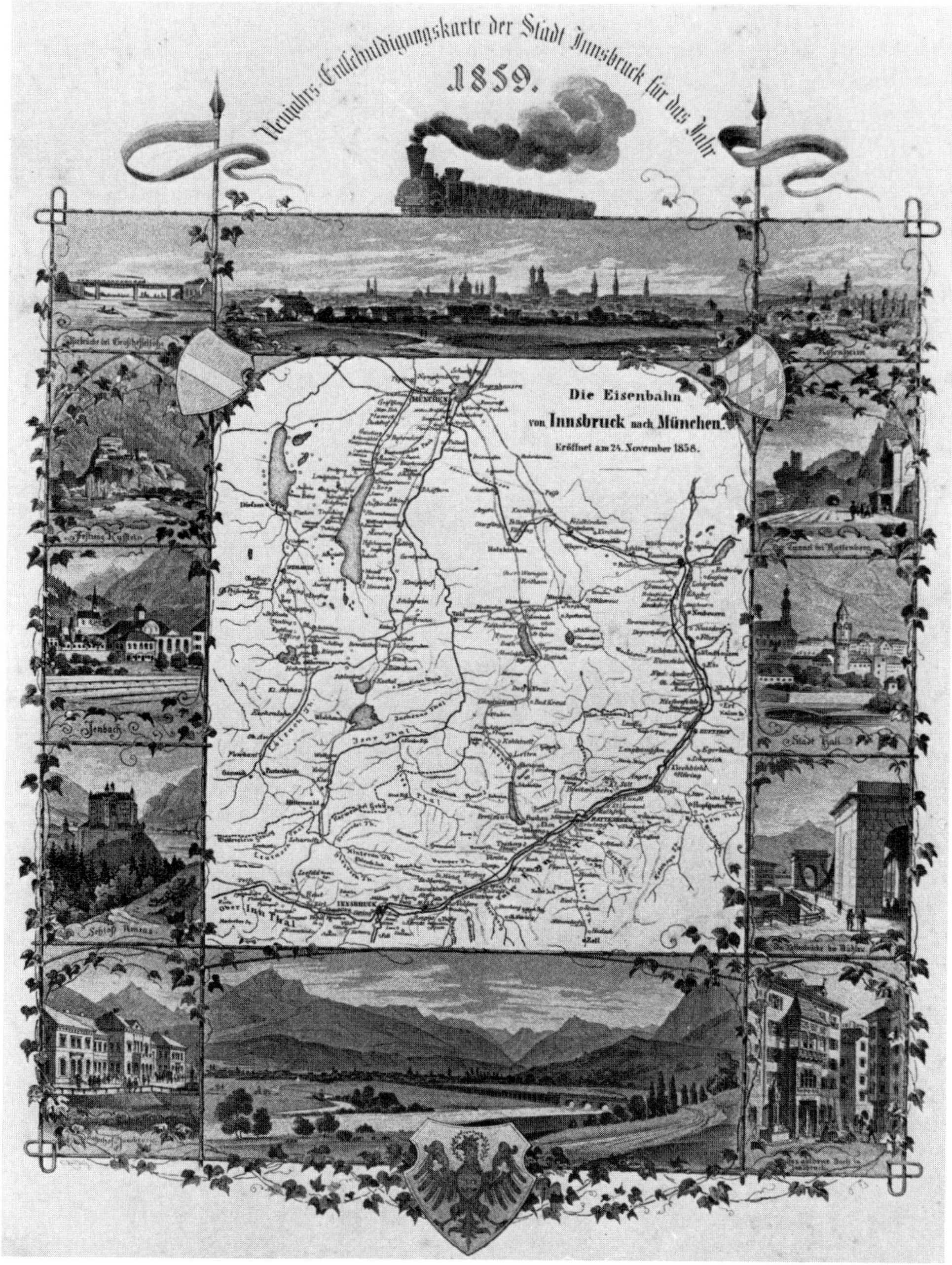

Als „Neujahrsentschuldigungskarte" der Stadt Innsbruck erschienene Lithographie zur Erinnerung an die Eröffnung der Bahnlinie München–Rosenheim–Kufstein–Innsbruck im November 1858. Rund um die Streckenkarte Ansichten wichtiger Bahnorte. ▷

sterium aus militärisch-strategischen Gründen gegen eine Bahnlinie durch Tirol eingetreten sein. Und der königlich-bayerische Hofbankier Freiherr von Eichtal hielt eine Eisenbahn von München nach Salzburg für wichtiger als eine Linie über Kufstein nach Innsbruck. In der damaligen Diskussion wurde auch die Meinung vertreten, zwischen Innsbruck und Rosenheim brauche es überhaupt keine Eisenbahn, da man den Inn aufstauen und damit besser schiffbar machen könne.
Das österreichische Bahnbauprogramm des Jahres 1841 ließ Tirol unberücksichtigt. Erst wiederholte private Vorstöße und Eingaben von seiten des Tiroler Landtags sowie einzelner Gemeindevertretungen erreichten an höchster Stelle eine Sinnesänderung. Auch britische Pläne, eine Schienenverbindung zwischen Nordeuropa und Italien über die Schweiz zu finanzieren, was eine Umgehung Österreichs bedeutet hätte, trugen schließlich dazu bei, daß 1847 eine Tiroler Bahn in das Verzeichnis der vorgesehenen Staatseisenbahnbauten aufgenommen wurde. Im selben Jahr wurde auch wieder ein „Verein zur Beförderung der Eisenbahn durch Tyrol" gegründet. Inzwischen war auch eine Bahn über den Brenner keine Utopie mehr. Staatlicherseits wurde jedoch zuerst nur die genaue Projektierung einer möglichen Trasse durch das Unterinntal in Auftrag gegeben. Dabei konnten frühere Studien mitverwendet werden, z. B. der Plan des bekannten Tiroler Ingenieurs Negrelli, der später als Pionier des Suezkanals berühmt wurde. Während sich Negrelli an den Wunsch der zentralen Befestigungskommission in Wien hielt und die Eisenbahntrasse auch unterhalb von Wörgl am rechten Innufer beließ, um sie militärischen Erfordernissen entsprechend am Fuße der Festung Kufstein vorbeizuführen, hielten sich die nun eingesetzten Ingenieure nicht mehr an solche Erwägungen. Dafür verlangte das Kriegsministerium, den zukünftigen Bahnhof von Kufstein in einer so leichten Bauweise zu errichten, daß er im Kriegsfalle unverzüglich abgerissen werden könnte, um der Artillerie freies Schußfeld zu gewähren.
In ein konkretes Stadium traten die Eisenbahnprojekte zwischen Bayern und Tirol, als die Münchner Regierung 1849 den Beschluß faßte, eine Bahnlinie von München nach Salzburg zu errichten. Eine Abzweigung von Rosenheim nach Kufstein sollte allerdings so lange zurückgestellt werden, bis Österreich den Bau der Tiroler Bahn beschließe. Am 21. Juni 1851 kam es zum Abschluß eines Eisenbahnvertrages zwischen Österreich und Bayern, der unter anderem auch die Errichtung der Bahnlinien München–Rosenheim–Grenze/Kiefersfelden und Innsbruck–Grenze/Kufstein vorsah. 1853 wurde mit dem Bau ab Innsbruck begonnen, wenig später nahm man auf bayerischer Seite die Trasse Rosenheim–Kiefersfelden in Angriff. Da der im Vertrag festgesetzte Fer-

▷ *Anzeige eines privaten Stellwagenunternehmens für Fahrten Innsbruck – Bad Kreuth – München und retour, wobei die Rückkunft natürlich nicht am selben Tag erfolgte, wie man aus dem Text schließen könnte.*

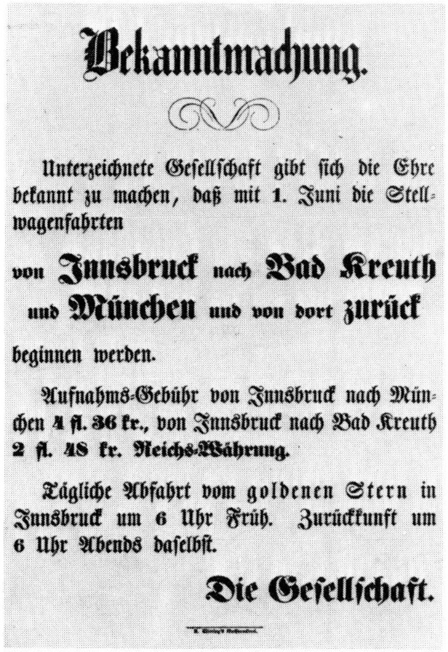
Bekanntmachung.

Unterzeichnete Gesellschaft gibt sich die Ehre bekannt zu machen, daß mit 1. Juni die Stellwagenfahrten

von Innsbruck nach Bad Kreuth und München und von dort zurück

beginnen werden.

Aufnahms-Gebühr von Innsbruck nach München 4 fl. 36 kr., von Innsbruck nach Bad Kreuth 2 fl. 48 kr. Reichs-Währung.

Tägliche Abfahrt vom goldenen Stern in Innsbruck um 6 Uhr Früh. Zurückkunft um 6 Uhr Abends daselbst.

Die Gesellschaft.

tigstellungstermin, der 1. März 1856, nicht eingehalten werden konnte, kam es im April 1856 zu einem neuen Vertrag: Darin verpflichtete sich Österreich, die Linie Innsbruck–Kufstein bis zum 1. Oktober 1858 zu vollenden. Diesmal klappte es, wenn man von einer Verspätung um rund acht Wochen absieht.

Am 4. August wurde die Strecke Rosenheim–Kufstein in Betrieb genommen, am 23. und 24. November 1858 kam es endlich zur feierlichen Eröffnung der Linie Kufstein–Innsbruck. Jetzt konnte man bequem von der tirolischen in die bayerische Hauptstadt reisen. (Eine direkte Schienenverbindung nach Wien erhielt Tirol erst zwei Jahre später, als die Linie München–Salzburg fertiggestellt war.) Freilich lassen die ersten Fahrpläne nur wenig davon erahnen, welche Vorteile die Eisenbahn den Reisenden brachte, war man doch von München nach Innsbruck immer noch neun Stunden und zehn Minuten unterwegs – wenn keine Verspätungen eintraten, was nicht selten der Fall war. Ein im Frühjahr 1859 eingerichteter „Eilzug" legte diese Strecke dann schon in sechs bis sieben Stunden zurück. Immerhin hatte man mit einer gewöhnlichen Postkutsche zwei Tage gebraucht, und auch mit einem Eilwagen, der entsprechend teurer kam, war man fast 20 Stunden unterwegs.

Bayern und Tirol waren sich durch die Eisenbahn näher gekommen. Kein Wunder, daß eine weitere Schienenverbindung – über den Fernpaß und Füssen – immer wieder durch die Köpfe von Verkehrsfachleuten und Politikern geisterte. 1864 legten Vertreter von mehreren bayerischen Gemeinden, die an einer solchen Bahnstrecke interessiert waren, dem König eine Petition mit einer genauen Darstellung des Projekts vor. Aber erst rund 50 Jahre später wurden Tirol und Bayern tatsächlich durch einen zweiten Schienenstrang verbunden. Die zwischen 1910 und 1912 erbaute Karwendelbahn über Seefeld und Garmisch, die erste normalspurige Gebirgsbahn mit elektrischer Kraft, lag nicht zuletzt im Interesse der Stadt Innsbruck, die sich mit bedeutenden Summen an ihrem Bau beteiligte: Die Strecke sollte den Einzugsbereich der Stadt erweitern, vor allem aber auch den traditionsgemäß wichtigen Verkehrsweg Augsburg–Innsbruck neu beleben. Das bayerische Eisenbahnministerium hatte jedoch für die neue Linie nicht viel übrig, sodaß sie die ihr zugedachte Bedeutung nie voll erlangen konnte. Im innertirolischen Verkehr spielte sie jedoch eine wichtige Rolle, weil sie den Nordwesten Tirols (Ehrwald, Reutte) mit der Landeshauptstadt verband, allerdings über bayerisches Gebiet.

Inzwischen hatte auch das Automobil seinen Siegeszug angetreten und eine weitere Verbesserung der Verkehrsverflechtung zwischen Tirol und Bayern ermöglicht. Die seit den neunziger Jahren des 19. Jahrhunderts

laufenden Neubauten und Verbesserungen von Straßen trugen wesentlich dazu bei. Das erste Autorennen, das Tirol je erlebte, war übrigens eine „Fernfahrt" Bozen–München und fand im Juli 1899 statt. Ein wahrhaft würdiger Auftakt des Benzinzeitalters.
Die neuen Verkehrsmittel, vor allem die Eisenbahn, bedeuteten für eine traditionsreiche Fahrgelegenheit zwischen Bayern und Tirol das Ende: Die Innschiffahrt war der modernen Konkurrenz nicht gewachsen. Seinen Höhepunkt hatte der Schiffsverkehr in Bayern und Tirol damals freilich schon längst überschritten. Der verstärkte Straßenbau in der zweiten Hälfte des 18. Jahrhunderts und verschiedene zollpolitische Maßnahmen der Wiener Regierung hatten ihm viel von seiner früheren Bedeutung genommen. Bis zur Mitte des 18. Jahrhunderts hatte der Inn als die ideale Fortsetzung der Brennerstraße gegolten. Die Waren wurden in Hall auf die einfachen „Plätten" verladen und flußabwärts nach Bayern und über die Donau bis Wien verfrachtet. Der Transport war billig, bequem, rasch und sicher. Die Schiffe wurden in Hall („Haller Plätten") und in den Städten des Tiroler Unterinntals gebaut. Auch im bayerischen Inntal, vor allem in Rosenheim, waren Schopper – so hießen die Schiffszimmerleute – am Werk, doch war die Mehrzahl der von bayerischen Schiffern verwendeten Plätten Tiroler Herkunft.
Der Schiffsbau war im Tiroler Inntal eine wichtige Erwerbsquelle. Daß die Tiroler Regierung dennoch gegen den Export von Schiffen nach Bayern einschritt, hängt mit der unkontrollierten Abholzung der Wälder zusammen. Als 1684 ein Ausfuhrverbot für leere Schiffe erlassen wurde, umgingen die Tiroler Schopper diese Bestimmung, indem sie die neuen Fahrzeuge mit Kalk beluden, worauf eine Verfügung erlassen wurde, daß für den Kalkexport nur noch alte Schiffe verwendet werden dürfen. Ein regelrechter Schmuggel und Schwarzhandel mit Innschiffen war die Folge. Die Behörden konnten diesen einträglichen Handel zwischen Tirol und Bayern nie ganz unterbinden, obwohl immer wieder bis ins 19. Jahrhundert herauf neue Einschränkungen verfügt wurden. Zuletzt wurde noch um die Mitte des 19. Jahrhunderts bestimmt, daß jede der 26 Tiroler Schopperstätten nur 15 leere Schiffe im Jahr ausführen dürfe. 1862 wurden in Tirol noch 600 Plätten erzeugt, von denen viele zum Transport von Kalk, vor allem aber von Zement nach Wien und nach Ungarn verwendet wurden. Der Rest wurde nach Bayern verkauft, wo damals vor allem noch der Viehtransport auf dem Wasserwege vor sich ging.
Die Tiroler benützten den Inn – vom Handel mit den Schiffen abgesehen – weniger zu Kontakten mit Bayern, als vielmehr zum Transport von Waren nach Ober- und Niederösterreich bzw. nach Wien und weiter

▷ *Betrieb an einer Anlegestelle für Innplätten bei Rosenheim. Aquarell von F. W. Doppelmayer.*

nach Budapest, wo die Plätten in späterer Zeit billig verkauft wurden, da sich die mühselige Stromauffahrt nicht mehr rentierte. Zur Blütezeit der Innschiffahrt war dagegen der Verkehr innaufwärts von Bayern nach Tirol fast wichtiger, mußten doch große Mengen von Getreide aus den Korngebieten Bayerns und des östlichen Österreich oder aus Ungarn nach Tirol verfrachtet werden. Auch Wein aus Niederösterreich und Ungarn sowie viel Bergmannsbedarf wurden auf dem Wasserweg nach Tirol gebracht. Diese Gegenzüge waren Sache der bayerischen Schiffsmeister. Drei oder vier zusammengehängte Schiffe wurden von 30 und mehr Pferden gezogen. Dem geringeren Wasserstand entsprechend, mußte der Schiffszug ab Rosenheim meist verkleinert werden.

Die unregelmäßige Wasserführung des Gebirgsflusses machte die Schiffahrt auf dem Inn überhaupt problematisch. Im Jahre 1856 wurden insgesamt nur 150 schiffbare Tage gezählt. Im Winter (Wassermangel) und fast den ganzen Sommer über (Hochwasser) ruhte der Verkehr auf dem Fluß. Wichtig für einen geregelten und sicheren Schiffsverkehr auf dem Inn war die Verbauung der Ufer. Um sie auch unterhalb von Kufstein sicherzustellen, wo der Inn ein Stück weit die Grenze zwischen Tirol und Bayern bildet, wurden immer wieder neue Verträge zwischen den Regierungen beider Länder abgeschlossen und zur Klärung offener Fragen und technischer Details sogenannte „Rezeßkarten" gezeichnet.

Natürlich spielte der Inn nicht nur für den Warentransport, sondern auch für den Reiseverkehr eine wichtige Rolle. Einzelreisende versuch-

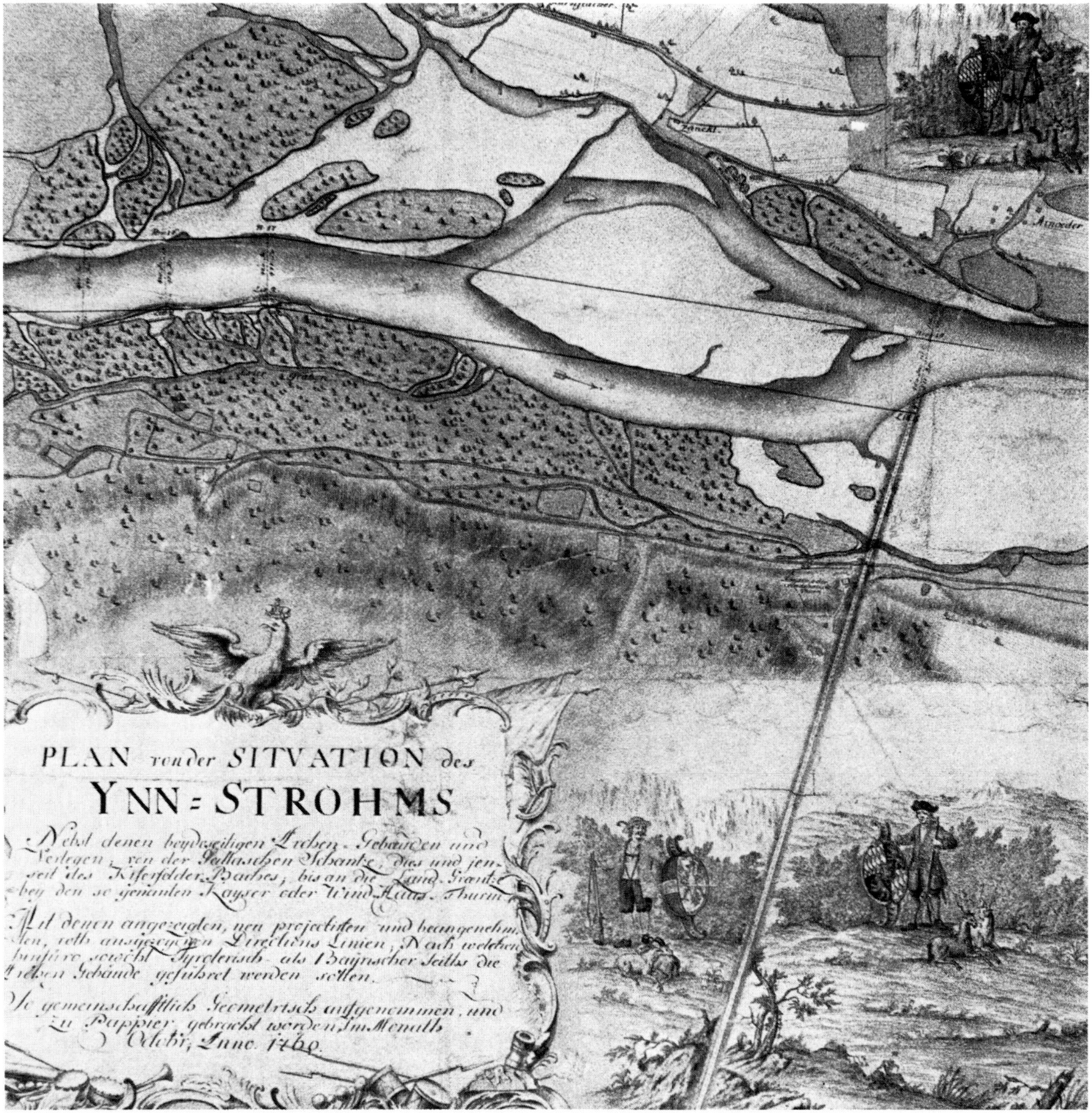
PLAN von der SITVATION des
YNN=STROHMS
Octobr; Anno. 1760.

Ausschnitt aus der von Franz Anton Rangger im Jahre 1760 gezeichneten und aquarellierten Karte des Inn in der Kufsteiner Gegend. Sie enthielt die Ergebnisse einer bayerisch-tirolischen Kommission für die geplante Innregulierung im Grenzgebiet, die nicht zuletzt die Schiffahrt erleichtern sollte.

◁

Das bayerische Motorschiff „Tusnelda" besucht im Jahre 1911 die Stadt Kufstein.

ten auf einem Lastschiff unterzukommen, größere Gruppen beschafften sich eine eigene Plätte. Reiche und Vornehme ließen sich für ihre Reisen am Inn eigene Schiffe sozusagen „maßschneidern". Besonders luxuriös waren die Leibschiffe der bayerischen Herzöge und der Tiroler Landesfürsten ausgestattet. Sie wurden mit bunt bemalten und verglasten Aufbauten versehen, die zwei oder drei Zimmer enthielten. Für spezielle Anlässe waren ganze Flotten nötig, um den personen- und gepäckreichen Hofstaat weiterzubringen. Als Erzherzog Karl, der Sohn des damaligen Landesfürsten Erzherzog Ferdinand II., im Jahre 1582 Rosenheim besuchte, brauchte er neben seinem Leibschiff und zwei Rennschiffen ein Kammerschiff, ein Silberschiff, ein Keller- und ein Küchenschiff, zwei Schiffe für das Hofgesinde, ein Güterschiff und sechs Pferdeschiffe. Um die Fahrt des Erzherzogs möglichst reibungslos vonstatten gehen zu lassen, wurde die Fahrrinne im Inn sorgsam mit Reisern markiert. Außerdem mußten dem Ufer entlang Schiffsleute und Pferde bereitstehen, um ein auf Grund gefahrenes Schiff wieder flottzumachen.

Die Schopper und Innschiffer sahen dem Eisenbahnbau in den fünfziger Jahren des 19. Jahrhunderts mit Mißtrauen und Sorge zu, obwohl sie zuerst nur den Verlust des Personenverkehrs befürchteten, der nicht ausschlaggebend gewesen wäre. Für den Warentransport schienen die Plätten noch konkurrenzlos zu sein, hielt man sie doch für leistungsfähiger und vor allem für billiger als die Bahn. Das war jedoch ein Trugschluß: Nach Eröffnung der Brennerbahn im Jahre 1867, mit der die Strecke Innsbruck–München erst ihre volle Bedeutung erlangte, gingen auch die aus Italien kommenden Waren für einen Transport auf dem Inn verloren, da sich das Umladen in Hall, dem Endpunkt der Innschiffahrt, nicht mehr auszahlte. Das neue Verkehrsmittel hatte gesiegt. Nur die Zementplätten aus der Gegend um Wörgl, Kirchbichl und Kufstein hielten sich noch bis gegen die Jahrhundertwende. Da sie Bayern auf ihrem Weg nach Wien und Ungarn nur durchfuhren, spielten sie für den nachbarschaftlichen Verkehr keine Rolle. Versuche, den Inn mit Dampfschiffen zu befahren, scheiterten an den ungünstigen Voraussetzungen. So war und blieb der Besuch des bayerischen Motorschiffes „Tusnelda" im Jahre 1911 in Kufstein nicht mehr als eine kuriose Episode in der Geschichte bayerisch-tirolischer Nachbarschaft.

Wie die Bayern Tirol entdeckten

Alpinismus, Fremdenverkehr und sportliche Rivalitäten

In Tirol nannte man ihn schon damals den „Gletscherpfarrer". Doch Franz Senn, der Kurat von Vent im hintersten Ötztal, konnte seine Landsleute nur schwer davon überzeugen, daß man die herrliche Tiroler Berg- und Gletscherwelt für den seit den fünfziger Jahren des 19. Jahrhunderts vor allem von Engländern propagierten und vorexerzierten Alpintourismus erschließen und damit der armen Gebirgsbevölkerung neue Erwerbsquellen schaffen mußte. Für Wegbauten, die Schulung von Bergführern, den Umbau seines Pfarrhauses in ein Bergsteigerquartier, die Aufstellung von Panoramen und Beschriftungen konnte er auch beim 1862 gegründeten Österreichischen Alpenverein nur geringe Unterstützung finden. Mehr Verständnis für sein Anliegen und seine Idee eines Alpenvereins, der mehr auf die praktischen Bedürfnisse der Bergsteiger und Wanderer ausgerichtet sein sollte als der bestehende österreichische Verein und außerdem den ganzen deutschen Sprachraum umfassen sollte, fand der Tiroler Gletscherpfarrer bei einigen bergbegeisterten Freunden in Bayern. Gemeinsam mit dem Münchner Studenten Karl Hofmann und dem Prager Kaufmann Johann Stüdl gründete Pfarrer Senn nach der Überwindung einiger Schwierigkeiten 1869 in München den Deutschen Alpenverein, dessen Hauptaufgabe es von Anfang an war, die österreichische und bayerische Bergwelt den Naturfreunden, Erholungssuchenden, Wanderern und Kletterern aus ganz Deutschland zu erschließen.

Ein Grundprinzip des Vereins war die Aufgliederung in örtliche bzw. regionale Sektionen mit eigener Verwaltung, die bestimmte Projekte selbständig in Angriff nehmen konnten. Da innerhalb der Führung des Österreichischen Alpenvereins die Zahl derer wuchs, die ihre Organisation in ähnlicher Weise auf eine breitere Basis stellen wollten, war es nur eine Frage der Zeit, bis sich beide Alpenvereine zusammenschlossen. 1873 war es soweit: Der „Deutsche und Österreichische Alpenverein" (DuÖAV) wurde gegründet. In den folgenden Jahren und Jahrzehnten wurden Hütten gebaut, Wege angelegt, Karten herausgegeben, das Führerwesen neu und besser organisiert usw. Zahlreiche bayerische Sektionen des Vereins errichteten Schutzhütten in den Tiroler Bergen vom Karwendel bis zum Trentino und schufen damit starke und dauernde

Eine der vielen bayerischen Alpenvereinshütten in Tirol: Die Edelhütte in den Zillertaler Alpen wurde von der Sektion Würzburg errichtet. Ausschnitt aus einer Handzeichnung der Ahornspitze von Compton.

Der Tiroler „Gletscherpfarrer“ Franz Senn, der 1869 zusammen mit Münchner Freunden den Deutschen Alpenverein gründete.

Bande zwischen Tirol und Bayern. Groß ist die Zahl bayerischer Bergsteiger, die in Tirol alpinistische Spitzenleistungen vollbrachten. Stellvertretend für alle anderen sei der Münchner Georg Winkler genannt, der Erstbezwinger der Vajolett-Türme im Rosengarten. Aber auch Dr. Hermann von Barth, der Erforscher der Kalkalpen zwischen Fernpaß und Achensee, darf nicht unerwähnt bleiben.

Jahr für Jahr machten mehr Bayern Bergfahrten nach Tirol, wo sie in den Hütten des Alpenvereins, auf Almen und Weidematten, in Schrofen und Felswänden so gut wie Heimatrecht besaßen. Das Kaisergebirge bei Kufstein wurde zur Kletterschule mehrerer Münchner Bergsteigergenerationen. Aber auch wer nicht kraxeln wollte, fuhr nach Tirol. Die Dörfer und Städte, die Kurbäder und Sommerfrischen füllten sich zu Ferienzeiten und an Wochenenden mit einfachen Touristen und einer guten Zahl von Nobelgästen aus dem Nachbarland. Schon lange bevor um 1900 der Wintersport eine neue Entwicklung einleitete, war Tirol der Bayern liebstes Urlaubsland. Daß man für Bozen die Bezeichnung „Ostermünchen“ erfand, spricht für sich.

Voraussetzung für diese Entwicklung war der Bau der Eisenbahn von München nach Innsbruck und über den Brenner nach Bozen gewesen. Das billige und relativ bequeme und rasche Verkehrsmittel ermöglichte es immer mehr Menschen, in den Ferien weiter von zu Hause fortzufahren, und erlaubte auch Kurzausflüge aus dem Alpenvorland in die Berge. Daß nicht alle nur aus Naturliebe „ins Tirol hinein“ fuhren, bemerkt der

bayerische Schriftsteller Heinrich Noë in seinem 1869 erschienenen „Brennerbuch“: In Kufstein seien einige Wirtshäuser, so schreibt er, beliebte Sammelpunkte jener Münchner, „welche unter dem Vorwand eines kleinen Bergausfluges sich durch unbesonnenes Hinabgießen von Tiroler Wein den Magen zu verderben gedenken“.
Der in München geborene Bibliothekar, Weltenbummler und Reiseschriftsteller Heinrich August Noë, der sich im Alter ganz in Gries bei Bozen niederließ, ist einer jener Bayern, die durch ihre Bücher und Zeitungsartikel Tirol als Erholungs- und Reiseland bekannt gemacht haben. Zu ihnen gehört auch Josef Friedrich Lentner, ein Buchhändlersohn aus München, der mehrere Jugendjahre in Innsbruck verbrachte und dabei Land und Leute lieben lernte. Als Maler und Dichter gleich begabt, stellte Lentner sein Wirken in den Dienst Tirols, das er nach einigen Münchner Jahren ganz zu seiner Wahlheimat machte. Lentner ließ sich in Meran nieder, erwarb sich Verdienste beim Aufstieg dieser traditionsreichen Stadt zum weltbekannten Kurort, starb aber bereits in jungen Jahren. Lentner war eng befreundet mit Ludwig Steub, dem wohl bedeutendsten Tirol-Schriftsteller der touristischen Pionierzeit. Bereits in den vierziger Jahren des 19. Jahrhunderts veröffentlichte der im oberbayerischen Aichach geborene Steub, ein gelernter, aber nicht sehr glücklicher Jurist, in verschiedenen Zeitungen neben Erzählungen auch die ersten Reisebilder aus Oberbayern und Tirol. Und schon 1846 erschien das Werk „Drei Sommer in Tirol“, das er später überarbeitete und neu herausbrachte. Die „Herbsttage in Tirol“ sowie seine „Lyrischen Reisen“ sollten folgen und mit ihren liebevollen, wenn auch nicht unkritischen Schilderungen Tirols und seiner Menschen dem Lande viele Freunde gewinnen und zum besseren Verständnis der Tiroler Wesensart vor allem in Bayern beitragen.
Auch für die Tiroler selbst war Steubs Schaffen nicht ohne Bedeutung, nicht nur weil er kulturhistorisch wertvolle Beiträge zur Landeskunde lieferte, sondern auch weil er den Tirolern einen nützlichen Spiegel vorhielt. Leider wurde er wegen seiner freisinnigen Geisteshaltung in Tirol nur von wenigen wirklich geschätzt. Er selbst klagt, daß seine „Drei Sommer in Tirol“ im Lande nicht so freundlich aufgenommen worden seien, wie er es erwartet hatte: „Mit den fünf ungebundenen und zwei gebundenen Freiexemplaren, die ich 1846 an meine Freunde in Tirol gesandt, war der Lesebedarf des ganzen Landes gedeckt. Die jetzigen Tiroler kennen nur noch den Titel“, schreibt er mit bissigem Humor in seiner Autobiographie.
Daß Steub für Tirol kräftig die Werbetrommel rührte, wußte man freilich sehr wohl zu würdigen. Nach seinem Tod im Jahre 1888 wurden in

Denkmal für den bayerischen Reiseschriftsteller und Tirol-Freund Heinrich Noë in Bozen.

mehreren Orten, denen Steubs besondere Aufmerksamkeit gehörte, Gedenktafeln angebracht und Straßen nach ihm benannt. Ihm selbst wären dazu sicher einige sarkastische Bemerkungen eingefallen, wie überhaupt der Witz, mit dem er selbst ernste Überlegungen garniert, zu seinen großen Stärken gehört. Auch als Tirol-Propagandist hält er es nicht mit dem tierischen Ernst, sondern läßt sich oft recht köstliche Argumente einfallen. So schreibt er zum Beispiel in den „Herbsttagen" (1867): „In dem freundlichen Hall sind die Wohnungen billig und die Atzung nicht theuer, so daß man leicht die Frage aufwerfen könnte: ob es sich nicht auch als Sommerfrischort für die Münchner empfehlen dürfte. Ich gehe nämlich immer mit dem Plane um, die Münchner möglichst auszubreiten, zu diluieren, wie die Apotheker sagen, einmal, damit sie auch das Ausland sehen und dort gesehen werden, zweitens, damit sie durch den Zauber ihrer vorgeschrittenen und überlegenen Cultur auch die wilden Nachbarstämme zu zähmen und einer edleren Gesittung zuzuführen vermögen, drittens, damit sie im bayerischen Gebirg etwas seltener werden, hin und wieder ein Plätzchen freilassen und mit ihren längst bekannten Gesichtern lieber in Gegenden und Landschaften ausweichen, wo erstere durch den Reiz der Neuheit wieder einige Anziehungskraft gewinnen. Und bei dieser Absicht darf ich dann nicht verschweigen, daß die Umgebung von Hall gar reich und herrlich ist."

Der Bayer Ludwig Steub, wohl der bedeutendste Tirol-Schriftsteller der touristischen Pionierzeit.

Als die Bayern dann tatsächlich in großen Scharen nach Tirol kamen, war Steub über die Touristen-Invasion nicht immer glücklich. 1873 schrieb er in einem Artikel für die Augsburger Allgemeine Zeitung, der später in den „Lyrischen Reisen" abgedruckt wurde, er habe in Brixlegg erlebt, wie die vornehmsten Münchner Kaffee-, Bier- und Kuchengärten ihre besten Gäste ausgeschickt hätten, „um das liebliche Örtlein geistig zu bajuwarisieren." Weiter schreibt er: „Was ich jeweils empfunden habe, wenn sie so Stück für Stück aus dem Eisenbahnwagen hüpften und von der heiligen Tiroler Erde Besitz ergriffen, das läßt sich eher nachfühlen als beschreiben. Nunmehr trippeln sie bereits durch alle Auen und krabbeln auch schon etliche Felsen hinan. Dabei sind sie so bergselig, so alpenfroh! Die Landschaft kann sich allerdings mit der Sendlinger Haide messen, und unter der Kramsacher Linde vergißt man sogar den Grünen Baum. Die Nahrung ist stellenweise ganz genießbar, und was Bedienung betrifft, so ist der Münchner nicht verwöhnt. Er kommt daher ohne Verdruß zur Einsicht, daß sie auch in Brixlegg nicht besser ist, als bei ihm zu Hause. Obgleich die kleine Colonie keineswegs in politischer Propaganda macht, so hat ihr magnetischer Einfluß doch schon bewirkt, daß Herr Hillepold, der Lebzelter, Wachszieher und Passionsvorstand, seinen neuen Pumpbrunnen blauweiß anstreichen ließ." Während Steub den Stoßseufzer ausstieß, daß er nun die Geister, die er rief, nicht mehr los werde, waren die Tiroler recht froh über den anwachsenden Gästestrom und die damit verbundenen Verdienstmöglichkeiten. Vor allem die Münchner waren sehr beliebt, wie Steub vermerkt: „Die Münchner, sagte jüngst der nahmhafteste Wirth in Südtirol und andere wiederholen das gleiche, die Münchner verlangen nicht mehr, als man bieten kann, lassen sich's schmecken und zahlen gern."

Steub, Lentner und Noë sind nicht die einzigen Bayern, die viel über Tirol schrieben. Ihrem Beispiel folgten um die Jahrhundertwende unter anderem der Alpinschriftsteller Alfred Steinitzer in München und der begabte Straubinger Erzähler Arthur Achleitner mit seiner 1890 erschienenen Tiroler „Schilderung von Land und Leuten" sowie zahllosen Geschichten, in die viel Wissenswertes über Tirol hineinverpackt ist. Dasselbe hatten ja auch schon Steub und Lentner gemacht. Was bayerische Literaten ihren Landsleuten über Tirol erzählten, wurde ergänzt und veranschaulicht durch die Bilder vieler bayerischer Maler, die mit Skizzenblock und Staffelei Tirol durchwanderten und hier so manchen Sommer verbrachten. Vom Dichter Ludwig Thoma wissen wir, daß seine Begeisterung für Tirol in frühester Jugend von den Studienblättern des Münchner Kunstmalers Julius Noser entfacht wurde, der alljährlich längere Zeit in Tirol verbrachte und bei der Rückkehr im Forsthaus von Vorderriß übernachtete, wo Thoma als Sohn des königlichen Forstmeisters aufwuchs.

Seit ca. 1870 ist auch die Natur- und Landschaftsfotografie zu den Werbeträgern für Tirol zu rechnen, wobei bayerische Meister dieser jungen Kunst eine führende Rolle spielen. Ihre Tätigkeit regte wiederum so manchen Tiroler an, in dieses neue Gewerbe einzusteigen. Ein Musterbeispiel ist der Münchner Bernhard Johannes, der schon vor 1870 mit seinem Fotoapparat kreuz und quer durch Oberbayern und Tirol zog, um die Bilder an Ort und Stelle, aber auch später in München zu verkaufen. Als er einmal in Kufstein einige Aufnahmen machte und sie im Uhrmacherladen des Anton Karg ausstellte, war der weitblickende Kufsteiner Unternehmer von den Möglichkeiten der neuen Kunst sosehr begeistert, daß er sofort das Fotografieren erlernte und selbst ein Fotoatelier einrichtete. Bernhard Johannes erkannte die Chancen der Fotografie im Tourismus-Geschäft und ließ sich zunächst 1873 in Partenkirchen nieder, ohne jedoch seine Tätigkeit in Tirol einzustellen. Dann gründete er in Meran, dem Nobelkurort von europäischem Format, eine Zweigniederlassung, die bald zu seinem Hauptgeschäft wurde. 1883 trat Bernhard Johannes das Partenkirchner Atelier seinem Schwager ab und konzentrierte sich ganz auf Meran, wo er als Mensch und als Fachmann glei-

Ausschnitt aus einem von Anton Falger gedruckten Erinnerungsblatt an den Aufenthalt König Ludwigs II. in Elbigenalp im Tiroler Lechtal, wo die Königin-Mutter Jahr für Jahr ihre Sommerresidenz aufschlug.

chermaßen angesehen war und eine große Anzahl von Auszeichnungen erhielt. Unter anderem war Johannes k.k. österreichischer Hof-Fotograf sowie kgl. bayerischer und herzogl. Sachsen-Choburg-Gotha'scher Hof-Fotograf. Er fotografierte in Meran prominente Urlauber genauso wie Landschaften und Kunstdenkmäler, erzeugte ausgesprochene Souvenir-Fotos mit Südtiroler Motiven, Trachtenpärchen und Rehen im Wald. Nicht ohne Berechtigung kann man ihn in gewissem Sinne als einen Pionier der Tiroler Fremdenverkehrswirtschaft bezeichnen.

Weniger der bayerische Anteil an der Erschließung Tirols für den Fremdenverkehr als vielmehr die geographischen Gegebenheiten brachten es mit sich, daß im touristischen Sprachgebrauch allmählich das oberbayerische Bergland ganz einfach zu Tirol gerechnet wurde. Als in der beliebten norddeutschen Reihe von Reise- und Wanderführern von Professor Dr. Karl Kinzel ein Band „Wie reist man in Oberbayern und Tirol?" erschien, lieferte der Autor für seinen Begriff vom „schönen Land Tirol" folgende Erklärung mit: „Unter Tirol ist hier meist kurzweg das deutsch-österreichische Alpenland gemeint, also Oberbayern und Tirol nebst den angrenzenden Gebirgsländern." Man nahm damals die Grenzen zwischen deutschen Ländern überhaupt nicht so genau. Auch der bayerische König Maximilian II. durchwanderte auf seiner berühmten Fußreise des Sommers 1858, die vom Bodensee bis nach Berchtesgaden führte, nicht nur eigenes Herrschaftsgebiet, sondern wechselte mehrmals auf Tiroler Boden über.

Der König und seine Reisebegleiter, darunter mehrere Gelehrte, bewältigten nicht die ganze Strecke zu Fuß, sondern benützten häufig die mitfahrenden Hofkaleschen. Der Weg führte von Lindau über vorarlbergisches Gebiet ins Allgäu, dann von Hindelang über die Tiroler Grenze ins Tannheimer Tal und wieder zurück nach Bayern zum Schloß Hohenschwangau, das sich König Max II. in den dreißiger Jahren des 19. Jahrhunderts, als er noch Kronprinz war, über den Resten der mittelalterlichen Ritterburg neu erbauen hatte lassen. Den nächsten Abstecher nach Tirol machte die königliche Wandergesellschaft von Vorderriß aus: „Am frühen Morgen des 10. Juli verließen wir das in weiter Einöde gelegene Jagdhaus in der vorderen Riß, um durch die hintere Riß unseren Weiterweg nach dem Achensee zu suchen", schrieb des Königs Reisebegleiter Bodenstedt später in seinem ausführlichen Buch „Die Königsreise". Auch Kufstein und Kössen im nordöstlichen Tirol waren Stationen des bayerischen Königs auf dieser aufsehenerregenden bayerischen Fernwanderung.

Eine ganz besondere Tirol-Verehrerin war König Maximilians Frau, Prinzessin Marie von Preußen. Schon bei ihrer Einwilligung in diese Ehe habe mitgespielt, wie sie selbst sagte, „daß Max ein Schloß in der Nähe von Tirol besaß". Von Hohenschwangau fuhr die junge Königin von Bayern häufig nach Tirol, um von dort aus ihre Briefe an die preußischen Verwandten unbeobachtet und unzensuriert zur Post geben zu können. Auch nach dem Tode ihres Mannes im Jahre 1864 bevorzugte sie Schloß Hohenschwangau als Wohnsitz. Als ihre Sommerresidenz erwählte sich die begeisterte Naturfreundin und Bergsteigerin den Tiroler Ort Elbigenalp im Lechtal. Für ihre Begleiter und Begleiterinnen auf den weit ausgedehnten Bergtouren stiftete sie den „Alpenrosenorden". Auch ihr zweitgeborener Sohn Otto hielt sich in jüngeren Jahren, als seine Geisteskrankheit noch nicht voll zum Ausbruch gekommen war, häufig für längere Zeit in Elbigenalp auf. Ihr älterer Sohn, König Ludwig II., mied zwar seine Mutter nach Möglichkeit, doch gefiel es ihm in Tirol so gut, daß er es bedauert haben soll, nicht eines seiner Schlösser hier bauen zu können. Als Ersatz ließ er sich zumindest Absteigquartiere errichten: eines in Reutte, auf der „Post", wo zwei Zimmer des ersten Stockwerks stets für ihn reserviert bleiben mußten, eines auf dem Fernpaß, wo sich der schwärmerische König ebenfalls mehrere Zimmer des Schloßgasthofes Fernstein ganz nach seinem Geschmack einrichten ließ. Hierher kam er oft von Hohenschwangau oder von Linderhof aus, im Sommer im prunkvollen Königswagen, im Winter im kronengeschmückten Rokokoschlitten. Manchmal verbrachte er mehrere nächtliche Stunden in Gedanken versunken auf der Insel mitten im Fernsteinsee. Selbst klirrende Kälte schien ihm nichts auszumachen, im Gegensatz zu seinem Gefolge, das sich die Knochen aus dem Leib fror.

Bei der Bevölkerung des Außerfern, deren Phantasie durch die wilden nächtlichen Fahrten des „Märchenkönigs" beflügelt wurde, war Ludwig II. überaus beliebt, obwohl persönliche Kontakte des menschenscheuen Monarchen mit Tirolern eher selten waren. Kamen sie aber zustande, so konnte der bayerische König durchaus leutselig sein. Und mit Geschenken war er nie kleinlich. Von einem der nächtlichen Ausflüge über die Tiroler Grenze erzählt ein begleitenden Reiter: „Wir kamen zum Kniepaß (5.30 Uhr). Kaum war Majestät ausgestiegen, wurde er von drei Arbeitern begrüßt. ‚Guat Morgn, Kini vo Boarn, bischt a scho auf da Höch?' – Der König sagte: ‚Grüß euch Gott, wohin schon so früh?' – Da sagten sie: ‚Woascht wohl, gen Berg, Holzarbatn, woascht, so schön ham ma's it wia du.' – Der König sagte: ‚Ja, jeder Stand hat seine Plage. – Gib ihnen 300 Mark, sie sollen auch was von mir haben.' Nun ging's los: ‚Herr, vergelt's Gott, Kini vo Boarn, soist lebn drei Johr noch da Ewikeit a no. Du bischt do da bescht Mensch auf da Welt, du hoscht hoit a guats Herz für ins arme Teufön."

Nächtliche Fahrt des bayerischen „Märchenkönigs" Ludwig II. nach Tirol. Zeitgenössische Zeitungsillustration. ▷

Prinzessin Marie von Preußen, als Königin von Bayern bzw. Königsmutter begeisterte Tirol-Urlauberin, im selbstentworfenen Bergkostüm, das zur Tracht des von ihr gestifteten Alpenroseordens wurde.

Über Ludwigs heimliche Tiroler „Residenzen“, über die offiziell strengstes Stillschweigen beobachtet wurde, wußte man allgemein Bescheid. Die Ausflüge des bayerischen Königs nach Tirol hatten auch politische Hintergründe: Hier in Tirol, im Ausland, konnte er sich von seinen eigenen Ministern und deren Aufpassern sicher fühlen. Auch er benützte gerne in Tirol die österreichische Post. Im Juni 1886, als die sonderbare Lebensweise und die Verschwendungssucht Ludwigs eine Staatskrise auslösten und der Landtag den König auf Grund psychiatrischer Gutachten für regierungsunfähig erklärte, richtete Ludwig von Reutte aus einen telegraphischen Hilferuf an den deutschen Reichskanzler Bismarck und an Kaiser Wilhelm I. Auch Bismarcks Antwort, in der er dem bayerischen König empfahl, in München vor den versammelten Ständen für sein Recht zu kämpfen, ging nach Reutte. Ludwig II. konnte sich nicht entschließen, diesem Rat zu folgen. Aber auch der Aufforderung von

Freunden, nach Tirol zu fliehen, kam er nicht nach, obwohl alles schon vorbereitet war. So wurde er von einer Münchner Ministerkommission an den Starnberger See gebracht, aus dem er wenige Tage später tot geborgen wurde.

Das traurige Schicksal des Königs und sein bis heute nicht restlos geklärtes Ende haben uns weggeführt vom Thema, von den Tirol-Ausflügen der königlichen Familie, von der Lechtaler Residenz der Königin-Mutter. Sie steht an der Spitze der langen Liste prominenter bayerischer Tirol-Urlauber, aus der nur noch ganz wenige Namen als Beispiele genannt werden sollen, so der Lyriker Christian Morgenstern, der mehrere Jahre hindurch zu längeren Kuraufenthalten nach Meran-Obermais, Bad Dreikirchen bei Meran, Bad Dürrenstein in den Dolomiten, Gries bei Bozen und nach Meran-Untermais kam und hier schließlich starb; der Maler Eduard von Grützner, der sich in Rotholz bei Jenbach eine

Auf der Tilfußalm im Gaistal zwischen Leutasch und Ehrwald erinnert das Jagdhaus Hubertus heute noch an Ludwig Ganghofer, der hier als Jagdpächter die Sommer verbrachte und viele seiner Werke schrieb. Der Dichter und seine prominenten Gäste zählten zu den berühmtesten Tirol-Urlaubern.

◁

Villa baute; und natürlich die beiden so verschiedenen urbayerischen Dichter Ludwig Ganghofer und Ludwig Thoma. Vom Frühling bis Herbst lebte Ganghofer in seinem Jagdhaus Hubertus auf der Tilfußalm im Gaistal bei Leutasch. Dort hatte er die Jagd gepachtet und mußte sich verschiedentlich mit den Bauern herumschlagen, die dem reichen Schriftsteller unverhältnismäßig hohe Wildschäden aufrechnen wollten. Dort empfing er aber auch seine Freunde und machte das einsame Tiroler Hochtal zu einem Treffpunkt der künstlerischen Welt. Der Dirigent Bruno Walter, der Maler Kaulbach, der Schauspieler Joseph Kainz und mit ihm fast das ganze Burgtheater, die Schriftsteller Rilke und Hofmannsthal und viele andere Prominente waren hier zu Gast. Nicht zuletzt Ludwig Thoma, der sich auf der Jagd und in Gesellschaft seines Freundes Ganghofer – den er als Künstler freilich gar nicht schätzte – von viel menschlichem Ungemach erholen konnte. In jüngeren Jahren hatte Thoma, der damals Redakteur der satirischen Zeitschrift „Simplizissimus" war, mit dem ebenfalls beim Simplizissimus tätigen Zeichner Eduard Thöny, einem Wahlmünchner aus Südtirol, ausgedehnte Radtouren durch fast alle Tiroler Täler unternommen.
Der Entdeckung Tirols durch die Bayern steht keine gleichwertige Reisewelle von Tirolern nach Bayern gegenüber. Immerhin nutzten immer mehr Tiroler die modernen Verkehrsmittel, um auch einmal die landschaftlichen Schönheiten und die Kunstschätze des Bayernlandes kennenzulernen. Auch Einkaufsfahrten kamen rasch in Mode. Hauptziel der Tiroler im Nachbarland war die Großstadt und Kulturmetropole München, weil etwas Ähnliches das eigene Land nicht zu bieten hatte. Die Münchner Theater und die berühmten Museen übten auf den gebildeten Tiroler in etwa die gleiche Anziehungskraft aus wie das Zillertal und die Dolomiten auf den Münchner Naturfreund.
Eine große Rolle im Reiseverkehr nach beiden Richtungen spielte das in der zweiten Hälfte des vorigen Jahrhunderts aufblühende Vereinswesen. Gemeinschaftsausflüge, der Besuch von Festlichkeiten, regelmäßige Kontakte zwischen bayerischen und tirolischen Vereinen, gemeinsame Veranstaltungen und ähnliche kontaktfördernde Aktivitäten waren an der Tagesordnung. Nicht zuletzt war es der damals im Entstehen begriffene moderne Sport, der Tiroler und Bayern ins jeweilige Nachbarland fahren ließ. Ob Turner, Stemmer oder Radfahrer, ob später Fußballer oder Tennisspieler, Skifahrer oder Eishockeymannschaften – Tiroler und Bayern trafen einander als Sportsfreunde und Rivalen. Kaum ein Verein, der auf den ersten Seiten seiner Chronik nicht Wettkämpfe und freundschaftliche Begegnungen mit Kameraden von jenseits der Grenze zu verzeichnet hätte. Kein größeres Sportfest zumindest im grenznahen

Gebiet, an dem nicht Mannschaften und Delegationen aus dem Nachbarland teilgenommen hätten.
Im Skisport wurden Partnerschaft und Rivalität besonders deutlich, da er sich naturgemäß auf einen engeren geographischen Raum beschränken mußte. Hier kam zur Freundschaft und Rivalität der Sportler bald auch die Partnerschaft und Konkurrenz prominenter Wintersportorte dazu: Garmisch-Partenkirchen und Innsbruck, beides Austragungsorte von Olympischen Winterspielen und Alpinen Skiweltmeisterschaften, beides

Orte mit berühmten Sprungschanzen, sind wohl die besten Beispiele dafür. Sicher, weder Bayern noch Tiroler freuen sich, wenn ihnen ein Skifahrer aus dem Nachbarland einen Sieg wegschnappt, doch hätten die Tiroler die zwei goldenen und die eine silberne Medaille der Olympischen Winterspiele von 1976 in Innsbruck niemandem mehr gegönnt als der sympathischen Rosi Mittermaier aus Bayern.

▷

Der Innsbrucker Gustl Lantschner bei einem Rekordsprung auf der Garmischer Gudibergschanze. Zeitschriften-Reproduktion eines Photos aus den späten zwanziger Jahren.

◁

Ankündigung eines tirolisch-bayerischen Fußballkampfes aus der Steinzeit dieses Sports (1904). Auch das Ergebnis ist bekannt: Der Fußballklub „Bayern" aus München und die Fußballriege des Innsbrucker Turnvereins trennten sich mit einem 1:1-Unentschieden.

Wer hat den Schuhplattler erfunden?

Gemeinsamkeiten in Brauchtum und Volkskultur

Wer kennt ihn nicht, den berühmten „Watschentanz", der bei keinem Tiroler Abend oder Oberbayerischen Heimatabend fehlen darf? Touristen aus nah und fern jauchzen vor Entzücken, wenn sich die Burschen beim Schuhplatteln im Rhythmus der Musik gegenseitig ohrfeigen oder zumindest einen Abtausch von Watschen sehr gekonnt vortäuschen. Wirklich lustig dieses alpenländische Tanzbrauchtum – und sicher uralt!? Weit gefehlt. Der Watschentanz oder Watschenplattler hat weder in Tirol noch in Bayern etwas mit bodenständigem Volksgut zu tun. Die Bayern können immerhin für sich beanspruchen, diesen Tanz erfunden zu haben. Man weiß sogar das Entstehungsjahr, kennt den Ort der Premiere und die Namen der Erfinder: Es waren Paul Merz und Hans Graf vom GTEV Taubenberger in Holzkirchen. Im Sommer 1907 führten sie in Bad Reichenhall den neuen Tanz zum ersten Mal auf. Bald wurde er überall in Oberbayern und in Tirol nachgeahmt und weiter ausgeschmückt.
Der Siegeszug des Watschentanzes war nur die Fortsetzung einer Entwicklung, die bereits gute zwei Jahrzehnte früher begonnen hatte, als im Zuge der ebenfalls von Oberbayern ausgehenden Trachten-, Brauchtums- und Volkstanzbewegung der Schuhplattler als ein von Burschen nach genauen Regeln aufgeführter Gruppentanz in ganz Tirol verbreitet wurde. Also ist der in aller Welt als Tiroler Nationaltanz „verkaufte" Schuhplattler gar keine Tiroler Erfindung, sondern ein Import aus dem nördlichen Nachbarland? Ja und Nein. Als einen frei gestalteten Werbetanz kannte man den Schuhplattler in Tirol – abgesehen von den westlichsten Tälern – schon immer. Mitten im Tanz löste sich der Bursch von seinem Mädchen und machte nach Lust und Laune einige verwegene Sprünge, wobei er auf Schenkeln, Fußsohlen, auf den Boden, den Tisch oder gar auf die Stubendecke klatschte. Es war nichts anderes als eine Demonstration von Geschicklichkeit und Kraft, um der Tänzerin – und natürlich auch den übrigen Anwesenden beiderlei Geschlechts – zu imponieren. Nicht viel anders schaut die Schuhplattler-Tradition übrigens im bayerischen Oberland aus. Nur im südlichen Chiemgau scheint es schon früher den reinen „Burschenplattler" gegeben zu haben, bei dem sich einer auf den Tanzboden hinstellte, zum Takt der Musik mit seinen Klatschern und Schlägen begann, worauf nach und nach andere

Die Urform des Schuhplattlers als spontane Hüpf- und Klatschbewegung des Burschen während des Tanzes überliefert dieses im frühen 19. Jahrhundert entstandene Bild eines Zillertaler Bauerntanzes von Placidus Altmutter. Der Tänzer ganz links setzt gerade zu einem Plattler an. In der Zeit der Volkstanz- und Brauchtumsvereine wurde daraus – zuerst in Bayern – ein streng reglementierter Gruppentanz für Burschen (rechts).

hinzukamen und mitmachten. So wird jedenfalls die älteste Form jenes Schuhplattlers beschrieben, der seit den neunziger Jahren des 19. Jahrhunderts die Heimatabende und Trachtenvereinsfeste beherrschte. Die Schlagfolgen wurden genau festgelegt, immer neue Varianten erfunden und einstudiert. Soweit die Mädchen in die neuen Tänze mit einbezogen wurden, blieb ein Rest der alten Form des Werbetanzes erhalten. Nur frei gestaltet durfte nichts mehr werden. Die bayerische Herkunft dieser Art des Schuhplattelns ist schon durch die Namen der gebräuchlichsten Plattler und Schlagfolgen dokumentiert: da gibt es den Bayrischzeller, den Tölzer, den Reit-im-Winkler usw.

Seine rasche und weite Verbreitung hat der Schuhplattler weniger dem – sicher ebenfalls vorhandenen – Bedürfnis nach Burschentänzen zu verdanken, als vielmehr seiner Wirkung auf die Zuschauer. Die meisten der älteren Volkstänze konnten da in ihrer Einfachheit nicht konkurrieren. Um Volkstanzvorführungen abwechslungsreicher zu machen, wurden deshalb seit der Jahrhundertwende auch traditionelle Figurentänze ausgeschmückt – so entstand z. B. der beliebte „Müllertanz" – oder ältere Vorbilder umgedeutet und daraus neue Tänze gemacht. Wieder waren es vor allem bayerische Vereine, die in dieser Beziehung beispielgebend wirkten. So stellte um 1930 Sepp Pfleger vom Volkstrachtenverein Peißenberg verschiedene Tänze zusammen, darunter den Kronentanz und den Sterntanz als Nachahmung des uralten Reifentanzes des Binderhandwerks. Das Trachten-Fotohaus Hans Hofer in Weilheim übernahm den Vertrieb dieser neuen „Volkstänze“ und verlangte für die Aufführung durch andere Gruppen Tantiemen. Natürlich fand man auch in Tirol genügend „Kunden“. Heute fällt es selbst Fachleuten oft schwer, bodenständige Tänze von jüngeren Vereinsschöpfungen, importierten Formen und Erfindungen der Folklore-Industrie zu unterscheiden.

Im Liedgut des tirolisch-oberbayerischen Raums, das – wie ja auch die Volksmusik – dank der ähnlichen Voraussetzungen und der nahen Verwandtschaft der Bevölkerung keine markanten Unterschiede kennt, hinterließen die reisenden Tiroler Nationalsängergruppen ihre Spuren. Diese Sängergesellschaften, zuerst aus dem Zillertal, bald aber auch aus anderen Gegenden des Landes, kamen in aller Welt herum und füllten die Konzertsäle von Rußland bis Amerika. Wohl sangen sie auch alte überlieferte Lieder, doch richteten sie sich in ihrem Repertoire bald ganz nach dem Geschmack ihres bürgerlichen und adeligen Publikums und ließen sich von musikkundigen Lehrern und Kuraten die passenden Texte und Melodien schreiben. Die ursprünglich einfachen Jodler wurden durch sie zu Bravourstücken von Stimmband- und Kehlkopfakrobaten. Natürlich wurden die Tiroler Nationalsängergruppen auch in Bayern nachgeahmt. Und natürlich wurden einige ihrer neuen Tiroler Lieder auch jenseits der Grenze gesungen, wie auch bayerische Liedschöpfungen des späten 19. Jahrhunderts in Tirol populär wurden.

Schon lange vor der Gründung von Brauchtums- und Trachtenvereinen, vor dem Aufkommen reisender Volkssängergruppen und tourismusorientierter Folkloredarbietungen hat es zwischen Tirol und Bayern im Bereich der Volkskultur einen ständigen Austausch und gegenseitige Beeinflussung gegeben, was bei den regen Kontakten der Grenzbewohner untereinander, bei der Ähnlichkeit in Mentalität und Lebensart gar nicht anders zu erwarten ist. Manche Sonderformen im kunstgewerblichen Bereich verbreiteten wandernde Handwerker, auch wenn sie sich in der Regel nach den Wünschen ihrer Auftraggeber richteten. Die Brandenberger Möbelmaler zum Beispiel waren beiderseits der Grenze tätig und am Entstehen einer tirolisch-bayerischen Möbellandschaft beteiligt. Als typisch bayerisch wird die Marmorierung vieler Unterinntaler Möbelstücke angesehen. Ob das Bauernhaus im bayerischen Oberland und weit darüber hinaus sein Flachdach den Tiroler Zimmerleuten zu verdanken hat, kann man nicht mit Sicherheit sagen. Diese Dachform scheint jedenfalls von Tirol aus erst allmählich nach Norden vorgedrungen zu sein. Bayerische Volkskundler sprechen geradezu von einem „Tiroler Dach“.

Nicht minder wichtig als die wandernden Handwerker waren für die Verbreitung kunstgewerblicher Erzeugnisse über die Grenzen hinweg

Spanschachtel aus Berchtesgaden, wie sie von Wanderhändlern auch in ganz Tirol verbreitet wurden.

die Wanderhändler. In ganz Tirol findet man z. B. die kunstvoll bemalten Spanschachteln aus dem Berchtesgadener Land oder aus Oberammergau. Auf Märkten, Wallfahrten, bei Besuchen und im Kreis von Arbeitskollegen konnten sich Tiroler und Bayern gegenseitig allerhand abschauen. Natürlich ahmten sie nach, was ihnen beim Nachbarn gefiel. Die Federkielstickerei dürfte auf diese Weise Eingang in die bayerische Volkskunst gefunden haben. Darauf deutet nicht zuletzt die Tatsache, daß man die prachtvollen federkielbestickten Bauchranzen in Bayern ursprünglich als „Tiroler Gürtel" bezeichnete.

Über die Verdrängung der altbayerischen Männertracht durch die Tiroler Joppe besitzen wir aus der Zeit um 1860 zwei ziemlich ähnliche Notizen ernstzunehmender Autoren. So schreibt der bekannte Schriftsteller Felix Dahn: „Ungefähr seit 1820 begannen ledige Burschen und Knechte daselbst die uralte Tracht der tyrolischen Holzarbeiter, die neben ihnen in Arbeit standen, nachzuahmen, insbesondere das alte Lodenhemd, von ihnen Juppe oder Joppe genannt, in seiner ächten Form ohne Kragen, vorne offen und glatt, ohne Knopf und Knopfloch, am Rücken mit einer Handlang zusammengenähten Gegenfalte, mit Ärmeln ohne Aufschläge; der Stoff wie der des Zillerthalerhemdes von Loden oder grauem Tuch, am Hals und an der Brust mit einem zwei Zoll breiten Tuchstreifen. Zu diesem Oberkleid gehörte dann ein schwarzer Flor um den Hals, grüne Hosenträger, eine gestickte Lederbinde um die Hüften, kurze, zierlich ausgenähte Lederhosen bis an's Knie, an das sich ‚Beinhöseln' oder ‚Lofeln' – Strümpfe ohne Socken (in manchen Gegenden auch von Weibern getragen) schlossen. Die ganze Tracht ist ‚duxerisch'. Es waren nun zuerst die Jäger, welche diese Kleidung, weiter ausgeschmückt, annahmen; sie setzten an das Lodenhemd den grünen Kragen, an die Ärmel grüne Aufschläge und später noch an die Brust Knöpfe und grüne Überschläge, und die so umgebildete Jäger-, Miesbacher oder Tegernseer Joppe begann nun das allgemeine Gewand der bayerischen Gebirgsbauern zu werden."

Ludwig Steub fügt dieser Beobachtung hinzu, daß die Jagd- und Forstleute auf die Erfindung des grünen Kragens so stolz gewesen seien, daß sie dem einfachen Landmann diesen Schmuck vorenthalten wollten. Steub schreibt auch, daß die durch die Tiroler Holzarbeiter nach Oberbayern gebrachte Tracht „wegen ihrer wunderbaren Einfachkeit und ihres immerhin flotten Aussehens" bei arm und reich schnell beliebt geworden sei und „jetzt schon so viele Herrschaft übt, daß sie nicht allein die Landleute, sondern auch die feinen Herren aus der Stadt, die Staatsdienstaspiranten und andere Würdenträger, die Maler und die Kupferstecher sich untertan gemacht" hätten. „Selbst vor den norddeut-

schen Augen hat sie Gnade gefunden, und man sieht manchen Berliner Geheimrat, manchen Hamburger Bankier, der sich gleich nach den ersten Tagen, von dem Reize des Gewandes angezogen, in eine Kochler Joppe hüllt und stolz am Tegernsee hinwandelt. Kochler Joppen heißen sie erst seit wenigen Jahren von einem Schneider zu Kochel, der sie besonders billig fertigt und in großen Ladungen zu München verkauft."
Das Beispiel der „miesbachisch gehenden" Herrschaften aus der Stadt wirkte wiederum zurück auf die Landbevölkerung, doch war es nicht nur die Joppe, die auf diese Weise weiter propagiert und verbreitet wurde, sondern auch die graue Lodenhose, also der gesamte modische Trachtenanzug, dem die Landbevölkerung ihre blauen oder grünen Gehröcke und die ledernen Kniebundhosen der Festtagstracht opferte. Gegen diese „Überfremdung" zogen nun einige Männer aus Bayrischzell zu Felde, die sich im Sommer 1883 von einem Säcklermeister in Miesbach knielange Lederhosen anfertigen ließen und mit ihrem „Verein zur Erhaltung der Volkstracht im Leitzachtal und Bayrischzell" den Anstoß zur bayerischen Trachtenbewegung gaben. In den folgenden Jahren wurden überall im Chiemgau, im bayerischen Oberland, im Isarwinkel und im Werdenfelserland ähnliche Vereine gegründet. Die „Trachtler" verhalfen der kurzen Lederhose aus schwarzem Gemsleder, die man sich immer üppiger mit durchaus nicht traditionellen, sondern neu erfundenen Ornamenten auszieren ließ, zu einem wahren Siegeszug und machten sie zum Inbegriff des Bayerntums. Ob ihr – natürlich viel einfacheres – Vorbild wirklich jene kurzen Hosen waren, die die Tiroler Holzarbeiter nach Oberbayern gebracht hatten, wie aus dem Bericht von Felix Dahn geschlossen werden kann, ist umstritten, da bis zu den Knien reichende Lederhosen in Bayern auch für frühere Zeiten nachgewiesen werden können. Sicher ist, daß sie zum Arbeitsgewand bestimmter Berufsgruppen (Knechte, Holzarbeiter, Hirten und Jäger) gehörten und früher nicht zu festlichen Anlässen getragen wurden. Das setzten erst die Trachtenvereine durch.
Die vom Tiroler Vorbild ausgelöste Entwicklung der neubayerischen Tracht hatte von Anfang an Rückwirkungen auf Tirol. Zuerst übernahmen Jäger und Forstbeamte die mit grünen Stehkragen, Aufschlägen und sonstigen Verzierungen versehene Lodenjoppe ihrer bayerischen Kollegen. Dann fand die typisch bayerische Lederhose in den Mitgliedern der auch in Tirol nach dem Vorbild Bayerns gegründeten Trachtenvereinen neue Anhänger und Propagandisten. Zum Durchbruch konnten sie der neubayerischen Tracht in Tirol jedoch nicht verhelfen. Die Voraussetzungen waren eben hier doch ganz anders als in Oberbayern. Nur in den grenznahen Gebieten des Nordtiroler Unterlandes hat die bayerische

Die „duxerische" Werktagstracht, wie sie auch Tiroler Holzarbeiter in Bayern trugen (hier dargestellt von Alois Kirchebner, um 1800), soll die Anregung zur Entwicklung der neubayerischen Tracht mit Lodenjoppe und kurzer Lederhose gegeben haben.

Trachtenbewegung der Jahrhundertwende die Kleidungsgewohnheiten mancher Bevölkerungsschichten auf Dauer beeinflußt. Hier machte sich das besondere Nahverhältnis zum Nachbarn bemerkbar.
Im Unterinntal und im Bezirk Kitzbühel, also in jenen Gebieten Tirols, die bis 1504 zu Bayern gehört hatten, gleichen Volkskultur und Brauchtum noch mehr den Traditionen und Gepflogenheiten der angrenzenden bayerischen Bezirke als im übrigen Tirol. Die Brauchtumslandschaft des tirolisch-oberbayerischen Großraumes kennt überhaupt keine in West-Ost-Richtung verlaufenden Grenzen. Die Scheidelinien zwischen den Verbreitungsgebieten verschiedener Bräuche und Eigenheiten der Volkskultur verlaufen durchwegs von Norden nach Süden. Zwei Beispiele mögen zur Illustration genügen: Prozessionen hoch zu Roß – von Ostern über Fronleichnam bis zum Leonardi-Fest – sind für das nordöstliche Tirol und den Südosten von Bayern charakteristisch; das Fasnachtsbrauchtum hat sich nur im Westen beider Länder erhalten: Die Mittenwalder oder Partenkirchner Fasnacht unterscheidet sich von der in Nassereith nicht mehr als diese wiederum vom Fasnachtstreiben in Telfs oder in Imst. Ähnlich verhält es sich bei der Tracht, bei den Hof-

Maskierte Scheller gehören in Westtirol wie im Werdenfelser Land zum Fasnachtsbrauchtum. Dieses Figurenpaar von der Werdenfelser Fasnacht wurde um 1900 geschnitzt.

formen und dem äußeren Schmuck der Häuser (z. B. „Lüftlmalereien“). Auch da sind sich die Nachbargebiete auf beiden Seiten der Grenze ähnlicher als weiter voneinander entfernte Talschaften im eigenen Land.
Leider lassen sich die gemeinsamen Traditionen Tirols und Bayerns im Bereich der Volkskultur kaum weiter als bis ins 18. Jahrhundert zurückverfolgen. Eine Ausnahme bildet das Schützenwesen. Zahlreiche urkundliche Belege und Eintragungen in Rechnungsbüchern beweisen, daß das Scheibenschießen schon im Mittelalter in beiden Ländern ein beliebter Zeitvertreib weiter Bevölkerungskreise in Stadt und Land war und es bereits damals tirolisch-bayerische Wettkämpfe in diesem Volkssport gegeben hat. Eines der frühesten Beispiele ist das große Armbrust-Schießen, das von Pfingsten bis Fronleichnam 1467 in München stattfand. Von Tiroler Seite nahmen daran sechs Haller und ein Bozner Schütze teil. Einer von ihnen gewann zwei silberne Becher. Die Fürsten beider Länder zeigten sich recht großzügig, wenn es galt, ihren besten Schützen die Teilnahme an solchen „Freischießen“ im Nachbarland zu ermöglichen.
Die von Kaiser Maximilian I. begründete wehrpolitische Sonderstellung der Tiroler Bevölkerung, die in ihrer Gesamtheit verpflichtet wurde, das Land selbst zu verteidigen und dafür von Kriegsdiensten außerhalb des Landes verschont blieb, brachte eine Entwicklung des Schützen- und Schießstandwesens mit sich, mit der Bayern lange Zeit nicht schritthalten konnte. In Tirol erhielt nämlich jeder Ort einen eigenen Schießstand, wurden Schießübungen und Schützenfeste von der Regierung gefördert, da es sich ja nicht nur um eine Unterhaltung und um Sport, sondern gleichsam um eine militärische Ausbildung handelte. Als im 19. Jahrhundert die Tiroler Schützen ihre besondere Stellung innerhalb des österreichischen Verteidigungswesens verloren, übernahm sie neue Aufgaben: In Vereinen organisiert und kompanieweise in Talschaftstrachten gekleidet, wurden sie zum Mittelpunkt festlicher Ereignisse (deshalb auch „Paradeschützen“ genannt), zu Hütern der Tradition und zu einem wichtigen Bestandteil des gesellschaftlichen Lebens im Dorf. Eine ganz ähnliche Entwicklung ist auch bei den Gebirgsschützen im südlichen Bayern zu beobachten, die ihre Tradition vor allem auf die Kriege von 1703/05 und 1805 bis 1813 zurückführen. Wieweit bei ihrer unter neuen Vorzeichen (Repräsentation, Traditionspflege) erfolgten Wiedergründung um die Jahrhundertwende das Tiroler Vorbild eine Rolle spielte, ist nicht festzustellen. Mit 24 Kompanien ist die Zahl der Bayerischen Gebirgsschützen freilich viel geringer als die der Tiroler Schützen, die es praktisch in jedem Dorf gibt.
Das Schießstandwesen und der Schießsport waren in Bayern eng mit der

▷

Das Fingerhakeln, ein traditionsreicher bäuerlicher Sport, wird sowohl in Tirol als auch in Bayern eifrig gepflegt. Auch Wettkämpfe zwischen beiden Ländern werden organisiert.

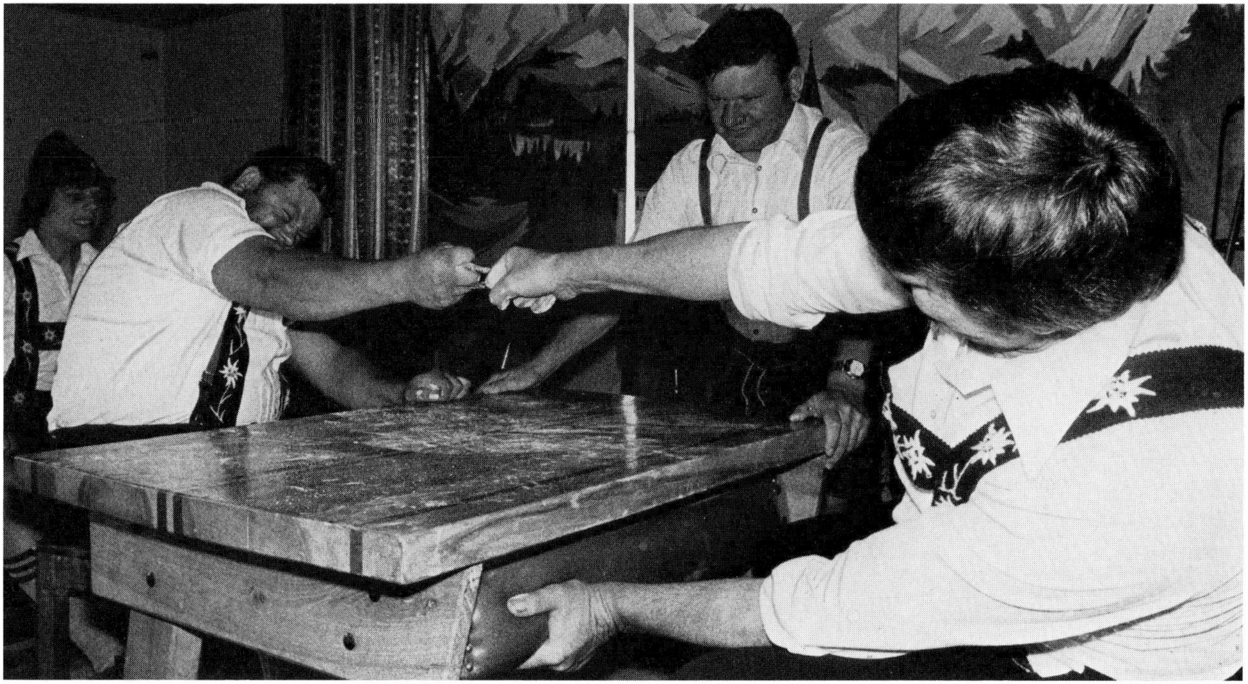

Jagd verbunden und nahmen im 19. Jahrhundert einen enormen Aufschwung. Im Rahmen von Schützenfesten und Preisschießen kam es beiderseits der Grenze immer wieder zu Wettkämpfen der zielsichersten Schützen aus Tirol und Bayern. Bis heute ist die alte Schützenfreundschaft und die Rivalität am Schießstand aus den Beziehungen beider Länder nicht wegzudenken. Andere vorwiegend bäuerliche Sportarten, die sich in Bayern und in Tirol gleichermaßen großer Beliebtheit erfreuen – dazu auch noch in Teilen Salzburgs und Oberösterreichs –, sind das Fingerhakeln, das Steinheben und das Ranggeln, das ist ein an strenge Regeln gebundenes Raufen, eine bäuerliche Abart des Ringens. Waren früher Volksfeste, Kirchtage, ja sogar große Wallfahrten Anlaß für ein Kräftemessen zwischen der bäuerlichen Jugend Tirols und Bayerns, so haben sich in neuerer Zeit Vereine des Brauchtumssports angenommen und veranstalten in diesen traditionsreichen Disziplinen regelrechte Meisterschaften auf nationaler und internationaler Ebene.

Als Stätte der Unterhaltung und der Erbauung gleichermaßen beliebt war in den Dörfern Tirols und Bayerns seit jeher das Theater. Überall gab es primitive Bühnen, kamen Bauern, Handwerker – und wenn mög-

lich auch einige „Studierte" – zu Spielgemeinschaften zusammen, strömte die Bevölkerung zu den Aufführungen aus nah und fern herbei. Von Staatsgrenzen ließ man sich an solchen Erlebnissen nicht hindern. Selbst wenn wegen politischer Spannungen und Kriegsgefahr die Grenze gesperrt war, fand man Mittel und Wege, ins „feindliche" Nachbardorf hinüberzukommen. Dabei scheute man keine Mühe und Gefahr, durchschwamm man selbst den Inn an unbewachten Stellen. Aufgeführt wurden bis ins 18. Jahrhundert vor allem geistliche Spiele und dramatisierte Legenden; das beliebteste Thema war die Leidensgeschichte des Herrn, die Passion. Aber die Handlung konnte noch so ernst sein, es war immer Platz für lustige, meist recht derbe Szenen. In den Zeiten der Aufklärung, als die bäuerliche „Komödienepidemie" und vor allem die religiösen Spiele durch staatliche Verbote unterdrückt werden sollten, kamen

◁

Aufführung einer Dorfbühne in Tirol, eine Zeichnung von Placidus Altmutter (1. Hälfte 19. Jh.). Nicht viel anders ging es in bayerischen Bauerntheatern zu.

die Bayern in ganzen Scharen nach Tirol, wo die Behörden oft beide Augen zudrückten oder sich gegen die ländliche Spielleidenschaft ganz einfach nicht durchsetzen konnten. Während in Tirol die Spiele nach 1814 wieder erlaubt waren, blieb in Bayern das Verbot noch lange aufrecht. In seinen 1864 erschienenen „Wanderungen im bayerischen Gebirge" schildert Ludwig Steub die Situation im Grenzland:
„Die Audorfer, früher für weltliche Stücke die ersten Histrionen des Hochlands, sie wissen wohl zu erzählen, wie oft ihnen in den letzten dreißig Jahren ihr ‚Spiel' erlaubt und verboten worden, und wie viel Schreiberei darüber vergangen ist, bis endlich der große Brand von 1857 die Bühne mit der kostbaren Garderobe und den Dekorationen und den Spielbüchern in Asche legte . . . Die Bewohner von Kiefersfelden, in derselben Nachbarschaft, welche, wie ihr ältliches Schauspielhaus bezeugt, schon vor Jahren die dramatische Muse mit Eifer pflegten, sie kämpfen jetzt auch wieder um die lang entzogene Erlaubnis . . . Eine gewisse Bitterkeit erregt es in den Herzen des bayerischen Inntals immerhin, daß im Tirolischen, bei Kufstein, in der Thiersee, in Erl, in Sebi und allenthalben gespielt werden darf. Die bayerische Obrigkeit, indem sie den Hirten des Hochlands mit ihrem Rosenfinger den theatralischen Mund verschließt, beteuert zwar, es geschehe nur, um sie vor unnützen Ausgaben und den Verführungen der Leichtfertigkeit zu bewahren, allein ihre Maßregeln haben, wie dies mitunter bei jeder guten Regierung vorkommt, gerade die entgegengesetzte Wirkung. ‚Daß jetzt wir nicht spielen dürften', sagte jüngst ganz grämlich der würdige Vorsteher eines bayerischen Grenzdorfes, ‚und in Tirol da schlagen sie überall ihre Theater auf! Da hat man schon die Zeit nicht, solche Sachen zu verbieten. Wenn die Herren in der Stadt etwa hoffen, daß sich ihnen zu Lieb der Bauer sein schönstes Sonntagsplaisir abgewöhnt, da dürfen sie noch lange warten. Jetzt lauft und fahrt an Sonn- und Feiertagen alles ins Tirol hinein, zecht in dem teuren Tiroler Wein, lebt in der größten Lustbarkeit und kommt in der finstern Nacht mit leerem Beutel und paarweis wieder heim – alles von derowegen, weil unser Gspiel dahier der Sparsamkeit und den guten Sitten schaden könnte! Hätten wir unser Theater im Dorf, dann blieben die ledigen Leute daheim, und wir könnten selber auf sie obacht geben!' Der Vorsteher meinte dabei, es sei ohnedem längst ausgemacht, daß die bayerischen Bühnen die bessern Stücke hätten, und erzählt nebenher zum Beispiel: Auf einem tirolischen Theater hätten sie eine Art von Passionsspiel aufgeführt, und da habe der kohlschwarze Teufel mit dem Judas ein Protokoll auf Stempelbogen aufgenommen, daß dieser ihm seine Seele verschreibe, und dann, als der Verräter vom Baum gefallen und ihm der Wanst geborsten, sei ein ganzes Gequirl von schmackhaften

Würstchen – seine Eingeweide vorstellend – herausgequollen, welche dann die jungen Teufelchen unter furchtbarem Halloh des hingerissenen Publikums verzehrt. ‚Das wäre bei uns doch nicht möglich', sagte der Vorsteher mit einem gewissen bayerischen Geisteshochmut, während wieder andere in jenen Zügen gerade die liebenswürdigen Reste mittelalterlichen Volkshumors erblickt haben sollen."

Die strengeren und länger dauernden Verbotsmaßnahmen in Bayern waren mit ein Grund dafür, daß sich gerade in den von Bayern aus leicht zu erreichenden Grenzorten Erl und Thiersee die Passionstradition erhalten hat. In Thiersee ist der Zusammenhang besonders augenfällig, weil man dort die Passion vom bayerischen Oberaudorf übernommen hat. In Bayern, wo vor 1800 in rund 50 Marktflecken und Dörfern regelmäßig Passionsspiele aufgeführt worden sein sollen, blieb nur Oberammergau übrig. Am ehesten hatten die dörflichen Spielleiter das Spielverbot der Regierung umgehen können, indem sie Stücke weltlichen Inhalts aufs Programm setzten. So kam es zur volkstümlichen Überarbeitung klassischer Vorbilder, früher vor allem von Shakespeare, später auch von Schiller. Es entstanden aber auch ganz neue Stücke, phantasievolle Ritterdramen, Abenteuergeschichten, Rührstücke, geschrieben von einheimischen Autoren, von Beamten, Lehrern, Kaufleuten, aber auch von Bauern und Arbeitern.

Der berühmteste, fruchtbarste und wohl auch bedeutendste unter ihnen war ein Tiroler, der vor allem für das Theater von Kiefersfelden schrieb: der Holzknecht und Kohlenbrenner Josef Schmalz, 1793 in Fügen im Zillertal geboren und 1845 in Brixlegg gestorben. Ludwig Steub hat ihn als „Bauernshakespeare des Inntals" gewürdigt: „Er dichtete wie jener andere, große, dem wir ihn verglichen, nach alten Fabeln und Mährlein, wie sie auf den Jahrmärkten feilstehen, ‚gedruckt in diesem Jahr'. Er hat die vier Haymonskinder, die Frau Melusine, die schöne Magelone und vieles andere mehr dramatisch bearbeitet. Ihm war, wie man sagt, kein Stoff zu schwierig, er dichtete, wenn ihm die Muse nahetrat, ohne Unterlaß und war auch immer gar bald fertig. Wenn irgendein Liebhaber der Schaubühne eine Geschichte, die ihm gefällig schien, dramatisieren wollte, so schrieb er dem Kohlenbrenner die Fabel auf oder schickte ihm eines von jenen gedruckten Büchlein zu und in drei Wochen erhielt er ein gewöhnlich fünfaktiges Manuskript gegen kargen Ehrensold von etlichen Gulden." Von allen seinen Stücken am meisten gespielt wurde „Elvira und Almansor oder: Vom Sklaven zum Thron". Josef Schmalz und seine vielen Stücke waren überall in Bayern und Tirol bekannt und beliebt.

Gerne auf die Bühne gebracht wurden auch patriotische Stoffe, wobei

Gestalten und Ereignisse der eigenen Geschichte naturgemäß bevorzugt wurden. Doch verfehlte z. B. der „Schmied von Kochel" auch in Tirol seine Wirkung nicht, und um 1900 entdeckten die Bayern ihre Liebe für Andreas Hofer als Bühnenfigur. Meist griff man nach dem Stück des Tirolers Ferdinand von Scala. Die Tiroler Bühne von Erl wiederum bestellte sich ein neues Andreas-Hofer-Festspiel ausgerechnet von einem bayerischen Autor, und zwar von dem noch jungen, aber bereits bekannten Münchner Alois Johannes Lippl. Zu Bayern hatten die Erler überhaupt immer enge Beziehungen. Als sie im Jahre 1912 ihr traditionsreiches Passionsspiel, dessen Urtext auf einen Augsburger Meistersinger zurückging, auf neue Grundlagen stellten, kam mit dem Wissenschaftler Anton Dörrer der Motor des ganzen Unternehmens zwar aus Innsbruck, die Inszenierung besorgte jedoch der bayerische Theaterpater Dr. Expeditus Schmid. Auch der Dekorationsmaler Gebhard Fugl war Münchner. Und zur Premiere des neuen Spiels kamen nicht nur Tiroler Prominente, sondern auch Mitglieder des bayerischen Königshauses. Nach dem Ersten Weltkrieg übernahm dann der Sek retär des Bayerischen Bühnenvolksbundes, Anton Foch, in Erl die Regie und sorgte für einen Massenzustrom von Mitgliedern seiner Organisation.
Mit den alten Bauerntheatern nicht mehr zu vergleichen waren die um 1900 gegründeten Bühnen von Schliersee und von Tegernsee und in Innsbruck die Exl-Bühne. Sie hatten auf ihrem Programm zwar auch noch genügend Rührstücke, seichte Komödien und auf Spannung aufgebaute „Reißer", doch bemühten sie sich um künstlerische Qualität und um die Aufführung von niveauvollen Werken erstklassiger Autoren, die man auch im jeweiligen Nachbarland suchte – und fand. Ludwig Thoma zum Beispiel, dessen Stücke von der Exl-Bühne viel gespielt wurden und der selbst eine Art Dramaturg bei der Tegernseer Bauernbühne war, setzte sich vehement für den Tiroler Karl Schönherr ein und forderte seine Tegernseer Freunde wiederholt auf, Stücke dieses Dichters zu spielen. So gab er über „Erde" folgendes Urteil ab: „Das Stück ist sehr gut und seine Aufführung könnte Ihnen viel nützen. Man wird finden, daß Ihr es in Eurem Theater ernst meint und Ehrgeiz habt und das ist das Beste, was sich ein Theater erringen kann." Als Thoma im Februar 1911 die Münchner Erstaufführung von Schönherrs „Glaube und Heimat" gesehen hatte, schrieb er an Ganghofer: „Glaube und Heimat habe ich gesehen, der erste Akt verspricht den großen Wurf, hinterher wird's doch Familientragödie. Aber gewiß eine schöne Sache, trotz der schweinemäßigen Aufführung in München." Doch mit Thoma und Schönherr sind die Grenzen der Volkskultur bereits überschritten.

Ein Tiroler als Münchner Kunstpapst

Franz von Defregger, Münchner Philosophen und die tirolisch-bayerische Kulturbeziehung im 19. und frühen 20. Jahrhundert

„Als ich 1866 wieder nach München kam, war meine erste Aufgabe, mich zu Professor Piloty zu begeben wegen Aufnahme in seine Schule. Die Farbenskizze, die ich mit hatte und die ich ihm zeigte, schien ihm sehr gut zu gefallen. Sie stellte vor, wie ein verwundeter Jäger von zwei Holzknechten heimgeführt wird und ein Bub, das Gewehr tragend, zur Türe hereinstürzt, während die Försterin ihr kleinstes Kind badet . . . Prof. Piloty sagte, sobald er Platz habe, könne ich in seine Schule eintreten. Es vergingen fast zwei Wochen, da begegnete ich zwei seiner Schüler, mit denen ich seit längerer Zeit bekannt war. Die sagten mir, jetzt sei ein Platz frei in der Schule und ich soll ihn nur gleich belegen, bevor mir ein anderer zuvor komme. Das war mir sehr willkommen und ich eilte nach Hause, packte meine Staffelei und ging damit der Akademie zu in seine Schule. Seine Schüler waren über mein Kommen erfreut und führten mich auf meinen Platz hin. Ich begann mein erstes Bild, den verwundeten Jäger. Prof. Piloty, der seine Korrekturrunde machte, kam nun auch zu mir und stellte mich seinen Schülern vor . . ."

So schildert der berühmte Maler Franz von Defregger (1835–1921) seinen Einstand in der Münchner Akademie-Klasse des Professors Karl von Piloty, des Begründers der Münchner Schule der Historienmalerei. Der aus Stronach bei Lienz (Osttirol) stammende Franz Defregger hatte die Aufnahmsprüfung in die Münchner Akademie schon 1861 bestanden, war aber vom Unterricht seines damaligen Professors Hermann Anschütz wenig befriedigt und hatte 1863–1865 während eines Frankreich-Aufenthalts die moderne Naturmalerei der Schule von Barbizon kennengelernt. Nach München zurückgekehrt, prägte Piloty Defreggers weiteres Schaffen. Doch gelang es dem Tiroler, mit seinen Szenen aus dem Tiroler Freiheitskampf und aus dem bäuerlichen Leben den rein dekorativen Historienstil mit seinem kalten Pathos in eine neue, volkstümlichere Richtung zu lenken. Mit der für ihn typischen Mischung von Geschichte und Genrebild wurde er bald selbst zum Mittelpunkt einer Münchner Malschule: Ab 1878 unterrichtete Defregger an der Münchner Akademie.

Seine Schaffenskraft erneuerte der Künstler in häufigen Aufenthalten in

▷ *Typisches Defregger-Bild, das in einer Mischung aus Historienstil und bäuerlicher Genre-Darstellung eine Szene aus dem Tiroler Freiheitskampf von 1809 zeigt (Reproduktion als Stahlstich). Franz Defregger malte aber auch Bilder aus der bayerischen Geschichte.*

der Heimat, wo ihm die Natur und die Menschen die notwendigen Anregungen boten. Aber auch in München fühlte sich Defregger durchaus zu Hause. Er zählte bedeutende Persönlichkeiten aus Kunst, Wissenschaft, Wirtschaft und Politik zu seinem Freundeskreis und wurde 1880 vom bayerischen König sogar geadelt. Defregger erzählt:
„Im Jahre 80 kam eines Morgens Herr Staatsrat von Ziegler und brachte mir den Kronorden, mit dem ich in den Adelsstand erhoben wurde, was mich allerdings recht freute, aber ich vergaß, von dieser Auszeichnung Gebrauch zu machen, indem ich übersah, zu meinen Unterschriften das ‚von' zu setzen. Später sagte mir ein guter Freund im Vertrauen, daß dies

an höchster Stelle unlieb empfunden wurde. Nun hatte ich allerdings nichts Eiligeres zu tun, als die Adelsmatrikel am Ministerium des Inneren abzuholen."
Aber nicht nur bei Hof und in der guten Gesellschaft war der Künstler beliebt, wurden seine Werke geschätzt. Defreggers Bilder erreichten – zumeist in Nachstichen und einfachen Schwarzweiß-Reproduktionen – in Bayern genauso eine weite Popularität wie in Tirol. Und der Ruf des Tiroler Meisters an der Münchner Akademie ließ noch mehr angehende Künstler aus Tirol in die bayerische Hauptstadt strömen, als dies vorher schon der Fall gewesen war.
Die königliche Akademie der bildenden Künste in München war 1808 gegründet worden. Und von Anfang an hatte sie neben der Kunstmetropole Wien und traditionellen Ausbildungsstätten in Italien für das Tiroler Kunstgeschehen eine wichtige Rolle gespielt. Hier studierten z. B. der Imster Klassizist Martin Alois Stadler oder die bekannten Tiroler Nazarener Georg Mader und Albrecht Steiner von Felsburg. Die Wirkung aber, die zu Defreggers Zeit von München ausging, übertraf alles Frühere. Jahrzehntelang waren Kunstempfinden, Kunstauffassung und künstlerisches Schaffen in Tirol von Defregger und seinen gleichgesinnten Münchner Kollegen beherrscht. Als Beispiele müssen der in München sehr angesehene Matthias Schmid von See im Paznauntal, Hugo Engl von Lienz, Josef Moroder-Lusenberger von Gröden und der später in München ansässig gewordene Rudolf Nissl aus Fügen genügen. Sie und viele andere übernahmen Defreggers Malweise und Themen, entwickelten beides aber auch weiter.
Auch Tiroler Maler, die später andere Wege gingen, waren in ihren jungen Jahren Defreggers Schüler oder zumindest stark von seinen Werken beeinflußt, etwa Eduard Thöny aus Brixen, der ebenfalls in München blieb und als Zeichner des Simplizissimus berühmt wurde, oder die beherrschende Gestalt der Tiroler Kunst des beginnenden 20. Jahrhunderts, Albin Egger-Lienz, der zu einem ganz eigenen Stil fand, heftige Diskussionen auslöste und als Wegbereiter des Expressionismus in Österreich gilt. Trotz seiner völlig anderen Malweise späterer Jahre ist Egger-Lienz ohne Defregger nicht denkbar. Er selbst schreibt in einem 1915 erschienenen Aufsatz über Franz von Defregger: „Meine Knaben- und Jünglingszeit fand in lauter Bewunderung in den Bildern Defreggers eine Welt, eine Anregung, ohne welche ich mich vielleicht nicht gefunden hätte. Als ich das erste Mal, als Siebzehnjähriger, Defregger in seinem Münchner Atelier besuchen durfte, hatte ich ungefähr das Gefühl, das der Katholik hat, wenn er vor dem Papste steht. Er war für mich ein Heiliger. Worte fand ich nicht, mein bewegtes Herz zu erleichtern, so

Franz von Defregger in einer Karikatur des Innsbrucker Malers Max Esterle: Die Uniform spielt auf die Erhebung des Wahlmünchners in den Adelsstand an.

▷

Auch der Tiroler Eduard Thöny wurde zum Wahlmünchner: Eine seiner Illustrationen im „Simplizissimus".

griff ich in der Verwirrung nach seiner Hand und küßte sie . . . Als die Stürme der Kunsterneuerung in den achtziger Jahren das Münchener Kunstleben aufrüttelten und das erste Mal das Wort Sezession ertönte, hielt ich mich an ihn wie an einen sicheren Hort. Daß ich mich nie zu seinem Nachahmer degradierte, hat seinen Grund im wahrhaften Respekt vor seiner Meisterschaft."

Albin Egger-Lienz war nie direkter Defregger-Schüler. An der Münchner Akademie studierte er zuerst bei Karl Raupp und Gabriel von Hackl, dann bei Wilhelm von Lindenschmit. Über seine ersten Wochen in München schrieb der Künstler später in einem Brief: „Nach 14 Tagen befand ich mich mit pochendem Herzen und den herrlichsten Erwartungen im Prüfungssaale. Nach einer Woche war ich ein vollendeter Akademiker auf dem schnurgeraden Wege zum weltberühmten Maler. Künstlerlokken und Künstlerhut habe ich zwar nie in auffallender Weise getragen, aber eine Thätigkeit beseelte mich, welche, wenn sie nicht nach einem Jahre in ein ruhigeres und vernünftigeres Schaffen übergegangen wäre, nicht zum Besten für mich gewesen wäre. Um 4 Uhr morgens war ich den ganzen Winter hindurch bei Licht mit Händezeichnen beschäftiget. Vor 7 Uhr war ich stets an der Akademie und konnte nicht das Öffnen derselben erwarten. Um 7 Uhr Abd. wurde noch Akt gezeichnet und dann meistens nach Hause gegangen um an irgend einer Composition fortzuarbeiten."

Egger-Lienz blieb bis 1899 in München, ohne allerdings in der bayerischen Metropole heimisch zu werden. Immer wieder kehrte er für längere und kürzere Arbeitsaufenthalte nach Tirol zurück. Obwohl er schon früh eigene künstlerische Wege einschlug, fand er erst nach seiner Übersiedlung nach Wien zu seinem ureigenen Stil.

Zu Eggers Freundeskreis in München zählte der Maler Zeno Diemer, einer aus der Schar bayerischer Künstler, die ganz im Banne Defreggers und seines Stils standen. Allerdings hatte Diemer nie bei Defregger Unterricht genommen. Er ist für die künstlerischen Beziehungen zwischen Tirol und Bayern im späten 19. Jahrhundert vor allem deshalb wichtig, weil er 1895 den Auftrag bekam, für die ein Jahr später in Innsbruck in Szene gehende Ausstellung für Sport- und Erziehungswesen ein Riesenrundgemälde über die „Schlacht am Bergisel" herzustellen. Der 1867 in München geborene Künstler hatte sich für diese Arbeit durch ein Tiroler Gletscherdiorama für die Weltausstellung in Chicago des Jahres 1893 bestens empfohlen und hatte gerade mit einer Reihe von Gehilfen ein Panorama der Schlacht von Orleans fertiggestellt. Es zerriß den vielbeschäftigten Maler förmlich: In Igls bei Innsbruck mietete er ein Haus, um für das Bergiselbild Vorarbeiten und Studien leisten zu kön-

Detail aus dem Innsbrucker Riesenrundgemälde über die Schlacht am Bergisel, das vom Münchner Maler Zeno Diemer zusammen mit einigen Mitarbeitern ausgeführt wurde.

◁

nen. Dann baute er in einem Schwabinger Atelier ein Miniatur-Panoramagebäude im Maßstab 1:10, um darin die Komposition dieses Schlachtengemäldes zu entwerfen. Zugleich begann er an einem Panorama von der Schlacht bei Sedan auf der Münchner Theresienhöhe zu malen. Für den Innsbrucker Auftrag hatte er ein tüchtiges Team zusammengestellt. Neben drei zwar erfahrenen, aber sonst kaum bekannten Malern zählte auch der wegen seiner Genre-, Historien- und Landschaftsbilder durchaus geschätzte Defregger-Schüler Franz Burger aus Matrei in Osttirol zu Diemers Mitarbeitern.

Diemers Gesamtentwurf gefiel nicht nur den Auftraggebern, sondern auch Defregger. Überhaupt nahm der Münchner „Kunstpapst" aus Tirol an der Entstehung des Werks persönlichen Anteil, wie Zeno Diemer in seinen Lebenserinnerungen berichtet: „Franz von Defregger, der von den Innsbrucker Auftraggebern bestimmt war, die Arbeit zu überwachen, kam öfters in mein Atelier und unterstützte meine Arbeit in willkommenster Weise; er gab mir wertvolle Ratschläge und lieh mir alte Tiroler Kostüme." Nach dieser Bemerkung schildert Diemer seine damalige Arbeitsweise: „Tagsüber malte ich fleißig in dem Panoramagebäude auf der Theresienhöhe, und abends bis Mitternacht saß ich an den Detailzeichnungen der Bergiselschlacht, die ich jeden Sonntag nach Innsbruck brachte, wo meine dortigen Mitarbeiter sie durch das Gitter auf die große Leinwand übertrugen. So pendelte ich im Winter 1895/96

ständig zwischen Sedan und Bergisel hin und her. Zu Ostern konnte ich ganz in Innsbruck arbeiten. Die Berglandschaft malte ich ganz allein, ebenso die Hauptgruppe mit Andreas Hofer und seiner Umgebung."
Diemers detailreiches, auf Originaltreue und plastische Wirkung bedachtes Mammutgemälde, das auf der Londoner Weltausstellung von 1907 mit einer Goldmedaille bedacht wurde, mag nach heutigen Kriterien – obwohl sich auch diesbezüglich in letzter Zeit einiges geändert hat – vielleicht nicht von allerhöchstem künstlerischen Wert sein und als Dokumentarbild wiederum allzu viele Fehler aufweisen. Es stellt aber eine bemerkenswerte kulturhistorische Rarität dar und bietet bis heute nicht nur unzähligen Besuchern aus aller Welt, sondern auch mehreren Generationen von Tiroler Schulkindern historischen Anschauungsunterricht. Zeno Diemer blieb übrigens mit Tirol bis zu seinem Tod im Jahre 1939 eng verbunden, durch Ferienaufenthalte genauso wie durch die Ausführung weiterer Aufträge. Er malte u. a. Plakatentwürfe für Tiroler Firmen und Panoramakarten für den Fremdenverkehr. Neben Diemer fanden noch andere bayerische Maler in Tirol Beschäftigung oder nützten Aufenthalte in den Tiroler Bergen zu Menschenstudien und Landschaftsmalereien. Eduard Grützner mag als Beispiel für sie stehen.
Mit der großen Zeit der Historien- und Genremalerei war die Bedeutung der Münchner Akademie für das Tiroler Kunstschaffen noch lange nicht vorbei. Tirol seinerseits steuerte auch dem avantgardistischen Münchner Kunstleben der neunziger Jahre und des beginnenden zwanzigsten Jahrhunderts eine kraftvolle Künstlerpersönlichkeit bei: Der Meraner Leo Putz studierte zunächst seit 1888 in München, ging dann für zwei Jahre nach Paris, um anschließend gleich für dreieinhalb Jahrzehnte nach München zurückzukehren. Putz schloß sich der 1892 gegründeten Münchner Sezession an und wurde für viele Jahre einer der wichtigsten und fruchtbarsten Mitarbeiter der Zeitschrift „Jugend". Seine zeichnerisch virtuosen Skizzen, die dem Jugendstil zuzurechnenden dekorativen Umschlagentwürfe und seine spätimpressionistischen Gemälde von vibrierender Sinnlichkeit haben Leo Putz in der bayerischen und in der tirolischen Kunstgeschichte einen festen Platz gesichert.

Von einem weiteren Tiroler in München, von Leo Putz, stammt diese Skizze für ein Titelblatt der Zeitschrift „Jugend".

Die Ausstrahlung der Kunstmetropole München hatte nicht nur in der Malerei für Tirol entscheidende Bedeutung. München war in den Jahrzehnten vor dem Ersten Weltkrieg das Mekka für alle schöpferischen Kräfte Tirols vom Kunsthandwerk bis zur Literatur, von der Bildhauerei bis zur Baukunst. Gerade die Architektur im damaligen Tirol wäre undenkbar ohne die starke Beziehung zu Bayern und zur Münchner Schule mit ihrer spezifischen Form einer sogenannten Regionalromantik und ihrem Nahverhältnis zur Heimatschutzbewegung. Eine ganze

Generation von Tiroler Baumeistern und Architekten wurde fast ausschließlich in München ausgebildet, wodurch im Tiroler Baugeschehen dieser Zeit der Einfluß der rationalistisch-fortschrittlichen Wiener Otto-Wagner-Schule nur eine untergeordnete Rolle spielt. Vorbildcharakter für Tiroler Baumeister und Architekten hatten auch die zahlreichen von Münchner Baukünstlern ausgeführten Arbeiten in Tirol, vor allem öffentliche Gebäude und Bürohäuser. So entwarf z. B. der Münchner Ludwig Lutz die Innsbrucker Handelskammer (1900–1902) und die Creditanstalt (1905/06), um unter vielen nur einen Namen und zwei beispielhafte Bauwerke zu nennen. In Kufstein, wo der kulturelle Einfluß Bayerns naturgemäß immer besonders stark war, berief die Stadtführung im Jahr 1899 den Münchner Architekten Otto Lasne zur Erarbeitung eines „Stadtregulierungsplans".
In ihrer Auseinandersetzung mit der heimischen Baukultur, die erst die Überwindung des akademischen Historismus ermöglicht hatte, bezogen die Münchner Architekten auch die Tiroler Tradition mit ein. Symptomatisch für die intensive bayerisch-tirolische Beziehung auf dem Sektor Architektur war der Wiederaufbau von Zirl nach dem Brand des Jahres 1908. Dabei engagierten sich nämlich der „Bayrische Verein für Volkskunst und Volkskunde" und eine Reihe von Münchner Architekten und Kunstmalern, um in Zusammenarbeit mit heimischen Künstlern beim Wiedererstehen des Tiroler Ortes die „heimische Bauart möglichst zu sichern". Nach dem Ersten Weltkrieg änderte sich die Position und Richtung der Münchner Architektenschule, in der jetzt der Tiroler Lois Welzenbacher eine führende Rolle spielte, hin zum modernen Funktionalismus und zur Sachlichkeit.
Im literarischen Bereich kristallisierte sich – abgesehen von den Tiroler Dichtern, die in München ihre Werke verlegten, und von der auch in Tirol spürbaren Ganghofer-Mode – vor allem eine intensive bayerisch-tirolische Zusammenarbeit rund um den „Brenner-Kreis" heraus. Zu den führenden Mitarbeitern und Anregern der literarisch-philosophischen Zeitschrift „Der Brenner", die 1910 von Ludwig von Ficker gegründet wurde und weit über Tirol hinaus als Forum einer neuen Dichtung und eines neuen Humanismus Bedeutung erlangte, gehörte der in München lebende und lehrende Philosoph Theodor Haecker als Mittelpunkt einer Münchner Philosophenschule. Umgekehrt beeinflußte „Der Brenner" mit seiner Wahrheitssuche und seinem Bemühen um eine Erneuerung des Menschen aus dem Geist und aus der Sprache das geistig-kulturelle Leben in München.
Ob im traditionellen Kunstbetrieb oder im Bemühen um künstlerische Erneuerung und geistigen Aufbruch – kaum jemals war die gegenseitige

Beeinflussung und Zusammenarbeit im kulturellen Bereich zwischen Tirol und Bayern so weitreichend und so fruchtbar wie in den Jahrzehnten um 1900. Die Historienmalerei und „Der Brenner“ mögen extreme Beispiele sein, beide sind jedoch bezeichnend für tirolisch-bayerische Gemeinsamkeit.

Münchner Regionalromantik beherrschte um 1900 auch die Tiroler Architektur. Ein Musterbau war das von Ludwig Lutz aus München entworfene Gebäude der Tiroler Handelskammer.

Waffenbrüderschaft in Fels und Eis

Bayerische Hilfe für Tirol beim Angriff Italiens im Jahre 1915

Mai 1915. Bereits seit zehn Monaten tobt der Erste Weltkrieg. Tiroler und Bayern verbluten fern von ihrer Heimat auf den Schlachtfeldern Frankreichs, Rußlands und Serbiens. Obwohl die Südflanke der Mittelmächte Österreich-Ungarn und Deutschland durch die schwankende Haltung des bisherigen Bündnispartners Italien gefährdet ist, hat die österreichische Heeresleitung Tirol fast gänzlich von Truppen entblößt und alle wehrfähigen Männer an die heißumkämpften Fronten im Osten geschickt. Und nun wird zur Gewißheit, daß die noch völlig unverbrauchte italienische Armee Tirol angreifen wird: Italien tritt auf die Seite der Alliierten und marschiert entlang der Grenze auf.

In dieser Stunde äußerster Gefährdung rief das Tiroler Landesverteidigungskommando zur Besetzung und Verteidigung der Südgrenze die Standschützen von Tirol und Vorarlberg zu den Waffen. Das waren alle bei den Schießständen eingeschriebenen Burschen und Männer, die bisher wegen ihrer Jugend (unter 21), ihres Alters (über 42) oder wegen verschiedener Gebrechen nicht eingezogen worden waren. Tausende von jungen Burschen und alten Männern ließen sich zudem gleich beim nächsten Schießstand „einrollieren", um auch ausrücken zu dürfen. Das militärisch nicht ausgebildete, aber auf alten Tiroler Verteidigungstraditionen beruhende „letzte Aufgebot" wurde innerhalb weniger Tage mobilisiert und an die nur notdürftig durch Verteidigungsanlagen gesicherte Grenzlinie geschickt. Insgesamt waren es rund 32.000 Mann, die jüngsten kaum über 14, die ältesten weit über 70.

Verzweifelter Mut beseelte die Standschützen und ihre in freier Wahl erkorenen Offiziere. Man würde „die Welschen schon davonjagen". Doch kein Fachmann traute ihnen dies wirklich zu. Da bekamen die Tiroler Hilfe von ihrem nördlichen Nachbarn. Bayerische Regimenter sollten gemeinsam mit anderen deutschen Einheiten bei der Verteidigung Tirols mithelfen. Zum erstenmal in der Geschichte kämpften Tiroler und Bayern nicht gegeneinander, sondern Schulter an Schulter gegen einen gemeinsamen Feind.

Acht der 13 Bataillone, die ab Mitte Mai 1915 im Lager Lechfeld zum „Deutschen Alpenkorps" zusammengestellt und zur Sicherung der bedrohten Südflanke nach Tirol geschickt wurden, waren bayerische

▷

Prinz Heinrich von Bayern dekoriert in Obertilliach Tiroler Soldaten aus verschiedenen österreichischen Truppenkörpern. Links Angehörige des bayerischen Infanterie-Leibregiments, von den Tirolern stets nur „die Leiber" genannt. Photo aus einem Weltkrieg-Erinnerungsbuch.

Einheiten: fünf Jägerbataillone und drei Bataillone des bayerischen Infanterie-Leibregiments, an dessen Spitze der Münchner Oberstleutnant Franz Xaver Ritter von Epp stand. Ein Bataillon der berühmten „Leiber" kommandierte Prinz Heinrich von Bayern. Das Kommando über das gesamte Deutsche Alpenkorps wurde dem königlich-bayerischen Generalleutnant Konrad Krafft von Dellmensingen übertragen. Zwanzig Jahre später schreibt der inzwischen pensionierte General in einem Artikel über das Deutsche Alpenkorps, die erste deutsche Gebirgstruppe: „Sie wurde zwar aus auserlesenen und kriegserprobten Truppen zusammengestellt, war aber nicht für den Gebirgskrieg ausgerüstet und ausgebildet. Die Lage zwang auch dazu, sie ohne Vorberei-

◁ *Der Stab des Deutschen Alpenkorps mit dem königlich-bayerischen Generalleutnant Konrad Krafft von Dellmensingen in der Mitte.*

tung sofort an die neue Front zu werfen, wo man einen schnellen Einbruch der Italiener befürchtete. Das Versäumte konnte also erst in Tirol und am Feinde nachgeholt werden. Da der Gebirgskrieg eine nicht so ganz einfache Sache ist, mußte dabei manches Lehrgeld gezahlt werden. Glücklicherweise hatten die Deutschen zunächst in der Verteidigung aufzutreten und wurden in Reserve behalten, waren also nur teilweise an den allerersten Zusammenstößen beteiligt, so daß sich die Deutschen einigermaßen mit ihrer neuen Aufgabe vertraut machen konnten."
Als General Krafft am 20. Mai 1915 erstmals nach Innsbruck gekommen war, um sich über den Stand der Verteidigungsmaßnahmen und über die Art der Verwendung der deutschen Hilfstruppe zu informieren, da war es freilich noch höchst ungewiß, wie es weitergehen sollte. Der erfahrene bayerische Truppenführer schrieb damals in sein Kriegstagebuch: „Der Anfang ist wenig ermutigend. Man kann hier in Tirol, in dieser von vornherein gründlich verfahrenen Lage leicht Ehre und Reputation verlieren. Aber man muß im Kriege die Dinge nehmen, wie sie sind." General Krafft war nicht zufällig für diese schwierige Aufgabe auserwählt worden. Seine Familie besaß enge Verbindungen zu Tirol, die Eltern sind in Meran begraben. Er selbst hatte in seiner Jugend viele Wochen in Südtirol verbracht und in ausgedehnten Wanderungen die Berge kennengelernt, was ihm jetzt natürlich zugute kam.
Im ersten Schrecken über den bevorstehenden italienischen Angriff auf Tirol hatte General Krafft nur den Auftrag erhalten, auf jeden Fall den

Alpenkamm nördlich des Inn zu halten und damit den Italienern, an deren Eindringen in Tirol man nicht zweifelte, den Vormarsch nach Süddeutschland zu verwehren. Doch das rasche Aufstellen der Standschützeneinheiten, von vielen als ein organisatorisches Wunder angesehen, verhinderte einen italienischen „Spaziergang nach Innsbruck". Freilich waren bei der italienischen Kriegserklärung am 23. Mai die Schützen gerade erst dabei, die kaum befestigten Stellungen an der Grenze zu besetzen, und ein rascher Vorstoß der italienischen Armee hätte vielleicht eine frühe Entscheidung herbeigeführt. Doch an der Front rührte sich in den ersten Tagen kaum etwas: Für einen Mann wie Krafft von Dellmensingen war dies unbegreiflich: „Ich erfahre", so heißt es im Tagebuch unter dem 25. Mai, „daß der Feind bis jetzt noch an keiner Stelle etwas Ernstes unternommen hat. Der versteht sein Geschäft schlecht. Mit der Kriegserklärung hätte er auf allen Straßen einmarschieren müssen." Und noch am 7. Juni notiert er: „Im Gesamtverhalten zeigt sich der Feind noch immer sehr vorsichtig. Er schiebt sich langsam an die Stellungen heran, hinter denen er seine Artillerie aufbauen kann, und gräbt sich sofort ein. Er ist dabei taktisch nicht ungeschickt; strategisch ist er sehr unklug verfahren."
Der General aus Bayern, der im berühmten Hotel „Zum Elefanten" in Brixen sein Hauptquartier aufgeschlagen hatte, konnte sich bald von der Tauglichkeit der Landesverteidigung durch das „letzte Aufgebot" überzeugen. Das unerwartete Auftreten von Truppen an der Grenze eines wehrlos geglaubten Landes war es ja schließlich auch gewesen, was die Italiener zum Zögern und zur Vorsicht veranlaßt hatte. Plötzlich gab es da ein komplettes Armeekorps, mit dem niemand, weder Freund noch Feind, gerechnet hatte. Dafür gab es in vielen Tiroler Dörfern außer dem Pfarrer keinen Mann mehr. Als General Krafft nach Tirol kam und mit seinem Auto durch die leeren Ortschaften fuhr, fragte er den ihn begleitenden österreichischen Generalstabshauptmann Pfersmann: „Ja, wo sind denn die berühmten Tiroler? Ich sehe keine." Pfersmann antwortete: „Exzellenz, die sind alle an der Front zur Verteidigung gegen die Italiener." Da griff, wie Pfersmann berichtet, der sonst als herrisch geschilderte Bayer an seinen Helm und sagte mit bewegter Stimme: „Ich neige mich vor dem Opfermut des Tiroler Volkes. Etwas Größeres gibt es nicht auf Erden."
Die Tiroler ihrerseits waren zutiefst dankbar für die Hilfe des deutschen Bundesgenossen. Als das Alpenkorps Ende Mai in langen Zügen über den Brenner rollte, bereitete die Bevölkerung Tirols den Soldaten aus dem Nachbarland einen mehr als herzlichen Empfang. „Überall an den Bahnhöfen wurden sie jubelnd begrüßt", heißt es in einer Geschichte

des 3. Jägerregiments. „Es regnete Zigaretten und andere Liebesgaben. Mit Rosen von schönen Mädchenhänden geschmückt, von einer Militärkapelle begleitet, ziehen sie in Bozen ein. Und in die Klänge der Musik mischt sich der Jubel einer ganzen Stadt, die in dem deutschen Soldaten den Schirmer und Schützer der heiligen heimischen Erde sieht . . ."
Nicht weniger glücklich war man natürlich an der Front über die Verstärkung durch kriegserprobte Einheiten. Anton Mörl, Adjutant einer Gruppe von Standschützenbataillonen im Raume Sexten-Kreuzberg, beschreibt in seinem bekannten Standschützenbuch seine erste Begegnung mit den Verbündeten:
„Am Morgen des 31. Mai kam ein bayerisches Jägerbataillon gegen Sexten anmarschiert. Für uns ein ungewohntes Bild. Die Kompanien dicht geschlossen, jede Doppelreihe mit der Nase beinahe auf dem Tornister der vorderen. Die Kompanien im strengen Schritt und gleichen Abständen. Kommando: ‚Singen!' ‚Eins, zwei, drei, vier', zählt der Feldwebel. Dann: ‚Drei Lilien, drei Lilien, die pflanzt' ich auf mein Grab', ‚eins, zwei, drei, vier', ‚da kam ein stolzer Reiter und brach sie ab.' ‚Eins, zwei, drei, vier.' Die hohen Stiefel rauschten im Takte einer Maschine durch den grundlosen Kot der Sextener Straße, in derselben Weise zog das Bataillon am Abend des nächsten Tages wieder heraus. Es hatte sich nur den Italienern gezeigt. ‚Ach, dieser Feldzug, der ist kein Schnellzug', sangen die Jäger diesmal. Daran mußten wir noch oft denken. Uns allen schien diese unentwegt durch Regen und Kot marschierende Truppe mit dem unwiderstehlichen Rhythmus ihres Marsches wie ein Symbol der deutschen Armee."
Wie hier am Kreuzberg bei Sexten wurden auch an anderen exponierten Frontabschnitten deutsche Truppenteile kurzfristig in die vorderste Stellung geschoben, um den Gegner zu täuschen. Ansonsten blieb das Alpenkorps zunächst in der zweiten Linie, da man Zusammenstöße mit den Italienern, die Deutschland noch nicht den Krieg erklärt hatten, möglichst vermeiden wollte. Der deutsche Kaiser höchstpersönlich untersagte die Verwendung seiner Truppen für Angriffshandlungen. Was die Verteidigung betrifft, standen die Einheiten des Alpenkorps freilich bald mitten im Kriegsgeschehen. So war das dritte Jägerregiment im Juni 1915 wesentlich daran beteiligt, einen italienischen Durchbruch vom Marmolata-Gebiet ins Fassa-Tal zu vereiteln. Das königlich-bayerische Infanterie-Leibregiment, das im Hochpustertal und im Raum Kartitsch eingesetzt worden war, half erstmals am 18. Juli, einen Angriff auf den Karnischen Kamm abzuwehren. Anton Mörl schreibt: „Der Lienzer Bergführer Rudl Eller hatte mit Seil und Mauerhaken eine Abteilung der Leiber mit einem Maschinengewehr die steilen Schieferwände der

2690 Meter hohen Königswand hinauf befördert. Sie kamen gerade recht. Als sich um 9 Uhr der Nebel hob, erkannten sie die Lage und warfen sich in schneidigem Ansturm auf die Italiener. Das Maschinengewehr knatterte, und die Italiener vom 3. Alpiniregiment mußten unter schwersten Verlusten zurück. Bayern und Tiroler hatten zum ersten Mal in der Geschichte gemeinsam Blut für die Verteidigung Tirols vergossen."

Über die Aufteilung und Verwendung des Deutschen Alpenkorps herrschten Meinungsverschiedenheiten zwischen dem Landesverteidigungskommando von Tirol und General Krafft, der seine Entscheidungen stets im Einverständnis mit der deutschen Heeresleitung traf. Vor allem wurde nichts aus der von österreichischer Seite zunächst gewünschten Aufteilung der deutschen Einheiten auf die gesamte östliche Tiroler Front von Rovereto bis Maria Luggau. Das Alpenkorps blieb auf viel engerem Gebiet zusammen. Sein Einsatzgebiet begann östlich des Fassa-Tales und erstreckte sich über die Tofana und die Sextener Dolomiten bis auf den Karnischen Kamm. In diesem Raum übernahmen vielfach auch deutsche Offiziere das Kommando über die einzelnen Frontunterabschnitte, was vor allem von den Standschützen nicht ungern gesehen wurde, weil sie längst gemerkt hatten, daß die Vorgesetzten aus dem Nachbarland eher bereit waren, ihre Leistungen anzuerkennen und auf ihre besondere Situation als Landsturmtruppe ohne Kasernenhofdrill Rücksicht zu nehmen als viele Offiziere der regulären österreichischen Einheiten. In vieler Hinsicht bezeichnend ist der Bericht Anton Mörls von einer Kommandanten-Besprechung in Sexten:

„Am 26. Juli übernahm Oberstleutnant Epp, der Führer des kgl. bayerischen Infanterie-Leibregiments, das Kommando des Grenzunterabschnittes, das bisher Landesschützen-Oberstleutnant Haslehner innegehabt hatte. Auf 5 Uhr nachmittags waren alle Bataillons- und Batteriekommandanten mit ihren Adjutanten in die Villa Innerkofler befohlen. Dort ging es gar nicht kommißmäßig her. Man stellte sich vor, Tee, Zigarren wurden herumgereicht. Dann erklärte uns Oberstleutnant Epp, daß er das Kommando über den Grenzabschnitt übernommen habe und daß er nunmehr Klarheit über alle Verhältnisse haben wolle. Der große Festungsplan wurde auf den Tisch gelegt und an Hand dieser Karte, die sich später als nicht sehr genau erwies, wurde, vom rechten Flügel auf dem Zinnenplateau angefangen, jede einzelne Stellung eingehend besprochen. Es war eine scharfe Prüfung für alle anwesenden Kommandanten. Sie hat aber auch gezeigt, wie überraschend viel unklar und verbesserungsbedürftig war. Epp zeigte sich von vornherein als selbstbewußter und verantwortungsfreudiger Führer. Auf seine Frage, warum in

Bayerischer Jäger auf Dolomitenwacht. Aus dem Kriegsskizzenbuch von Albert Reich.

einer Stellung des Landsturmbataillons Nr. 167 an einer bestimmten Stelle ein Maschinengewehr eingebaut sei, antwortete der Bataillonskommandant, daß General Bankovsky die Aufstellung des Maschinengewehrs an dieser Stelle befohlen habe. Epp antwortete darauf scharf: ‚Das sagt mir gar nichts. Ich will wissen, welche Ziele das Maschinengewehr hat und ob diese Ziele die Aufstellung eines Maschinengewehres rechtfertigen. Ist dies nicht mehr der Fall, werde ich das Gewehr an eine andere Stelle geben, wo es vorteilhafter verwendet werden kann. In solchen Dingen lasse ich mir von niemandem hineinkommandieren, auch vom Herrn General nicht. In erster Linie bin ich für den Abschnitt verantwortlich, in zweiter Linie erst der Herr General.‘ Eine solche Sprache hatten wir noch nicht gehört. Die beiden Standschützenbataillonskommandanten An der Lan und Fuchs hatten bei der Prüfung am besten abgeschnitten, weil sie fleißig die Stellungen abgegangen waren und daher über die einschlägigen Verhältnisse richtigen Bescheid geben konnten. Gehobenen Gefühles verließen wir die Besprechung. Wir Standschützen waren zum erstenmal behandelt worden wie jede andere Truppe, was bisher bei unseren österreichischen Kameraden oft nicht der Fall gewesen war."

Im harten Fronteinsatz entwickelte sich rasch ein überaus freundschaftliches Verhältnis zwischen den Tiroler Landesverteidigern und ihren Kameraden aus Bayern und anderen deutschen Ländern. Besonders gut verstanden sich die „Leiber" und die Standschützen. Die Bayern teilten die von zu Hause geschickten Liebesgaben mit den in dieser Hinsicht viel schlechter gestellten Tirolern, die auch im praktischen Felddienst viel von den erfahrenen Kriegern lernen konnten, auch den Unterschied zwischen Theorie und Praxis. So berichtet Anton Mörl die Episode von einem Standschützen, der mit einem „Leiber" auf Horchposten eingesetzt war. Der Bayer zündete sich eine Zigarre an, was den Tiroler entsetzte: „Ja, derfts ös rachn?!" Darauf der Leiber: „Warum denn nit?" – „Uns haben sie g'sagt, man darf nöt die Stellung verraten, und dös tuat man, wenn ma racht." – „Was Stellungen verraten? Miar woint ja, daß s' kumma. Zu dem seima ja herkumma!"

Der Einsatz des Deutschen Alpenkorps in Südtirol dauerte nur wenige Monate. Im Oktober 1915 trafen, aus Galizien kommend, Tiroler Kaiserjäger- und Landesschützenregimenter ein und lösten die bayerischen und preußischen Einheiten ab, die nur ungern – „zum größten Leide aller", wie es in der Geschichte des 3. Jägerregiments heißt – ihre Stellungen verließen. Von der Stimmung im Kreuzberg-Abschnitt schreibt Anton Mörl: „Der Abschied von den Leibern fiel uns wirklich schwer. Die drei Monate gemeinsamer Kämpfe hatten uns fester aneinander-

Herzliche Freundschaft entwikkelte sich zwischen den Tirolern und ihren bayerischen Kameraden während der Zeit, in der sie gemeinsam Tirol verteidigten. Photo aus Mörls Standschützenbuch.

gekettet, als wir je hätten vermuten können. Die kameradschaftlichen Bande, die damals geknüpft worden waren, bestehen zum Teil noch heute . . . Am 15. Oktober verließen die Bayern Innichen. Sie wußten noch bei der Einwaggonierung nicht, wohin sie kommen würden. Prinz Heinrich von Bayern . . . versprach uns Nachricht. Eine Karte, in deren Text das Wort Champagner vorkomme, bedeute Frankreich, Schnaps Rußland, Reisfleisch Serbien. Die Karte kam. Es war darin vom Reisfleisch die Rede.“ Ein Jahr später, kurz bevor er in Rumänien fiel, schrieb der bayerische Prinz dem Standschützenmajor Aigner auf einer Karte folgende Worte, die sicher die Gefühle der meisten bayerischen Soldaten zum Ausdruck gaben: „Wir denken alle sehr oft und voll Dankbarkeit der schönen Tage des Vorjahres, als wir Schulter an Schulter nebeneinander kämpfen durften.“

Prinz Heinrich von Bayern war nicht nur bei den Standschützen und bei den anderen Soldaten an der Dolomitenfront überaus beliebt und geachtet gewesen. Auch die Zivilbevölkerung in Sillian, Kartitsch und Obertilliach hatte ihn wegen seiner steten Liebenswürdigkeit ins Herz geschlossen. Eine in den Kriegstagen auf den umkämpften Höhen oberhalb von Kartitsch errichtete Kapelle trägt seinen Namen und erinnert heute noch an die Waffenbrüderschaft von Bayern und Tirolern während des Ersten Weltkriegs.

Daß der gemeinsame Einsatz und aller Opfermut nichts nützten und das

Die Prinz-Heinrich-Kapelle auf den Höhen des Karnischen Kamms oberhalb von Kartitsch in Osttirol erinnert heute noch an die Waffenhilfe des bayerischen Nachbarn.

◁

am Schlachtfeld siegreich verteidigte Südtirol am Konferenztisch verlorenging, erregte auch in Bayern Empörung und Trauer. Ein bayerischer Soldat vom 3. Jägerregiment dichtete nach dem Krieg folgende Zeilen:

„Vergebens war die Wacht,
die wir auf deinen Bergen
so manchen Tag, so manche Nacht
gleich König Laurins Zwergen
zu deinem Schutz verbracht.

Hab Dank! Wir haben nicht vergessen
den Jubel Bozens, deiner Trauben Wein,
die zweite Heimat, die wir dort besessen,
bei dir, Tirol, unserm Edelstein!"

Als nach dem Waffenstillstand zwischen Österreich und Italien vom 3. November 1918 die in Auflösung begriffene Armee von der Front zurückströmte und italienische Truppen gemäß den Bestimmungen des Vertrages mit der Besetzung Tirols begannen, schickte das bayerische Kriegsministerium am 5. November 1918 noch einmal bayerische Einheiten nach Tirol, um das noch kämpfende Deutschland an seiner Süd-

Als für Tirol der Krieg zu Ende war, beugten bayerische Truppen einem möglichen Vorstoß der Italiener gegen das noch kämpfende Deutschland vor. Dazu Zeitungsmeldungen vom 6. und 7. November 1918.

Die Bayern in Nordtirol.

Innsbruck beherbergt nun bereits ziemlich viele bayerische Truppen. Die Mannschaften wurden in den Retterbaracken untergebracht, der Stab im Schulhause in der Gilmstraße. Nachmittags fand vor dem Theater eine Platzmusik der bayerischen Kapelle statt. Seit gestern mittags sind sämtliche Ausgänge des Innsbrucker Bahnhofes von bayerischen Truppen besetzt. Auch die Innbrücke ist von bayerischen Posten bewacht.

Die in Imst, Landeck und Seefeld eingetroffenen bayerischen Abteilungen dürften ihren Marsch durch das Oberinntal nach Finstermünz, Mals usw. fortsetzen.

Tiroler Anzeiger

Wochenkalender: Montag 4. Karl B., Dienstag 5. Zacharias, Mittwoch 6. Leonhard, Donnerstag 7. Engelbert, Freitag 8. Gottfried, Samstag 9. Theodor, Sonntag 10., 25. Sonntag nach Pfingsten.

XI. Jahrg. Nr. 254. Innsbruck, Mittwoch, den 6. November 1918. Mittag-Ausgabe.

Einmarsch bayerischer Truppen in Tirol.

Das bayerische Kriegsministerium München hat dem Präsidenten des Tiroler Nationalrates am 5. November, 3/4 11 Uhr nachts, folgende Depesche übermittelt:

Die Waffenstillstandsbedingungen zwischen Oesterreich und der Entente zwingen uns, zur Sicherung unserer Landesgrenzen Truppen nach Nordtirol zu schicken.

Gleichzeitig sollen diese Truppen mithelfen, um den Abfluß aufgelöster Teile des österreichischen Heeres nach Osten zu ordnen und das Land vor Zuchtlosigkeit zu schützen.

Unsere Vorhuten überschreiten am 5. November die Grenze. Stärkere Kräfte werden folgen.

Wir kommen als Freunde und erwarten, daß unseren Bewegungen keine Hindernisse von seiten des deutsch-österreichischen Nationalrates und der österreichischen Kommandobehörden in den Weg gelegt werden.

Sollte das trotzdem der Fall sein, so sind unsere Truppen angewiesen, sich mit Waffengewalt den Weg zu bahnen.

Der kommandierende General: **Krafft von Delmensingen.**

Den Heimkehrenden. | und Kinder", „zur Verhinderung der Verwüstung | Stunden später, erfuhr das Armee- | oder daß es seine politische Selbständigkeit und Freiheit erhält. Das ist

flanke zu schützen. Ihr Kommandant war wiederum General Krafft von Dellmensingen. In einem überall plakatierten Aufruf an das Tiroler Volk heißt es: „Unsere Vorhuten überschreiten am 5. November die Grenze. Stärkere Kräfte werden folgen. Wir kommen als Freunde und erwarten, daß unseren Bewegungen keine Hindernisse von seiten des deutsch-österreichischen Nationalrates und der österreichischen Kommandobehörden in den Weg gelegt werden. Sollte das trotzdem der Fall sein, so sind unsere Truppen angewiesen, sich mit Waffengewalt den Weg zu bahnen."

Zwar protestierte die deutsch-österreichische Regierung, doch in Nordtirol war man zumeist froh über den Einmarsch der Bayern, weil sie mithalfen, den Rückstrom der Truppenmassen zu regeln, und für Ruhe und Ordnung sorgten, soweit einheimische Sicherheitskräfte dazu nicht mehr in der Lage waren. Dies war nämlich gar nicht so leicht, da sich vor allem ungarische und tschechische Einheiten der nicht mehr existierenden k. u. k. Armee zum Teil wie in Feindesland benahmen und Plünderungen an der Tagesordnung waren.

Die Bayern besetzten wichtige Punkte in ganz Nordtirol und rückten sogar über den Brenner bis gegen Brixen und über den Reschenpaß nach Südtirol vor. Zu Zusammenstößen mit den Italienern kam es aber nicht, da der Kriegsschluß in Deutschland und die politischen Ereignisse in München ein rasches Ende des bayerischen Einsatzes in Tirol bewirkten. Am 9. und 10. November zog Krafft von Dellmensingen mit seinen Truppen wieder ab. Viele von den bayerischen Soldaten hatten ihre Mützen und Bajonette mit roten Kokarden geschmückt und verabschiedeten sich aus Tirol mit Hochrufen auf die Revolution . . .

„Fort mit den Grenzpfählen!“

Nachkriegsprobleme und Anschlußbestrebungen von 1918 bis 1945

Dichtes Schneegestöber und die hereinbrechende Dämmerung machten es unmöglich, vom Tiroler Innufer aus hinüber nach dem bayerischen Kiefersfelden zu sehen. August Sieghardt, seines Zeichens Redakteur der Kufsteiner Zeitung „Tiroler Grenzbote“, wartete ungeduldig. Der Adjutant des bayerischen Königs, Graf Holnstein, hatte ihn brieflich ersucht, am 23. Februar 1919 einen alten Herrn von der Inn-Überfuhr abzuholen und nach Kufstein zu bringen. Endlich legte die Fähre an, und der geheimnisvolle Gast stieg aus. Sieghardt erkannte ihn sofort: Es war der bayerische König Ludwig III., der im November 1918 nach der Ausrufung der „sozialen und demokratischen Republik“ zurückgetreten war und seitdem im Schloß Wildenwart am Chiemsee gelebt hatte. Nun hatte sich aber die Lage für den Monarchen nach der Machtübernahme durch die radikalen Räte verschlimmert, sodaß er sich in Bayern nicht mehr sicher fühlte, über die Grenze floh und Schutz beim Nachbarn suchte. In Kufstein, wo er im Hotel Post Quartier bezog, wollte er auf eine Änderung der politischen Verhältnisse warten.
Doch man ließ dem Bayernkönig keine Ruhe. Die bürgerlichen Blätter Tirols nahmen den letzten Wittelsbacher Herrscher zwar gegen die Angriffe der sozialistischen Zeitung in Schutz, und die Regierung in Wien unter dem sozialistischen Staatskanzler Renner bestätigte dem Tiroler Landtag, daß nichts gegen einen Aufenthalt des zurückgetretenen bayerischen Herrschers in Österreich einzuwenden sei. „Irgendwo muß der alte Herr wohl auch sein“, soll die Begründung gelautet haben. Doch aus Bayern drohte Gefahr: Die Räterepublikaner in Rosenheim und in Kiefersfelden wollten den Exkönig nicht so nahe an der Grenze dulden und machten Anstalten, nach Tirol einzufallen. Ob es ihnen damit Ernst war, ist zweifelhaft. Immerhin schien es Ludwig III., seiner Umgebung und vor allem auch der Tiroler Landesregierung ratsamer, einen weniger gefährdeten Ort für das Exil auszusuchen. So übersiedelte der König nach Ötz im Ötztal, wo er bis 1. April blieb, um dann Tirol für immer zu verlassen. Liechtenstein, die Schweiz und Ungarn waren weitere Stationen seines Exils. Nach Bayern zurück konnte er erst ein Jahr später, als die revolutionäre Räteregierung längst gestürzt war und konservative Politiker das Ruder fest in der Hand hielten.

Tirol als Exil für den Exkönig von Bayern: Ludwig III. in Kufstein, wohin er nach der Machtübernahme der radikalen Räte geflohen war. Das Photo (mit dem damaligen Kufsteiner Schuldirektor Carl Wagner, ganz rechts, dem Adjutanten Graf Holnstein und einem Offizier der österreichischen Grenzwacht) entstand vor einer Besichtigung der Festung und des Heimatmuseums. ▷

Für beide Nachbarn, für Bayern und für Tirol, hatte sich viel geändert in diesen zwei Jahren. Die angestammten Herrscherhäuser waren abgetreten: die Wittelsbacher nach fast siebeneinhalb Jahrhunderten Regierungszeit in Bayern, die Habsburger mehr als fünfeinhalb Jahrhunderte nach der Eingliederung Tirols in den österreichischen Länderkomplex. Vertreter neuer politischer Kräfte waren an ihre Stelle getreten, wobei in Österreich und in Tirol, wo in den Umbruchstagen des Jahres 1918 ein eigener „Tiroler Nationalrat" gebildet worden war, der Übergang zum demokratischen Parlamentarismus zumindest formal weniger Schwierigkeiten bereitete als in Bayern. Dafür mußte Tirol mit einem anderen Problem fertig werden: mit der Zerreißung des Landes, die von den Siegermächten des Ersten Weltkriegs beschlossen worden war und deren Verhinderung bzw. Beseitigung das Denken und Wollen der Tiroler Politiker aller Parteien beherrschte. Zu alldem kamen Hunger, Krankheit, Nachkriegselend.

Niemand wußte, wie es weitergehen sollte – im eigenen Land, im Verhältnis zu den Regierungen in Wien und Berlin, auf der Plattform europäischer Diplomatie und Politik. In dieser Situation wurden auf beiden Seiten der bayerisch-tirolischen Grenze Stimmen laut, die für ein engeres Zusammenschließen der Nachbarländer eintraten, wobei Formen, Ziel-

setzungen und die damit verbundenen Absichten und Hoffnungen freilich sehr verschieden waren.
In Tirol war man damals überwiegend der Meinung, daß mit dem Regierungsverzicht des Kaisers das Land praktisch unabhängig geworden war. Denn Tirol sei nur durch Verträge mit der Dynastie der Habsburger an Österreich gebunden gewesen. Jetzt könne es über sein weiteres Schicksal frei entscheiden und sein Verhältnis zu den Nachbarländern und -staaten selbst bestimmen. In diesem Sinne erfolgte eine Beitrittserklärung des „Tiroler Nationalrates" zur neuen Republik Deutsch-Österreich, dem deutschsprachigen Rest der ehemaligen Monarchie, nur unter ausdrücklichen Vorbehalten. Man wollte die „endgültige Regelung der staatsrechtlichen Gestaltung des Landes" einem demokratisch gewählten Landtag überlassen und andererseits der Entwicklung nicht vorgreifen. Die verschiedensten Möglichkeiten für eine Zukunft Tirols wurden diskutiert. Sie reichten vom Verbleib bei Österreich, das entweder Mitglied einer Donauföderation oder Teil Deutschlands werden sollte, bis zur vollen Selbständigkeit des Landes. Im Mittelpunkt der Überlegungen stand auch ein direkter Anschluß Tirols an Deutschland oder die Bildung eines Staates mit Bayern unter Wahrung autonomer Rechte.
Solange das Schicksal Südtirols nicht entschieden war, schien vielen Politikern eine zu starke Anlehnung an Deutschland ungünstig. Man hielt es für einen großen Fehler, daß die Nationalversammlung in Wien den Anschluß Rest-Österreichs an das Deutsche Reich gefordert hatte. Dadurch mußte man Südtirol ja verlieren, denn die Sieger würden nicht zögern – so argumentierte man in Innsbruck –, von dem geschlagenen und gehaßten, nun noch durch Österreich vergrößerten Deutschland Südtirol abzutrennen. Dagegen würde man einem selbständigen Freistaat Tirol, der gleichsam als „Pufferstaat" neutralisiert und unter internationale Kontrolle gestellt werden könnte, das deutschsprachige Südtirol nicht wegnehmen können. Frankreich wußte man bei diesen Bemühungen auf der Seite Tirols. Erst als im Staatsvertrag von St-Germain-en-Laye (September 1919) entgegen der klaren Willensäußerung des gesamten Tiroler Volkes Südtirol zu Italien geschlagen wurde, forderten immer mehr Persönlichkeiten und immer größere Teile der Bevölkerung eine Verbindung mit dem nördlichen Nachbarn, da jetzt nur mehr durch friedliche Verhandlungen zwischen einem starken Deutschland und Italien eine Rettung der Landeseinheit möglich schien. Daß die Siegermächte einen Anschluß ausdrücklich verboten hatten und eine Loslösung von der neuen österreichischen Republik auf größte Schwierigkeiten stoßen mußte, wurde kaum beachtet. Irgendwie würde es sich schon machen lassen – meinte man –, wenn nur alle es wollten.

Von Anfang an hatte bei der Tiroler Sonderpolitik die Abneigung vor dem „roten Wien" und die Sorge vor einem zu großen Einfluß der in den östlichen Industriegebieten beheimateten Arbeitermassen eine wesentliche Rolle gespielt. Bei der damals im bürgerlichen wie im bäuerlichen Lager weitverbreiteten Furcht vor einer sozialistischen oder gar bolschewistischen Machtergreifung, die durch den Ausbau der seit Kriegsende bestehenden städtischen und dörflichen Selbstschutzverbände zur Heimwehr oder Heimatwehr verhindert werden sollte, war man in ganz Westösterreich froh, im konservativen Lager Bayerns schlagkräftige und verläßliche Verbündete zu finden. So bestanden zwischen den Tiroler Heimwehren und der bayerischen Einwohnerwehr enge Kontakte, die sich nicht nur in der Lieferung von Waffen, Geld, Propagandamaterial und Uniformteilen erschöpften, sondern nach Konferenzen in Rosenheim und Kufstein zu einer engen organisatorischen und personellen Zusammenarbeit führten. Im Rahmen der vom bayerischen Forstrat und Politiker Dr. Georg Escherich gebildeten Dachorganisation der deutschen Selbstschutzverbände (Orgesch) stand die Tiroler Heimwehr eine Zeitlang sogar unter bayerischem Oberbefehl. Der bayerische Major Voith von Voithenberg war als Stabsleiter im Landesverband Tirol eingesetzt. Und der bayerische Obergeometer Rudolf Kanzler hatte als Leiter einer eigenen Unterorganisation für die österreichischen Heimwehren (Organisation Kanzler oder Orka genannt) auch in Tirol einiges zu sagen.

Eine Sonderstellung innerhalb der gesamten Wehrbewegung hatte sowohl in Bayern als auch in Tirol der „Bund Oberland", der aus einem Freikorps zur Bekämpfung der Räteherrschaft in Bayern hervorgegangen war und bei dem von Anfang an auch Tiroler aktiv mitmachten. Als das bayerische Freikorps Oberland 1921 nach Schlesien zog, um der dortigen deutschen Bevölkerung gegen die Polen beizustehen, bildeten Studenten der Innsbrucker Universität und andere Freiwillige einen eigenen Tiroler Sturmzug.

Wie sich bald herausstellte, wurde die bayerisch-tirolische Rechtskoalition von den führenden Männern beider Seiten lediglich als eine Art Zweckbündnis betrachtet. Das konservative Lager in Bayern suchte Rückendeckung und eine Stärkung seiner Position innerhalb des eigenen Landes und innerhalb Deutschlands durch eine Machtausweitung gegen Süden und Südosten. Die Tiroler Konservativen und Christlichsozialen brauchten die bayerische Hilfe in erster Linie zur Absicherung ihres Kampfes gegen die Sozialdemokratie. Schon im Oktober 1920, als sich die Unterlegenheit der Sozialdemokraten eindeutig herausgestellt hatte, wandte sich der Tiroler Heimwehrführer Dr. Steidle gegen eine zu starke

Ein Trupp des Freikorps Oberland, einer paramilitärischen Organisation der bayerischen Rechten, an der sich auch Tiroler aktiv beteiligten, beim Einmarsch in München, wo im Mai 1919 die linke Räteherrschaft gestürzt wurde. Illustration aus dem „Interessanten Blatt".

◁

Einflußnahme der bayerischen Bundesgenossen. Man brauche keine Protektion und sei nicht bereit, bayerische Provinz zu werden, sagte er in einem Interview. Die nationalgesinnten Kreise in Tirol und in Bayern, wo sich immer mehr radikal-völkische Elemente aus Norddeutschland sammelten, sahen im Zusammenwirken der bürgerlich-bäuerlichen Selbstschutzverbände über die Grenzen hinweg erst recht keine Intensivierung der tirolisch-bayerischen Nachbarschaft, sondern die Vorbereitung eines österreichisch-deutschen Zusammenschlusses. Völkische und konservative Politik (in Bayern zum Teil mit starken monarchistischen Tendenzen) gerieten zunehmend in starke Konkurrenz zueinander, was sich u. a. auch in einem Wettkampf zwischen Berlin und München um noch mehr Einfluß in Tirol auswirkte.

Obwohl sich die deutsche Zentralregierung in Berlin seit Ende 1919 offiziell jeder Anschlußpolitik enthielt und sich auch die Münchner Regierung in kein außenpolitisches Abenteuer stürzen wollte, bemühten sich beide zumindest um die Sympathie der Tiroler und ihrer führenden Politiker. Das Berliner Auswärtige Amt finanzierte die Gründung eines Tagblattes in Innsbruck mit dem Namen „Alpenland", dessen einzige Aufgabe die Anschlußpropaganda war. Wie sehr die deutsche Wirtschaft im armen Österreich ein lohnendes Betätigungsfeld sah, beweisen die

Werbeplakat zur Tiroler Anschluß-Abstimmung im April 1921.

Finanzspritzen und Kapitalbeteiligungen deutscher Unternehmen und Banken bei Tiroler Wirtschaftsprojekten und bei der meist politisch motivierten Gründung neuer Geldinstitute. Der breiten Masse der Bevölkerung waren Lebensmittel und Kohlelieferungen wichtiger, da die Ernährungslage in Tirol katastrophal war und die allgemeine Not beinahe das Maß des Erträglichen überstieg.

So traten die wirtschaftlichen Argumente für einen Zusammenschluß mit Deutschland immer mehr in den Vordergrund. Allmählich regte sich im ganzen Land kaum mehr ein Widerspruch gegen die von allen Seiten ertönenden Anschlußforderungen. Meist war von einem „wirtschaftlichen Anschluß" die Rede, wobei man einmal „an Deutschland" sagte und dann wieder „an Bayern". Anfang des Jahres 1921 war die Bewegung nicht mehr zu bremsen. Deshalb setzte der Tiroler Landtag für den 24. April eine Abstimmung über die Frage an, ob ein Anschluß an Deutschland erwünscht sei oder nicht. Die Antwort der Bevölkerung war eindeutig, auch wenn die Wahlbeteiligung nicht ganz so hoch war wie bei Landtagswahlen und auch wenn tatsächlich, wie behauptet wurde, infolge des privaten Charakters der Volksbefragung zahlreiche Unkorrektheiten vorgekommen sein sollten: 145.302 Ja-Stimmen (98,5% der abgegebenen Stimmen) standen nur 1805 Nein-Voten und 364 ungültige Stimmzettel gegenüber. Allgemein herrschte großer Jubel. „Fort mit den Grenzpfählen!" schrieben die Zeitungen. Innsbrucker Studenten nahmen dies wörtlich, holten tatsächlich die Grenzsteine von Scharnitz und führten sie im Triumphzug nach Innsbruck.

Wenn man in Tirol erwartet hatte, daß sich Amerika oder der Völkerbund von einer solchen eindeutigen Willenserklärung eines Volkes beeindrucken lassen würde, so hatte man sich gründlich getäuscht. Die Folgeerscheinungen der Volksabstimmung waren keineswegs positiv: Wegen der gesamtösterreichischen Anschlußbewegung (im Mai stimmte Salzburg mit ähnlichem Ergebnis ab, in der Steiermark wurde eine Abstimmung im letzten Moment abgesagt) waren die Verhandlungen der österreichischen Regierung in Genf um einen internationalen Kredit zum Scheitern verurteilt. Wenn Österreich nicht bereit war, die Friedensbestimmungen zu respektieren, so wollte man ihm auch nicht helfen, die wirtschaftliche Not zu beseitigen. Erst nachdem man aufgehört hatte, den Anschluß erzwingen zu wollen, gelang es dem Bundeskanzler Seipel, die österreichische Wirtschaft mit ausländischer Hilfe zu sanieren. Die Normalisierung der Verhältnisse brachte dann auch die Anschlußpropaganda zum Verstummen und verstärkte den Willen zur Eigenstaatlichkeit Österreichs.

Die Volksabstimmung von 1921 war somit der Höhepunkt und zugleich

das Ende der Tiroler Anschlußbewegung nach dem Ersten Weltkrieg. Das ideologische und militärische Bündnis der Tiroler Heimwehr mit ähnlichen Formationen der Rechten in Bayern (die Einwohnerwehren waren 1921 auf Verlangen der Westmächte aufgelöst worden) hatte kaum noch Bedeutung. Und in der Bevölkerung hatte die Freundschaft und Begeisterung für Bayern einen spürbaren Dämpfer bekommen. Der Grund dafür waren nicht zuletzt Schwierigkeiten und Schikanen im Grenzverkehr. Die deutschen Behörden hätten die Grenze um den Jahreswechsel 1922/23 am liebsten gesperrt, da die Inflation im Reich ihrem Höhepunkt entgegentrieb, während es in Österreich dank internationaler Kredite und einer finanzpolitischen Radikalkur bereits wieder eine stabile Währung gab. Aufenthaltsgebühren und Zollschwierigkeiten

◁

Demonstration für den Anschluß an Bayern bzw. an Deutschland im April 1921: Innsbrucker Studenten holen die Grenzpfähle von Scharnitz im Triumphzug nach Innsbruck.

sollten negative Auswirkungen der unterschiedlichen Voraussetzungen in den Geldbeuteln der Nachbarn verhindern.
In einem Brief an das Berliner Auswärtige Amt faßte der deutsche Generalkonsul in Innsbruck, Freiherr von Frays, am 20. März 1923 zusammen: Die Anschlußfreudigkeit sei stark gesunken. Wenn heute wieder eine Abstimmung in Tirol stattfinden würde, wären nicht mehr als 20 Prozent für Deutschland zu erwarten. Der Grund hiefür sei in den fortgesetzten Zollplackereien und Grenzschwierigkeiten seitens der bayerischen Landsleute zu suchen, die besonders in der Landbevölkerung sehr böses Blut gemacht hätten. Bei seinen Bemühungen um eine Verbesserung der Situation habe er in München beim bayerischen Ministerium des Äußeren wie bei der Polizeidirektion vollstes Verständnis gefunden. Verschiedene besonders unangenehm empfundene Übelstände, wie die außerordentlich hohe Aufenthaltsgebühr und der Valutazuschlag für österreichische Theaterbesucher, seien bereits abgestellt worden. „Schwieriger waren die Verhandlungen mit den Herren vom Zoll", heißt es weiter in dem Schreiben des Diplomaten. „Es lag dies vor allem daran, daß diese ja heutzutage direkt von Berlin ressortieren und die bayerische Regierung nur sehr geringen Einfluß auf sie besitzt. Nun ist es ja zweifellos richtig, daß unsere Grenzdistrikte vor dem Total-Ausverkauf durch die österreichischen Nachbarn geschützt werden müssen. Zur Zeit des Höchststandes der Krone waren die Verhältnisse auch ganz unmöglich geworden – gegen Rosenheim, Füssen, Freilassing etc. wurden förmliche Raubzüge veranstaltet, sodaß in diesen Orten tatsächlich von einem Moment zum anderen so gut wie nichts mehr zu haben war."
Über die bayerischen Zollbeamten an der Tiroler Grenze äußerte sich der deutsche Generalkonsul in einem anderen Schreiben, daß sie nun zwar Reichsbeamte seien, aber „auch weiterhin mit der ihrem Stamme eigenen bajuwarischen Grobheit und Rücksichtslosigkeit verfahren".
Für einige Jahre hatte der Anschluß an Deutschland oder an Bayern aufgehört, Thema der öffentlichen Diskussion und Propaganda zu sein. In der Auseinandersetzung zwischen dem Freistaat Bayern und dem Deutschen Reich spielte der Gedanke eines Zusammenschlusses mit Tirol und Salzburg jedoch immer noch eine gewisse Rolle, da konservative bayerische Politiker und der Kreis um Kronprinz Rupprecht mit dem Plan einer süddeutsch-westösterreichischen Staatengründung operierten – er sollte, wenn möglich, unter wittelsbachischer Führung stehen –, und Frankreich eventuell dafür zu gewinnen gewesen wäre. Ob man in Tirol Anhänger für einen solchen Wittelsbacher-Staat gefunden hätte, bleibt fraglich. Dagegen spukte hier der Gedanke an eine Selbständigkeit Tirols nach dem Vorbild Luxemburgs oder Liechtensteins immer noch in den

Köpfen verschiedener Politiker herum. Es gab sogar – natürlich streng geheim – Verhandlungen mit einem Fürsten zur Übernahme der Regentschaft in Tirol. Interessanterweise wandte man sich nicht an den habsburgischen Kronerben Otto, sondern an den Chef des Hauses Thurn und Taxis in Regensburg, das eher ein europäisches als ein bayerisches Geschlecht war und seit Maximilians Zeiten eng mit Tirol verbunden war. Zudem hatte es den Vorteil, durch den Verkauf riesiger Besitzungen in Osteuropa über viel flüssiges Kapital zu verfügen. Das heute utopisch anmutende Projekt, dessen ranghöchster Befürworter der damalige Tiroler Landeshauptmann Dr. Stumpf war, trat freilich nie in ein wirklich konkretes Stadium. Die Universität Innsbruck hatte immerhin den Vorteil, vom designierten „gefürsteten Grafen von Tirol" beträchtliche Spenden zu erhalten. Und dem Fürsten Albert von Thurn und Taxis blieb zumindest der Titel eines Dr. phil. honoris causa der Tiroler Landesuniversität.

Die um 1930 auch in Tirol einsetzende Propaganda der Nationalsozialisten hatte naturgemäß im benachbarten Bayern einen starken Rückhalt, ebenso ihre Terrortätigkeit. Viele Mitglieder der schließlich in Österreich verbotenen Nationalsozialistischen Partei fanden Zuflucht in Bayern und bildeten dort die „Österreichische Legion". Andererseits wurden von Hitlers 1000-Mark-Sperre, mit der er den Fremdenverkehr unterbinden und damit den Widerstand Österreichs brechen wollte, nicht nur die Tiroler Wirte und Fremdenverkehrsorte schwer geschädigt, sondern auch die zahlreichen Touristikunternehmungen in Tirol, die sich in bayerischem Besitz befanden.

Als Hitler am 12. März 1938 in Österreich einmarschierte, stand der Anschluß natürlich unter völlig anderen Vorzeichen, als knappe zwei Jahrzehnte vorher von vielen Tirolern gewünscht worden war. Zu einer näheren Verbindung mit Bayern kam es im übrigen 1938 nur in ganz geringem Maße. Dabei befanden sich unter den Projekten der NS-Spitze für eine verwaltungsmäßige Eingliederung Österreichs in das Deutsche Reich sowohl Pläne, die die vollständige Vereinigung Tirols mit Bayern vorsahen, als auch der Vorschlag, Tirol durch ein beträchtliches Stück von Bayern zu vergrößern. Es wurde aber anders entschieden: Tirol (ohne Osttirol) bildete im „tausendjährigen Reich" zusammen mit Vorarlberg einen Reichsgau. Nur in einigen Verwaltungsbereichen wurde Tirol Münchner Behörden unterstellt, zum Beispiel in der Luftverwaltung und im Versorgungswesen. Außerdem war die Münchner Reichsbahndirektion auch für das gesamte östliche Gebiet des Gaues Tirol-Vorarlberg zuständig.

Zum dritten Mal seit dem „Ulmer Spruch" von 1282, der die Eigenstaatlichkeit Tirols offiziell bestätigt hatte, waren Tirol und Bayern von 1938 bis 1945 nicht durch eine Staatsgrenze getrennt. So hätte es nach verschiedenen Projekten, die westliche Politiker während des Zweiten Weltkriegs für eine Neuordnung Europas entwarfen, nach der Niederwerfung Hitler-Deutschlands auch bleiben sollen. Unter anderen vertrat Churchill im Frühjahr 1943 die Ansicht, es solle eine Donauföderation der ehemaligen habsburgischen Länder unter Einschluß Bayerns geschaffen werden. Er folgte damit den Vorstellungen von Otto Habsburg, dem Sohn des letzten österreichischen Kaisers, der sich bei den Westmächten um die Anerkennung als Sprecher einer österreichischen Exilregierung bemühte und seine Zukunftsvorstellungen für Mitteleuropa unterbreitete. Als Churchill im Oktober 1944 seinen Plan einer Donauföderation mit Stalin diskutierte und der russische Diktator Ungarn davon ausklammern wollte, wurde als Alternative ein süddeutscher Staat aus Österreich, Bayern, Württemberg und Baden besprochen. Schließlich setzte sich jedoch bei den Alliierten die Meinung durch, Österreich müsse in den Grenzen von 1937 wiederhergestellt werden.

So blieb Bayern bei Deutschland und Tirol bei Österreich. Seit 1945 ist trotz guter, ja bester Nachbarschaft und trotz enger Zusammenarbeit auf vielen Gebieten der Ruf „Fort mit den Grenzpfählen!“ nie mehr laut geworden.

Nachbarschaft mit Zukunft

Bayerisch-tirolischer Alltag in unserer Zeit und die Gründung der ARGE ALP

„Seit Jahren werden zwei der beliebtesten süddeutschen Badeseen, der Chiemsee und der Walchensee, von Tiroler Abwässern verseucht", schrieb die österreichische Tageszeitung „Kurier" im Juli 1978 unter dem Titel: „Umweltkrieg der Alpenländer – Bayerns Seen ersticken im Tiroler Mist". Daß auch Tiroler Grund haben, sich über ihre bayerischen Nachbarn zu ärgern, zeigt ein Artikel desselben Blattes vom Oktober 1980: „Zwischen Bayern und Tirol ist ein Schwammerlkrieg ausgebrochen: Bayerische Autobusunternehmen bringen ihre Kunden zu Tausenden vor allem in den Raum Achensee. Dort fallen die Bayern wie die Heuschrecken in die Wälder ein und nehmen alles mit, was einem Eierschwammerl oder Herrenpilz auch nur ähnlich sieht. Die Bezirkshauptmannschaft Schwaz befürchtet ein Aussterben der Pilze und spricht von Umweltschäden. Erboste Tiroler sollen sogar zum Messer gegriffen und Autobusreifen aufgestochen haben."
Meldungen und Reportagen ähnlichen Inhalts gibt es in bayerischen und Tiroler Zeitungen immer wieder. Sie werfen ein bezeichnendes Licht auf den Alltag der tirolisch-bayerischen Nachbarschaft in der Gegenwart, die trotz Freundschaft, guter Zusammenarbeit und gemeinsamer Interessen in Wirtschaft, Politik und Kultur nicht ohne Probleme ist, ja gar nicht sein kann. Entscheidend ist, wie man sich in Tirol und in Bayern bemüht, der Schwierigkeiten Herr zu werden und die Gründe für gegenseitige Vorwürfe zu beseitigen. Seit 1968 gibt es dafür ein Gremium auf höchster Beamtenebene, die „Bayerisch-tirolische Gesprächsgruppe": Zweimal pro Jahr kommen in diesem offiziellen Rahmen die zuständigen Beamten und verschiedene Fachleute zusammen, abwechselnd einmal in Innsbruck und einmal in München, besprechen die beide Länder berührenden Probleme, die gerade aktuell sind, und versuchen sie auch dann zu lösen, wenn Kompetenzen und Rechte der beiden Bundesstaaten Österreich und Deutschland berührt werden. Oft wird der Weg über Wien und Bonn zur reinen Formsache, nachdem zwischen Innsbruck und München alles schon abgesprochen und erledigt ist.
Es sind vor allem zwei große Themenkreise, mit denen sich die Beamten- und Expertenkommission der beiden Nachbarländer befassen muß: ein-

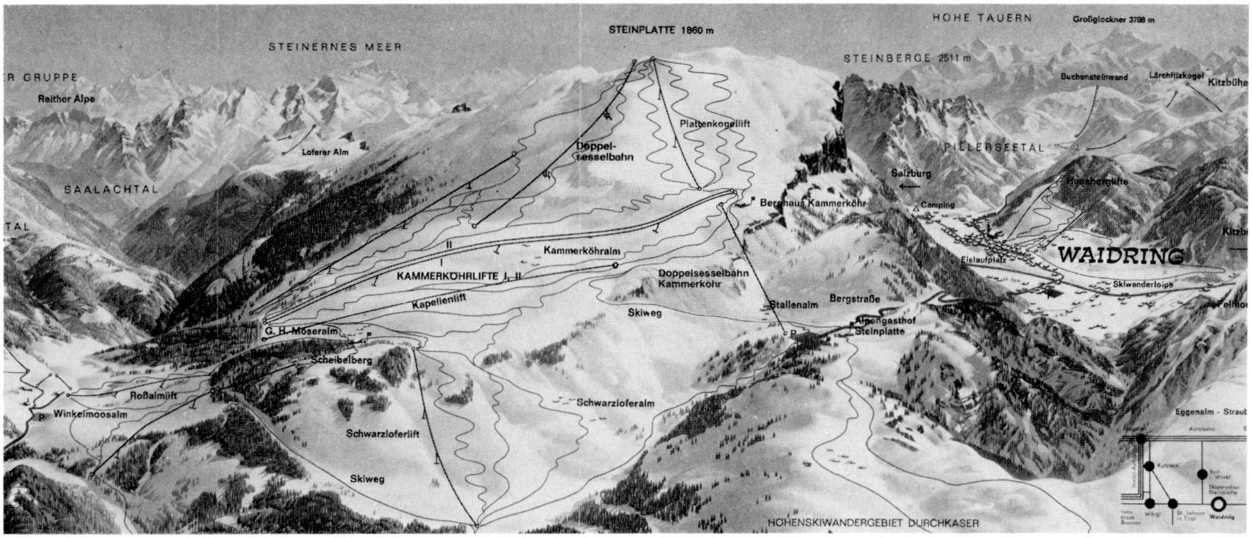

Der tirolisch-bayerische „Schizirkus“ auf der Steinplatte und am Scheibelberg zwischen Waidring in Tirol und der Winkelmoosalm (links) bei Reit im Winkl in Bayern: Die Staatsgrenze wird zur Nebensache und ist dementsprechend auf der Panoramakarte dieses grenzüberschreitenden Schigebietes, an dem übrigens auch Salzburg Anteil hat, gar nicht eingezeichnet.

mal Straßen, Verkehr, Grenzabfertigung und Tourismus, zum anderen Abwasserprobleme und Wasserwirtschaft. Die gemeinsame Bewältigung des Durchzugsverkehrs zwischen Norddeutschland und Italien macht Absprachen und eine enge Zusammenarbeit ebenso notwendig wie der grenzüberschreitende Lokalverkehr. Dabei geht es um den Ausbau von Straßen, die einmal auf Tiroler, dann wieder auf bayerischer Seite verlaufen, um die Errichtung neuer Brücken über den Inn, der unterhalb von Kufstein die Grenze zwischen Tirol und Bayern bildet, oder um Fragen, die mit der Arbeit von Zoll und Grenzpolizei zusammenhängen. Eng mit dem Verkehrswesen verbunden ist der Tourismus, wobei der Ausbau der notwendigen Infrastruktur grenznaher Fremdenverkehrsgemeinden auf den Grenzverlauf nicht immer Rücksicht nehmen kann. Ein Wanderweg, der mehrmals die Grenze überquert, ist heute keine Ausnahme mehr. Ja es gibt sogar schon einen tirolisch-bayerischen „Schizirkus“: Auf der Steinplatte und am Scheibelberg zwischen Waidring in Tirol und der zur bayerischen Gemeinde Reit im Winkl gehörigen Winkelmoosalm braucht man zum Überschreiten der Staatsgrenze statt eines Reisepasses nur noch eine Schiausrüstung.

Den Beispielen bemerkenswerter Zusammenarbeit auf touristischem Gebiet stehen freilich auch Fälle von Konkurrenzangst und wenig erfreuliche Streitigkeiten gegenüber. Von einem „Schilehrerkrieg“ berichteten die Zeitungen Bayerns zum Teil in großer Aufmachung, als im Winter 1980/81 in Tirol neue gesetzliche Bestimmungen über die

Durchführung von Schikursen ausländischer Gruppen in Kraft traten. Daß bayerische Schulen ihre Schiwochen im befreundeten Nachbarland sozusagen nur noch unter tirolischer Oberaufsicht durchführen durften, empfanden die Bayern als Diskriminierung. Der Unmut war groß, Drohungen gegen Tirol wurden laut. Dabei beruhte ein Großteil der Aufregung auf Mißverständnissen und Informationsmangel. Die bayerischen Schulbehörden waren jedenfalls durchaus bereit, in Fragen der Sicherheit ihrer nach Tirol geschickten Schüler und der Aufteilung von Verantwortung und Kompetenzen den Tiroler Wünschen zu entsprechen.

Ungern sehen es bayerische Fremdenverkehrsgemeinden entlang der Grenze, wenn ihre unmittelbaren Tiroler Nachbarn Lifte und andere touristische Attraktionen errichten und sie selbst durch gesetzliche Maßnahmen der Münchner Regierung an weiteren Ausbauvorhaben gehindert werden. Sie fürchten nämlich um ihre Gäste, wenn ihnen jenseits der weißblauen Grenze mehr geboten wird. Die Tiroler Grenzgemeinden ihrerseits wittern andere Gefahren: Sie haben keine Freude mit den vielen neuen Appartementhäusern, Villen und Bungalows im bayerischen Grenzland, da deren Besitzer bzw. Bewohner untertags gerne nach Tirol herüberkommen und hier die Infrastruktur belasten, ohne der örtlichen Fremdenverkehrswirtschaft etwas zu bringen. Abends fahren sie ja wieder zurück und geben ihr Geld in Bayern aus. Wenn die Vertreter von benachbarten Kleinregionen und Gemeinden Tirols und Bayerns zusammenkommen, um über derartige Probleme zu beraten, stellen sie meist fest, daß sie alle ziemlich die gleichen Sorgen haben. Gerade der starke Zustrom von Wochenend- und Feriensiedlern aus dem Norden macht zumeist auch den Kommunalpolitikern des bayerischen Berglandes wenig Freude. In Tirol hat man diese Gefahr durch ein strenges Grundverkehrsgesetz abzuwenden versucht, das Ausländern den Erwerb von Tiroler Grund und Boden im Normalfall unmöglich macht. Auch für die befreundeten Bayern konnte da keine Ausnahme gemacht werden. Aus früherer Zeit sind jedoch noch viele Tiroler Grundstücke und Häuser in bayerischem Besitz. Auch bayerische Beteiligungen an Tiroler Seilbahnen und Hotels sind keine Seltenheit.

Weit über die Fremdenverkehrsinteressen hinaus gehen die gemeinsamen Bemühungen um Natur- und Umweltschutz. Daß zum Beispiel im grenzüberschreitenden Naturschutzgebiet des Karwendel störende Baumaßnahmen verhindert werden, ist ein Anliegen beider Länder; und rauchende Fabriksschlote nahe der Grenze stören auch den Nachbarn. Völlig ausgeliefert ist Bayern – oder wäre es, wenn es keine Zusammenarbeit gäbe – den Tirolern in allem, was mit dem Wasser zusammenhängt. Schließlich entwässert ja ganz Nordtirol nach Bayern. Wenn die Tiroler

ihre Bäche und Flüsse nicht reinhalten, bekommen dies bald die Nachbarn im „unteren Stockwerk" zu spüren. Proteste vor allem über die unzumutbare Verschmutzung der Großache, die aus dem Kitzbüheler Raum kommt und als Tiroler Ache in den Chiemsee mündet, sowie der Isar, die die Abwässer der Fremdenverkehrsmetropole Seefeld schlucken muß, finden sich all die Jahre hindurch in den Protokollen der Bayerisch-tirolischen Gesprächsgruppe. Immer wieder wurden Fotos von Müllbergen, toten Tieren und anderem Tiroler Unrat vorgelegt, der an den Ufern des Chiemsees angeschwemmt wurde, immer wieder wurden erschreckende Fakten vom Isartal und vom Walchensee aufgetischt. Es war nicht vergebens. Durch den Bau von Kläranlagen und die ständige Überprüfung des biologisch-chemischen Gütebildes der kritischen Gewässer wurde von Tiroler Seite nach und nach Abhilfe geschaffen. Nur mit der Großache bzw. Tiroler Ache klappte es nicht so ganz, da sich die Gemeinden des Kitzbüheler Raumes nicht auf gemeinsame Maßnahmen zur Müllbeseitigung und Abwasserreinigung einigen konnten. Hier mußten die Bayern noch 1981 auf Mißstände hinweisen. Im übrigen war es inzwischen sogar möglich geworden, gemeinsame Großkläranlagen für Gemeinden in Tirol und Bayern in Angriff zu nehmen.
Es geht beim Wasser, das von Tirol nach Bayern fließt, aber nicht nur um die Sauberkeit. Auch die Hochwassergefahr darf nicht übersehen werden. Daß die österreichischen Autobahnplaner im Oberinntal dem Fluß entlang einen hohen Straßendamm aufführten, mochte zwar den dortigen Bauern recht sein, da nun ihre Felder nicht mehr überschwemmt werden konnten, die Bayern jedoch schlugen Alarm, da ein im Oberlauf „kanalisierter" Inn Überschwemmungskatastrophen im unteren Teil des Flusses befürchten ließ. Wieder warnte Bayern nicht umsonst. Der Autobahndamm erhielt Durchlässe, damit sich im Falle eines Hochwassers das Übel gleichmäßig über den gesamten Flußverlauf verteilen kann und dadurch überall erträglich bleibt.
Das Wasser aus Tirol bedeutet für Bayern jedoch nicht nur Gefahr, wie die – vergeblichen – Bemühungen der Millionenstadt München um eine Trinkwasserversorgung aus dem Tiroler Raum und tirolisch-bayerische Verträge über die Nutzung von Gebirgsbächen zur Energieversorgung beweisen. 1980 wurde zudem mit dem Bau eines gemeinsamen Innkraftwerks im Raum Erl–Nußdorf begonnen. Daß bei der Vergabe dieses riesigen Bauauftrages österreichische Firmen den Zuschlag erhielten, hat bayerische Wirtschaftsvertreter veranlaßt, auf die ihrer Meinung nach ungleichen Wettbewerbsbedingungen zwischen bayerischen und tirolischen Baufirmen hinzuweisen. In ihrem Bericht über dieses Problem zitiert die Süddeutsche Zeitung im April 1980 einen Kiefersfeldener

Kommunalpolitiker, der prophezeit: „Was heute im Inntal vorgeht, kann morgen den ganzen Landkreis erfassen.“ Weiter heißt es in dem Artikel: „Für den Landesverband Bayern des deutschen Gewerbeverbandes ist dagegen der Grenzkonflikt im Baugewerbe ohnehin bereits ‚kein lokales Problem mehr‘. In einer düsteren Darstellung des Verbandes heißt es: ‚Es ist ein Flächenbrand zu befürchten, der sich von Kiefersfelden bis zum Bodenseegebiet ausdehnen kann; denn überall im Grenzgebiet können österreichische Firmen als Preisbrecher auftreten.“
Der bayerische Landtag und auch der Deutsche Bundestag wurden mit dem Problem befaßt, und auf Ministerebene kam es zwischen Wien und Bonn zu Konsultationen, da ungleiche Lohnkosten und unterschiedliche gewerberechtliche Vorschriften in beiden Staaten die Wettbewerbslage verzerrten. Als diese Sorge der bayerischen Wirtschaft bei der folgenden Sitzung der Bayerisch-tirolischen Gesprächsgruppe diskutiert wurde, konterte ein als Experte eingeladener Tiroler Bauunternehmer, Verärgerung gäbe es auch auf österreichischer Seite, da bayerische Unternehmer Tiroler Facharbeiter abwerben.
Das Abwandern gerade tüchtiger Leute von Tirol nach Bayern war freilich zur Zeit der höchsten Wirtschaftsblüte und des akuten Arbeitskräftemangels in den Jahren um 1970 ein größeres Problem als heute. Gependelt wird im grenznahen Gebiet jedoch immer noch sehr viel. Überhaupt sind die wirtschaftlichen Bindungen des Unterinntals, vor allem des Kufsteiner Raumes, zu Bayern ganz beträchtlich. Für einen Kufsteiner liegt Rosenheim eben näher als Innsbruck. Ebenso stark ist die Verflechtung des Außerfern mit dem benachbarten Allgäu. Ein Extrem- und Ausnahmefall ist die vom bayerischen Gebiet umschlossene Gemeinde Jungholz, die durch besondere Verträge dem deutschen Wirtschafts- und Währungsgebiet angegliedert ist. Jeder dritte Einwohner von Jungholz ist zudem deutscher Staatsbürger.
Was in den Sitzungen der Bayerisch-tirolischen Gesprächsgruppe unter dem Vorsitz des Direktors der bayerischen Staatskanzlei oder – je nach Tagungsort – des Tiroler Landesamtsdirektors besprochen werden soll, wird von den Abteilungsleitern im Tiroler Landhaus und von den bayerischen Ministerialräten auf die Tagesordnung gesetzt. Die Beamten in München und Innsbruck stehen aber auch zwischen den Sitzungen in Kontakt zueinander. Wenn wo der Schuh drückt oder wenn eine rasche Information notwendig scheint, greift man ganz einfach zum Telefon. Und schon verhandeln kleine Tiroler Landesämter mit großen bayerischen Ministerien. Daß sie dabei auf gleicher Stufe stehen, daß der Größenunterschied der beiden Länder überhaupt keine Rolle spielt und sich alles höchst unkompliziert abwickeln läßt, freut vor allem die Tiroler

immer wieder. Die Zusammenarbeit auf Beamtenebene wird natürlich durch ständige Kontakte der Politiker Bayerns und Tirols ergänzt. Gegenseitige Besuche von Landtagsdelegationen und Besprechungen von Regierungsmitgliedern gehören fast schon zum Alltag der tirolisch-bayerischen Nachbarschaft.

Da das Verhältnis zwischen Tirol und Bayern durch keine Probleme getrübt wird, die sich nicht im sachlichen Gespräch bewältigen ließen, steht einer engen Freundschaft und fruchtbaren Zusammenarbeit auf allen Gebieten und auf allen Ebenen nichts im Wege: Es gibt sie zwischen Volksmusikgruppen und Brauchtumsverbänden genauso wie zum Beispiel zwischen den Volksbildungshäusern beider Länder; sie funktioniert zwischen Interessensvertretungen von Berufsgruppen und Wirtschaftszweigen genauso wie zwischen Sportvereinen und Hobbyclubs; sie prägt die Arbeit von wissenschaftlichen Instituten und läßt die ehemaligen Soldaten der fünften Gebirgsdivision, der vor allem Tiroler, Bayern und Salzburger angehörten, regelmäßig zusammenkommen; sie ermöglicht es, daß die Münchner Philharmoniker im Passionsspielhaus von Erl konzertieren und die Kufsteiner Jugendkapelle in der Münchner Fußgängerzone flotte Weisen spielt; sie führt Tiroler Theaterfreunde einzeln und gruppenweise in die Oper nach München, während Bayern mit dem Bus ins Tiroler Landestheater fahren, wo übrigens so mancher junge bayerische Sänger seine Karriere begann – oder zur wertvollen Stütze des Ensembles wurde; die Münchner Kunstakademie bildet Tiroler Maler und Bildhauer aus, während es das Ziel vieler bayerischer Studenten ist, wenigstens ein Jahr – oder zumindest ein Wintersemester – an der für Sportler so günstig gelegenen Innsbrucker Universität zu studieren.

Am intensivsten sind die Kontakte zweifellos im Ausflugs- und Urlaubsverkehr. Wer zählt die Tiroler, die zum Oktoberfest nach München oder zum Einkaufen nach Rosenheim fahren, die am Chiemsee segeln, die Wieskirche bewundern oder durch die endlosen Säle der Königsschlösser wandern? Ihre Zahl wird meist unterschätzt angesichts des übermächtigen Besucherstroms von Bayern nach Tirol. „Saison isch, wenn die Boarn kemmen", ist ein gängiger Spruch in den Gasthäusern, Pensionen und sonstigen Fremdenverkehrsbetrieben vieler Tiroler Orte, wo man sehnlichst auf die zahllosen Wanderer, Sommerfrischler und Schifahrer aus dem Nachbarland wartet. Tatsächlich tragen auf diese Weise die Bayern einen guten Teil zur Tiroler Wirtschaftsblüte bei.

Traditionsgemäß ist vor allem auch Südtirol ein bevorzugtes Zielgebiet bayerischer Touristen. Südlich des Brenner, wo in der Vergangenheit die kulturellen und wirtschaftlichen Bindungen zu Bayern eher schwächer waren, besteht heute überhaupt ein Nahverhältnis zum bayerischen Nachbarn. Durch die Mitgliedschaft Italiens bei der EWG hat Südtirol naturgemäß zum süddeutschen Raum ganz besonders enge wirtschaftliche Kontakte. Aber auch im geistig-kulturellen Bereich spielt Bayern, das den Kampf um die Erhaltung des Tiroler Volkstums in Italien sowohl ideell als auch materiell stets unterstützt hat, für die Südtiroler eine wichtige Rolle. Die Kontakte zwischen Bozen und München sind vielschichtig und intensiv. Auch in der Politik. Als in Italien Mitte der siebziger Jahre die kommunistische Gefahr besonders groß schien, lehnte sich die Südtiroler Volkspartei, die den größten Teil der deutschsprachigen Bewohner der Provinz Bozen vertritt, eng an die bayerische CSU an, weil man sich mit diesem Verbündeten im Rücken stärker und sicherer fühlen konnte. Bayerische Spitzenpolitiker, darunter Franz Josef Strauß, kamen als Redner nach Südtirol, Südtiroler Parteifunktionäre, aber auch ganze Schützenkompanien, fuhren nach Bayern, um sich im Bildungszentrum der Schwesterpartei politisch-ideologisch schulen zu lassen. In Nordtirol, wo man auf gute und rege Kontakte mit Südtirol und die Erhaltung der „geistigen Landeseinheit" des politisch zerrissenen Tirol größten Wert legt, war man angesichts der stürmischen Umarmung zwischen Südtirol und Bayern schon fast ein wenig eifersüchtig. Doch das Verhältnis normalisierte sich bald wieder. Und außerdem gibt es ja seit 1972 ein Gremium, in dem die – nun autonome – Provinz Südtirol, das Bundesland Tirol und der Freistaat Bayern auf Politikerebene eng zusammenarbeiten: Die „Arbeitsgemeinschaft Alpenländer", abgekürzt ARGE ALP.

Die Idee zu einer lockeren Vereinigung von Regionen verschiedener Staaten mit ähnlichen oder gleichen Interessen und Problemen wurde anfangs der siebziger Jahre vom Tiroler Landeshauptmann Eduard Wallnöfer geboren und fand bei seinem bayerischen Amtskollegen und Freund Alfons Goppel sofort Zustimmung und Förderung. In Richtung Süden war die Zusammenarbeit mit Südtirol schon durch gemeinsame Landtagssitzungen und Kommissionen institutionalisiert. Wichtig war der Anschluß der großen Region Lombardei an die Arbeitsgemeinschaft Alpenländer, an den Flanken sollten noch Graubünden, Vorarlberg und Salzburg dazu. Die Regierungschefs des deutschen Freistaates Bayern, der italienischen Region Lombardei und der Provinz Südtirol, des schweizerischen Kantons Graubünden und der österreichischen Bundesländer Salzburg, Vorarlberg und Tirol – die italienische Provinz Trient stieß erst kurz danach dazu – kamen im Oktober 1972 in Mösern zwischen Seefeld und Telfs in Tirol zusammen und gründeten die ARGE ALP, die seit damals regelmäßig Beratungen auf Regierungsebene sowie

▷ *Sie schufen ein Modell für Europa: Landeshauptmann Wallnöfer von Tirol (links) und Bayerns langjähriger Ministerpräsident Goppel, die Väter der ARGE ALP (hier vor einer ARGE-ALP-Tagung in Mösern/Tirol mit dem Schützenhauptmann von Telfs)*

Sitzungen von Ausschüssen und Kommissionen zur Beratung und Lösung dringender gemeinsamer Probleme durchführt. Natürlich können Provinzchefs verschiedener Staaten die Kompetenzen ihrer Zentralregierungen nicht umgehen und gemeinsame Gesetze beschließen. Doch können sie auf dem Wege der Information sowie des Gedanken- und Erfahrungsaustausches Richtlinien zur Lösung wichtiger Probleme erarbeiten und für deren Verwirklichung in den Parlamenten die Initiative ergreifen.

Für Tirol und Bayern gilt ganz besonders, was Tirols Landeshauptmann Wallnöfer als wichtigste Aufgabe der ARGE ALP immer wieder betont: im Herzen Europas, in einem durch so viele Gemeinsamkeiten historisch verbundenen Raum die nationalstaatlichen Grenzen Zug um Zug abzubauen und eine den Bewohnern gemäße föderalistische Ordnung zu schaffen, die für das Werden Europas beispielgebend sein soll. Damit ist Tirol und Bayern für die Zukunft eine gemeinsame Aufgabe gestellt. Dem Autor dieses Buches erklärte Wallnöfer mit deutlichem Bezug auf die freud-leidvolle Geschichte der tirolisch-bayerischen Nachbarschaft: „Europa kann nur entstehen, wenn es dort zusammenwächst, wo man Grenzen gezogen hat. Es geht darum, die Narben der Geschichte verheilen zu lassen, das manchmal Trennende durch das dauernd Verbindende zu ersetzen und zu überwinden.“

Literaturhinweise

Es kann hier nur eine Auswahl der benützten Literatur geboten werden. Die angeführten Werke und Aufsätze – es sind jene, die für die Erarbeitung des vorliegenden Buches am meisten Material geboten haben und die dem speziell interessierten Leser zur weiteren Information nützlich sein können – enthalten zumeist weitere Literaturangaben und Quellenzitate.

Bosl, Karl: Bayerische Geschichte. München 1979 (6. Aufl.)

Dollinger, Hans: Bayern. 2000 Jahre in Bildern und Dokumenten. München 1976

Hubensteiner, Benno: Bayerische Geschichte. München 1967 (5. Aufl.)

Nöhbauer, Hans: Wittelsbach und Bayern. Reisen durch 800 Jahre Geschichte. Eine historische Topografie. München 1980

Riezler, Sigmund: Geschichte Baierns, 8 Bände. Gotha 1878–1914

Schrott, Ludwig: Die Herrscher Bayerns. Vom ersten Herzog bis zum letzten König. München 1967 (2. Aufl.)

Spindler, Max (Hrsg.): Handbuch der bayerischen Geschichte, 4 Bände. München 1971–1975.

Egger, Josef: Geschichte Tirols, 3 Bände. Innsbruck 1872–1880

Forcher, Michael: Tirol. Historische Streiflichter. Wien 1981 (3. Aufl.)

Stolz, Otto: Geschichte des Landes Tirol. Innsbruck 1955

Stolz, Otto: Politisch-historische Landesbeschreibung von Tirol, 1. Teil: Nordtirol (= Archiv für Österr. Geschichte, 107. Band). Wien 1923

Dörrer, Fridolin: Tirols außenpolitische Beziehungen zu seinen Nachbarn im Norden und Süden. In: Tiroler Heimat 31./32. Jg. (1967/68)

Gisman, Robert: Die Beziehungen zwischen Tirol und Bayern im Ausgang des Mittelalters. Herzog Sigmund der Münzreiche und die Wittelsbacher in Landshut und München von 1439 und 1479. Phil. Diss. Innsbruck 1976.

Lieberich, Heinz: Was bedeutete Tirol für Bayern in der Vergangenheit? In: Schriftenreihe der archivalischen Zeitschrift, (Band 3). München 1961

Stolz, Otto: Bayern, Tirol und Österreich in ihren geschichtlichen Beziehungen. In: Innsbrucker Nachrichten 1923/173–175 und Bayerland Jg. 1932

Egg, Erich: Kunst in Tirol, 2 Bände. Innsbruck 1970/72

Schindler, Herbert: Große bayerische Kunstgeschichte, 2 Bde. München 1964

1. und 2. Kapitel (Seite 8 bis 23)

Huter, Franz: Wege der politischen Raumbildung im mittleren Alpenstück. In: Beiträge zur Geschichte Tirols. Ibk. 1971

Menghin, Osmund: Zur Historisierung der Urgeschichte Tirols. In: Beiträge zur Geschichte Tirols. Innsbruck 1971

Plank, Liselotte (Hrsg.): Katalog zur Ausstellung „Vor- und Frühgeschichte im Inntal“. Innsbruck 1972

Reiser, Rudolf: Agilolf oder Die Herkunft der Bayern. München 1977

Wiesflecker, Hermann: Meinhard der Zweite. Tirol, Kärnten und ihre Nachbarländer am Ende des 13. Jahrhunderts (= Veröffentlichungen d. Inst. f. Österr. Geschichtsforschung, Bd. 16). Wien 1955

3. Kapitel (Seite 24 bis 33)

Angermeier, Heinz: Kaiser Ludwig der Bayer und das deutsche 14. Jahrhundert. In: Die Zeit der frühen Herzöge. Von Otto I. zu Ludwig den Bayern. Beiträge zur bayerischen Geschichte und Kunst 1180–1350. (= Katalogwerk zu den Ausstellungen Wittelsbach und Bayern I/1). München 1980

Huter, Franz: Der Eintritt Tirols in die „Herrschaft zu Österreich“ (1363). In: Beiträge zur Geschichte Tirols. Innsbruck 1971

4. und 5. Kapitel (Seite 34 bis 49)

Beiträge zur Heimatkunde des nordöstlichen Tirol (= Schlern-Schriften 138). Innsbruck 1955

Biasi, Franz: Unteres Inntal. Bezirk Kufstein. Innsbruck 1974

Gebhard, Sigrid: Bayerisch-österreichische Beziehungen von 1335–1439. Phil. Diss. Wien 1970

Jäger, Albert: Der Übergang Tirols und der österreichischen Vorlande von dem Erzherzoge Sigmund an den römischen König Maximilian von 1478–1490. In: Archiv f. Österr. Gesch., Bd. 51. Wien 1873

Kramer, Hans: Die Grundlinien der Außenpolitik Herzog Sigmunds von Tirol. In: Tiroler Heimat 11/12 (1947/48)

Sinwel, Rudolf: Hans von Pienzenau, der Schloßhauptmann von Kufstein im Jahr 1504. Kufstein 1905

6. Kapitel (Seite 50 bis 57)

Baumann, Franz Ludwig: Geschichte des Allgäus, 3 Bände. Kempten 1881–1894

Egg, Erich: Der Bildhauer Paul Röpfl als Kartograph. In: Tiroler Heimatblätter, 31. Jg. (1956), Heft 10/12

Stolz, Otto: Die geschichtliche Entwicklung der bayerisch-tirolischen Landesgrenze. In: Verhandlungen d. 18. Dt. Geographentages in Innsbruck. Berlin 1912

Stolz, Otto: Geschichte der Almen im Karwendel. In: Zeitschrift für bayerische Landesgeschichte, 11. Band (1938)

Zorn, Wolfgang: Ostschwaben. In: Geschichte der deutschen Länder (= Territorien-Plötz, Band 1). Würzburg 1964

7. Kapitel (Seite 58 bis 69)

Egg, Erich: Die Hofkirche in Innsbruck. Innsbruck 1974

Egg, Erich: Süddeutsche Kunst im mittelalterlichen Tirol. In: Zeitschrift für Kunstgeschichte Bd. 2. München 1954

Senn, Walter: Musik und Theater am Hof zu Innsbruck. Innsbruck 1954

8. Kapitel (Seite 70 bis 79)

Egg, Erich: Schwaz ist aller Bergwerke Mutter. In: Beiträge zur Geschichte Tirols. Innsbruck 1971

Steinberger, Ludwig: Auswärtige geistliche Grundherren als Weingutsbesitzer in Südtirol. Innsbruck 1934

Stutzer, Dietmar: Weingüter bayerischer Prälatenklöster in Südtirol. Rosenheim 1980

9. Kapitel (Seite 80 bis 85)

Gierl, Irmgard: Miesbacher Trachtenbuch, Weißenhorn 1971. Kapitel „Beziehungen zu Tirol“

Hohenegg, Hans: Tirol in Altöttinger und Maria-Einsiedler Wallfahrtsbüchern von 1718. In: Der Schlern Jg. 47 (1973), H. 9

Hohenegg, Hans: Heiligenverehrung in Nord- und Osttirol (= Schlern-Schriften

170). Innsbruck 1965. Abschnitt „Wallfahrten über die Landesgrenzen“

10. Kapitel (Seite 86 bis 97)

Hammer, Heinrich: Die Entwicklung der barocken Deckenmalerei in Tirol. Straßburg 1912

Tintelnot, Hans: Die barocke Freskomalerei in Deutschland. München 1951

Schadelbauer, Karl: Der Vertrag der Stadt Innsbruck mit den Künstler-Brüdern Asam. In: Amtsblatt der Landeshauptstadt Innsbruck 1950/7

11. Kapitel (Seite 98 bis 115)

Hüttl, Ludwig: Max Emanuel. Der Blaue Kurfürst 1679–1726. Eine politische Biographie. München 1976

Jäger, Albert: Tirol und der baierisch-französische Einfall im Jahr 1703. Ibk. 1844

Mathis, Franz: Die Auswirkungen des bayerisch-französischen Einfalls von 1703 auf Bevölkerung und Wirtschaft Nordtirols (= Innsbrucker Beiträge zur Kulturwissenschaft, Sonderheft 37). Ibk. 1975

Sackl, Walter: Tirol im Rahmen des Spanischen Erbfolgekrieges bis zur endgültigen Sicherung seiner Grenzen. Phil. Diss. Innsbruck 1953

Thaler, Franz: Zwischen Brenner und Karwendel. Bezirk Innsbruck-Land. Innsbruck 1974

12. bis 15. Kapitel (Seite 116 bis 175)

Corti, Egon Caesar Conte: Ludwig I. Ein Ringen um Freiheit, Schönheit und Liebe. München 1937

Daniel, Gerd: Bairische, Österreicher und Schweizer. Geschichten, die Geschichte machten. Landsberg am Lech 1975. Kapitel „Tirol war nicht zu schlucken“

Forcher, Michael: Innsbruck in Geschichte und Gegenwart. Innsbruck 1973

Frauenholz, Eugen von (Hrsg.): Infanterist Deifl. Ein Tagebuch aus napoleonischer Zeit. München 1939

Hirn, Ferdinand: Geschichte Tirols von 1809 bis 1814. Innsbruck 1912

Hirn, Josef: Tirols Erhebung im Jahre 1809. Innsbruck 1909 (2. Aufl.)

Pizzinini, Meinrad: Die bayerische Herrschaft in Tirol. In: Krone und Verfassung. König Max I. Joseph und der neue Staat, Beiträge zur Bayerischen Geschichte und Kunst 1799–1825 (= Katalogwerk zu den Ausstellungen Wittelsbach und Bayern III/1). München 1980

Spengler, Karl: Von Bayern und Zugereisten. München 1976. Kapitel „Eine Münchnerin erlebt den Tiroler Bauernaufstand von 1809“

Uebe, Kurt: Der Stimmungsumschwung in der bayerischen Armee gegenüber den Franzosen 1806–1812 (= Münchner Historische Abhandlungen, 2. Reihe, 12. Heft). München 1939

Völderndorff und Waradein, Eduard Freiherr von: Kriegsgeschichte von Bayern unter König Maximilian Joseph I., 4 Bände. München 1826

16. Kapitel (Seite 176 bis 183)

Forcher, Michael: Die geheime Staatspolizei im vormärzlichen Tirol und Vorarlberg, Phil. Diss. Innsbruck 1966

Strobel, Alfred: Des Dichters Ludwig Thoma Beziehungen zu Tirol und den Tirolern. In: Tiroler Tageszeitung 1967/5

17. Kapitel (Seite 184 bis 193)

Aberle, Andreas: Es war ein Schütz in seinen schönsten Jahren. Von Wildschützen und Jägern, Sennerinnen und Jagdherren, Zauberbüchsen und Freikugeln. Rosenheim 1972

Egg-Pfaundler-Pizzinini: Von allerley Werkleuten und Gewerben. Eine Bildgeschichte der Tiroler Wirtschaft. Innsbruck 1976

Kapfhammer, Günther: Hütkinder in Bayern als wirtschaftlich-soziales Problem. In: Krone und Verfassung. König Max I. Joseph und der neue Staat. Beiträge zur bayerischen Geschichte und Kunst 1799–1825 (= Katalogwerk der Ausstellungen Wittelsbach und Bayern III/1). München 1980

Kolbitsch, Erwin: Auswanderer aus dem Bezirk Lienz 1550–1815. In: Osttiroler Heimatblätter 1978/6–8

Pfretzschner, Norbert: Ein Tannreis für meinen unvergeßlichen, lieben Freund, den Wildmeister Peter Riesser, der heimgegangen am 18. Oktober 1888. In: Der Waidmann, 20. Bd. Nr. 26/27

Pörnbacher, Karl (Hrsg.): Leben und Ereignisse des Peter Prosch, eines Tyrolers von Ried im Zillerthal, oder Das wunderbare Schicksal. Geschrieben in den Zeiten der Aufklärung. München 1964

Schadelbauer, Karl: Ärgerliche Almtänze an der tirolisch-bayerischen Grenze. In: Tiroler Grenzbote 1938/44

Spengler, Karl: Unterm Münchner Himmel. München 1971. Kapitel „Ein tirolischer Wirtschaftspionier im Isartal“

18. und 19. Kapitel (Seiten 194 bis 213)

Aberle, Andreas: Nahui, in Gotts Nam! Schiffahrt auf Donau und Inn, Salzach und Traun. Rosenheim 1974

Hacker, Rupert: Ludwig II. von Bayern in Augenzeugenberichten. Düsseldorf 1966

Hümmert, Ludwig: Bayern, Preußen und mein liebes Tirol. In: Tiroler Tageszeitung 1973/208

Kramer, Hans: Das Deutsche Reich und Tirol um die Wende des 19. und 20. Jahrhunderts. In: Vacano, Hans: Kaiserliches und Deutsches Konsulat in Innsbruck 1896–1973. Innsbruck 1974

Pizzinini-Forcher: Alt-Tiroler Photoalbum. Salzburg 1979. Kapitel über Verkehrswesen, Tourismus, Vereine, Sport

Plaseller, Friedrich: Die tirolische Innschiffahrt. In: Tiroler Heimat, 9./10. Jg. (1936/37)

Zwanowetz, Georg: Zur Entstehungsgeschichte der Brennerbahn. In: Beiträge zur Geschichte Tirols. Innsbruck 1971

20. Kapitel (Seite 214 bis 225)

Feldhütter, Wilfried (Hrsg.): Bauerntheater. Geschichte und Geschichten. Rosenheim 1979

Fink, Alois (Hrsg.): Das Komödi-Spielen (= Unbekanntes Bayern Bd. 6). München 1961

Gebhard, Torsten: Der Bauernhof in Bayern. München 1975

Gierl, Irmgard: Miesbacher Trachtenbuch. Die Bauerntracht zwischen Isar und Inn. Weißenhorn 1971

Grass, Nikolaus: Zur gegenseitigen Beeinflussung der Männertracht zwischen Bayern und Tirol. In: Tiroler Heimatblätter Jg. 37 (1962), Heft 10/12

Grieshofer, Franz: Die Lederhose. Kleine Kulturgeschichte des alpenländischen Beinkleids. Wien 1978

Horak, Karl: Der Volkstanz in Tirol zwischen Tradition und Folklorismus. In: Volksmusik im Alpenland. Thaur 1978

Rattelmüller, Paul Ernst: Die bayerischen Gebirgsschützen. München 1977

Rattelmüller, Paul Ernst: Ein bairisch Jahr. München 1962
Schädler, Karl: Die Lederhose in Bayern und Tirol. Ein Beitrag zur Kostüm-, Trachten- und Zunftgeschichte (= Schlern-Schriften 219). Innsbruck 1962
Wolfram, Richard: Die Volkstänze in Österreich und verwandte Tänze in Europa, Salzburg 1951
Moser, Hans: Vom Folklorismus unserer Zeit. In: Schönere Heimat 52, München 1963

21. Kapitel (Seite 226 bis 233)

Achleitner, Friedrich: Österreichische Architektur im 20. Jahrhundert, Band 1: Oberösterreich, Salzburg, Tirol und Vorarlberg. Salzburg 1980
Defregger, Franz von: Lebenserinnerungen, ungedrucktes Manuskript, maschinegeschriebene Fassung im Besitz von Defreggers Enkel H. P. Defregger. München
Forcher, Michael: Zeno Diemer, das Panorama und die „Kühnheit der Kunst". In: tip – Innsbrucker Zeitung 1981/6
Kirschl, Wilfried: Albin Egger-Lienz. Wien 1977
Methlagl, Walter: Theodor Haecker und „Der Brenner". In: Literaturwissenschaftl. Jb., NF, 19. Band. Berlin 1978

22. Kapitel (Seite 234 bis 243)

Burtscher, Guido: Das Deutsche Alpenkorps und die Verteidigung Tirols 1915. Das Tagebuch des Generalleutnants Krafft von Dellmensingen über den Feldzug in Tirol. In: Innsbrucker Nachrichten 1935/115
Dellmensingen, Konrad Krafft von: Alpine Aufgaben deutscher Gebirgstruppen zu Beginn des Krieges in Tirol 1915. In: Der Bergsteiger 1937 Nr. 38
Mörl, Anton von: Standschützen verteidigen Tirol 1915–1918 (= Schlern-Schriften 185). Innsbruck 1958
Pauli, Die Geschichte des Jäger-Regiments 3. In: Die Gebirgstruppe, Heft 5, München 1977
Reich, Albert: Dolomitenwacht. Ein Werk zur Erinnerung an die gemeinsame Verteidigung Tirols durch österreichische und deutsche Truppen. München o. J.

23. Kapitel (Seite 244 bis 253)

Bildchronik zur Geschichte des Freikorps und Bundes Oberland, hrsg. von der Traditionsgemeinschaft des Freikorps und Bundes Oberland. München 1974
Blattl, I.: König Ludwig III. in Tirol. In: Reichspost, Wien, vom 27. 8. 1926
Fellner, Fritz: Die außenpolitische und völkerrechtliche Situation Österreichs 1938. Österreichs Wiederherstellung als Kriegsziel der Alliierten. In: Österreich. Die Zweite Republik, hrsg. von Erika Weinzierl und Kurt Skalnik. Graz 1972
Forcher, Michael: Was wird aus Tirol? Das Kriegsende 1918, Gründung der Republik Österreich und Kampf um Südtirol im Spiegel der zeitgenössischen Presse. In: Tiroler Nachrichten 1968/259–266
Rape, Ludger: Die österreichische Heimwehr und ihre Beziehungen zur bayerischen Rechten zwischen 1920 und 1923. Phil. Diss. Wien 1969
Schober, Richard: Tirol und Fürst Albert von Thurn und Taxis. Verhandlungen zur Restauration der Monarchie nach dem Ersten Weltkrieg. In: Innsbrucker Historische Studien, 3. Band. Ibk. 1980
Sieghardt, August: Bayerns letzter König auf der Flucht nach Tirol. In: Der Volksbote 1959/8
Vacano, Hans Karl: Kaiserliches und Deutsches Konsulat in Innsbruck 1896–1973, Innsbruck 1974

Bildnachweis

Abgebildete Originale befinden sich im Besitz folgender Museen, Archive, Bibliotheken und Sammlungen:

Alpenvereinsmuseum Innsbruck: 203
Bayerisches Armeemuseum Ingolstadt: 136, 138, 153
Bayerisches Hauptstaatsarchiv: 29, 101
Bayerisches Nationalmuseum: 28, 96, 170
Bayerische Staatsbibliothek: 67, 68
Bayerische Staatsgemäldesammlungen: 39, 43, 45, 106
Bayerische Verwaltung der staatlichen Schlösser, Gärten und Seen: 17, 174
Bürgermeisteramt Mittenwald: 115
Diözesanarchiv Brixen: 15
Diözesanmuseum Wien: 33
Falgermuseum Elbigenalp: 171, 172
Herzog-Ulrich-Museum Braunschweig: 71
Kulturamt der Stadt Rosenheim: 59, 199
Kunsthistorisches Museum Wien: 31, 38, 62
Heimatmuseum Kufstein: 9, 100, 110, 201, 245
Heimatmuseum Garmisch-Partenkirchen: 219
Medizinhistorisches Museum Ingolstadt: 79
Österr. Institut für Zeitgeschichte: 248
Österr. Nationalbibliothek: 47, 250
Privatbesitz: 103, 106, 120 (Therese Gräfin Arco), 127, 193
Römisches Museum Augsburg: 10
Tiroler Landesregierungsarchiv: 19, 200
Tiroler Volkskunstmuseum: 217

Alle übrigen Originale befinden sich im Tiroler Landesmuseum Ferdinandeum, Innsbruck

Die Reproduktionen von Bibliotheks- und Archivmaterial sowie die Fotos von Museumstücken wurden – soweit unten nicht anders angegeben – von den jeweiligen Besitzern zur Verfügung gestellt oder wurden vom Autor angefertigt.

Das Haus der Bayerischen Geschichte in München stellte die Fotos für folgende Abbildungen zur Verfügung: 17, 28, 29, 39, 43, 45, 101, 106, 115, 127, 131, 136, 143, 153, 162, 170, 174

Die Verlagsanstalt Tyrolia erlaubte die Verwendung folgender Bilder aus ihren Verlagswerken „Kunst in Tirol" von Erich Egg (2 Bde) und „Die Hofkirche in Innsbruck" von Erich Egg: 60, 61, 62, 63, 64, 65, 66, 95

Fotografen:

Ammann Gert, Innsbruck: 84
Demanega Anton, Innsbruck: 61, 63, 65, 92, 95
Denkmalamt Innsbruck: 74, 87, 91, 105, 230, 233
Forcher Michael, Innsbruck: 73, 77, 83, 85, 89, 93, 109, 182, 204, 210 (sowie zahlreiche Reproduktionen, siehe oben)
Habermüller F. V., Innsbruck: 261
Karg Sepp, Kufstein: 90
Keystone-Pressedienst, München: 221
Kofler Oswald, Meran: 60
Lichtbildwerkstätte Alpenland, Wien: 248
Löbl-Schreyer, Bad Tölz: 215 (rechts)
Pizzinini Meinrad, Innsbruck: 18, 32, 41, 54, 81, 125 (2×), 171, 172 (2×)
Rammel August, Rosenheim: 59, 199
Scheuerer Foto, Ingolstadt: 138
Sickert Adolf, Innsbruck: 64, 66
Walder Hubert, Brixen: 15